AF636553

Christian Winkler
Christina Winkler

MIT DEM WOHNMOBIL NACH ENGLAND

Teil 2: Der Norden

Die Anleitung für einen Erlebnisurlaub

DER WOHNMOBIL-VERLAG
D-98634 Mittelsdorf/Rhön

Die Deutsche Bibliothek – CIP-Einheitsaufnahme

Bibliografische Information der Deutschen Bibliothek

Die Deutsche Bibliothek verzeichnet diese Publikation in der Deutschen Nationalbibliografie.
Detaillierte bibliografische Daten sind im Internet über <http://dnb.ddb.de> abrufbar.

Titelbild: Stadtansicht Shrewsbury
Innenumschlag: Gordale Scar
Seite 5: Lindisfarne, Hafen

1. Auflage 2019

Vertrieb:
GeoCenter, 70794 Filderstadt

Herausgeber:
WOMO-Verlag, 98634 Mittelsdorf/Rhön
GPS: N 50° 36' 38.2" E 10° 07' 55.6"

Fon: 0049 (0) 36946-20691
Fax: 0049 (0) 36946-20692
eMail: verlag@womo.de
Internet: www.womo.de

Autoren-eMail: winkler@womo.de

ISBN 978-3-86903-961-9

Druck: Gutenberg Beuys Feindruckerei, 30851 Langenhagen

EINLADUNG

Liebe Leserinnen und Leser,

zwischen dem bekannteren Südteil der britischen Inseln mit London, Cornwall und dem ganz im Norden gelegenen Schottland liegt ein weiter Landstrich, der für viele außerhalb des touristischen Fokus liegt.

Für dieses Gebiet, Englands Midlands und den Norden, möchten wir Sie mit diesem Buch begeistern!

Die Zeiten, in denen Städte wie Manchester, Liverpool oder Birmingham nur graue Industriestandorte waren, sind vorbei. Heute pulsiert dort das Leben – bunt, aufregend und modern. Traditioneller geht es in alten Kulturzentren wie York, Chester oder Shrewsbury zu.

Fünf Nationalparks, zu denen die weitläufigen Yorkshire Dales oder das Lake District voller Berge und Seen zählen, geben vielfältige Gelegenheiten für tolle Wanderungen und Zeit in der Natur.

Auch die "Areas of Outstanding Natural Beauty" (AONB`s) tragen diesen Namen völlig zu Recht – zu Ihnen gehören die Cotswolds, Shropshire Hills oder Pennines.

Wunderschöne kleine Fischerdörfer, sanfte Strandbuchten und schroffe Klippen sowie Felseninseln voller brütender Vögel runden das Küstenbild ab.

Im Inland erwarten Sie hunderte interessanter Burgen, Herrenhäuser und Gärten, die größtenteils für Besucher geöffnet sind und mit ihren vielfältigen Angeboten interessante Stunden für Groß und Klein versprechen.

Die freundliche, höfliche und aufgeschlossene Art der Engländer und schnell lieb gewonnene Traditionen, wie Teatime und Pubbesuche tragen ihr Übriges zu einen rundum gelungenen Urlaub bei...

Tauchen Sie mit uns in diese abwechslungsreiche Region ein, die sicher auch Sie begeistern wird!

Christian Winkler

***TIPP:* Denken Sie daran, rechtzeitig vor der Reise den Infoteil hinten im Buch zu lesen. Darin finden Sie viele hilfreiche Informationen. Aktualisierungen zum Buch finden Sie im Forum unter www.womo.de**

Sehr geehrter Leser, lieber WOMO-Freund!

Reiseführer sind für einen gelungenen Urlaub unverzichtbar – das beweisen Sie mit dem Kauf dieses Buches. Aber aktuelle Informationen altern schnell, und ein überholter Reiseführer macht wenig Freude.
Sie können helfen, Aktualität und Qualität dieses Buches zu verbessern, indem Sie uns nach Ihrer Reise mitteilen, welchen unserer Empfehlungen Sie gefolgt sind (freie Stellplätze, Campingplätze, Wanderungen, Gaststätten usw.) und uns darüber berichten (auch wenn sich nichts geändert hat). Bitte füllen Sie schon während Ihrer Reise das Info-Blatt am Buchende aus und senden Sie es uns sofort nach Ihrer Rückkehr zu (per Brief, Fax oder formlos als eMail). Dafür gewähren wir Ihnen bei Ihren nächsten Buchbestellungen direkt über den Verlag ein Info-Honorar von 10%.
Aktuelle Korrekturen finden Sie unter: forum.womoverlag.de

Um die freien Übernachtungs- und Campingplätze auf einen Blick erfassen zu können, haben wir diese im Text in einem Kasten nochmals farbig hervorgehoben und, wie auf den Karten, fortlaufend durchnummeriert. Wir nennen dabei wichtige Ausstattungsmerkmale und geben Ihnen oft eine kurze Zufahrtsbeschreibung. "Max. WOMOs" soll dabei andeuten, wie viele WOMOs dieser Platz maximal verträgt und nicht, wie viele auf ihn passen würden (schließlich gibt es auch Anwohner und andere Urlauber)!
Offizielle und privat für diesen Zweck errichtete Übernachtungsplätze sind in den Karten mit WOMO-Icons gekennzeichnet, empfehlenswerte Campingplätze mit kleinen Zeltsymbolen.
Andere Übernachtungsplätze mit **B**ademöglichkeit sind mit hellblauer Farbe unterlegt. **W**anderparkplätze sind grün gekennzeichnet. **P**icknickplätze erkennen sie an der violetten Farbe. Auf Schlafplätze, denen die gerade genannten Merkmale fehlen – also auf einfache **S**tellplätze – weist die Farbe Gelb hin. Kommerzielle Plätze, z.B. an Pubs sind moosgrün markiert. Wanderungen, die wir Ihnen besonders ans Herz legen möchten, haben wir hellgrün unterlegt, Stadtrundgänge u.ä. hellgelb.

Inhalt

Auf 11 Touren durch Englands Norden

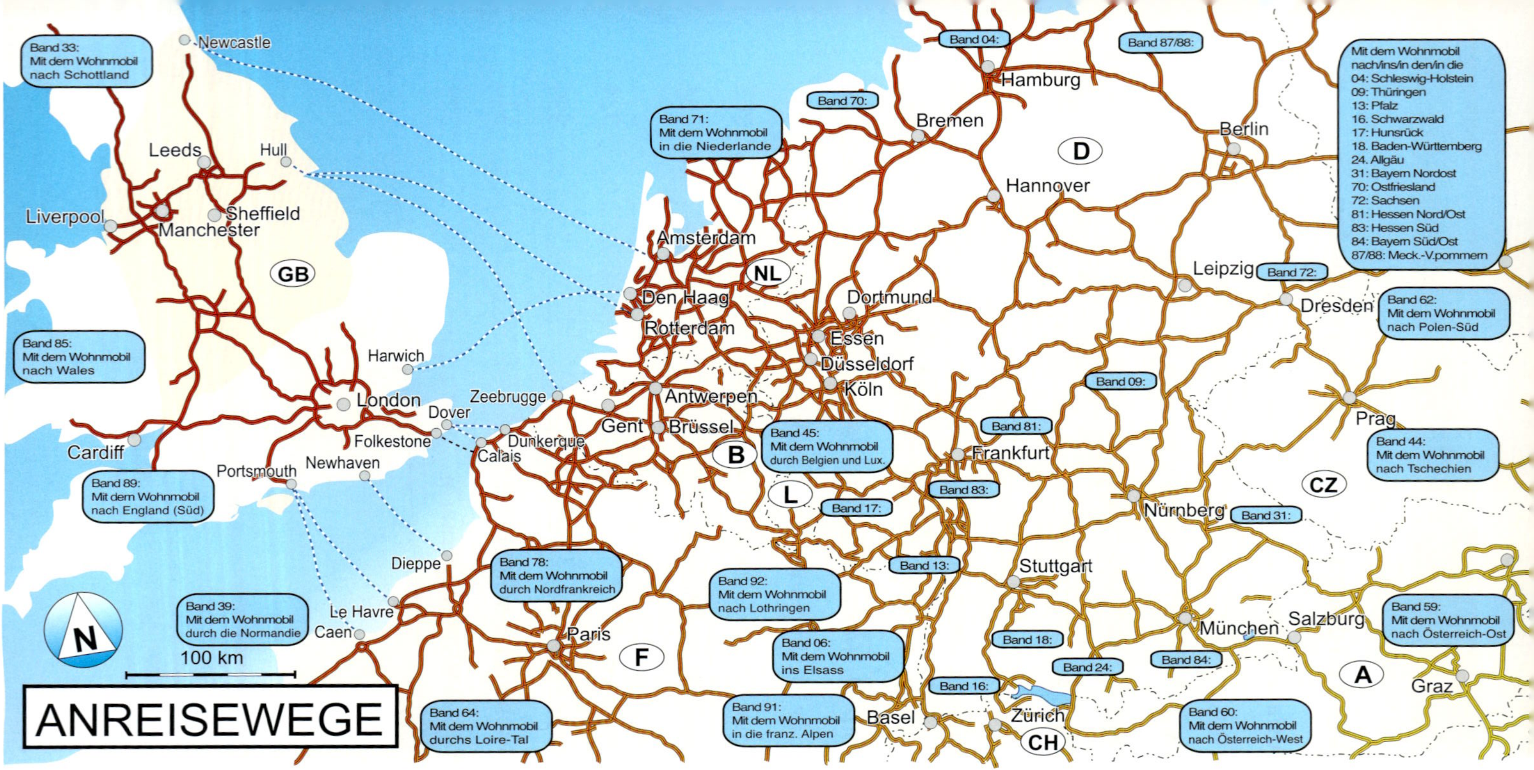
ANREISEWEGE
100 km
N
Band 33:
Mit dem Wohnmobil
nach Schottland
Band 85:
Mit dem Wohnmobil
nach Wales
Band 89:
Mit dem Wohnmobil
nach England (Süd)
Band 39:
Mit dem Wohnmobil
durch die Normandie
Band 64:
Mit dem Wohnmobil
durchs Loire-Tal
Band 78:
Mit dem Wohnmobil
durch Nordfrankreich
Band 71:
Mit dem Wohnmobil
in die Niederlande
Band 45:
Mit dem Wohnmobil
durch Belgien und Lux.
Band 92:
Mit dem Wohnmobil
nach Lothringen
Band 06:
Mit dem Wohnmobil
ins Elsass
Band 91:
Mit dem Wohnmobil
in die franz. Alpen
Band 60:
Mit dem Wohnmobil
nach Österreich-West
Band 59:
Mit dem Wohnmobil
nach Österreich-Ost
Band 44:
Mit dem Wohnmobil
nach Tschechien
Band 62:
Mit dem Wohnmobil
nach Polen-Süd
Mit dem Wohnmobil
nach/ins/in den/in die
04: Schleswig-Holstein
09: Thüringen
13: Pfalz
16. Schwarzwald
17: Hunsrück
18. Baden-Württemberg
24. Allgäu
31: Bayern Nordost
70: Ostfriesland
72: Sachsen
81: Hessen Nord/Ost
83: Hessen Süd
84: Bayern Süd/Ost
87/88: Meck.-V.pommern
Band 04:
Band 87/88:
Band 70:
Band 72:
Band 09:
Band 81:
Band 83:
Band 17:
Band 13:
Band 31:
Band 18:
Band 24:
Band 84:
Band 16:
Newcastle
Leeds
Hull
Liverpool
Manchester
Sheffield
GB
Harwich
London
Cardiff
Dover
Folkestone
Portsmouth
Newhaven
Dieppe
Le Havre
Caen
Zeebrugge
Dunkerque
Calais
Paris
F
Amsterdam
NL
Den Haag
Rotterdam
Antwerpen
Gent
Brüssel
B
L
Dortmund
Essen
Düsseldorf
Köln
Hamburg
Bremen
Hannover
D
Berlin
Leipzig
Dresden
Frankfurt
Nürnberg
Stuttgart
München
Salzburg
Prag
CZ
A
Graz
Basel
Zürich
CH

Anreisewege und Fährpassagen

Wenn Sie sich für England als Reiseziel entschieden haben, steht, wie so oft, vor dem Urlaub die Anreise. Je nachdem, aus welchem Land und welcher Region Sie starten, liegen zwischen 340 km (von Aachen aus) und 1380 km (von Wien aus) vor Ihnen. Die gute Nachricht: Sie können durchgängig Autobahnen oder Schnellstraßen nutzen und so ordentlich Boden gutmachen. Je nachdem, aus welcher Richtung Sie kommen, steht eine Vielzahl an möglichen und sinnvollen Anreiserouten zur Auswahl. Die genaue Planung und Überlegung, welche Autobahnen Sie konkret einschlagen werden, vielleicht unter Einbeziehung möglicher Staupunkte und aktueller Baustellen, können Sie mithilfe eines Straßenatlas, Ihres Navis oder einer Routenplanungssoftware im Internet sicher besser bewerkstelligen, als es hier möglich ist. Wir wollen Ihnen aber eine kurze Übersicht der grundsätzlichen Anreiseansätze und vor allem der Fährüberfahrten geben.

Anfahrt aus Norddeutschland:
Alle, die, in etwa, nördlich von Hannover und Berlin aus starten, werden wohl den Anreiseweg über die Niederlande wählen. Fähren können Sie gleich dort (Amsterdam-Ijmuiden / Den Haag) oder auch weiter südwestlich in Belgien oder Frankreich besteigen.

Anfahrt aus Mittel-/Südostdeutschland und Ostösterreich:
Wer südlich von Hannover und Berlin und nördlich der Achse „Mannheim – München – Salzburg – Graz“ seine Fahrt beginnt, ist dagegen wohl am besten mit einem direkten Grenzübertritt nach Belgien beraten. Sie nehmen dann die Fähre in Zeebrugge bis Hull, nordöstlich aus den Niederlanden ab Den Haag oder Amsterdam-Ijmuiden oder südwestlich aus Frankreichs (Fähre ab Dunkerque oder Calais bzw. Eurotunnel).

Anreise aus (Süd)bayern und Westösterreich:
Die beste Anreiseroute führt Sie in der Regel zunächst nach Luxemburg und dann weiter über Belgien und Frankreich, wenn Sie nur die kurze Überfahrt bis Südengland machen möchten. Über Belgien bzw. Belgien und die Niederlande gelangen Sie zu den direkt nach Nordengland startenden Fähren ab Zeebrugge, Den Haag und Amsterdam-Ijmuiden.

Anreise aus Südwestdeutschland und der Schweiz:
Wer seine Fahrt im Südwesten beginnt, wird wohl den direkten Grenzübergang nach Frankreich wählen und, immer nah an der belgischen Grenze entlang, auf diesem Weg bis Calais

Hafen von Dover

oder Dunkerque fahren. Eventuell ist in diesem Fall auch eine Überfahrt von einem der weiter westlich gelegenen Fährhäfen wie Dieppe. Le Havre oder Caen eine Option. Über Belgien bzw. Belgien und die Niederlande gelangen Sie zu den direkt nach Nordengland startenden Fähren ab Zeebrugge, Den Haag und Amsterdam-Ijmuiden.

Maut auf den Anreiserouten:

Maut in den Niederlanden:

Auch wenn Sie immer wieder mal im Gespräch war/ist: Bis heute gibt es keine Straßennutzungsgebühren in den Niederlanden.

Maut in Belgien:

Auch in Belgien sind Sie bislang mautfrei unterwegs. Im April 2016 trat allerdings eine Straßennutzungsgebühr für Fahrzeuge über 3,5 t in Kraft. Sie gilt nach aktuellem Stand aber nur für Transportverkehr; sicherheitshalber sollten Sie sich, vor Fahrtantritt aber über mögliche Änderungen informieren.

Maut in Luxemburg:

Auf Luxemburgs Straßen wird keine Maut erhoben.

Maut in Frankreich:

In Frankreich sind die meisten Autobahnen mautpflichtig. Eine Ausnahme bilden einige Stadtautobahnen sowie die grenznahen Strecken zu Belgien hin. Wer also über Belgien Richtung Fährhafen anreist, kommt in der Regel kostenlos davon.
Auf anderen Strecken erfolgt die Abrechnung nach gefahrenen Kilometern; es sind Zahlstationen eingerichtet. Die meisten Wohnmobile fallen in die Kategorie 2 *(bis 3,5 t und 3 m Höhe)* oder 3 *(über 3,5 t und/oder mehr als 3 m Höhe)*, was einen deutlichen Preisunterschied ausmacht. Mehr unter www.autoroutes.fr.

Hafen von Ijmuiden

Maut in Großbritannien:
Auch in England besteht keine Straßennutzungsgebühr. Ausnahme ist die **M6 Toll** auf der nördlichen Umgehung von Birmingham. Für Ihre Anreise ist eventuell auch die **Dartford Corssing**-Gebühr an der Themse westlich von London relevant (**M25/A282**), die im Vorfeld oder bis spätestens 24 Uhr des Folgetages online oder in einem Payzone-Store beglichen werden muss *(Zahlmöglichkeit und mehr Infos unter www.dartford-crossing-charge.service.gov.uk)*. An wenigen übrigen Straßenabschnitten und Brücken, die in privater Hand sind, fallen nur geringe Beträge, im Penny- oder unteren einstelligen Pfundbereich an *(Übersicht unter www.gov.uk/uk-toll-roads)*.

Verbindungen nach Südengland *(Stand: 12/18)*:

Um die Überfahrt nach England anzutreten, stehen Ihnen mehr als ein halbes Dutzend unterschiedlicher Verbindungen zur Verfügung. Die kürzeste Fahrzeit und die mit Abstand häufigsten Verbindungen erhalten Sie ab Calais und Dunkerque nach Dover, entweder per Fähre (günstiger, z.B. mit DFDS-Lines) oder per Eurotunnel (schneller).

Unsere Empfehlung: Wenn Sie dagegen Fahrzeit und -strecke einsparen wollen, nutzen Sie die Verbindung von Amsterdam-Ijmuiden nach Newcastle-upon-Tyne. Die niederländische Hauptstadt ist ein tolles Etappenziel, um einen interessanten und abwechslungsreichen Zwischenaufenthalt einzulegen. Die Überfahrt mit der DFDS-Fähre bis nach Nordengland wird so besonders komfortabel und Sie kommen frisch und gut ausgeschlafen direkt in Ihrem Urlaubsgebiet an. Noch angenehmer gestalten Sie die Fahrt, wenn Sie Frühstück und Abendessen gleich dazu buchen. Zu einem fairen Preis erhalten Sie dafür ein wirklich vorzügliches Angebot, dass sich auf erwähnenswerte Weise von dem abhebt, was üblicherweise auf vielen Fähren serviert wird!

Stellplatz in Amsterdam

Fähren ab den Niederlanden:

• Von Ijmuiden (Amsterdam) nach Newcastle-upon-Tyne:
Ca. 1 x täglich mit DFDS Seaways ab ca. 550 € (hin und zurück inkl. Kabine),
Überfahrt ca. 16 Stunden, mehr unter www.dfdsseaways.de.

Stellplatz Amsterdam City Camp
GPS: N 52°23'54" E 4°54'06", Papaverweg.
Offizieller Stellplatz inkl. V/E direkt in Amsterdam.

• Von Hoek van Holland (Den Haag) nach Harwich
2 x täglich, mit Stena Line ab ca. 250 € (hin und zurück),
Überfahrt ca. 7 Stunden, mehr unter www.stenaline.de.

Campingplatz Hoek van Holland
GPS: N 51°59'23" E 4°07'40", Wierstraat 100.
Platz nahe dem Fährhafen, daher gut geeignet für eine Zwischenübernachtung vor/nach der Überfahrt.

Fähren ab Belgien:

• Zeebrugge nach Kingston-upon-Hull:
Ca. 1 x täglich mit P&O Ferries ab ca. 400 € (hin und zurück inkl. Kabine),
Überfahrt ca. 13 Stunden, mehr unter www.poferries.com.

Camping Holiday in Knokke-Heist
GPS: N 51°20'05" E 3°17'24", Natienlaan
Platz nahe dem Fährhafen, daher gut geeignet für eine Zwischenübernachtung vor/nach der Überfahrt.

Fähren ab Frankreich:

• Von Dunkerque (Dünkirchen) nach Dover
12 x täglich, mit DFDS Seaways ab ca. 140 € (hin und zurück),
Überfahrt ca. 2 Stunden, mehr unter www.dfdsseaways.de.

Stellplatz Dunkerque

GPS: N 51°00'59" E 2°11'51", Route du Petit Denna.
Der Parkplatz vor dem Hafengebäude wird regelmäßig von Wohnmobilen für die Übernachtung vor/nach der Fährfahrt genutzt. Folgen Sie den Schildern zum Ticket Sale, sonst geht es direkt zur Wartespur.

• Von Calais nach Dover

15 x täglich, mit DFDS Seaways ab ca. 140 € (hin und zurück), Überfahrt ca. 1:30 Stunden, mehr unter www.dfdsseaways.de.
18–23 x täglich, mit P&O Ferries ab ca. 140 € (hin und zurück), Überfahrt ca. 1:30 Stunden, mehr unter www.poferries.com.

Stellplätze Calais

GPS: N 50°57'34" E 1°49'57", Rue d`Asfeld.
Ein einfacher, offizieller Stellplatz oder wahlweise ein komplett ausgestatteter Campingplatz liegen hier direkt nebeneinander.

Ferner bestehen Verbindungen von Dieppe nach Newhaven (DFDS Seaways) sowie von Le Havre und Caen nach Portsmouth (Brittany Ferries).
Auch von den noch weiter westlich gelegenen Häfen Cherbourg, Saint-Malo und Roscoff gibt es Überfahrten nach England.

Eurotunnel ab Frankreich:

• Von Calais nach Folkestone

Ca. 48 x täglich mit dem Eurotunnel-Shuttle ab ca. 200 € (hin und zurück),
Durchfahrt ca. 35 Min., mehr unter www.eurotunnel.com.

Stellplatz Eurotunnel

GPS: N 50°55'58" E 1°48'50", Boulevard du Kent, Coquelles.
Für Wohnmobile freigegebener, beleuchteter Parkplatz am Einkaufszentrum Cité Europe, direkt neben dem Abfertigungsbereich des Eurotunnels. Alternativ geht auch der Stellplatz in Calais.

TOUR 1
10 km
N
Newcastle u.T.
North Shields
Tynemouth
Wallsend
South Shields
Gateshead
Washington
Sunderland
Chester l.S.
Houghton l.S.
Seaham
Durham
Peterlee
Spennymoor
Hartlepool
Middlesbrough
Redcar
Stockton o.T.
Darlington
Newton A.
Shildon
Bishop Auckland
Willington
West Auckland
Staindrop
Barnard Castle
Richmond
Consett
Stanley
Beamish
Lanchester
Appleby i. W.
Kirkby Stephen
Keld
Thwaite
Muker
Reeth
Grinton
Castle Bolton
Redmire
Aysgarth
Bainbridge
Hawes
Hardraw
North Pennines AONB
Yorkshire Dales N.P.
572 m Hartley Moor
747 m Burnhope S.
516 m Collier Law
693 m Outberry Plain
790 m Mickle Fell
617 m Bastifell
710 m High Seat
677 m The Calf
713 m G. Shunner F.
675 m Lovely Seat
672 m Rogan's S.
Tyne
Tees
A 1
A 1 (M)
A 19
A 66
A 67
A 68
A 167
A 174
A 179
A 685
A 688
A 689
A 690
A 691
A 692
A 694
683
684
6108
P&R1
P&R2
P&R3
WC

Tour 1: Newcastle and County Durham (ca. 240 km)

Newcastle-upon-Tyne – Beamish – Durham Bishop Auckland – Barnard Castle – Yorkshire Dales Hawes – Aysgarth –Reeth – Richmond

Stellplätze (gratis):	Blaydon, Stanley, Lanchester, Durham, Page Bank, Spennymoor, Willington, Stang Lane, Thwaite, Aysgarth, Redmire, Whipperdale Bank, Grinton
Stellplätze (€):	Hawes, Aysgarth, Richmond
Pub-Stellplätze:	Beamish, Newton Aycliffe, Tarn Hill, Bainbridge, Grinton
Campingplätze:	Durham, Keld, Muker, Hawes, Richmond
Besichtigen:	Newcastle, Washington Wetlands Centre, Washington Old Hall, Gibside, Angel of the North, Freilichtmuseum in Beamish, Durham, Crook Hall and Gardens, Ushaw, Bishop Auckland, Eisenbahnmuseum in Shildon, Raby Castle, Barnard Castle und Bowes Museum, Museum und Käserei in Hawes, Aysgarth Wasserfall, Bolton Castle, Reeth, Richmond Castle, Kiplin Hall and Pleasure Gardens
Baden:	Wasserpark bei Newcastle
Wandern:	Yorkshire Dales, Hardraw Force
Einkaufen:	Outletcentre bei Newcastle, Newcastle Centre, Metrocentre Gateshead, Durham Centre, Wensleydale Käserei Hawes, Richmond

Mit über 800.000 Einwohnern hat sich die Metropolregion um Newcastle-under-Tyne zum wirtschaftlichen und kulturellen Zentrum Nordostenglands entwickelt. Über die Domstadt Durham befahren Sie im Anschluss die nördlichen Ausläufer des Yorkshire Dales Nationalparks. Die weiten, kargen Hügel erinnern an schottische Highlands. Auf schmalen Fahrwegen begegnen Ihnen über Kilometer oftmals nur Schafe und viel Natur.

Sofern Sie sich für die Anreise mit der Fähre ab Ijermuiden bei Amsterdam entschieden haben, laufen Sie im Fährterminal am River Tyne ein. Nach den Zollformalitäten gilt ab jetzt:

BITTE LINKS FAHREN!

Gleich zu Beginn Ihrer Rundreise durch Englands Norden erwartet Sie die Stadt Newcastle mit ihren Schwestergemeinden Gateshead, Wallsend, Shields und Tynemouth.

NEWCASTLE-UPON-TYNE

Strategisch klug platziert, passieren Sie gleich hinter den Hafenanlagen das **Royal Quays Outlet Centre**. Für die meisten wohl eher ein Stopp auf der Rückreise, kann man sich hier in über 50 Shops vor allem mit Modeartikeln großer Handelsketten eindecken.

[N 54°59'44" W 1°27'51"], Coble Dene, North Shields, NE29 6DW, Mo – Fr von 9.30 – 17.30 Uhr, Do bis 20 Uhr, Sa 9 – 18 Uhr, So 10.30 – 17 Uhr, www.royalquaysoutletcentre.com

Wer es nicht so mit dem Shoppen hat, kann währenddessen im **Wet`n`Wild Indoor-Wasserpark** für ein paar Stunden abtauchen. Das Bad ist nicht mehr ganz topmodern, aber es bietet mit 10 Rutschen, Wellenbad sowie Innen- und Außenschwimmbecken ausreichend Abwechslung und eine der eher seltenen Gelegenheiten dieser Region, wetterunabhängig zum Schwimmen und Plantschen zu kommen.

[N 54°59'49" W 1°27'40"], Royal Quays, North Shields, NE29 6DA, ££, saisonal stark wechselnde Öffnungszeiten, www.wetnwild.co.uk

Wenn es Sie zunächst in Richtung Meer zieht, finden Sie mehr zum Küstenabschnitt bei Tynemouth am Ende von Kapitel 11. Für eine Besichtigung von Newcastle fahren Sie am einfachsten eine der barrierefreien Park & Ride-Anlagen an. Von dort pendeln U-Bahnen in regelmäßigen, kurzen Abständen ins Ortszentrum. Fahrkarten erhalten Sie an den Automaten am Bahnsteig. Direkt im Ortszentrum bestehen zwei weitere mögliche Parkoptionen. Auch am riesigen **Intu Metrocentre Einkaufszentrum** in Gateshead, dem größten Europas, finden Sie Parkplätze und können von dort aus mit dem Bus ins Zentrum pendeln.

Alt und neu in Newcastle

P&R 1: Kingston Park (Green Line)

GPS: N 55°00'54" W 1°39'54", Brunton Lane, NE3 2SW,
Stellplätze: 100+ (mit Parkautomat)
Hinweis: Eine sehr große Anzahl weiterer Parkplätze befindet sich nur wenige Meter weiter am Supermarkt Tesco. Im hinteren Bereich sind sogar extra große Parkbuchten eingezeichnet und Sie haben direkten Zugang zu den Bahnsteigen. Wer vorher einkauft, kann für einige Stunden kostenfrei stehen [N 55°00'51" W 1°39'55"].

P&R 2: Heworth (Green and Yellow Line)

GPS: N 54°57'12" W 1°33'10", Long Haworth Lane, NE10 0UX,
Stellplätze: 250+ (mit Parkautomat)

P&R 3: Metrocentre Shopping Mall (Bus 100)

GPS: N 54°57'16" W 1°39'54", Long Haworth Lane, NE10 0UX,
Stellplätze: 400+
Hinweis: Der große Bus Stopp befindet sich am nordöstlichen Ende der Mall (Nähe TK maxx). Der Bus 100 pendelt alle 8 - 10 Min. in die Innenstadt.

City-Parkplatz 1: Ord Street

GPS: N 54°57'55" W 1°37'25", Ord Street, NE4 7AD,
Stellplätze: 13 + 21 (mit Parkautomat)
Hinweis: Es handelt sich hier um einen Busparkplatz, der laut City Council offiziell auch für Wohnmobile freigegeben ist. Zu den 13 langen Buchten kommen noch einige PKW Plätze hinzu.

City-Parkplatz 2: Metro Radio Arena

GPS: N 54°57'48" W 1°37'33", Arena Way, NE4 7NA,
Stellplätze: 300+
Preis: 5 £-10 £ (Tagesticket, je nach Fahrzeuglänge)
Hinweis: An Tagen mit Veranstaltungen in der Arena, kann der Parkplatz i.d.R. nicht genutzt werden.

Unterwegs in Newcastle:
Die Stadt Newcastle gründet sich auf die römische Siedlung Pons Aelus und blickt auf eine lange industrielle Geschichte zurück. Erste Blütezeiten erlebte sie im 14. Jahrhundert, als Zentrum der Wollverarbeitung und im 16. Jahrhundert als Herz einer Kohleregion. Ab diesem Zeitraum wurde der Hafen immer weiter ausgebaut und eine große Zahl an Werften machten Newcastle zu einem der weltweit wichtigsten Schiffsbau und –reparatur Zentren. Trotz ständiger Erneuerung und weitreichenden Sanierungen sind einige mittelalterliche Gebäude bis in die heutige Zeit erhalten. Großflächige, teils kühne Stadterneuerung und -umbau Projekte in den letzten 200 Jahren, prägen weite Teile des Siedlungsgebiets. Newcastle zählt seit den 1980er Jahren zu den ersten Städten, die die Zeichen der Zeit erkannten und alte Kaianlagen zu kulturellen Begegnungsstätten und einer Ausgehmeile umstrukturieren.

Idealer Startpunkt für eine Stadtbesichtigung ist der Hauptbahnhof bzw. die **Central Station** in der **Neville Street**. Sie erreichen ihn problemlos mit jeder Bahnlinie. Von den genannten Innenstadt Parkplätzen gelangen Sie in nordöstlicher Richtung über die **Scotswood Road** und den **Times Square** nach ein paar hundert Metern dorthin. Wer Zeit und Wegstrecke sparen möchte, macht eine Rundfahrt mit dem **Hop On Hop Off City Sightseeing Bus Newcastle and Gateshaed**. Auf zwei verschiedenen Linien fährt er 25 Stationen an, die alle interessanten Punkte der Stadt abdecken. Sie können an jedem Halt aussteigen und mit einem späteren Bus weiterfahren. Während die rote Hauptlinie in etwa unserem vorgeschlagenen Rundweg entspricht, führt die blaue Linie zu etwas weiter entfernt gelegenen Orten, wie der Kunstgalerie **Biscuit Factory** oder dem National Centre for Children`s Books **Seven**

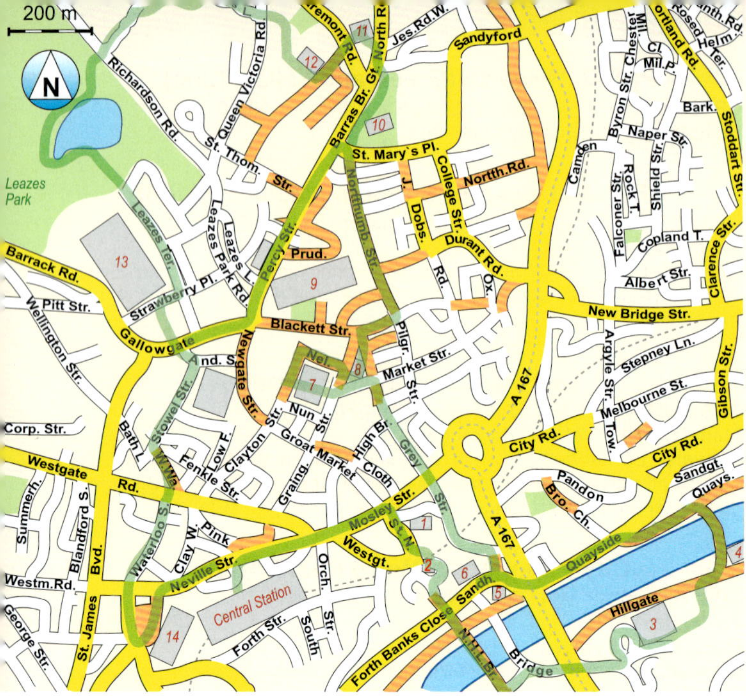

1: St. Nicholas Cathedral
2: Newcastle Castle
3: The Sage Gateshead
4: Baltic Centre
5: Guild Hall
6: Bessie Surtees House
7: Grainger Market
8: Central Arcade
9: Intu Eldon Square
10: St. Andrews
11: Hancock Northern Museum
12: Hatton Gallery
13: St. James Park
14: Life Science Centre

Stories. Zentraler Zustiegspunkt beider Linien ist die kleine **Berwick Street**, die schräg gegenüber dem Hauptbahnhof verläuft. Tickets gelten 24 Stunden. Während der Fahrt ist ein Kommentar per Kopfhörer zu empfangen, bislang allerdings nur auf Englisch *(££, ca. Jul – Mitte Sep täglich, Abfahrten ca. 10.30 – 15 Uhr, Apr/Mai/Jun und Mitte Sep bis Ende Okt nur rote Linie Sa/So/Ft, bei Onlinebuchung können weitere vergünstigte Eintrittstickets dazu gebucht werden, www.city-sightseeing.com/de/96/newcastle-gateshead).*

Auf einer 5 bis 7 Kilometer langen Runde können Sie alternativ das Wichtigste zu Fuß erkunden. Dazu gehen Sie zunächst, den Hauptbahnhof im Rücken, rechts entlang der **Neville Street**, bis Sie die große **St. Nicholas Kathedrale** aus dem 15. Jahrhundert erreichen. Ihr Turm ist bis heute ein Eckpfeiler der Skyline Newcastles. Wer einen Blick ins Innere werfen möchte, kann ihn kostenfrei betreten. Spenden sind gerne gesehen *(NE1 1PF, So – Fr 7.30 – 18 Uhr, Sa 8 – 16 Uhr)* Folgen Sie rechts der **St. Nicholas Street** und betreten links die alte Burganlage aus dem Jahr 1080 durch das **Black Gate**. Wenn Sie nicht nur quer durch die Anlage spazieren möchten, sondern **Newcastle Castle** betreten wollen, finden Sie linkerhand den Zugang. Darin wird die Geschichte der Stadt erzählt und Sie haben einen tollen Blick vom Dach aus bis auf den River Tyne und die vielen Stadtbrücken *(NE1 1RQ, ££, 10 – 17 Uhr, www.newcastlecatle.org)*.
Nach einem kleinen Holzsteg unterqueren Sie die Bahntrasse und gehen danach rechts, bis Sie die **High Level Bridge** erreichen. Sie wurde im Jahr 1848 erbaut und war damals die weltweit erste geschlossene Brücke für Eisenbahn, Fahrzeuge und Personen zugleich. Auf ihr

Millennium Bridge und Skyline

überqueren Sie die 400 m lange Schlucht der Tynes und biegen bei erster Gelegenheit links in die **Half Moon Lane** ein. Sie befinden sich nun in der eigenständigen Stadt Gateshead, die das südliche Flussufer besetzt. Folgen Sie der geradeaus weiterführenden Straße, die einen Bogen nach links beschreibt und Ihnen kurz darauf den Blick auf das imposante, 2004 erbaute **Sage**-Gebäude freigibt. Viele fühlen sich davon an einen überdimensionalen, glänzenden Käfer erinnert. Es beherbergt ein Veranstaltungszentrum, ist aber tagsüber zugänglich *(NE8 2JR, www.sagegateshead.com)*.

Nachdem Sie „The Sage“ passiert haben, gelangen Sie vom Parkplatz dahinter über eine Treppe hinab zum Ufer des Tynes mit der modernen **Millennium Bridge**. Um Schiffe hindurch zu lassen, schwenkt die gesamte Konstruktion nach oben, ein recht beeindruckendes Unterfangen. Die jeweiligen Zeiten sind an der Brücke angegeben. Noch bevor Sie den Fluss erneut queren, können Sie nur wenige Meter weiter im **Baltic Centre for Contemporary Arts** vorbei schauen. Die einstige Getreidemühle zeigt heute moderne Kunst und Installationen *(NE8 3BA, Eintritt frei, 10 – 18 Uhr, www.baltic.art)*.

Zurück am Nordufer spazieren Sie entlang der **Quayside** nach links und haben dabei einen wunderbaren Blick auf die vor Ihnen liegende **Great Tyne Bridge**, die der Sydney Harbour Bridge in Australien nachempfunden wurde. Rechts können Sie durch die **King Street** einen Blick auf die ungewöhnliche, runde **All Saints Church** werfen. Gehen Sie bis zur runden **Guildhall**, die leider nur an wenigen ausgewählten Tagen im Jahr geöffnet ist, und davor nach rechts. Vor Ihnen taucht die mittelalterliche Fassade des **Bessie Surtees House** auf. Der Name stammt von einem jungen Mädchen, das hier einst lebte und im 18 Jahrhundert aus dem Fenster floh, um mit dem Sohn eines Kohlehändlers nach Schottland durchzubrennen – nur dort war eine Heirat

Zentrum mit Grey-Monument

St. Thomas`Church

ohne Einwilligung der Eltern möglich. Einige Räume sind der Öffentlichkeit zugänglich und können besichtigt werden *(NE1 3JF, Eintritt frei, Mo – Fr 10 – 16 Uhr, www.historicengland.org.uk)*.

Rechts vom Haus steigt der **Sandhill** und weiter nach links **The Side** unter dem Bahndamm hindurch zur **Dean** und **Grey Street** an. Dieser Straßenzug gilt als einer der schönsten Englands und war Teil eines bis heute weitgehend bestehenden Stadtbauprojekts im 19. Jahrhundert, der **Grainger Town**, benannt nach ihrem Architekten Richard Grainger. Statt direkt zur weithin sichtbaren Gedenksäule zu gehen, können Sie vorab noch ein wenig durch die geschäftige Innenstadt bummeln, vor allem linkerhand, über **Market Street** und **Grainger Street**, gelangen Sie zu den zentralen Malls, der **Grainger Market Hall** und der schönen **Central Arcade** aus edwardianischer Zeit. Schließlich stehen Sie am **Grey`s Monument**. Der Earl of Grey ist in England als Politiker bekannt, bei uns vor allem für die nach ihm benannte Schwarzteemischung. Folgen Sie der **Blackett Street** ein Stück nach rechts und biegen Sie dann gleich wieder links in die belebte Fußgängerzone der **Northumberland Street** ein. Sie endet am **Haymarket**. Für die kürzere Variante des Rundgangs halten Sie sich links, gehen am Busbahnhof und dem großen Einkaufscenter **Intu Eldon Square** vorbei. Danach biegen Sie schräg rechts in die **Gallowgate** ein, bis Sie das chinesische Tor erreichen. Dort schließen sich beide Touren wieder zusammen.

Für die längere Variante kreuzen Sie die Ampelanlage am **Haymarket**, hinüber zur **St.Thomas`Church**, gehen durch die Grünanlage und dann an der nächsten Ampel links zum **Hancock Great North Museum**. Es zeigt unter anderem eine sehenswerte naturgeschichtliche und archäologische Sammlung. Zu den Highlights gehört ein lebensgroßes T-Rex Dinosaurierskelett und ein Stück virtueller Hadrianswall *(NE2 4PT, Eintritt frei, Mo – Fr 10 – 17 Uhr, Sa/So 10 bzw. 11 bis 16 Uhr, www.greatnorthmuseum.org.uk)*.

Links vom Haupteingang führt die **King`s Street** zwischen **Hatton Gallery** und **Northen Stage Theatre** hindurch. Nach rund 150 m schwenken Sie nach rechts durch die Arkaden, halten sich vor dem Percy Building rechts und dann den Wegweisern nach in Richtung Sports Centre und Wolfson Building, auch über die nächste Kreuzung hinweg. Sie spazieren durch die schmale, ruhige **Lover`s Lane** bis zur **Universität**. Gehen Sie links auf den Eingang zu und dann sofort wieder rechts an den Fahrradständern vorbei und dann nach links weiter, bis Sie die Grünfläche des knapp 30 Hektar großen **Leazes Parks** erreichen. Schon 1873 wurde er als innerstädtischer Erholungsbereich eröffnet. Spazieren Sie links bis zum See und folgen Sie dem Ufer bis zur Südseite, wo Sie schon das große Fußballstadion, **St. James Park,** sehen. Heimmannschaft ist der Premier League-Verein Newcastle United, der stets in markanten, schwarz weiß gestreiften Trikots aufläuft. Folgen Sie der **Leazes Terrace** bis zum Ende des Stadions, gehen Sie kurz rechts und dann sofort wieder links durch die Grünanlage zum chinesischen Tor, das den Eingang zu **Chinatown** markiert. Sie entstand erst in den 1970er Jahren und steht in krassem Gegensatz zu den alten Resten der Stadtmauer gleich rechterhand aus dem 13. und 14. Jahrhundert. Schlendern Sie durch die fernöstlich anmutende **Stowell Street** und am Ende nach dem Durchbruch der **West Wall** links bis zum Rondell mit der „silbernen Tröte“. Ein kurzer Fußgängerbereich geht gegenüber in die **Waterloo Street** über, die direkt zu den innerstädtischen Wohnmobilparkplätzen zurückführt. Wer zum Bahnhof zurück möchte, nimmt kurz darauf linkerhand den Weg über den **Times Square** mit dem **Life Science Centre**. Dort wird nicht nur Familien Wissenschaft und Technik auf spielerische Weise nähergebracht und es gibt ein Planetarium *(NE1 4EP, £££, 10 – 18 Uhr, So ab 11 Uhr, www.life.org.uk)*.

Chinese Arch und Stadtmauer

Gastrotipps Newcastle: Nadon Thai** (thailändisch), 32 Mosley Str., NE1 1DF, **Herb Garden**** (italienisch), 8 Westgate Rd., NE1 1SA, **House of Tides***** (britisch), 28 The Close, NE1 3 RF, **Raval Brasserie**** (indisch) Church Str., NE8 2 AT, **Six***** (britisch), South Shore Rd. NE8 3BA Gateshead, **Malmaison**** (britisch), 104 Quayside, NE1 3DX, **The Redhouse*** (britisch), 32 Sandhill, NE1 3JF, **Rasika Restaurant**** (indisch, 27 Sandhill, NE1 3JF, **Quay**** (britisch), 4 Queen Str., NE1 3UG, **Bridge Tavern**** (britisch), 7 Akenside Hill, NE1 3UF, **Simla**** (indisch), 39 Side, NE1 3JE, **Mark Toney Café** (Café), 53 Grainger Str., NE1 5JE, **Pet Lamb Patisserie** (Café), Unit 19 Grainger Market, NE1 5QW, **Purple Bear**** (amerikanisch), Prudhoe Chare, NE1 7AF, **Quilliam Brothers**** (britisch), 1 Barras Bridge, NE1 7RD, **King Neptune**** (chinesisch) 34 Stowell Str., NE1 4XQ, **Blackfriars**** (britisch), Friars Str., NE1 4XN, **Taste of Persia**** (persisch), 14 Marlborough Cresc., NE1 4EE

The Angel of the North

In der Nähe:

- Flamingos, Otter und viele einheimische Vogelarten können Sie im 45 Hektar großen Naturpark **Washington Wetlands Centre** südlich von Newcastle beobachten. Das schöne Gelände besteht aus Feuchtgebieten, Teichen, Wiesen und Waldflächen *([N 54°54'00" W 1°29'12"], NE38 8LE, Barmston Lane, Washington, ££, 9.30 – 17.30 Uhr, Winterhalbjahr bis 16.30 Uhr, www.wwt.org.uk).*
- Das Herrenhaus **Washington Old Hall** ist eng mit der Familie des ersten US-Präsidenten George Washington verbunden. Garten und Haus können besichtigt werden *([N 54°54'10" W 1°31'02"], NE38 7LE, The Avenue, Washington, £, NT-Members frei, 10 – 17 Uhr, www.nationaltrust.org.uk).*
- **Gibside:** 240 Hektar an Gärten, Wald und Wiesen, angelegt im 18. Jahrhundert, bieten Besuchern die Möglichkeit, im Grünen zu entspannen und weite Blicke über das Land zu genießen *([N 54°55'06" W 1°44'12"], NE16 6BG, Gateshead Road, Rowlands Gill, ££, NT-Members frei, 10 – 18 Uhr, www.nationaltrust.org.uk).*
- Die 1998 errichtete, rostbraune Statue des **Angel of the North** ist zu einem Symbol des Nordens geworden. Mit 58m Flügelspannweite übertrifft sie sogar die Höhe der Freiheitsstatue *([N 54°54'55" W 1°35'20"], NE9 7TY, Durham Road, Low Eighton, Zugang frei).*

(001) WOMO-Stellplatz: Whickham

GPS: N 54°57'01" W 1°41'58", A694, NE21 6JA, BLAYDON
Max. WOMOs: 2-3
Ausstattung/Lage: Asphaltierter Parkplatz nahe der Hauptstraße, durch Bäume und Büsche getrennt, Mülltonnen, beleuchtet, sonst keine Einrichtungen
Ortszentrum: rund 3,5 km vom der Metrocentre Gateshead Mall entfernt.
Zufahrt: Vom Metrocentre (siehe P&R Parkplatz 3, Newcastle) fahren Sie auf die A1 in Richtung Hexham und nehmen die zweite Ausfahrt links in Richtung Consett und folgen dieser Beschilderung auch im kommenden Kreisverkehr. Nach ca. 1,5 km linkerhand.

BEAMISH LIVING MUSEUM OF THE NORTH

Eine der interessantesten Sehenswürdigkeiten der Region ist zweifelsohne das Beamish Freilichtmuseum. Das riesige Gelände unterteilt sich in ein Grubenarbeiterdorf um 1900 samt

Nostalgische Trambahnen, Beamish Museum

Bergwerk, eine Farm aus den 1940er Jahren, ein Herrenhaus mit Landschaftsgarten aus dem frühen 19. Jahrhundert und ein Stück Kleinstadt, der letzten Jahrhundertwende. All das ist durch viele Mitarbeiter in historischen Kostümen belebt und man fühlt sich tatsächlich in die jeweilige Zeit zurück versetzt, wenn man den Kramer Laden betritt, die Schule ansieht oder durch die Stallungen des Bauernhofs streift. Um schneller im weitläufigen Gelände voran zu kommen, fahren historische Trambahnen, Züge und Busse auf einem Rundkurs umher und befördern Gäste zwischen den interessantesten Punkten hin und her. Bäckerei, Süßigkeitenladen und Fish`n`Chips Shop sind täglich geöffnet und arbeiten auf traditionelle Weise. Zusätzlich finden das ganze Jahr über wechselnde Veranstaltungen wie Umzüge, Ausstellungen, Landwirtschaftsshows und Mitmachkurse statt. Problemlos kann man einen ganzen Tag in Beamish verbringen.

[N 54°52'49" W 1°39'32"], Beamish, DH9 0RG, Apr – Okt 10 – 17 Uhr, Nov – Mär nur bis 16 Uhr, £££, www.beamish.org.uk

Kleinstadt der Jahrhundertwende im Beamish Museum

(002) WOMO-Pubstopover: The Sheperd and Sheperdess

GPS: N 54°52'44" W 1°39'26", Station Cottages, DH9 0RS, BEAMISH
Max. WOMOs: 1 – 2
Ausstattung/Lage: Schöner Pub mit Spielplatz und Biergarten, asphaltierter Parkplatz neben dem Haus.
Ortszentrum: etwa 3 km (Stanley)
Zufahrt: Unmittelbar an der Zufahrtsstraße zum Parkplatz des Beamish Freilichtmuseums rechterhand.
Richtpreis: Übernachtung auf Anfrage gegen Einkehr im Pub.
Internet: www.sheperdbeamish.co.uk

(003) WOMO-Picknickplatz: Eden Place

GPS: N 54°52'39" W 1°39'29", DH9 0RB, STANLEY

Max. WOMOs: 2-3
Ausstattung/Lage: Asphaltierter Parkplatz mit Picknickbänken im Grünen, durch Bäume von der Straße getrennt, Mülltonnen, beleuchtet, sonst keine Einrichtungen
Ortszentrum: ca. 3 km
Zufahrt: Unmittelbar an der Zufahrtsstraße zum Parkplatz des Beamish Freilichtmuseums linkerhand.
Hinweis: Der Parkplatz besitzt ein Tor, es wird aber i.d.R. nicht geschlossen.

(004) WOMO-Picknickplatz: Malton

GPS: N 54°48'44" W 1°43'25", DH7 0TH, LANCHESTER
Max. WOMOs: 2-3
Ausstattung/Lage: Asphaltierter Picknickplatz zwischen Wiesen und Bäumen am River Browney, Mülltonnen, nachts einsam.
Ortszentrum: rund 1,5 km
Zufahrt: Von Beamish aus auf der A693 über Stanley bis Annfield Plain fahren. Dort im großen Kreisverkehr links auf die Lanchester Road abbiegen und am Ende der Straße erneut links auf die A691 fahren. Einige hundert Meter nach dem Ort ist der Picknickplatz nach rechts angeschrieben.
Hinweis: Der Parkplatz besitzt eine Schranke. Sie ist aber in der Regel nicht geschlossen.

(005) WOMO-Campingplatz: Durham Grange Caravan Club Site

GPS: N 54°47'43" W 1°31'51", Meadow Lane, DH1 1TL, DURHAM
Max. WOMOs: 76
Ausstattung/Lage: Alle Einrichtungen, mittelgroßer Platz mit Stellflächen auf Rasen und Schotter, kaum Schatten, Spielplatz, Rundweg für Hunde, nicht ganz leise, da nahe der Autobahn.
Zeiten: ganzjährig geöffnet **Ortszentrum**: rund 3,8 km
Zufahrt: Von Beamish auf der A693 in östliche Richtung bis zur Autobahn A1(M) fahren und dort in Richtung Süden. Gleich an der nächsten Ausfahrt in Richtung Durham abfahren und der A690 in die Stadt folgen. Unmittelbar nach dem Autobahnkreisverkehr zweigt die Zufahrt zum Platz rechterhand ab.
Richtpreis: 31,50 – 41,50 £, CC-Mitglieder 19,50 – 29,50 £
Internet: www.caravanclub.co.uk

Oben und unten: Marktplatz in Durham

DURHAM

Die Stadt Durham zählt rund 65.000 Einwohner und weist ein hübsches Zentrum auf einer Flussschleife des Rivers Wear vor. Das Ensemble mit Kathedrale und Burg gehört zum UNESCO-Weltkulturerbe. Für einen Stadtrundgang eignet sich der **Parkplatz „The Sands“**, direkt am Flussufer gelegen, sehr gut. Große Wohnmobile kommen am direkt benachbarten Busparkplatz unter *([N 54°46’49” W 1°34’31”], Freeman`s Place, DH1 1SW, mit Parkautomat)*.

Durham Cathedral

Unterwegs in Durham:
Um vom Parkplatz ins Zentrum zu gelangen, gehen Sie den **Freeman`s Place** in südliche Richtung bis zum Premier Inn Hotel und folgen links den Stufen hinauf zum **Millennium Square** mit einer ganzen Reihe Restaurants ringsum. Am Ende überqueren Sie nach rechts die Hauptverkehrsstraße auf einer Brücke und stehen nach wenigen Metern am zentralen **Market Place** mit der Markthalle zu Ihrer Rechten. Links können Sie eine Runde durch das **Prince Bishop Shopping Centre** drehen, das Sie in der **Saddler Street** wieder verlassen. Gehen Sie von dort aus links und sofort wieder links zur **Elvet Bridge,** erreichen Sie eine Flussbrücke. Unterhalb kann man Ruderboote mieten. Wenn das keine Option für Sie ist, folgen Sie der Saddler Street weiter in südliche Richtung und zweigen rechts in die **Owengate** ab. Nach wenigen Metern stehen Sie links vor dem **World Heritage Site Visitor Centre.** Hier erfahren Sie mehr über die dem UNESCO Erbe zugehörigen Bauwerke. Die Straße öffnet sich nun zum **Palace Green**. Rechts befindet sich der Zugang zum **Durham Castle**. Da es heute eine Schule beherbergt, ist es nicht immer für Besichtigungen zugänglich *(mehr unter www.durhamworldheritagesite.com)*.
Kurz darauf folgt das **Museum of Archaeology** und dahinter, nicht zu übersehen, die mächtige **Durham Cathedral**. Neben dem eigentlichen Kirchenbau kann man den schönen Kreuzgang und die Ausstellung „Open Treasure" besichtigen. Im angrenzenden Laden können Sie eine naturgetreue Nachbildung der Kathedrale aus Legosteinen bestaunen *(DH1 3EH, Kathedrale: Eintritt frei, mindestens 3 £ Spende werden recht deutlich eingefordert. Mo – Sa 8 – 18 Uhr, So bis 17.30 Uhr, Ausstellung: £, Mo – Sa 10 – 17 Uhr, So ab 12.30 Uhr, www.durhamcathedral.co.uk)*.
Vom Eingang der Kathedrale aus können Sie nach rechts in Richtung Flussufer hinabgehen und erreichen schließlich die **Framwellgate Bridge**. Nach rechts gelangen Sie über die **Silver Street** zurück zum Market Place.

Gastrotipps Durham: Bells Fish Restaurant* (Fast Food), Market Square, DH1 3NE, **Vennel`s Café** (Café), 71 Saddler Str., DH13NP,

Restaurant 17** (britisch), 17 Elvet Bridge, DH1 3AA, **La Spaghettata**** (italienisch), 66 Saddler Str., DH1 3NP, **Bill`s**** (britisch) 39 Saddler Str., DH1 3NU, **Flat White** (Café), 40 Saddler Str., DH1 3NU, **La Tasca**** (spanisch), 58 Saddler Str., DH1 3NU, **The Cellar Door**** (britisch), 41 Saddler Str., DH1 3NU, **Cafedral Durham** (Café), 1 Owengate, DH1 3HB, **Alters Café** (Café), 19a Silver Str., DH1 3RB, **Treats Tea Room** (Café), 27 Silver Str., DH1 3RD, **Akarsu**** (türkisch), 32a Silver Str., DH1 3 RD

In der Nähe:

- **Crook Hall and Gardens** befindet sich in fußläufiger Entfernung von Durhams historischem Zentrum. Das Anwesen aus dem 13. Jahrhundert ist bis heute in Privatbesitz und liegt unmittelbar am Ufer der Wears *([N 54°46'55" W 1°34'27"], DH1 5TA, Sidegate, ££, So – Mi,* Mär – Okt 10 – *17 Uhr, sonst 11 – 16 Uhr, www.crookhallgardens.co.uk).*
- Im gotischen Stil in der georgianischen und viktorianischen Zeit erbaut, gehört der Herrensitz **Ushaw** zu den eher unbekannten Sehenswürdigkeiten. Ein Besuch des großen Hauses und des umfangreichen Parklandes lohnt dennoch. In einem Teil der Gebäude ist eine Schule untergebracht *([N 54°47'13" W 1°39'32"], DH7 7 DW, Woodland Rd., Ushaw Moor, £, Mi – Sa 11 – 17 Uhr, www.ushaw.org).*

(006) WOMO-Picknickplatz: Broompark

GPS: N 54°46'05" W 1°36'43", Broom Lane, DH7 7RJ, DURHAM
Max. WOMOs: 2-3

Ausstattung/Lage: Asphaltierter Picknickplatz rund 150 m von der Hauptstraße entfernt. Schattig, zwischen Bäumen mit Picknickbänken auf einer Wiese, Mülleimer.
Ortszentrum: etwa 2,5 km
Zufahrt: Durham in südwestliche Richtung über die A690 in Richtung Crook verlassen. Am Kreisverkehr nach der Stadt rechts nach Ushaw Moor abfahren. Der Platz kommt nach rund 800 m linkerhand.
Hinweis: Der Parkplatz besitzt eine Schranke. Diese wird in der Regel nicht geschlossen.

ÜBER BISHOP AUCKLAND NACH BARNARD CASTLE

Auf der Weiterfahrt können Sie zwischen drei weiteren freien Stellplätzen wählen. Der erste liegt gleich am River Wear und ist, aus unserer Sicht, die erste Wahl. Alternativen finden Sie einige hundert Meter weiter am Ortsrand von SPENNYMOOR auf einer kleinen Fläche bei **008:** [N 54°41'54" W 1°37'15"] oder westlicher auf einem großen Parkplatz neben der Durchgangsstraße bei WILLINGTON, **009:** [N 54°42'19" W 1°40'42"].

(007) WOMO-Stellplatz: Wear River

GPS: N 54°42'50" W 1°38'21", Whitworth Lane, DL16 7RG, PAGE BANK
Max. WOMOs: 2-3

Ausstattung/Lage: Asphaltierter Parkplatz zwischen Bäumen, nahe dem Flussufer. Keine Einrichtungen, schattig.
Ortszentrum: etwa 4 km (Spennymoor)
Zufahrt: Der A690 in Richtung Crook folgen. Nach Brancepath links Richtung Spennymoor abbiegen. Nach 2,5 km vor der Flussbrücke rechts fahren und sofort wieder rechts auf den Parkplatz.

Ein Halt in BISHOP AUCKLAND ist kein Muss. Vom Ortsparkplatz an der **North Bondgate,** [N 54°39'56" W 1°40'39"], können Sie über den hübschen Marktplatz zum Castle hinüberschlendern. Die Burg ist aufgrund umfangreicher Renovierungen bis auf Weiteres geschlossen. Der große Wildpark bleibt geöffnet. Wer Lust hat, mit der historischen **Weardale Railway** das umliegende Tal auf einer Bahnfahrt zu erkunden, parkt rund um den Hauptbahnhof und geht vorbei am B&Q Baumarkt und den Postgebäuden zur etwas versteckten Station.

[N 54°39'27" W 1°40'41"], £££, mehr unter www.weardale-railway.org.uk

Wenn Sie an einem Sommerwochenende in der Gegend sind, können Sie einer Vorführung der epischen Open Air Aufführung **Kynren** beiwohnen. Jedes Jahr wird nahe der Stadt an rund 20 Tagen die Geschichte Englands im großen Stil dargestellt. Mehr als 1000 Mitwirkende beziehen in einer opulenten Show sogar den Fluss Wear in die Vorstellungen mit ein, ein echtes Spektakel für das Sie sich allerdings frühzeitig um Tickets bemühen sollten

[N 54°40'11" W 1°41'01"], Flatts Farm, DL14 7SF, ££££, Termine und mehr unter www.kynren.com

Wenige Kilometer weiter südlich in SHILDON können Sie das Museum **Locomotion** besuchen, nicht nur für Eisenbahnenthusiasten ein kurzweiliger Zwischenstopp. In einem großen Lokschuppen sind Dutzende Züge aus allen Epochen ausgestellt, auf den Gleisen davor kann man Zugwagen beim Rangieren beobachten. Für Kinder gibt es einen thematisch abgestimmten Spielplatz und an manchen Tagen werden Dampflokfahrten angeboten.

Locomotion in Shildon

[N 54°37'23" W 1°37'51"], Dale Rd., DL4 2RE, Eintritt frei, 10 – 17 Uhr, im Winter bis 16 Uhr, www.locomotion.org

Im nahen NEWTON AYCLIFFE bietet das **Pub Locomotion One** bei **010:** [N 54°35'50" W 1°34'53"] Gästen die Möglichkeit, über Nacht am Parkplatz zu bleiben.

Auf Ihrer Route folgt die mittelalterliche Burg **Raby Castle** nahe STAINDROP. Sie wurde im 14. Jahrhundert erbaut und liegt inmitten eines weitläufigen Rehparks. Bekannt ist sie für ihre umfangreiche Kunstsammlung alter Meister und Portraits. Auch die schiere Größe und der gute Erhaltungszustand beeindrucken Besucher.

[N 54°35'37" W 1°47'45"], Keverstone Bank, DL2 3AH, ££, HH-Mitglieder frei, Ende Mär – Sep von Mi – So, Jul/Aug auch Di, 11 – 16.30 Uhr, www.rabycastle.com

Unterwegs in Barnard Castle

Nach weiteren 11 Kilometer gelangen Sie nach BARNARD CASTLE. Zentrale Parkplätze gibt es in der **King Street** bei [N 54°32'41" W 1°55'21"] und in der **Queen Street** bei [N 54°32'33" W 1°55'20"]. Die geschäftige Marktstadt am River Tees liegt unterhalb der imposanten, namensgebenden Burgruine. Ihr bekanntester Besitzer war Richard III. Sein Wappentier, der Kopf eines Wildschweins, ist in vielen der alten Mauern eingraviert und bis heute sichtbar. Auch ein „Sensorischer Garten" gehört zu der Anlage.

£, EH-Mitglieder frei, Apr– Okt 10 – 17/18 Uhr, sonst nur So/Mo 10 – 16 Uhr, www.english-heritage.org.uk

Noch mehr Gäste werden vom **Bowes Museum** angezogen, das Sie nach einem kurzen Spaziergang am östlichen Ortsrand erreichen. Die überregional bedeutende Ausstellung zu Kunst, Mode und Design wird in einem schlossähnlichen Anwesen präsentiert. Star der Sammlung ist ein silberner, von mehreren Uhrwerken angetriebener, mechanischer Schwan, der täglich um 14 Uhr zu Leben erweckt wird.

Newgate, DL12 8NP, £££, 10 – 17 Uhr, www.thebowesmuseum.org.uk

Gastrotipps Bishop Auckland: Fiveteas Vintage Tearoom (Café), 9 Market Place DL14 7NJ, Spice Loung** (indisch), 11 Fore Bondgt., DL14 7PF, Gabrielle`s** (britisch), 7 Flintoff Str., DL14 7LE; **Barnard Castle: Il Palazzo**** (italienisch), 105 Galgt., DL12 8ES, **Fish and Chips 149*** (Fast Food), 36 Galgt., DL12 8BH, **Three Horseshoes**** (britisch), 7 Galgt., DL12 8EQ, **Bengal Merchant**** (indisch) 7 The Bank, DL12 8PH, **Clarendon`s** (Café), 29 Market Pl., DL12 8NE

YORKSHIRE DALES NATIONAL PARK

Südlich von Ihnen befinden sich die weiten, nur dünn besiedelten Hügel der Yorkshire Dales. Heidelandschaft und Karstgebiete wechseln sich ab. Meist ziemlich schmale Straßen mit plötzlichen Steigungen von bis zu 25 Prozent schlängeln sich durch die Landschaft. Das Fahren mit Wohnmobilen wird dadurch nicht gerade erleichtert. Wenn Sie lieber auf Nummer Sicher gehen möchten oder mit einem Fahrzeug von mehr als 7 Metern Länge unterwegs sind, bleiben Sie unbedingt auf der **A66** und **A685,** bis Sie KIRKBY STEPHEN erreichen und folgen dort der Beschilderung direkt nach Hawes oder zweigen in NATEBY Richtung KELD und REETH ab, eine etwas entschärfte Variante, die Ihnen schöne Einblicke in diese weite und karge Landschaft bietet.

Die eindrucksvollste aber auch schwierigste Strecke verläuft über die **Stang Lane** mitten durch die Berge. Vielerorts tun sich Stellplatzmöglichkeiten auf. Gut geeignet sind die kleinen Parkplätze bei **011:** [N 54°28'27" W 1°57'54"] und noch zwei weitere Male kurz danach im Bereich des Stang Forest. Am Ende der Straße fahren Sie links nach Reeth, falls Sie die Dales ganz auslassen möchten. Sonst zweigen Sie rechts nach TARN HILL ab. Das bekannte Pub an dieser Stelle liegt einsam und verlassen mitten in der Heide auf 528 m und ist das Höchstgelegene in ganz England.

(012) WOMO-Pubstopover: Tan Hill Inn

GPS: N 54°27'20" W 2°09'36", Long Causeway, DL11 6ED, TARN HILL
Max. WOMOs: 4-5
Ausstattung/Lage: Uriges Pub mitten im Nichts, durchgängig zugängliches WC und im Sommer Duschen vorhanden.
Zufahrt: Wie im Text zuvor beschrieben.
Richtpreis: Übernachtung auf Anfrage gegen Einkehr und mit ca. 5 £ Spende für den Nationalpark möglich.
Internet: www.tarnhillinn.com

Gleich nach dem Gasthaus biegen Sie links nach KELD ab. Am Ende der Straße wartet ein kurzes, besonders unangenehmes Stück mit einer 25 Prozent abfallenden Haarnadelkurve. Danach haben Sie den schwierigsten Teil gemeistert und können

Stellplätze in den Dales, unten Nr. 015

Hardraw Force

bei Bedarf eine der zwei einfachen Campsites ansteuern. Die **Park Lodge Campsite** ist etwas besser ausgestattet *(**013:** [N 54°24'23" W 2°10'03"], DL11 6LJ, Keld, ££, Ostern – Sep., Strom, Dusche/WC, www.rukinskeld.co.uk)*.

In THWAITE biegt die Hauptroute rechts in Richtung Hawes ab. Um sich die Beine zu vertreten, fahren Sie vorher noch ein Stück weiter in den hübschen Weiler MUKER. Es gibt ein kleines Gasthaus, Laden und eine Galerie. An der Zufahrtsstraße passieren Sie die kleine **Usha Gap Campsite** *(**014:** [N 54°22'37" W 2°09'13"], DL11 6DW, Muker, ££, ganzjährig geöffnet, Dusche/WC, Waschmaschine, www.ushagap.co.uk)*.

Die Straße schwingt sich südlich den Hügel hinauf, bei [N 54°21'36" W 2°11'43"] können Sie in einer Parkbucht kurz Station machen, um linkerhand über ein paar Stufen zur kleinen Felsformation **Buttercups** zu gehen. Hinter einem Viehgatter bei **015:** [N 54°21'18" W 2°12'18"] bietet sich nur wenig später Gelegenheit zum Übernachten.

Sie lassen die Hügel nun hinter sich und können noch vor Hawes, rechts ins kleine HARDRAW abbiegen. Neben dem Green Dragon Inn beginnt der kurze Fußweg zum **Hardraw Force**, dem mit 30 Metern höchsten ein strahligen Wasserfall Englands. Auch wenn er am Ende nicht übermäßig beeindruckt, ist es ein kurzweiliger Spaziergang in schöner Umgebung. Robin Hood Fans mag er außerdem bekannt vorkommen – im Filmremake von 1991 mit Kevin Costner wurde genau hier die Szene gedreht, in der Maid Marian den nackten Volksheld beim Baden beobachtet.

[N 54°18'59" W 2°12'17"] Bellow Hill, DL8 3LZ, £, 10 – 18 Uhr, Winterhalbjahr bis 16 Uhr, www.hardrawforce.com

In HAWES finden Sie gleich zwei interessante Anlaufpunkte. Am südwestlichen Ortsende liegen die Firmengebäude der **Wensleydale Creamery**, einer im ganzen Land bekannten Käserei. Bei mehrmals wöchentlich stattfindenden Vorführungen können Gäste bei der Herstellung zusehen und erfahren, wie aus rund vier Litern Milch ein 500 g schwerer Käselaib entsteht. Auf einem Rundgang können sich Erwachsene und Kinder an verschiedenen, teils interaktiven Stationen selbst informieren und einen kurzweiligen Rundgang durch die Produktionsstätten machen. Und natürlich gibt es einen Käseladen…

[N 54°18'07" W 2°12'05"] Gayle Lane, DL8 3RN, £, 10 – 16 Uhr, Laden bis 17 Uhr, www.wensleydale.co.uk

Das **Countryside Museum** und das angeschlossene **National Park Centre** befinden sich im umgestalteten, ehemaligen Bahnhofsgebäude von Hawes. Wie der Name sagt, wird thematisch die Natur und das Leben der Menschen in den Yorkshire Dales dargestellt.

[N 54°18'16" W 2°11'35"] Burtersett Road, DL8 3NT, £, 10 – 17 Uhr, www.dalescountrysidemuseum.org

Im Ort gibt es Übernachtungsgelegenheiten. Wenn Ihnen ein einfacher Parkplatz reicht, fahren Sie zum Gelände des Bauernmarktes gleich an der Hauptstraße. Auf dem Parkplatz links hinter dem Haus ist Übernachten offiziell gestattet, **016:** [N 54°18'08" W 2°11'24"], £. Komfortabler kommen Sie am örtlichen Campingplatz unter.

(017) WOMO-Campingplatz:
Bainbridge Ings Country Park

GPS: N 54°18'03 W 2°11'10", Old Gayle Lane, DL8 3NU, HAWES
Max. WOMOs: 30
Ausstattung/Lage: Alle Einrichtungen, kleinerer Platz mit Stellflächen auf Rasen, der nebenan auch Holiday Homes vermietet. Ruhig, ortsnah, kein Schatten.
Öffnungszeiten: ganzjährig
Ortszentrum: 900 m
Zufahrt: In Hawes der A684 in Richtung Richmond folgen. Kurz nach

Ortsende rechts beschildert zum Platz abbiegen.
Richtpreis: £££
Internet: www.bainbridge-ings-countrypark.co.uk

Eine Ortschaft weiter bietet das **Rose and Crown Pub** in BAINBRIDGE ebenfalls die Möglichkeit einer Zwischenübernachtung für Gäste bei **018:** [N 54°18'31" W 2°06'10"] und ein kleiner Parkplatz für Puristen direkt am River Ure aber auch nah an der Straße gelegen, befindet sich linkerhand bei **019:** [N 54°17'44" W 2°00'29"].

Stellplätze Nr. 018, 019 und 020

Bei nächster Gelegenheit halten Sie sich links und kommen so zum großen, kostenpflichtigen Parkplatz der **Aysgarth Falls**, **020:** [N 54°17'29" W 1°59'02"]. Wohnmobile dürfen über Nacht bleiben, mit 12,50 £ für einen Schotterparkplatz, der nur über öffentliche Toiletten verfügt aber nicht gerade ein Schnäppchen ist. Die schönen mehrstufigen Fälle liegen etwas weiter unterhalb und sind schon von der Flussbrücke aus sehr gut zu sehen. Das **Nationalparkcentre** auf der gegenüberliegenden Flussseite, informiert über Möglichkeiten und Wanderwege in den gesamten Dales.

Castle Bolton erkennen Sie von Weitem links der Straße. Auch wenn es nur noch in Teilen erhalten ist, gilt es als eine der bestkonservierten mittelalterlichen Festungen. Sie ist bis heute in Teilen bewohnt und war seinerzeit einer der luxuriösesten Sitze des Landes. Mit Labyrinth und Aktivitäten wird im Sommer ein umfangreiches Programm für Kinder geboten.

[N 54°19'20" W 1°57'03"], Castle End, DL8 4 ET, Leyburn, ££, HH-Mitglieder frei, Apr – Okt 10 – 17 Uhr, www.boltoncastle.co.uk

In REDMIRE haben Sie ein weiteres Mal auf dieser Tour Gelegenheit, eine historische Bahnfahrt zu unternehmen. Die **Wensleydale Railway** verkehrt auf einem rund 90-minütigen Streckenabschnitt bis Leeming Bar. Wer möchte, kann sich unterwegs einen klassischen Cream Tea mit Etagere, Scones und Fingersandwiches servieren lassen. Als Passagiere können Sie in der Regel problemlos am Bahnhofsparkplatz über Nacht bleiben. Die Zufahrt ist etwas eng und nur geschottert (***021:** [N 54°19'10" W 1°55'37"], DL8 4ES, ££, aktuelle Fahrpläne und mehr unter www.wensleydalerail.com*).

Um zum Etappenziel nach Richmond zu gelangen, fahren Sie auf direktem Weg geradeaus oder machen einen letzten Abstecher in die nördlichen Dales. Sie erreichen dic Stadt auf einem Schlenker über die Whipperdale Bank und das hübsche Dorf REETH. Bei dieser Wegvariante finden Sie eine ganze Reihe weiterer, freier Stellplätze. Der erste liegt an einem kleinen Bach, allerdings gleich gegenüber eines Militärübungsgeländes, was während laufenden Manövern zu Problemen führen könnte **022:** [N 54°20'22" W 1°52'34"]. In solchen Zeiten fahren Sie besser ein Stück weiter bis zur Alternative bei [N 54°21'28" W 1°54'08"]. Am Beginn des Ortsteils GRINTON ließe sich auf einer etwas erhöht von der Straße gelegenen Stellfläche ebenfalls übernachten, **023:** [N 54°22'32" W 1°55'47"]. Oder Sie steuern gleich das Womo-Pub **The Bridge Inn** an, **024:** [N 54°22'53" W 1°55'45"].

Castle Bolton

Gastrotipps Yorkshire Dales, Muker: **The Farmer`s Arms**** (britisch) DL11 6QG, **Hawes: White Heart Inn**** ** (britisch) Main St., DL8 3QL, **Crown Inn**** ** (britisch) Market Place, DL8 3RD, **Caffe Curva** ** (Café) Market Place, DL8 3QZ, **Bainbridge: Corn Mill Tearoom** (Café), Mill Croft, DL8 3EH, **Aysgarth: Falls Hotel**** (britisch), Yore Mill, DL8 3SR**.** **Mill Race Tearoom** (Café), Yore Mill, DL8 3SR, **Redmire: Bolton Arms**** (britisch), Hargill Lane, DL8 4EA, **Reeth: Overton House** (Café), High Row, DL11 6SY,

RICHMOND

Die Kleinstadt am River Swale zählt rund 9000 Einwohner und wurde im Jahr 1071 von Alan Rufus, einem Unterstützer Wilhelm des Eroberers, gegründet. Der große Ortsparkplatz in der **Hurgill Road** bei [N 54°24'18" W 1°44'35"] hat meist ausreichende Kapazitäten für Wohnmobile. In südöstliche Richtung gelangen Sie von dort zum nierenförmigen Marktplatz, von dem aus mehrere Geschäftsstraßen abgehen. Markant ist die Säule, der Richmond Obelisk und das Gebäude in der Mitte, in dem das **Greenhowards Regimental Militärmuseum** untergebracht ist. Für die meisten wird das **Richmond Castle** oberhalb des Marktes, der interessanteste Anlaufpunkt sein. Es zählt zu den bekanntesten normannischen Festungen des Landes und bietet einen weiten Blick über die Yorkshire Dales. In einer kleinen, interaktiven Ausstellung erfahren Sie mehr über die Burg, bevor Sie den Turm besteigen. Durch die große dreieckige Anlage streifen oder die versteckten Cockpit Gardens am östlichen Ende der Einfriedung erkunden bereitet viel Spaß.

£, EH-Mitglieder frei, Apr – Sept, Okt bis 17 Uhr, sonst nur Sa/So 10 – 16 Uhr, www.english-heritage.org.uk

Gastrotipps Richmond: **Barretts**** (britisch) 7 Rosemary Lane, DL10 4DP, **Duncan`s Tearoom** (Café) 5a Finkle Street., DL10 4QA, **Rustique**** (französisch) 5 Chantry Wynd, DL10 4QW, **Taj Mahal** ** (indisch) 2 Trinity Church Square, DL10 4HY, **Jefferson`s** (Café), 57b Market Square, DL10 4JQ

Richmond Castle

Richmond

(025) WOMO-Picknickplatz: Hudswell Wood

GPS: N 54°24'12" W 1°45'34", Reeth Road, DH7 7RJ, RICHMOND
Max. WOMOs: 3-4
Ausstattung/Lage: Asphaltierter Picknickplatz mit Toiletten (kostenpflichtig) und Picknickbänken am Fluss. Teils schattig, meist ruhig.
Ortszentrum: rund 2 km
Zufahrt: Direkt an der A6108, von Reeth kommend, Abfahrt rechterhand am Ortsbeginn von Richmond.
Preis: nachts frei, tags kostenpflichtig mit Parkuhr

(026) WOMO-Campingplatz: Hargill House Caravan Club Site

GPS: N 54°27'13" W 1°42'18", A66 Gilling West, DH10 5LJ, RICHMOND

Max. WOMOs: 61
Ausstattung/Lage: Alle Einrichtungen, mittelgroßer Platz mit Stellflächen auf Rasen und Schotter, kaum Schatten, Rundweg für Hunde.
Zeiten: ganzjährig
Ortszentrum: ca. 7 km
Zufahrt: In Richmond am ersten und dritten Kreisverkehr jeweils die erste Ausfahrt nach links nehmen und dann über die Gilling Road immer geradeaus bis zum Platz auf der rechten Seite.
Richtpreis: 28,80 – 37,50 £, CC-Mitglieder 16,80 – 25,50 £
Internet: www.caravanclub.co.uk

In der Nähe:

- **Kiplin Hall and Pleasure Gardens** liegt einige Kilometer südöstlich von Richmond nahe dem Ort Scorton. Das in eine weitläufige Parklandschaft eingebettete jakobinische Haus stammt aus den 1620er Jahren und war einst das Zuhause von George Calvert, dem späteren Gründer des Staates Maryland in den USA. *([N 54°22'28" W 1°34'49"], DL10 6AT, Scorton, ££, HH-Members frei, Ostern – Okt von 11 – 17 Uhr, www.kiplinhall.co.uk).*

Tour 2: West Yorkshire und Leeds (ca. 410 km)

Forbidden Corner – Rund um Masham
Lightwater Valley Theme Park – Ripon – Studley
Royal Watergarden – Nidderdale AONB – Malham
Skipton – Bronte Museum und Saltaire – Leeds
Harewood House – Harrogate – Knaresborough

Stellplätze (gratis)	Masham, Skelding, Brimham Rocks, Grassington, Pennystone Hill, Leeming, Keighley, Baildon Moors, Leeds, Heath, Otley
Stellplätze (£)	Ripon, Grassington, Skipton
Pub Stellplätze:	East Witton, Bridge Hewick, Grantley, Embsay, Cullingworth, Linton
Campingplätze:	Harmby bei Middelham, Appletreewick, Threshfield bei Grassington, Malham, Knaresborough
Besichtigen:	Middleham Castle, The Forbidden Corner, Jervaulx Abbey, Black Sheep Brewery, Lightwater Valley Theme Park, Ripon Museums und Kathedrale, Newby Hall, Studley Royal Water Gardens and Fountains Abbey, Stump Cross Caverns, Parcevall Hall Gardens, Skipton Castle, Bronte Parsonage Museum Haworth, Saltaire und Salts Mill, Leeds, Temple Newsam House, National Coal Mining Museum, Yorkshire Sculpture Garden, Harewood House, Harrogate mit Harlow Carr Gardens und Ripley Castle, Mother Shipton`s Cave und Knaresborough Castle
Wandern:	Hackfall Park, Nidderdale AONB/Brimham Rocks, Malham Cove und Gordale Scar
Einkaufen:	Keelham Farm Shop Skipton, Leeds

Über Ripon fahren Sie auf Tour 2 noch einmal in die Yorkshire Dales, diesmal in den südlichen Teil. Bizarre Gesteinsformationen abseits der Straßen laden zu Wanderungen ein. In Haworth erwartet Sie das Heim der über Literaturkreise hinaus bekannten Bronte-Schwestern und bei Bradford eine weitere Weltkulturerbe-Stätte, bevor Sie die moderne Großstadt Leeds erkunden. Interessante Herrenhäuser, Gärten und der Kurort Harrogate versprechen kurzweilige Stunden, bis die Etappe in Knaresborough, der Heimat von Englands bekanntester Wahrsagerin, endet.

Südlich von Richmond setzen Sie Ihre Reise durch die Ortschaften LEYBURN und MIDDLEHAM fort. Dabei streifen Sie einen gepflegten Campingplatz des Caravan and Motor-

Middleham Castle

home Clubs und können **Middleham Castle** besichtigen. Die große, normannische Burgruine war das Kindheits Zuhause Richards III. und blieb ein Leben lang eine seiner bevorzugten Rückzugsorte.

[N 54°17'04" W 1°48'27"], Castle Hill, DL8 4QG, £, EH-Mitglieder frei, Apr–Sep 10–18 Uhr, Okt bis 17 Uhr, sonst nur Sa/So 10 – 16 Uhr, www.english-heritage.org.uk

(027) WOMO-Campingplatz:
Lower Wensleydale Caravan Club Site

GPS: N 54°18'21" W 1°48'15", Argill, DL8 5NU, HARMBY
Max. WOMOs: 70
Ausstattung/Lage: Alle Einrichtungen, mittelgroßer Platz mit Stellflächen auf Rasen und Schotter, kaum Schatten, Spielplatz, Rundweg für Hunde, nicht ganz leise, da nahe der Autobahn.
Zeiten: Mitte März – Oktober **Ortszentrum**: ca. 2 km (Leyburn)
Zufahrt: In Leyburn links auf die A684 Richtung Northallerton abbiegen. Im nächsten Dorf Harmby der Beschilderung nach links zum Eingang folgen.
Richtpreis: 29 – 36,80 £, CC-Mitglieder 17,00 – 24,80 £
Internet: www.caravanclub.co.uk

THE FORBIDDEN CORNER

Ab Middleham führt eine schmale Straße zum „Verbotenen Winkel". Ursprünglich in den 1990er Jahren als private Verrücktheit auf dem eigenen Grundstück geplant, hat sich in den letzten rund 30 Jahren aus einer ersten Grotte eine wirklich außergewöhnliche Freizeitattraktion entwickelt. Aus einer Idee von Colin Armstong entstand ein Park, der so recht in keine Schublade passen mag. Ein wenig Landschaftsgarten, ein bisschen Labyrinth, eine Prise Geisterbahn und ganz viel Spaß an Skurrilem erinnern an einen Tag in Alice` Wunderland. Auf jeden Fall lassen sich kurzweilige Stunden auf dem vergnüglichen Rundgang verbringen – sowohl für kleine als auch große Besucher. Ziel ist es, am Ende eine ganze Reihe markanter Punkte auf einem Flyer abzuhaken. So wird nebenbei garantiert, dass Sie wirklich alles gesehen haben... Allzu schreckhaft und klaustrophobisch sollten Sie nicht sein, denn hinter verborgenen Türen und am Ende schmaler, unterirdischer Gänge verbirgt sich so manche Überraschung. Der Beiname „strangest place in the world" ist gar nicht so übertrieben.

[N 54°16'34" W 1°51'19"], Coverham, DL8 4TQ, ££, Apr – Okt von Mo – Sa 12 – 18 Uhr, So/Ft ab 10 Uhr, Besuchsbuchung über die Website ist zwingend nötig, www.theforbiddencorner.co.uk

RUND UM MASHAM

Für die Weiterfahrt müssen Sie nach Middleham und zur **A6108** zurück, der Sie in südöstliche Richtung folgen. Am **Pub The Cover Bridge Inn** dürfen Womo-Gäste die Nacht verbringen,

The Forbidden Corner

028: [N 54°16'45" W 1°46'49"], DL8 4SQ.

Nach EAST WITTON sehen Sie linkerhand die Ruinen von **Jervaulx Abbey**, einer Zisterzienserabtei aus dem 13. Jahrhundert. Wie so viele andere Klöster, fiel sie nach 1535 der Säkularisation unter Heinrich VIII. zum Opfer. Die Überreste sind noch gut sichtbar, das Wohnhaus des Abts blieb weitgehend erhalten. Ein Parkplatz befindet sich gleich rechts der Straße. Es gibt einen Tearoom und Campingplatz, der allerdings nur Caravan Club Mitgliedern offen steht.

[N 54°16'00" W 1°44'30"], HG4 4PH, Eintritt frei, Spende erwünscht, täglich tagsüber zugänglich, www.jervaulxabbey.com

Sofern Sie Lust auf Eiscreme haben, finden Sie nur wenige hundert Meter weiter rechterhand die Zufahrt zur **Brymor Farm**. Schon seit über 30 Jahren wird auf dem Bauernhof Speiseeis hergestellt und zusammen mit anderen Produkten verkauft und im eigenen Café angeboten.

[N 54°15'32" W 1°43'30"], HG4 4PG, mehr unter www.brymordairy.co.uk

(029) WOMO-Stellplatz: Marfield Wetlands

GPS: N 54°14'10" W 1°40'23", A6108, HG4 4PA, MASHAM
Max. WOMOs: 2-3
Ausstattung/Lage: Waldparkplatz an einer Schotterstraße ohne Einrichtungen, schattig und ruhig.
Ortszentrum: rund 1,6 km
Zufahrt: An der A6108 sind kurz vor Masham die Marfield Wetlands angeschrieben. Dem Schild folgen. Der Platz kommt nach wenigen Metern rechterhand. Eine zweite Parkfläche befindet sich ein Stück weiter bei N 54°14'14" W 1°40'10".

MASHAM selbst ist kein sonderlich auffälliger Ort. Falls Sie aber Lust auf eine Brauereiführung haben, sind Sie hier richtig. Die kleine **Black Sheep Brewery** stellt verschiedene

Craft Biere her und bietet regelmäßige Brauereiführungen an, bei denen die Produkte natürlich verkostet werden können.

[N 54°13'31" W 1°39'33"], Gun Bank, HG4 4EN, ££, Termine und mehr unter www.blacksheepbrewery.com

Im Ort zweigt die Zufahrtsstraße zum Landschaftspark **Hackfall** ab. Das Waldgelände wurde im 18. Jahrhundert in einer tiefen Schlucht angelegt und erst 1989 vom Woodland Trust renaturiert, nachdem in den 1930er Jahren die meisten Bäume gefällt worden waren. Mit mehreren versteckten Grotten, Tempeln, Wasserfällen und Follies *(hübsche kleine Bauwerke ohne tieferen Sinn)* bietet das Gebiet eine ganze Reihe kurzweiliger Spaziergänge, von dreißig Minuten bis zu mehreren Stunden. Flyer mit den verzeichneten Touren erhalten Sie am Parkplatz bei [N 54°11'34" W 1°38'52"].

LIGHTWATER VALLEY THEME PARK

Noch bevor Sie die Stadt Ripon erreichen, sehen Sie rechterhand die Zufahrt zum Lightwater Valley, einem der führenden Freizeitparks Nordenglands. Wenn Sie Spaß an Achterbahn und Co haben, sind Sie hier richtig. Rund 40 verschiedene Fahrbetriebe und Attraktionen bieten Abwechslung für einen ganzen Tag und alle Altersstufen. Die Jüngsten umrunden per Zug den kleinen See oder spielen auf den In- und Outdoor-Abenteuerspielplätzen. Ältere Kinder fahren Kettenkarussell oder mit der Wasserbahn. Eagles Claw, Apollo und Black Pearl bezeichnen dagegen Fahrgeschäfte, die mit multiplen Überschlägen und wilden Drehungen in luftigen Höhen nur etwas für unempfindliche Mägen und mutige Gäste sind. Hauptattraktion dürfte aber „The Ultimate" sein, Europas längste Achterbahn! Zum Park gehört ein Greifvogelcenter, ein Abenteuer-Minigolfparcours und ein Hochseilgarten.

[N 54°10'45" W 1°33'55"], North Stanley, HG4 3NB, ££££, vergünstigte Onlinetickets erhältlich, Osterferien und ca. Mitte Juni – Aug täglich, Mai – Mitte Jun und Sep/Okt am Wochenende 10 – 17/18 Uhr, www.lightwatervalley.co.uk

Ripon Workhouse Museum

RIPON

Die übersichtliche Kleinstadt im Herzen Yorkshires bietet Besuchern ordentliche Einkaufsmöglichkeiten und zentrale Parkplätze, die größere Fahrzeuge aufnehmen können. Am kostenpflichtigen **Victoria Grove Carpark** gibt es nicht mal ein Nachtparkverbot. Das gleiche gilt für den direkt daneben liegenden **St. Marygate Carpark**. Beide sind über eine schmale Rampe verbunden, die sich für Wohnmobile wenig eignet. Daher nutzen Sie besser die separaten Zufahrten von der **Moss Arcade** bei **030:** [N 54°08'13" W 1°31'16"], bzw. von der **St. Marygate** bei [N 54°08'12" W 1°31'08"]. Eine der Hauptattraktionen ist die große **Kathedrale** in der **Minster Road**. Die Krypta datiert auf das Jahr 672.

Eintritt frei, Mo – Sa von 8.30 – 18.15 Uhr, So bis 17 Uhr, www.riponcathedral.org.uk

Interessant und sehr gut gemacht sind die drei Museen des Ripon Museum Trusts, allen voran das **Workhouse Museum** in der **Allhallowgate**. Sehr anschaulich und im originalen Umfeld, erfahren Sie oftmals anhand persönlicher Schicksale, wie das Leben wohnsitzloser Tagelöhner verlief. Paare und Fami-

Ripon Cathedral

Prison & Police Museum

lien wurden getrennt. Es herrschte ein eisernes Regime, bei dem der arbeitsreiche Tagesablauf genauestens getaktet war. Dafür erhielten die Insassen Kost und Logis, mussten aber meist nach wenigen Tagen weiterziehen. So lebten viele in einem ständigen, trostlosen Hin und Her zwischen verschiedenen Workhouses ihrer Heimatregion. Nur dort hatten Sie das Recht, unterzukommen. Die letzten dieser Häuser schlossen in der zweiten Hälfte des 20. Jahrhunderts. In Ripon können Sie zusätzlich das Wohngebäude des Workhouse-Leiters und den Gemüsegarten besichtigen. Eine Querstraße weiter finden Sie in der **St. Marygate** das **Prison & Police Museum**. In den ehemaligen Zellen wird die Arbeit der Ortspolizei und das Leben in solch einem kleinen Provinzgefängnis beleuchtet. Sie können sich selbst als „Bobby" ausstatten oder im Phantombild Zeichnen versuchen. Im ehemaligen Gerichtsgebäude, dem **Courthouse Museum** vis a vis der Kathedrale, werfen Sie einen Blick in den alten, bis 1998 genutzten Gerichtssaal, Richter- und Juryzimmer. Lebensgroße Figuren helfen dabei, sich einen Prozess um die Jahrhundertwende besser vorzustellen.

Kombiticket £££, einzeln £-££, täglich geöffnet, genaue Zeiten siehe Website, www.riponmuseums.co.uk

Gastrotipps Ripon: Oliver`s Pantry** (Café), 86 North Str., HG4 1DP, **Realita**\*\* (indisch), 84 North Str., HG4 1DP, **Lockwoods**\*\* (britisch), 83 North Str., HG4 1DP, **Chimes** (Café), 14 Kirkgate, HG4 1PA, **Mario`s Restaurant** (italienisch), 14 Kirkgate, HG4 1PB, **The Royal Oak**** (britisch), 36 Kirkgate, HG4 1PB

In der Nähe:

- Zu den beliebtesten Herrenhäusern Yorkshires zählt **Newby Hall** and Gardens südöstlich von Ripon. Das Anwesen aus dem späten 17. Jahrhundert beherbergt eine besonders kostbare Ausstattung. Im Garten wird mit Wasserspielen, Tretbooten und Miniatureisenbahn eine Menge für die ganze Familie geboten. Es gibt eine Puppenhaus- und eine Teddyausstellung. *([N 54°06'21" W 1°26'49"], HG4 5AJ, Mulwith Lane, Skelton-on-Ure, ££, HH-Members frei, Apr – Sep von Di – So 11 – 17.30 Uhr, Jul/Aug auch Mo, Haus nur mit Führung, www.newbyhall.com).*

(031) WOMO-Pubstopover: Black-A-Moor Inn

GPS: N 54°07'40" W 1°29'13", Boroughbridge Road, HG4 5AA, BRIDGE HEWICK
Max. WOMOs: 1–2

Ausstattung/Lage: Uriges Pub mit zwei Parkflächen und Biergarten hinter dem Haus.
Ortszentrum: etwa 2,2 km (Ripon)
Zufahrt: Von Ripon in südöstlicher Richtung über die B6265 in Richtung Boroughbridge fahren. Nach der Flussbrücke linkerhand.
Richtpreis: Übernachtung auf Anfrage gegen Einkehr im Pub.
Internet: www.blackamoorinn.co.uk

STUDLEY ROYAL WATERGARDEN & FOUNTAINS ABBEY

In einem malerischen Flusstal am River Skell gelegen, inspirieren die mächtigen Ruinen der Fountains Abbey seit Jahrhunderten die Besucher und erinnern an das einstige, weltabgewandte Leben der mittelalterlichen Mönche an diesem Ort. Später ließ John Aislabie in unmittelbarer Nähe den Studley Royal Water Garden mit spiegelgleichen, flachen Seen, Statuen und Follies anlegen. Gemeinsam mit dem ehemaligen Wohnhaus Fountains Hall, der St. Mary`s Church und dem weiter nördlich gelegenen Wildpark voller Rotwild, Dam- und Sikahirschen, ist das riesige Gelände seit 1986 Teil des UNESCO Weltkulturerbes und unbedingt einen Besuch wert. Ihr Wohnmobil parken Sie am Busparkplatz, nahe des Haupteingangs.

[N 54°06'50" W 1°35'08"], Abbey Road, Fountains, HG4 3DZ, £££, NT-Members frei, Mär – Nov täglich 10 – 17/18 Uhr, sonst Fr geschlossen, www.nationaltrust.org.uk

032: Grantley Arms

NIDDERDALE AONB

Die Nidderdales umfassen ein 600 Quadratkilometer großes Gebiet, das als „Area of Outstanding Natural Beauty" unter besonderem Schutz steht. Sie finden nördlich der **B6265** zunächst zwei Übernachtungsgelegenheiten vor. Im Dorf GRANTLEY gestattet das **Grantley Arms Pub** Gästen eine Übernachtung *(**032:** [N 54°07'30" W 1°38'42"], HG4 3PJ)*. Noch etwas weiter gibt es einen einsamen Stellplatz zwischen den Viehweiden.

(033) WOMO-Stellplatz: Skelding Moor

GPS: N 54°07'38" W 1°40'41", Drift Lane, SKELDING

Max. WOMOs: 1-2

Ausstattung/Lage: Etwas erhöht gelegene Erd-/Schotterfläche zwischen Weiden neben einer schmalen Teerstraße. Keine Einrichtungen, kein Schatten. Beim Parken sicherheitshalber darauf achten, dass die Zufahrten zu den Koppeln nicht blockiert werden.

Zufahrt: Von der B6265 rechts nach Grantley abbiegen und dort gleich nach dem Pub links fahren. Am Ende der Straße rechts und gleich wieder links abbiegen. Der Platz kommt nach rund 400 m rechts.

Nicht verpassen sollten Sie die beeindruckenden, uralten **Brimham Rocks**. Sie wurden einst durch einen riesigen Fluss ausgespült und erhielten durch Eis und Wind über Jahrmillionen ihre heutige, ausgewaschene Form. Die Felssäulen tragen Namen wie „Tanzender Bär", „Gorilla" oder „Adler und Schildkröte". Für einen Rundgang sollten Sie mindestens 30 Minuten rechnen, können aber problemlos vier Stunden für eine etwas

längere Wanderung bleiben. Mit Kindern oder für eine Fotosession brauchen Sie zusätzliche Kletterzeit an den Felsen.

[N 54°04'34" W 1°40'57"], Brimham Rocks Road, HG3 4DW, teurer Parkplatz ££, NT-Members frei, www.nationaltrust.org.uk

Ganz in der Nähe gibt es einen kleinen kostenfreien Parkplatz, Vorsicht, die Kante zur Straße hin ist sehr hoch, **034:** [N 54°04'48" W 1°40'36"].

Rundwanderung an den Brimham Rocks (ca. 8 km) Die Wanderung durch weites Heide- und Moorland bezieht die Brimham Rocks mit ein und startet an einem der angegebenen beiden Parkplätze. Vom Hauptparkplatz aus gehen Sie zur **Brimham Rocks Road** zurück, halten sich kurz rechts und schlagen dann links den Fußweg durch die National Turst-Ebene „Graffa Plain" in Richtung **Riva Hill** ein. Sie kommen zur **Riva House Farm** zu Ihrer Linken und gehen durch ein Tor. Halten Sie sich nach 30 m rechts, durch ein weiteres, rostiges Tor und zwischen Farnkraut wandern Sie aufwärts bis zu einem Holunderbusch. Der Pfad zur Linken führt Sie in Richtung einer grünen Scheune. Ein Tritt hilft beim Queren einer Steinmauer, bald darauf folgen zwei weitere Holztritte, die zum Pfad in der Wiese führen. Ein Zaun verläuft hier zu Ihrer Rechten. Hinter dem nächsten Übertritt treffen Sie auf eine Betonstraße, der Sie in Richtung Scheune folgen. Dort gehen Sie links auf dem Weg durch das Feld weiter, der ein Tor und erneut einen Übertritt nimmt. Gehen Sie bis zum Ende des Feldes und nehmen Sie den Holztritt, der Sie rechts auf einen Reitweg bringt, dem Sie bis zur Straße folgen. Gehen Sie nach links und folgen Sie dem hier verlaufenden **Nidderdale Way**. Am Ende folgen Sie dem Nidderdale Way nach links durch eine Farm und zwischen zwei Scheunen hindurch. Der Weg führt einen Hügel hinab und durch Bäume. Verlassen Sie nun den Nidderdale Way und gehen Sie weiter durch das Farmgelände **Park House Warsil Pass**. Nach 100 m nehmen Sie das Tor rechts durch die Wiese und das nächste Tor auf der anderen Seite. Der schmale Pfad führt durch zwei weitere Tore, links von Ihnen liegt die **Beckside Farm**. Der Pfad führt zur Zufahrtsstraße der Farm, die Sie nach rechts einschlagen. Dem blauen Pfeil nach gehen Sie links zwischen Gebäuden hindurch, bis Sie einen

Reitweg erreichen. Links geht es weiter, über ein Viehgitter und den Beton Weg dahinter. Sie biegen nun rechts in ein Wäldchen ein, bis Sie nach knapp 300 m einen Fluss erreichen. Über große Steine balancieren Sie zur anderen Uferseite. Stetig bergauf wandern Sie bis zu einem Holztor, das in eine Wiese führt. Gehen Sie hier am Pfad nach links weiter. Links durch das Holztor passieren Sie **Summer Wood House** und folgen dessen Zufahrt. Nach zwei weiteren Viehgattern zeigt ein Schild an, dass Sie auf National Trust Gelände weitergehen. Sie überqueren die Hauptstraße, nahe des zweiten, angegebenen Parkplatzes. Steinige Pfade führen auf der gegenüberliegenden Seite durch das Buschwerk bergauf. Oben an der Erhöhung angekommen, halten Sie sich rechts. Nach einer Weile stoßen Sie auf ein paar sehr große Felsen und gehen am Kamm nach links weiter. Sie müssen nun nach einem ganzen Stück Heideland rechts um die nächsten Felsen herum gehen, sich dann aber gleich wieder links und erneut nach rechts orientieren, bis zu einem bewaldeten Gebiet, das Sie oberhalb der Brimham Rocks durchstreifen. Wenn Sie die Rocks erreicht haben, wandern Sie auf einem der vielen Pfade zwischen den Felsen bergab bis zum Parkplatz zurück. Unterwegs gibt es einen Kiosk und Toiletten.

Zurück an der **B6265,** fahren Sie durch PATELEY BRIDGE, den schönen Hauptort der Nidderdales. Ein Stück weiter können Sie die **Stump Cross Caverns** besichtigen, eine beliebte Schau-Tropfsteinhöhle.

[N 54°04'04" W 1°51'53"], Greenhow, HG3 5JL, ££, Mitte Feb – Nov 10 – 17.30 Uhr, sonst nur am Wochenende, www.stumpcrosscaverns.co.uk

Wenn Sie lieber an der Oberfläche bleiben möchten, können Sie die nahen, aber etwas versteckten **Parcevall Hall Gardens** besichtigen, die als schönster Landschaftsgarten North Yorkshires gelten.

[N 54°02'41" W 1°53'49"], Skyreholm Bank, BD23 6DEL, ££, HH-Members frei, Apr – Okt von 10 – 18 Uhr, www.parcevallhallgardens.co.uk

In GRASSINGTON haben Sie die Nidderdales bereits verlassen und sind zurück im Nationalpark der Yorkshire Dales. Der örtliche **Nationalparkcenter** informiert über die Region. Im hinteren Teil des großen Parkplatzes gleich daneben bestand bis zuletzt kein Nachtparkverbot, **035:** [N 54°04'11" W 1°59'49"]. Einen weiteren, etwas abgelegeneren Parkplatz finden Sie nördlich an der schmalen **Grass Wood Lane** bei **036:** [N 54°04'55" W 2°01'29"]. Mehr Ausstattung bieten die offiziellen Camping Plätze in der Umgebung, die etwas einfachere **Masons Campsite** *(**037:** [N 54°02'16" W 1°55'47"], BD23 6DD, Appletreewick, £££, Apr – Okt, Strom, Dusche/WC, Waschmaschine, www.masonscampsite.co.uk)* oder die umfangreich ausgestattete Caravan and Motorhome Club Campsite.

Stellplatz 035

(038) WOMO-Campingplatz:
Wharfedale Caravan Club Site

GPS: N 54°04'31" W 2°01'52", Long Ashes, BD23 5PN, THRESHFIELD

Max. WOMOs: 116
Ausstattung/Lage: Alle Einrichtungen, großer Platz mit meist geschotterten, parzellierten Stellflächen, teils Schatten, Spielplatz.
Zeiten: ganzjährig geöffnet
Ortszentrum: ca. 3 km (Grassington)
Zufahrt: Der Straße durch Grassington immer geradeaus in Richtung Kettlewell folgen. Am Longashes Park nach links abbiegen und immer geradeaus bis zur Platzeinfahrt fahren.
Richtpreis: 32,20 – 42,70 £, CC-Mitglieder 20,20 – 30,70 £
Internet: www.caravanclub.co.uk

Gastrotipps Nidderdales, Pateley Bridge: The Crown Inn** (britisch), 19 High Str., HG3 5AP, **Old Granary** (Café), 17 High Str., HG3 5AP, **Olley`s**** (italienisch), Bridgehouse Gt. HG3 5HG, **Grassington: Grassington House**** (britisch), 5 The Square, BD23 5AQ, **Corner House Café** (Café), 1 Garrs Ln., BD23 5AT

MALHAM

Wer ein wenig durch die wunderbare Natur der Dales wandern möchte, macht, statt direkt nach Skipton weiterzufahren, einen Abstecher nach Malham. Nehmen Sie die Straße

Gordale Campsite 039

Malham Cove

über HETTON, FLASBY und dann rechts der Beschilderung nach. Die Abkürzung über Winterburn führt zu einer Brücke, die für Wohnmobile nicht geeignet ist. Nach der längeren Fahrt über schmale Sträßchen, gelangen Sie zum Ortsparkplatz bei [N 54°03'34" W 2°09'14"], gleich neben dem **National Park Centre**. Wer länger bleiben will, übernachtet auf der schön gelegenen, sehr einfachen **Gordale Scar Campsite,** ein Stück östlich des Ortes, direkt an der beschriebenen Wanderstrecke, *(**039:** [N 54°04'02" W 2°07'59"], BD23 4DL, Gordale House, £, rudimentäres WC, Wasser).*

Rundwanderung zu Malham Cove und Gordale Scar (ca. 7 km)
Vom Parkplatz am Nationalparkcenter aus wandern Sie zunächst der Straße entlang in den hübschen Ort hinein. An der Brücke nach rechts bleiben Sie geradeaus und können dann, alternativ zur Asphaltbahn für ein Stück rechts auf dem kleinen **Woodland Walk** durch den Wald weitergehen. Er bringt Sie zurück zur Straße und nach einem weiteren Stück bergauf, gelangen Sie zur **Town Head Barn** des National Trusts, die kostenfrei über die Region informiert. Vorbei an einer Campsite für Zelte zweigt rechts der breite, gut angelegte Fußweg „Pennine Way" zur

Malham Cove ab, dem Sie bis zur Felswand folgen. Ein schöner Platz für eine erste Rast. Sie gehen nun ein paar Meter zurück und folgen dem aufwärts führenden Pfad, der Sie nach einer ganzen Reihe Stufen auf das zerklüftete Kalkstein-Hochplateau entlässt. Folgen Sie den Steinen oder dem Pennine Way oberhalb, bis dieser nach links abbiegt. Sie gehen geradeaus weiter und halten sich dann rechts bis zur Ecke eine Steinmauer. Mit der Mauer zur Rechten gehen Sie voran, überqueren eine Mauer mit Holztritt und auf die Straße dahinter. Durch ein Holztor folgen Sie dem dahinter weiterführenden Weg an einer Mauer und Scheune entlang, bis dieser nach rechts abknickt und durch drei Tore führt. Sie erreichen eine Straße mit Imbiss. Links, entlang der Straße, können Sie einen Abstecher zur **Gordale Scar**, einer recht beeindruckenden Schlucht machen. Dazu nehmen Sie links den Weg durch die **Gordale Scar Campsite** und gehen bis zum Ende geradeaus.

Zurück am Imbiss, folgen Sie der Straße nur wenige Meter, bis links ein Pfad zum kleinen Wasserfall **Janet`s Foss** führt. Auf diesem Weg, der dem Gordale Bach immer bergab folgt, durchqueren Sie zwei weitere Tore und wandern durch eine grasige Ebene weiter. Es folgen vier Tore, bis Sie nach einer Scheune die Gabelung mit dem Pennine Way erreichen. Folgen Sie diesem nach rechts, bis Sie wieder in Malham ankommen. Gleich am Ortsbeginn können Sie den Bach links über ein paar große Steine überqueren und gelangen so zum Parkplatz oder gehen alternativ noch bis zur Straße weiter und halten sich dort links.

SKIPTON

Das sympathische Städtchen am Leeds-Liverpool-Kanal bietet einen angenehmen Zwischenstopp und ein recht breites Angebot an Geschäften. Auch das **Skipton Castle** oberhalb des Ortes und Heim der Adelsfamilie Clifford, ist sehenswert. Alles ist vom Parkplatz an der **Bridge Street** aus gut zu erreichen. Dort gibt es im hinteren Teil eigens eingerichtete Wohnmobilparkplätze.

High Str., BD23 1AW, ££, 10 – 17 Uhr, So ab 11 Uhr, Okt – Mär nur bis 16 Uhr, www.skiptoncastle.co.uk

(040) WOMO-Stellplatz: Skipton

GPS: N 53°57'41" W 2°01'20", Bridge Street, BD23 1LE, SKIPTON

Max. WOMOs: 3

Ausstattung/Lage: Asphaltierter Parkplatz mit markierten Wohnmobilbuchten im hinteren Bereich, tags WC am Platz, beleuchtet, sonst keine Einrichtungen.

Ortszentrum: 200 m

Zufahrt: Von Grassington oder der A59 aus Richtung Malham kommend am Kreisverkehr nördlich der Stadt in Richtung Skipton Castle fahren. Noch vor der Kanalbrücke rechts zum Long Stay Parkplatz abbiegen und dann links in den Parkplatz einfahren.

Richtpreis: 5 £

Wenn Sie es nicht so zentral mögen, finden Sie rund um Skipton weitere Übernachtungsplätze. Im nördlichen Vorort EMBSAY ist ein Pub-Stopover am **Cavendish Arms** möglich *(**041:** [N 53°58'35" W 1°59'32"], Skipton Road, BD23 6QT, www.thecavendisharmsembsay.co.uk)*. Von dort pendelt, gleich hinter dem Gasthaus, eine historische **Dampflok** ins einige Kilometer entfernte BOLTON ABBEY mit den Überresten der gleichnamigen Augustiner-Abtei aus dem 12. Jahrhundert.

££, Fahrplan und mehr unter www.embsayboltonabbeyrailway.org.uk

Südlich der Stadt liegt ein Übernachtungsparkplatz in BRADLEY, nahe der **A629** bei **042:** [N 53°55'51" W 2°00'02"]. Erwähnenswert ist der gut sortierte Bauernhof-Supermarkt **Keelham Farm Shop** an der westlichen Ausfallstraße bei [N 53°57'57" W 2°02'29"].

Gastrotipps Skipton: Skipton Pie and Mash Shop* (britisch), 5 Coach Str., BD23 1LH, **Bizzie Lizzie`s*** (britisch), 33 Swadford Str., BD23 1QY, **Cake`ole** (Café), Craven Ct., **Le Bistro des Amis**** (französisch), 1 Jerry Croft, BD23 1DX

BRONTE PARSONAGE MUSEUM und SALTAIRE

HAWORTH wäre heute wohl eine unauffällige Kleinstadt unter vielen, wäre nicht im Jahr 1820 Patrick Bronte mit seiner Familie von Thornton hierhin gezogen, um die Stelle des Ortspfarrers neu zu besetzen. Drei seiner Töchter sollten schon bald mit Büchern wie Jane Eyre, Wuthering Heights und Agnes Grey zu literarischem Weltruhm gelangen, wenn sie selbst auch kaum etwas davon hatten. Emily, Anne und Charlotte war nur ein kurzes Leben beschert und Sie folgten damit ihren drei anderen Geschwistern und ihrer Mutter ins Grab. Patrick Bronte hatte seine gesamte Familie überlebt, als er 1861 im Alter von 84 Jahren verstarb. Die interessante, vor allem tragische Familiengeschichte und mehr zu den berühmten Büchern, können Sie im ehemaligen Wohnhaus, dem **Bronte Parsonage Museum** nachempfinden. Im Erdgeschoß sind die Räume von

Haworth Heights

Bronte Parsonage Museum

damals fast originalgetreu eingerichtet worden. Im Obergeschoß befindet sich eine Ausstellung, die umfassend über die Bronte-Schwestern und ihr Leben informiert.

[N 53°49'54" W 1°57'26"], Church Str., BD22 8DR, ££, Apr – Okt von 10 – 17.30 Uhr, Nov/Dez und Feb/Mär bis 17 Uhr, www.bronte.org.uk

Die Wuthering Heights, Sturmhöhen, wurden vom direkten Umland Haworths inspiriert. Eine ganze Reihe einfacher, aber aussichtsreicher Stellplätze finden sich dort. Entweder südwestlich am **Pennystone Hill** bei **043:** [N 53°49'22" W 1°58'27"] und [N 53°49'17" W 1°58'25"] samt WC an der **Moorside Lane**, südöstlich an der winzigen **Height Lane** oberhalb von LEEMING bei **044:** [N 53°48'28" W 1°56'20"] oder ein Stück weiter nordöstlich nahe KEIGHLEY an der **Keighley Road** bei **045:** [N 53°50'54" W 1°52'33"]. Gleich dort ums Eck können Sie einen Pub-Stopover am **Guide Inn** einlegen (**046:** [N 53°50'38" W 1°54'06"], BD32 5QP, Cullingworth).

Auf der Weiterfahrt in Richtung Leeds können Sie einen Abstecher in den Bradford-Vorort

Stellplätze 043 und 044

Salts Mill

SHIPLEY machen. Dort befindet sich das **Saltaire Village**, ein ehemaliges Dorf, das im Zeitalter der Industrialisierung um 1850 für die Arbeiter der benachbarten **Salts Mill** erbaut wurde und gemeinsam mit dieser seit 2001 Weltkulturerbe-Status besitzt. Aufgrund des guten Erhaltungszustandes werden die Häuser bis heute bewohnt. In der ehemaligen Mühle ist heute ein Kunst- und Kulturraum mit Galerien, Gastronomie und Einkaufsmöglichkeiten untergebracht. Ein Besuch von Dorf und Mühle ist kostenlos.

[N 53°50'12" W 1°47'00"], Salts Mill Road, BD18 3LA, www.saltsmill.org.uk

Stellplätze finden Sie nördlich der Mühle, außerhalb des städtischen Raums im **Baildon Moor**. Der erste liegt nah an der **Bingley Road** bei **047:** [N 53°51'43" W 1°47'03"]. Die Alternative nur wenige hundert Meter weiter in der **Hawksworth Road**, [N 53°51'35" W 1°46'06"].

Gastrotipps Haworth: Old Registry** (britisch), 2 Main Str., BD22 8DA, **10 Coffee House** (Café), 10 Main Str., BD22 8DA, **Cook House**** (britisch), 68 Main Str., BD22 8DP, **Fleece Inn**** (britisch), **Saltaire: Masarella`s** (Café), 14 Victoria Str., BD18 3LQ, **The Terrace**** (mediterran), 83 Bingley Rd., BD18 4SB

LEEDS

Leeds gehört mit rund 500.000 Einwohnern zu den größten Städten des Landes und galt lange Zeit als unattraktive Industriestadt. Das hat sich geändert. Times und Lonely Planet haben Leeds in den letzten Jahren, unabhängig voneinander, zu einem der lebenswertesten Orte Europas gewählt. Sofern Sie sich für einen Besuch entscheiden, fahren Sie nicht ins Zentrum. Die Straßen sind voll, unübersichtlich und voller Einbahnregelungen. Besser ist es, das Park & Ride-Angebot zu nutzen. Im Umland gibt es außerdem einige Stellplätze, auch für die Nacht.

Elland Road P&R

GPS: N 53°46'39" W 1°34'36", Elland Road, LS11 8TU, LEEDS
Stellplätze: 250+
Hinweis: Die große Parkanlage war zuletzt durch eine Erweiterung noch in Bau. Laut Stadtverwaltung ist aber auch zukünftig keine Höhenbarriere geplant. Der Bus PR1 fährt alle 15 Minuten ins Zentrum, ca. Mo – Fr von 6 – 21 Uhr, Sa 7 – 19 Uhr, So 10 – 18 Uhr

(048) WOMO-Stellplatz: Thwaite Mill

GPS: N 53°46'34" W 1°30'23", Thwaite Lane, LS10 1 TW, LEEDS
Max. WOMOs: 2-3
Ausstattung/Lage: Teilasphaltierter Parkplatz am Fluss Aire neben der **Thwaite Mill**, die für sich alleine eine Besichtigung lohnt, www.leeds.gov.uk/thwaitemills – sonst keine Einrichtungen.
Ortszentrum: rund 3,5 km, über die Zufahrtsstraße zurück und dann geradeaus zur Haltestelle an der Wakefield Road, fahren die Busse 444 und 446 ins Zentrum (Halt Boar Lane).
Zufahrt: Von der M621 südlich von Leeds die Ausfahrt 7 „Pontefract / Stourton" nehmen und im Kreisverkehr in diese Richtung weiterfahren. Immer geradeaus, die Thwaite Mill ist angeschrieben. Achtung: schmale Zufahrtsbrücke!

(049) WOMO-Stellplatz: Heath Common

GPS: N 53°40'26" W 1°27'45", WF1 5SE, HEATH
Max. WOMOs: 2-3
Ausstattung/Lage: Große geschotterte Parkfläche am Rand eines Dorfes, kein Schatten, keine Einrichtungen, recht ruhig.
Ortszentrum: 4 km (Wakefield), das Pub „Kings Arms" ist keine 100 m entfernt.
Zufahrt: Von der M1 oder M62 südöstlich von Leeds nach Wakefield fahren und die Stadt über die A638 in Richtung Doncaster wieder verlassen. Dann links Richtung Normanton und sofort wieder links nach Heath abzweigen. Am Ortsbeginn rechts zum Parkplatz halten.

Unterwegs in Leeds:
Wenn Sie mit dem Bus im Zentrum von Leeds ankommen, steigen Sie an der Boar Lane-Haltestelle aus. Direkt vor Ihnen befindet sich das **Einkaufscenter Trinity**, der größte Shoppingtempel der Stadt. Gehen Sie, mit dem Center im Rücken, nach links, bis Sie die Fußgängerzone **Briggate** erreichen und biegen Sie dort nach links ab. An der nächsten Straße, **Kirkgate,** schwenken Sie nach rechts und stehen bald vor dem **Kirgate Market**, der größten überdachten Markthalle Europas. Mit ihren über 800 Ständen wird sie an manchen Tagen von bis zu 100.000 Besuchern frequentiert. Verlassen Sie die Halle im Norden zum **Ludgate Hill** hin und folgen Sie geradeaus der Harewood Street. Rechterhand befindet sich die erst vor Kurzem erbaute **Victoria Mall**. Gegen-

County Arcade

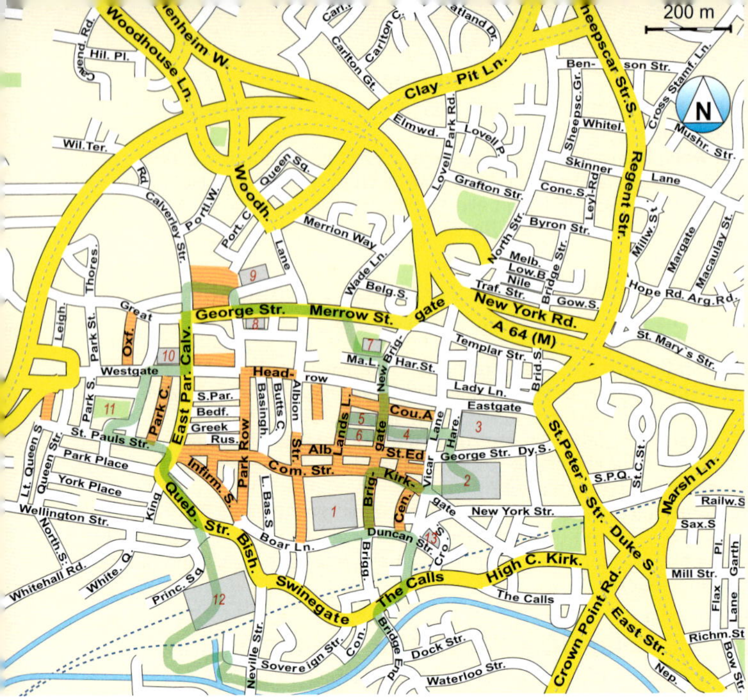

1: Trinity Mall
2: Kirkgate Market
3: Victoria Mall
4: County Arcade
5: Thornton Arcade
6: Queens Arcade
7: St. Johns Church
8: St. Annes Church
9: Leeds City Museum
10: Town Hall
11: Park Square
12: Central Station
13: Corn Exchange

über des Eingangs führt ein Fußweg zur **Vicar Lane** zurück und Sie können auf der gegenüberliegenden Straßenseite die große **County Arcade** betreten. Marmor und Mosaike zieren die schöne Passage, um 1900 vom Theaterarchitekten Frank Matcham erbaut. Am anderen Ende warten die Eingänge zur **Queens Arcade** und **Thornton Arcade,** durch die Sie eine Runde drehen können, bevor Sie der **Briggate** nach Norden folgen.

Sie überqueren die Ringstraße **The Headrow** und biegen links durch das Steintor in die Parkanlage zur **St. Johns Kirche** von 1634, der ältesten der Stadt, hin ab. Vorbei an den kleinen **Merrion Gardens** geht es links in die **Merrion Street. Nach** der **St. Annes Church** kommt rechts die **Cookridge Street** die zum **Millennium Square** führt, einer großen Freifläche für allerlei Veranstaltungen, im Dezember zum Beispiel für einen „echt deutschen“ Christkindlmarkt. Am hinteren Ende liegt das **Leeds City Museum** das sich, schon dem Namen nach, mit der Stadtgeschichte beschäftigt *(LS2 8BH, Di – Fr 10 – 17 Uhr, Eintritt frei, Sa/So ab 11 Uhr, www. leeds.gov.uk)*. Vorbei am schönen, mit Säulen verzierten **Leeds City Council** gehen Sie links durch die **Calvery Street** zur **Town Hall** hinüber. Sie wurde 1853 von Queen Victoria unter großem Aufsehen eingeweiht und stand

Leeds City Museum

Corn Exchange

Pate für viele spätere öffentliche Gebäude im ganzen Land.
Passieren Sie das Eingangsportal. Sie finden links die **Park Square**, die zum gleichnamigen, begrünten Platz führt. An der Südseite der schön gestalteten Grünfläche steht das alte Textil-Warenhaus **St. Paul`s House**. Daneben führen **St. Paul`s Place** und **Central Street** und die **York House Passage** immer geradeaus bis zur **Wellington Street** über die Sie nach links zum **City Square** gelangen. Am Südende können Sie durch den Hauptbahnhof gehen, die Gleisanlagen in den alten **Dark Arches** queren und sich kurz rechts zur anderen Seite hinüber halten. Sie gelangen so an einem kleinen Platz wieder ans Tageslicht, der südlich an den Kanal und die **Granary Wharf** mündet. Links durch eine Passage gehen Sie über eine Fußgängerbrücke auf die **Little Neville Street** zu, dort aber sofort rechts und folgen dem **Aire Kanal** immer geradeaus bis zur **Leeds Bridge**. Halten Sie sich links, sofort wieder rechts in die **Call Lane** und folgen Sie ihr unter den Gleisanlagen hindurch bis zum **Corn Exchange Center** auf der rechten Seite. Die Halle beeindruckt vor allem von Innen. Sie wurde 1863 von Cuthbert Brodrick der Halle au Blé in Paris nachempfunden und beherbergt Geschäfte und Gastronomie. Vis-a-vis führt die **Duncan Road** zurück zur **Boar Street** und damit zu Ihrem Ausgangspunkt

Leeds City Council

Gastrotipps Leeds: Kendells Bistro** (französisch), 3 St. Peters Square, LS9 8AH, **The Man Behind The Curtain***** (britisch), 68 Vicar Ln, LS1 7JH, **Just Grand!** (Café), 8 Grand Arcade, LS1 6PG, **The Man Behind Humpit*** (mediterran), Corn Exchange, LS1 7BR, **Tharavadu**** (indisch), 7 Mill Hill, LS1 5DQ, **Brasserie Blanc**** (französisch), Sovereign Str., LS1 4BJ, **Livin`Italy**** (italienisch), Neville Str., LS1 4BR **Fazenda Rodizio***** (brasilianisch), Waterman's Pl. 3, LS1 4GL, **Town Hall Tavern**** (britisch), 17 Westgate, LS1 2RA, **Stockdales**** (britisch), 8 South Par., LS1 5QX, **Georges Great British Kitchen**** (britisch), Unit 8 The Light, LS1 8TL

Yorkshire Sculpture Park

In der Nähe:

• Ein historisches Haus mit über 40 edel ausgestatteten Räumen, wunderschöne Gärten mit Spazierwegen und einen zugehörigen Bauernhof bietet Ihnen **Temple Newsam House** östlich von Leeds *([N 53°47'15" W 1°27'15"], LS15 0AD, Temple Newsam Road, Halton, Eintritt frei, Mitte Feb – Okt von Di – So 10.30 – 17 Uhr, www.leeds.gov.uk/templenewsam).*

• Im **National Coal Mining Museum** können Sie 140 m tief in den Untergrund fahren, um Englands letzte tiefe Kohlemine zu besichtigen *([N 53°38'34" W 1°37'13"], WF4 4RH, New Road, Overton, Eintritt frei, 10 – 17 Uhr, www.ncm.org.uk).*

• Nicht nur für Kunstliebhaber ist ein Besuch des weitläufigen **Yorkshire Sculpture Park** ein Erlebnis. Auf 200 Hektar Parkanlage werden mehrere Dutzend Skulpturen international bekannter Künstler/-innen ausgestellt *([N 53°36'50" W 1°34'03"], WF4 4JX, Huddersfield Road, West Bretton, Eintritt frei, Parkplatz kostenpflichtig, 10 – 18 Uhr, www.ysp.org.uk).*

HAREWOOD HOUSE

Harewood House gehört zu den Treasure Houses of England, einem Zusammenschluss der beeindruckenden Stately Homes des Landes. Es wurde im späten 18. Jahrhundert von der Familie Lascelles erbaut und von namhaften Architekten und Künstlern, etwa dem Möbeldesigner Thomas Chippendale, ausgestattet. Die Lascelles leben bis heute in Harewood, öffneten aber einen großen Teil des Hauses für Besucher. Auch das umliegende Grundstück ist sehenswert. Der Park wurde vom bekanntesten Landschaftsgärtner seiner Zeit, Capability Brown, gestaltet. Direkt ans Haus grenzen die „formal gardens" und eine große Aussichtsterrasse. Für Kinder wurde ein großer Aben-

teuerspielplatz angelegt und vom Vierkanthof aus können Sie den hauseigenen Farmtier- und Vogelpark erreichen, der Exoten wie Rosa Flamingos und Pinguine hält. Unterhalb des Hofs fahren Pendelboote in regelmäßigen Abständen zur gegenüberliegenden Seite des Fish Pond zu den Nutzgärten von Harewood. All das bietet mehr als genug, um mehrere Stunden vor Ort zu verbringen

[N 53°53'49" W 1°31'46"], Sandy Gate, LS17 9LE, £££, HH-Mitglieder frei, Ende Mär bis Anfang Nov von 10 18 Uhr, Haus 11 – 16 Uhr www.harewood.org

Im direkten Umfeld von Harewood gibt es keine Übernachtungsgelegenheit, in rund sechs km Entfernung finden Sie östlich das Pub **The Windmill Inn** in LINTON *(**050:** [N 53°54'55" W 1°24'27"], Main Str., LS22 4HT, www.thewindmillinnlintonco.uk)*, und westlich einen recht abgelegenen Platz bei OTLEY

(051) WOMO-Stellplatz: Chevin Forest Park

GPS: N 53°53'31" W 1°41'25", York Gate, LS21 3DG, OTLEY
Max. WOMOs: 2-3
Ausstattung/Lage: Asphaltierter Parkplatz an einem Waldstück, Pub schräg gegenüber, nachts meist ruhig, keine Einrichtungen.
Ortszentrum: rund 2 km
Zufahrt: Von Harewood aus nach links Richtung Norden abbiegen und dann von der A61 die Abzweigung links Richtung Pool wählen. In Pool am Kreisverkehr links abbiegen und dann an einer Ampel rechts Richtung Chevin Lodge Hotel fahren. Vorbei am Hotel kommt der Parkplatz nach rund 500 m rechts.

HARROGATE

Durch die Entdeckung eisen- und schwefelhaltiger Quellen wurde aus dem unbedeutenden Dorf schon ab dem 17. Jahrhundert ein stetig an Beliebtheit gewinnender Kurort mit eigener Trinkhalle. Vor allem um die letzte Jahrhundertwende wurde die Stadt von vielen Adeligen internationaler Coleur besucht. Sogar ein Stück deutsche Geschichte wurde in Harrogate geschrieben, als 1982 im Messezentrum Nicole mit „Ein bisschen Frieden" den Eurovision-Contest gewann. Vom einstigen Kurglanz ist nicht mehr viel übrig. Doch die Fülle an Geschäften, schönen Parks und gepflegten Restaurants lockt bis heute Gäste an. Mit Wohnmobilen parken Sie am besten am **Dra-**

gon Road Car Park bei [N 53°59'52" W 1°32'04"] gleich neben dem großen Asda Supermarkt. Rund 700 m sind es von dort ins südwestlich gelegene Zentrum rund um **Cambridge-**, **Oxford-** und **James Street**.

Im Umland der Stadt gibt es einiges zu entdecken. Gleich am Ortsrand liegt der **Harlow Carr Garden**. Er wird von der Royal Horticultural Society betrieben, die über ganz England verteilt, mehrere Schaugärten betreibt. Wenn Sie sich für Gartenbau begeistern können, ein lohnendes Ziel.

[N 53°58'52" W 1°34'16"], Crag Lane, HG3 1QB, ££, 9.30 – 18 Uhr, www.rhs.org.uk

Ein Stück weiter entfernt liegt **Ripley Castle** mit seinem großen Park und einem „Walled Garden". Es ist bis heute Sitz der Familie Ingilby, kann aber auf rund einstündigen Führungen besichtigt werden.

[N 54°02'17" W 1°33'59"], Main Str., HG3 3AY, ££, HH-Members frei, Apr – Okt Touren Sa/So/Ft 12/13/14 Uhr, sonst 11/12.30 Uhr, www.ripleycastle.co.uk

Gastrotipps Harrogate: William & Victoria*** (britisch), 6 Cold Bath Rd., HG2 0NA, **Mama Doreen`s Emporium** (Café), 31 Cold Bath Str. HG2 0NL, **The Orchid**** (asiatisch), 28 Swan Rd., HG1 2SE, **Quantro Restaurant**** (britisch), 3 Royal Parade., HG1 2SZ, **Deano`s Graze and Grill**** (britisch), 34a Oxford Str.., HG1 1PP, **L `Albero Delle Noci**** (italienisch), 31 Cheltenham Cres., HG1 1DH, **Konak Meze**** (türkisch), 11 Mount Par., HG1 1BX, **Gianni`s Brio**** (italienisch), 40 Kings Rd. , HG1 5JW, **L `Albero Delle Noci**** (italienisch), 31 Cheltenham Cres., HG1 1DH, **Betty`s Tea Room** (Café), 1 Parliament Str. HG1 2QU

KNARESBOROUGH und MOTHER SHIPTONS CAVE

Letzte Station auf Tour 2 ist die Stadt Knaresborough am River Nidd. Das kleine Zentrum, etwas erhöht gelegen, ist nicht sonderlich interessant, doch rund um den Fluss gibt es Einiges

River Nidd, Knaresborough

Mother Shipton`s Cave

zu sehen. Parken Sie gleich hinter der Brücke an der **Bond End** links ab bei [N 54°00'34" W 1°28'31"]. Auf der gegenüberliegenden Straßenseite können Sie Boote mieten und ein Stück am Nidd entlangschippern. Auf der gegenüberliegenden Flussseite erreichen Sie die älteste Freizeitattraktion Englands, **Mother Shipton`s Cave**. Im Jahr 1488 wurde in einer Höhle am Fluss Ursula Sontheil von ihrer minderjährigen Mutter zur Welt gebracht. Das kluge Mädchen war nicht sonderlich hübsch und hatte wohl mit Verkrüppelungen zu kämpfen, wegen denen sie gehänselt wurde, tat sich aber als äußerst gescheit hervor. Schlussendlich zog sich Ursula in ihre Geburtshöhle zurück und lebte in dieser. Mit 24 lernte sie einen jungen Tischler kennen und nahm dessen Namen an. Doch er starb nur zwei Jahre nach der Heirat und bis zu ihrem Tod im Jahr 1561 blieb Ursula, die nun als Mother Shipton bekannt war, allein. Viele Besucher kamen, um sie zu sehen, denn immer öfter hatte sie sich über die Jahre durch Prophezeiungen hervorgetan, für die sie bewundert, aber auch gefürchtet wurde. So hat sie unter anderem den Untergang der spanischen Armada und das große Feuer in London vorausgesagt. Schon 1630 kaufte ein findiger Geschäftsmann das Gelände um die Höhle der Wahrsagerin und vermarktete die Geschichte geschickt. Seitdem kommen Menschen aus der ganzen Welt, um den Ort zu sehen, an dem Mother Shipton lebte. Bekannt ist auch die benachbarte Versteinernde Quelle geworden. Durch den extrem hohen Kalkanteil im Wasser, verwandelt sie alle Gegenstände binnen Wochen in Stein. Auf einem Spaziergang

Die versteinernde Quelle

durch das Gelände können Sie die historischen Orte selbst in Augenschein nehmen und am Ende im kleinen Museum allerlei „versteinerte“ Gegenstände ansehen.

[N 54°00'32" W 1°28'30"], Long Walk, HG5 8DD, ££, 10 – 16.30 Uhr, in den Sommerferien bis 17.30 Uhr, www.mother shipton.co.uk

Am Ende des Weges wechseln Sie die Uferseite und gehen an der Waterside zurück. Dabei passieren Sie das **Knaresborough Castle**. Die Anlage ist frei zugänglich, im Inneren der Gebäude befindet sich ein Museum.

Gastrotipps Knaresborough: Riverside Café (Café), 23a Waterside, HG5 8DE, **Black Mulberry** (Café), 29 Waterside, HG5 8DE, **Carriages**** (britisch), 89 High Street, HG5 0HL, **Six Poor Folk**** (britisch), 25 Castlegate, HG5 8AR, **Drakes Fish and Chips*** (Fast Food) 3 Silver Str., HG5 8AJ

(052) WOMO-Campingplatz: Knaresborough Caravan Club Site

GPS: N 54°01'25" W 1°30' 08", New Road, HG5 9HH, KNARESBOROUGH
Max. WOMOs: 79
Ausstattung/Lage: Alle Einrichtungen, mittelgroßer Platz mit Stellflächen auf Rasen und Schotter, kaum Schatten, Spielplatz, eigenes kleines Restaurant, ruhig.
Zeiten: ganzjährig geöffnet
Ortszentrum: ca. 2,9 km
Zufahrt: Von der A59 kommend ca. 400 m nach der Flussbrücke links auf die B6165 Richtung Ripley fahren. Nach etwas mehr als 2 km befindet sich der Platz rechts im Vorort Scotton an der New Road.
Richtpreis: 33,30 – 45,10 £, CC-Mitglieder 21,30 – 33,10 £
Internet: www.caravanclub.co.uk

Tour 3: York und Yorkshires Küste (ca. 570 km)

York – Castle Howard – North York Moores North Yorkshire Coast – Whitby

Robin Hood`s Bay – Scarborough

Flamborough Head – Spurn Head

Stellplätze (gratis)	York, Old Malton, Wass Bank Road, Kilburn White Horse, Hutton-le-Hole, Castleton, Skinningrove, Flyingthorpe, Harwood Dale, Forge Valley, New Ellerby, Easington
Stellplätze (£)	Helmsley, Guisborough, Saltburn-by-the-Sea, Staithes, Flamborough Head
Pub Stellplätze:	Hopperton, Bilbrough, Kirkham Abbey, Blakey Ridge, Guisborough, Osgodby, Kelk
Campingplätze:	York, Goddards House, Beningbrough Hall, Yorkshire Air museum, York Maze, Burnby Hall Gardens, Pickering, Lealholme, Whitby, Sneaton, Cayton Bay, Flamborough Bay, Skipsea, Kilnsea
Besichtigen:	York, Castle Howard, Eden Camp, Flamingo Land, Pickering Castle und Beck Isle Museum, Byland Abbey, Helmsley Castle, Rievaulx Terrace und Abbey, Ryedale Folk Museum, Captain Cook Heritage Centre, Whitby, Robin Hood`s Bay, Scarborough, Peasholme Park, Sea Life Sanctuary, Bempton Cliffs, Burton Agnes Hall, Burton Constable Hall, Cold War Bunker
Wandern:	Kilburn White Horse, Roseberry Topping, Flamborough Head, Spurn Head
Baden:	Saltburn-by-the-Sea, Cattersty Sands, Sandsend, Scarborough, Alpamare UK, Filey, Hornsea
Einkaufen:	York, York Designer Outlet, Hornsea Freeport

Nicht nur die Stadt York gilt als eine der schönsten Englands, auch der North York Moors Nationalpark und die abwechslungsreiche Küste Yorkshires bieten viel reizvolle Natur, Ortschaften und Strände. Am Spurn Head Naturreservat beenden Sie Tour 3 am Gezeitenfluss Humber, im gleichnamigen County.

YORK

Auf dem Weg nach York können Sie einige Kilometer hinter Knaresbourogh einen ersten Nacht-Stopp am Pub **The Masons Arms** einlegen *(**053:** [N 54°00'27" W 1°21'30"], HG5 8NX, Hopperton, Mi – So, www.masonshopperton.co.uk).*

Nur wenige Kilometer sind es dann über die **A59**. Da York einer der großen touristischen Anziehungspunkte Englands

TOUR 3
10 km
N
Bishop Auckland
Hartlepool
Darlington
Stockton o.T.
Middles-brough
Redcar
Saltburn b.t.S.
Skinningrove
Staithes
Newton u.R.
Guisborough
Runswick Bay
Sandsend
Whitby
Northallerton
Castleton
Danby
454 m
Urra Moor
North York Moors N.P.
Goathland
Robin Hood`s Bay
Ravenscar
Hutton l.H.
Lastingham
Thirsk
Rievaulx
Helmsley
Byland Abbey
Pickering
Scarbo-rough
Osgodby
Cayton Bay
Filey
Howardian Hills AONB
Knaresborough
Welburn
Malton
Kirkham
Wetherby
York
Bilbrough
Bempton
Bridlington
Burton Agnes
Flam-borough
Pocklington
Driffield
Hornsea
Beverly
New Ellerby
Goole
Kingston u.Hull
Humber
Doncaster
Barton u.H.
Withernsea
Scunthorpe
Eas-ing-ton
Kilnsea
Spurn N.R.
Gainsborough
Grimsby
Cleethorpes
Lincolnshire Wolds AONB
Tees
Ouse
Trent
P&R1
P&R2
P&R3
P&R4
P&R5

ist, finden Sie ringsum eine ganze Reihe an Übernachtungsmöglichkeiten. Alle sind mehr oder weniger gut an den öffentlichen Nahverkehr angebunden. Für Tagesgäste ist eine der großen Park & Ride Anlagen die beste Möglichkeit, um York zu erkunden. Wenn Sie lieber bis ins Zentrum fahren, finden Sie am ehesten Parkplätze an der **Foss Island Road**.

053, The Masons Arms

City-Parkplatz: Foss Island Road

GPS: N 53°57'28" W 1°04'15", Foss Island Road, YO31 7UL,
Stellplätze: 20+ (mit Parkuhr)
Hinweis: Die Längs Parker direkt an der Straße haben keine der Länge nach begrenzten Buchten und sind speziell für Fahrzeuge mit Übergröße gedacht.

P&R 1: Askham Bar

GPS: N 53°55'58" W 1°06'53", Moor Lane, YO24 1LW,
Stellplätze: 100+ (mit Parkautomat)
Hinweis: Der Bus P&R 3 bringt Sie von hier ins Zentrum und zurück.

P&R 2: Grimston Bar

GPS: N 53°57'14" W 1°01'16", Hull Road, YO19 5LA,
Stellplätze: 100+ (mit Parkautomat)
Hinweis: Der Bus P&R 8 pendelt von hier ins Zentrum und zurück.

P&R 3: Poppleton Bar

GPS: N 53°58'22" W 1°08'55", North Field Road, YO26 6QE,
Stellplätze: 10 (eigener Bereich für Wohnmobile)
Hinweis: Der Bus P&R 59 verkehrt von hier ins Zentrum und zurück.

P&R 5: Rawcliffe Bar

GPS: N 53°59'05" W 1°07'23", Shipton Road, YO30 5RZ
Stellplätze: 100+
Hinweis: Der Bus 31X fährt von hier ins Zentrum und zurück.

P&R 6: York Designer Outlet

GPS: N 53°55'22" W 1°04'24", St. Nicholas Ave., YO19 4TA
Stellplätze: 100+
Hinweis: Der Bus P&R7 bringt Sie von hier ins Zentrum und zurück. Vor oder nach der Fahrt nach York können Sie in der mit 120 Shops größten Outlet Mall Nordostenglands einkaufen (*Mo – Fr von 10 – 20 Uhr, Sa ab 9 Uhr, So 10 – 18 Uhr*).

(054) WOMO-Campingplatz: York Rowntree Caravan Club Site

GPS: N 53°57'03" W 1°04'46", Terry Avenue, YO23 1JQ, YORK
Max. WOMOs: 98
Ausstattung/Lage: Alle Einrichtungen, mittelgroßer, sehr zentral gelegener Platz direkt im Zentrum von York am River Ouse. Stellplätze auf Schotter, kein Schatten.
Zeiten: ganzjährig **Ortszentrum**: 300 m
Zufahrt: Von der A59 kommend immer geradeaus ins Zentrum fahren. Die Straße endet an der Blossom Street. Dort links abbiegen und an der Ampel vor dem Stadttor rechts in die Nunnery Lane einfahren. Dem Verlauf geradeaus folgen, bis Sie den Fluss an der Terry Avenue erreichen. Rechts abbiegen und bis zum Platz fahren.
Richtpreis: 34,90 – 47,80 £, CC-Mitglieder 22,90 – 35,80 £
Internet: www.caravanclub.co.uk
Hinweis: Der Platz ist, vor allem in der Hauptsaison, oftmals früh ausgebucht. Sie können alternativ auf die nicht allzu weit entfernt gelegene **Beechwood Grange Caravan Club Site** ausweichen. Sie bietet alle Einrichtungen und ähnliche Preise, 108 Stellplätze und ist am Ring um York gelegen, [N 53°59'42" W 1°01'39"] Malton Road, YO32 9TH.

(055) WOMO-Campingplatz: Nurseries Caravan Park

GPS: N 53°56'08" W 1°08'45", Askham Bryan Lane, YO23 3QY, YORK
Max. WOMOs: 29
Ausstattung/Lage: Strom, WC/Duschen, Waschmaschine und Trockner. Kleiner, naturnaher Platz mit Stellplätzen auf Rasen und Schotter, teils schattig.
Zeiten: März – Oktober **Ortszentrum**: ca. 6 km
Zufahrt: Von der A59 kommend wechseln Sie am Kreisverkehr vor York nach rechts auf die A1237 in Richtung Acomb/Knapton. Am zweiten Kreisverkehr rechts ab Richtung Askhma Bryan fahren. Der Campingplatz liegt direkt rechterhand.
Richtpreis: 17 – 21 £
Internet: www.nurseriescaravanpark.com
Hinweis: Einen weiteren, einfacheren Platz finden Sie nördlich der Stadt bei Strensall. Der **Moorside Caravan Park** nimmt Womos bis etwa 7,20 m Länge auf, ca. 15 – 18 £, [N 54°02'34" W 1°00'42"] Lords Moor Lane, YO32 5XJ.

(056) WOMO-Pubstopover: The Three Hares

GPS: N 53°54'47" W 1°11'33" (Parkplatzeinfahrt an der Back Lane), Main Street, YO23 3PH, BILBROUGH
Ausstattung/Lage: Gemütlicher Pub mit Freiterrasse und großem, ruhigen Parkplatz hinter dem Haus.
Ortszentrum: rund 8,5 km
Zufahrt: Von der A59 kommend wechseln Sie am Kreisverkehr vor York nach rechts auf die A1237 in Richtung Acomb/Knapton und halten sich am Ende der Straße auf die A64 in Richtung Leeds. An der ersten Ausfahrt ins Dorf Bilbrough zum Pub abfahren.
Richtpreis: Übernachtung auf Anfrage bei Einkehr im Pub.
Internet: www.thethreeharesinn.co.uk

(057) WOMO-Stellplatz: Askham Bog Carpark

GPS: N 53°55'28" W 1°07'33", Tadcaster Road, YO23 2UB, YORK
Max. WOMOs: 1 – 2
Ausstattung/Lage: Einfacher, geschotterter Wanderparkplatz zwischen

Waldgebiet und Hauptstraße. Keine Einrichtungen, teils schattig, einsehbar.
Ortszentrum: rund 3,5 km
Zufahrt: Von der A59 kommend wechseln Sie am Kreisverkehr vor York nach rechts auf die A1237 in Richtung Acomb/Knapton und halten sich am Ende der Straße auf die A64 in Richtung York. Gleich die erste Ausfahrt links nehmen. Der Platz kommt nach 350 m links.

Unterwegs in York

York liegt am strategisch günstigen Zusammenfluss der River Ouse und Foss. Schon die Römer gründeten hier eine Siedlung, die später Wilhelm der Eroberer zur Festung ausbaute. Die Stadt ist seit dem Mittelalter befestigt und gilt heute als die besterhaltene ihrer Zeit in ganz England. York bietet mit ihrer reichen Geschichte eine riesige Fülle an interessanten Sehenswürdigkeiten. Das historische Zentrum ist recht kompakt. So gelangen Sie auf unserem 6 km Rundweg zu den meisten interessanten Punkten.

Tipp 1: *Wenn Sie vorhaben, mehrere der Yorker Attraktionen zu besuchen, lohnt der Kauf eines* ***YorkPass****, eine Art zentrales Ticket für beinahe alle Sehenswürdigkeiten. Sie erhalten ihn online unter www.yorkpass.com oder im Infobüro in der Museum Str. 1.*

Tipp 2: *Falls Sie nicht so gut zu Fuß sind, können Sie die Stadt auf im* ***Sightseeing Bus*** *erkunden. Der Halt „Memorial Gardens" entspricht dem folgenden Start der Rundtour. Mehr unter www.city-sightseeing.com/de/115/york*

Starten Sie Ihren ca. 6 km langen Rundgang an der Ecke **Station Road/Rougier Road**. Alle Buslinien, die von den Park & Rides kommen, halten hier. Gleich zu Ihrer Linken verläuft die noch immer weitgehend intakte Stadtmauer. Von hier aus haben Sie einen ersten, sehr schönen Blick auf den Minster und die Skyline. Überqueren Sie den Fluss . Dabei streifen Sie linkerhand den **Lendall Tower**, einst mit einer Zugbrücke versehen. Auf der anderen Brückenseite starten mindestens viermal täglich Ausflugsboote zu Fahrten auf dem Ouze. Gleich nach dem Turm befindet sich links der Zugang zu den **Museum Gardens**, einer beliebten Grünfläche im Herzen Yorks, die zu einer Pause einlädt. Sie wurde 1830 als botanischer Garten angelegt und enthält mehrere mittelalterliche Gebäude. Am auffälligsten sind die Überreste von **St. Mary`s Abbey** am hinteren Ende, gleich neben dem **Yorkshire Museum**. Ein Besuch ist vor allem dann ein guter Einstieg in den Tag, wenn Sie sich für geschichtliche Hintergründe interessieren. Es enthält Abteilungen zur prähistorischen Zeit, den Römern und zum mittelalterlichen York (YO1 7FR, ££, 10 – 17 Uhr, www.yml.org.uk). Rechts neben dem Museum schlüpfen Sie durch die schmale Gasse, die Sie bis zum **St. Leonhards Place** bringt. Links befindet sich die **Yorker Kunstgalerie**, daneben das **King`s Manor**. Durch das **High Petergate** gelangen Sie zum **York Minster**, der

Museum Gardens

York Minster

riesigen Kathedrale. Sie kann einzeln oder gemeinsam mit dem Gruftmuseum und einer Turmbesteigung besichtigt werden *(Minster Yard. YO1 7HH, ££-£££, mit YorkPass frei, Mo – Sa 9 – 16.30 Uhr, Son 12.45 – 15 Uhr, www.yorkminster.org)*.

Hinter dem Bau schlendern Sie durch die Grünanlage der **College Gardens** zum **Treasurers House** hinüber. Das ehemalige Schatzmeisterhaus wurde 1897 vom Industriellensohn Frank Green erworben, der es zu Repräsentationszwecken aufwendig umbauen ließ. Es blieb mit samt seinem gesamten Inventar bis heute erhalten *(Minster Yard, YO1 7JL, ££, YorkPass und NT-Members frei, 10 – 17 Uhr, www.nationaltrust.org.uk)*.

Folgen Sie am Eingang des Hauses der Straße weiter nach links und gehen durch die **Ogleforth** bis zur nächsten Kreuzung. Links erkennen Sie das alte Stadttor **Monk Bar** mit der Ausstellung **Richard III Experience**. Rechts führt die **Goodramgate** bis zum **Kings Square**. Nicht nur für Naschkatzen ist ein Besuch von **York`s Chocolate Story** angesagt. Wussten Sie, dass KitKat, Smarties, After Eight und eine ganze Reihe anderer Leckereien aus York stammen? Die geführte Tour nimmt Sie mit auf eine Reise durch 3000 Jahre Schokoladengeschichte, vom exotischen Ursprung in den Regenwäldern Zentralamerikas bis in die Straßen von York. Gleich mehrere Familien sorgten mit ihren Produkten und Fabriken da-

York`s Chocolate Story

für, dass der Stadtname bis heute in ganz England untrennbar mit Süßwaren verbunden ist. Neben vielen Anekdoten und Geschichten lernen Sie, wie Schokolade gewonnen wird, wie Experten Schokolade verkosten und wie Schokolade ihren zarten Schmelz erhält. Natürlich kommen Produktverkostungen, vom Kakao-Nib bis zur fertigen Praline nicht zu kurz. Da die Touren nur auf Englisch abgehalten werden, sollten Sie zumindest mittlere bis gute Sprachkenntnisse besitzen, um wirklich voll auf ihre Kosten zu kommen *(3 King`s Square, YO1 7 LD, ££, mit YorkPass frei, Touren von 10 – 16 Uhr, Onlinebuchung sinnvoll, um Wartezeiten zu vermeiden, www.yorkchocolatestory.com)*.

Schräg rechts führt am Ende des Platzes **The Shambles** in südöstliche Richtung. Sie gilt als eine der ältesten Straßen des Landes und bietet mit ihren schiefen, mal geneigten, mal hervorspringenden Hausfronten ein beliebtes Fotomotiv. Kurz vor Ende biegen Sie rechts unter einem Hausdurchgang beschildert zum **Shambles Market** ab und folgen dem bunten Markttreiben erneut nach rechts. Über **Patrickpool** und **Swinegate** durchstreifen Sie die schöne Altstadt und schlüpfen in der Straßenbiegung ganz am Ende geradeaus durch die überbaute, schmale **Coffee Yard** zur Stonegate hinüber. Unterwegs können Sie **Barley Hall** besuchen. Die Baustruktur stammt aus dem 14. und 15. Jahrhundert und war für lange Zeit unter neuen, umgebauten Fassaden verborgen, bis sie in jüngster Zeit wiederentdeckt, ausgegraben und konserviert wurde. Heute erstrahlt das einstige Zuhause des wohlhabenden Yorker Bürgers William Snawsell in altem Glanz. Oftmals finden darin Sonderausstellungen statt, zuletzt zu Hexen und Zauberern des Mittelalters *(Coffee Yard, YO1 8AR, £, mit YorkPass frei, Apr – Okt 10 – 17 Uhr, sonst bis 16 Uhr, www.barleyhall.co.uk)*.

The Shambles & Barley Hall

Folgen Sie der **Stonegate** nach links bis zur breiten Hauptfußgängerzone, der **Davygate**, an der Sie erneut nach links abbiegen. Spazieren Sie immer geradeaus, bis Sie ans Ende des verkehrsberuhigten Bereichs gelangen.

Nach links können Sie von hier aus zum auf Kinder ausgerichteten Aktivitätscenter **DIG** gehen. Junge Forscher können dort nach Knochen, Artefakten und anderen interessanten Fundstücken graben und erfahren spielerisch mehr über die Vergangenheit *(St. Saviour`s Church, YO1 8NN*, £, mit YorkPass frei, *Touren von 10 – 16 Uhr, Onlinebuchung empfohlen, www.digyork.com)*.

Geradeaus stehen Sie nach wenigen Metern an der **Merchant Adventurers Hall**. Das besonders gut erhaltene Holzrahmenbauwerk ist seit

1357 Sitz und Versammlungsort der Yorker Zünfte und das größte seiner Art im Königreich. Auf einer Audiotour erfahren Sie mehr dazu. Deutsche Informationen sind in Schriftform erhältlich *(Piccadilly, YO1 9XD, £, mit YorkPass frei, So – Fr 10 – 16.30 Uhr, Sa bis 13.30 Uhr, www.merchantshallyork.org)*.

Jorvik Viking Centre

Die Haupttour schwenkt nach rechts, entlang der **Coppergate**, und gleich wieder nach links durch die Einkaufspassage auf den **Jorvik Viking Centre** zu. Diese äußerst gut gemachte Attraktion geht Geschichtsvermittlung auf eine ganz andere Art als üblich an. Am Originalschauplatz, wo zwischen 1976 und 81 umfangreiche Ausgrabungen eine ganze Wikingerstadt des 10. Jahrhunderts frei legten, fahren Sie heute in offenen Kapseln auf Schienen durch das rekonstruierte Jorvik des Jahres 960. Deutsche Kommentare und die detailverliebten Bauten und dargestellten Szenen vermitteln besonders anschaulich, wie das Leben damals ablief, samt den dazugehörigen Gerüchen und Geräuschen mit moderner Animation. Während Ihrer Reise in die Vergangenheit erhalten Sie Einblick in Häuser, Handwerksbetriebe und Hinterhöfe der Menschen von damals. Im zweiten Teil sichten Sie die originalen, ausgestellten Exponate und sehen bei Live-Vorführungen, welche Instrumente gespielt, Kleidung geknüpft oder Metalle verarbeitet wurden. Da der Viking Centre sehr beliebt ist, sollten Sie nach Möglichkeit im Voraus online eine feste Zeit für den Besuch buchen, um lange Wartezeiten zu vermeiden *(Coppergate, YO1 9WT, ££, mit YorkPass frei, Apr – Okt von 10 – 17 Uhr, sonst 10 – 16 Uhr, www.jorvikvikingcentre.co.uk)*.

Cliffords Tower

Vorbei an der St. Mary`s Church halten Sie sich links in die **Castlegate.** Dort streifen Sie **Fairfax House**, ein besonders schönes Beispiel eines georgianischen Stadthauses voll mit edler Einrichtung und aufwendig mit Stuck verzierten Decken und Wänden *(Cast-*

legate, YO1 9RN, ££, mit YorkPass und HH-members frei, Feb – Dez von Di – Sa 10 – 17 Uhr, So 11 – 16 Uhr, www.fairfaxhouse.co.uk).

Keine 100 Meter weiter steht auf einem Hügel der imposante **Clifford`s Tower**, ein Wahrzeichen der Stadt. Es ist der letzte verbliebene Rest der einstigen Festung Wilhelm des Eroberers, der von hier aus Stadt und Land dominierte. Von oben genießen Sie einen tollen Rundumblick und können im Inneren mehr über die damalige Zeit erfahren *(Tower Street, YO1 9SA, £, mit YorkPass und EH-Members frei, Apr – Sep 10 – 18 Uhr, sonst bis 16/17 Uhr, www.english-heritage.org.uk).*

York Castle Museum

Hinter dem Burghügel teilen sich das Gerichtsgebäude und das **York Castle Museum** den Platz rund um eine begrünte Fläche. Ein Besuch des sich über zwei Häuser erstreckenden Museums ist nicht nur an trüben Tagen ein lohnender Stopp. Die in mehrere, thematisch voneinander völlig getrennte Abteilungen bieten für Jeden etwas. Statt einfach nur Exponate auszustellen, wurden ganze Erlebniswelten geschaffen. Neben epochal ausgestatteten Räumen und Spielzeugen vergangener Tage wird in einem Bereich die Geschichte der Mode und der gerade bevorzugten Lebensweisen, Essgewohnheiten und Körperformen dargestellt. Ein absolutes Highlight ist die Kirkgate, ein originalgetreu nachgebauter Straßenzug aus viktorianischer Zeit, in dem Schauspieler für das nötige Lebensgefühl in den Gassen und Läden ringsum sorgen. Im Nachbargebäude tauchen Sie in die Zeit des Ersten Weltkrieges ein und erleben die damaligen Ereignisse aus britischer Sicht. Im Untergeschoß war einst das **York Castle Prison** untergebracht. Hologramme einstiger Häftlinge erzählen teils anrührende, teils brutale Geschichten aus dem Gefängnisleben georgianischer Zeiten. Außerdem gibt es einen Außenbereich mit Wehrmauern, Garten und altem Mühlgebäude am River Foss zu sehen *(Castle Area, YO1 9RY, ££, mit YorkPass frei, 9.30 – 17 Uhr, www.yorkcastlemuseum.org.uk).*

Für den Rückweg haben Sie zwei Möglichkeiten. Entweder folgen Sie der **Clifford Street**, **Spurriergate** und **Coney Street** am Ostufer zurück. Dabei haben Sie unterwegs Gelegenheit, das **York Army Museum** und das **York Dungeon**, eine Art moderner Geisterbahn, zu besuchen. Oder Sie queren den River Ouse über die **Skeldergate Bridge** und steigen für einen etwas weiteren Spaziergang gleich dahinter am **Baile Hill** auf die begehbare Stadtmauer. Mit schönen Blicken wandern Sie über das **Victoria Bar** bis zum **Micklegate Bar**. Einst war es das zeremonielle Zugangstor für Monarchen, die York besuchten und wurde gerne genutzt, um die abgeschlagenen Köpfe exekutierter Feinde

und Straftäter zu präsentieren. Im Inneren befindet sich heute die Ausstellung **Henry VII Experience** und ringsum gibt es eine ganze Reihe Cafés und Restaurants. Eine Kurve und wenige hundert Meter weiter erreichen Sie wieder den Ausgangspunkt des Rundgangs.
Sofern Sie sich für Loks und Schienenverkehr im Allgemeinen interessieren, sei Ihnen zuletzt ein Besuch des **National Railway Museums** ans Herz gelegt. Sie erreichen es über die Tore in der Mauer und die dahinter gelegenen **Memorial Gardens** nach der Bahnunterführung rechterhand an der **Leeman Road**. Von altehrwürdigen Dampfloks bis zu hyperschnellen japanischen Expresszügen gibt es in den riesigen Hallen des größten Bahnmuseum der Welt so ziemlich alles zu sehen, was jemals auf Gleisen unterwegs war *(Leeman Road, YO26 4XJ, Eintritt frei, 10 – 18 Uhr, im Winter bis 17 Uhr, www.nrm.org.uk).*

Gastrotipps York: Brew and Brownie (Café), 5 Museum Str., YO1 7DT, **Rustique**** (französisch), 2 Lendal Str., YO1 8AA, Mannion & Co (Café), 1 Blake Str., YO1 8QJ, **Rustique**** (französisch), 2 Lendal Str., YO1 8AA, **Café Concerto** (Café) 21 High Petergate, YO1 7EN, **Café Concerto** (Café) 21 High Petergate, YO1 7EN, **Bennett`s**** (britisch), 30High Petergate, YO1 7EH, **Wheldrakes** (Café) 5c Goodramgate, YO1 7LJ, **Little Italy**** (italienisch) 12 Goodramgate, YO1 7LQ, **Ambiente Tapas**** (spanisch) 14 Goodramgate, YO1 7LQ, **Crumbs Cupcakery** (Café) 10 College Str., YO1 7JF, **Bombay Spice**** (indisch) 58 Goodramgate, YO1 7LF, **Shambles Tavern**** (britisch) 44 Shambles, YO1 7LZ, **Betty`s Café** (Café) 6 Helens Square, YO1 8QP, **Pairings Wine Bar**** (britisch) 28 Castlegate, YO1 9RP, **Rustique**** (französisch), 28 Castlegate, YO1 9RP, **31 Castlegate**** (britisch), 31 Castlegate, YO1 9RN, **Dyls** (Café), Skeldergate Bridge, YO1 9WJ, **Delrio`s** (italienisch), 10 Blossom Str., YO24 1AE, **La Tazzina** (Café), 12 Blossom Str., YO24 1AE, **Rattle Owl**** (britisch), 104 Micklegate, YO1 6JX, **Skosh***** (britisch), 98 Micklegate, YO1 6JX, **Countess of York** (Café), Nat.Rail.Museum Leeman Road, YO26 4XJ

In der Nähe:

- In einem Yorker Außenbezirk liegt **Goddards House**, einst das Heim eines lokalen Schokoladenbarons. Die ehemaligen Privaträume der Familie und der Garten können besichtigt werden *([N 53°56'27" W 1°06'22"] , 27 Tadcaster Rd., YO24 1GG, parken nur in den umliegenden Nebenstraßen möglich, £, mit YorkPass und NT-members frei, Apr – Sep 10.30 – 17 Uhr, Mär/Okt nur Mi – So, www.nationaltrust.org.uk).*
- Das im italienischen Barockstil des 18. Jahrhunderts erbaute **Beningbrough Hall, Gallery and Gardens** wurde im Lauf seiner Geschichte von seinen vielen Besitzern geprägt. Neben einer Portraitgalerie können Besucher die akkurat gestalteten Gärten besichtigen *([N 54°01'16" W 1°12'40"], Coach Rd., YO30 1DD, ££, mit YorkPass und NT-Members frei, Apr – Sep von 10.30 – 17 Uhr, Haus ab 12 Uhr, Mär/Okt nur Di – So, www.nationaltrust.org.uk).*

Beningbrough Hall

- Auf einer ehemaligen Flugbasis aus dem Zweiten Weltkrieg ist das **Yorkshire Air Museum** entstanden, eines der größten Luftfahrtmuseen Englands. 15 Ausstellungsbereiche und über 60 historische Maschinen sorgen für ausreichend Abwechslung *([N 53°55'42" W 0°57'49"], Halifax Way, YO41 4AU, Elvington,* ££, 10 – 17 Uhr, im Winter bis 16 Uhr, www.yorkshireairmuseum.org).
- Über 20 verschiedene Fahrgeschäfte Spielplätze und Shows befinden sich rings um **York Maze**, dem größten Maislabyrinth Großbritanniens. Ein großer Spaß, vor allem für Kinder *([N 53°56'22" W 0°59'08"], Elvington Lane, YO19 5LT, Elvington, ££, mit YorkPass frei, Mitte Jul – Anfang Sep 10 – 18.30 Uhr, sonst abweichende Zeiten lt. Website, www.yorkmaze.co.uk).*
- **Burnby Hall Gardens** wird als „das Juwel" in Yorkshires Krone bezeichnet. Der Garten umfasst viktorianische Anlagen, einen Steingarten, Volieren und zwei Teiche mit großer Kollektion an Wasserlilien *([N 53°55'39" W 0°46'34"], The Balk, YO42 2QF, Pocklington,* £, Mär – Okt *von 10 – 17.30 Uhr, www.burnbyhallgardens.com).*

CASTLE HOWARD

Nördlich von York liegt Castle Howard, Sitz der gleichnamigen Familie seit mehr als 300 Jahren, auf Ihrem Weg. Unterwegs finden Sie einen Pubstopover im kleinen KIRKHAM ABBEY, **The Stone Trough Inn** *(**058:** [N 54°04'58" W 0°52'19"], YO60 7JS, www.thestonetroughinn.com).* Auch um die Ecke, am Parkplatz des ehemaligen Klosters besteht kein Nachtparkverbot, [N 54°04'59" W 0°52'43"].

Am Schloss angekommen, nehmen Sie beim Farm Shop, in den vorgelagerten Wirtschaftsgebäuden, entweder die regelmäßig verkehrende Bummelbahn bis zum Haupteingang oder wählen den Fußweg durch die Walled Gardens. Der prunkvolle Landsitz gehört zu den eindrucksvollsten Barockbauwerken seiner Zeit. 1940 teilweise abgebrannt, wurde er in den folgenden 30 Jahren wieder rekonstruiert. Neben den eigentlichen Wohnräumen können Sie im Obergeschoss eine Ausstellung rekonstruierter Räume sehen, die extra für den Film „Wiedersehen mit Brideshead" von 2008 errichtet und ausgestattet wurden. Das große Freigelände mit Springbrunnen, mehre-

Große Halle in Castle Howard

ren Seen, Tempeln und einem eigenen Mausoleum ist sehenswert. Sie können einen Waldspaziergang durch den verwunschen wirkenden **Ray Wood** machen, der vor allem im Frühsommer in voller Blüte erstrahlt oder zum großen See hinüber gehen. Dort besteht die Möglichkeit zu einer Bootsfahrt, während sich Kinder am Abenteuerspielplatz austoben. Bei so gut wie allen englischen Freizeitzielen kommt das leibliche Wohl nicht zu kurz: in Castle Howard wurden gleich drei Cafés eingerichtet: im Hof, am Schloss und direkt am See.

[N 54°07'13" W 0°54'55"] The Stray, YO60 7DA, ££, mit YorkPass und HH-members frei, 10.00 – 17 Uhr, Winter kürzer, www.castlehoward.co.uk

NORTH YORK MOORS NATIONALPARK

Bei der Fahrt durch die raue Natur des Nationalparks können Sie zwischen zwei Varianten wählen:

Variante 1: Über Malton und Pickering

Die kleine Marktstadt MALTON besitzt einen alten Ortskern mit Kirche, um die herum jeden Samstag ein größerer Farmers Market stattfindet. Im nordöstlichen Vorort OLD MALTON stehen immer wieder Wohnmobile auf einem Parkplatz gleich neben der **Town Street** bei **059:** [N 54°08'37" W 0°46'43"]. Hinter dem Kreisverkehr zur **A64** können Sie das **Eden Camp Modern History Museum** besuchen. Teils als Freilichtmuseum ausgeführt, befasst sich das recht große Gelände mit der sozialen und militärischen Geschichte Großbritanniens seit 1914.

[N 54°09'05" W 0°46'42"], Freehold Lane, YO17 6RT, ££, mit YorkPass frei, 10 – 17 Uhr, www.edencamp.co.uk

Bei KIRKBY MISPERTON wartet der Themenpark **Flamingo Land Resort** auf Besucher. Er gehört zu den größten in Europa und ist als eine Mischung aus Tiergarten und Freizeitpark mit über 40 Fahrgeschäften angelegt.

[N 54°12'19" W 0°48'32"], Kirkby Misperton Road, YO17 6UX, ££££, 9.30 Uhr – 17/18/19 Uhr, je nach Saison, Ermäßigung beim Kauf von Onlinetickets, www.flamingoland.co.uk

Der parkeigene Campingplatz ist recht teuer. Gut und günstiger kommen Sie ganz in der Nähe an den folgenden Plätzen unter.

Pickering Village und Castle

(060) WOMO-Stellplatz: Black Bull Caravan Park

GPS: N 54°13'24" W 0°46'16", Malton Road, YO18 8EA, PICKERING
Max. WOMOs: 76
Ausstattung/Lage: Strom, Dusche/WC, Abspülgelegenheit, Waschmaschine/Trockner, Minimarkt, ruhiger, mittelgroßer Platz auf einer ebenen Fläche mit Plätzen auf Schotter und Rasen, teils Schatten..
Ortszentrum: etwa 2,3 km
Zufahrt: Direkt an der Malton Road, in Richtung Pickering linkerhand.
Richtpreis: 19 – 23 £
Internet: www.blackbullcaravanpark.com
Hinweis: Noch etwas günstiger ist die einfache, aber schöne **Farm-Campsite Westgate Carr,** westlich von Pickering bei [N 54°14'16" W 0°48'40"], www.westgatecarrfarm.co.uk

Im nahen PICKERING werden die meisten Besucher von der Burgruine, dem **Pickering Castle,** angelockt. Die Anlage aus dem 13. Jahrhundert wurde unter anderem als königliche „Jagdhütte", Ferienhaus und Hengstfarm genutzt.

Unweit entfernt befinden sich das **Beck Isle Heimatmuseum** und eine Station der historischen **North Yorkshire Moors Railway**

[N 54°14'57" W 0°46'34"], Castlegate YO18 7AX, £, EH-members frei, Apr – Sep von 10 – 18 Uhr, Okt bis 17 Uhr, www.english-heritage.org.uk, Museum: www.beckislemuseum.org.uk, Bahn: www.nymr.co.uk

Nach dem pittoresken Dorf LASTINGHAM geht die Tour zusammen mit Variante 2 weiter.

Variante 2: Über Rievaulx und Helmsley

Verwinkelte kleine Straßen führen Sie durch die **Howardian Hills**, eine als „AONB" gekennzeichnete Schutzzone in Richtung Helmsley. Auf dem Weg dorthin können Sie Station an

Byland Abbey

den mächtigen Überresten von **Byland Abbey** machen. Im 12. Jahrhundert war sie die größte und prächtigste Zisterzienserabtei ganz Europas.

[N 54°12'13" W 1°09'37"] YO61 4BD, Eintritt frei, Apr – Sep 10 – 18 Uhr, sonst bis 16/17 Uhr, www.english-heritage.org.uk

Nach einem etwas steileren Stück fahren Sie entlang der kleinen **Wass Bank Road** über eine langgezogene, bewaldete Lichtung. Gleich an drei Stellen wäre ein Zwischenstopp für die Nacht denkbar, ab **061:** [N 54°13'21" W 1°08'21"]. Um direkt weiter nach Helmsley zu fahren, queren Sie die **A170**. Einige Kilometer weiter nach links können Sie das **Sutton Bank National Park Centre** besuchen. Sie erhalten dort umfangreiches Material zu Wanderungen und Radwegen in den Moors, der Zutritt ist frei *([N 54°14'24" W 1°12'28"], YO7 2EH)*. Rund 300 m zuvor zweigt links die **High Town Bank Road** zum **White Horse of Kilburn** ab. Das 96 x 69 m große Kratzbild am Hügel wurde 1857 von Thomas Taylor, einem reichen Geschäftsmann realisiert. Er hatte ähnliche Figuren im Süden Englands gesehen und wollte ein eigenes weißes Pferd, ganz in seiner Nähe. Parken Sie vor allem mit großen Fahrzeugen besser oberhalb am kleinen Parkplatz bei **062:** [N 54°13'35" W 1°12'32"]. Die folgenden 400 m bis zum Hauptparkplatz unterhalb haben es mit 30 Prozent Gefälle auf einem schmalen Teerband in sich.

Das hübsche HELMSLEY lädt mit einer ganzen Reihe an Cafés und Gasthäusern sowie kleinen Läden zu einem Bummel ein. Am Rande des Ortes stehen die Überreste von **Helmsley Castle**. Es wurde 1120 von Walter Espec, einem normannischen Baron, in Auftrag gegeben. Später, in elisabethanischer Zeit, diente es als prunkvolle Ferienresidenz. Am Ortsparkplatz neben der Burg können Sie ganz offiziell übernachten.

Castlegate, YO62 5AB, ££, mit YorkPass und EH-members frei Apr – Sep von 10 – 18 Uhr, Okt bis 17 Uhr, Nov – Mär Fr – So bis 16 Uhr, www.english-heritage.org.uk).

Helmsley Castle

(063) WOMO-Picknickplatz: Helmsley

GPS: N 54°14'46" W 1°03'58", Cleveland Way, YO62 5AZ, HELMSLEY
Max. WOMOs: 10+

Ausstattung/Lage: Einfacher Asphaltparkplatz mit Bäumen ringsum, Picknickbänke gleich nebenan, Mülltonnen im vorderen Bereich, teils beleuchtet.
Zufahrt: In Helmsley gleich nach der Kirche, links dem „P"-Schild folgen und bis zum letzten, für Wohnmobile angeschriebenen Parkplatz fahren.
Richtpreis: 18 – 9 Uhr frei, sonst lt. aktuellem Aushang Gebühr mit Parkschein.

Bei einem weiteren Abstecher fahren Sie nach RIEVAULX. Die dortigen Überreste der gleichnamigen Klosterruine sind landesweit bekannt. Oberhalb können Sie zunächst beschildert zur **Rievaulx Terrace**, einem Landschaftspark, der vom National Trust betreut wird, fahren. Von dem Gelände mit zwei kleinen Tempeln haben Sie den besten Blick auf die darunter gelegenen Ruinen der alten Abbey. Eine schmale, teils als Einbahnstraße ausgeführte Trasse bringt Sie hinab bis zum Park-

Rievaulx Abbey

platz der **Rievaulx Abbey**, die vom English Heritage betrieben wird. Per englischsprachiger Audiotour zum Aufstieg und Fall der ersten englischen Zisterzienserabtei werden Sie durch die Ruinen geleitet. Im zugehörigen Museum werden interessante Fundstücke gezeigt .

Terrace: [N 54°14'46" W 1°03'58"], B1257, YO62 5LJ, ££, NT-Members frei, Apr – Sep 10 – 17 Uhr, Mär/Okt bis 16 Uhr, www.nationaltrust.org.uk; Abbey: [N 54°15'24" W 1°07'10"], Rievaulx Bank, YO62 5LB, ££, YorkPass und EH-Members frei, Apr – Sep von 10 – 18 Uhr, Okt bis 17 Uhr, sonst bis 16 Uhr, www.english-heritage.org.uk

Beim schönen Moors-Dorf HUTTON-LE-HOLE treffen sich beide Varianten wieder. Im **Ryedale Folk Freilichtmuseum** können Sie 20 historische Gebäude ansehen, darunter ein Rundhaus aus der Eisenzeit, ein elisabethanisches Herrenhaus und Werkstätten von Schmied, Tischler, Büchsenmacher und Radhauer.

[N 54°18'03" W 0°55'05"], YO62 6UA, ££, Mitte Feb – Nov 10 – 16/17 Uhr, www.rydalefolkmuseum.co.uk

Nördlich von Hutton-le-Hole liegen zwei schöne, freie Stellplätze mitten in den stillen, meist nur von Schafen bevölkerten Hügeln an einer Nebenstrecke.

(064) WOMO-Stellplatz: Rosedale Chimney

GPS: N 54°18'39" W 0°54'24", Rosedale Chimney Bank, HUTTON-LE-HOLE

Max. WOMOs: 1-2

Ausstattung/Lage: Parkplatz in den Hügeln an einem kleinen Bach, gleich neben der Straße, keine Einrichtungen.

Zufahrt: In Hutton-le-Hole rechts nach Lastingham abzweigen und dann die erste Straße nach links nehmen.

Hinweis: Ein Stück weiter sind an der Straße bei [N 54°20'31" W 0°53'34"] und bei [N 54°20'36" W 0°53'29"] zwei weitere schöne und sogar größere Parkplätze. Danach sollten Sie sich gut überlegen, ob Sie weiterfahren oder besser den Rückweg nach Hutton-le-Hole antreten und von dort in Richtung Küste fahren, da die nächsten 400 m mit bis zu 30 Prozent Gefälle extrem steil sind!

Unterwegs in den Yorkshire Moors

Stellplätze 066 und 071

An der Hauptstraße durch die Moors gibt es einen möglichen Pubstopover am isoliert gelegenen **Lion Inn** *(**065:** [N 54°23'17" W 0°57'19"], Blakey Ridge, YO62 7LQ, www.lion-blakey.co.uk)*. Ein weiterer, recht großer Parkplatz folgt nahe CASTLETON bei **066:** [N 54°27'36" W 0°57'08"]. Noch schöner gelegen, aber nur mit kleineren Fahrzeugen zu erreichen, ist der hinter einer Furt zu erreichende **Horgrah Beck Carpark** bei **067:** [N 54°27'28" W 0°59'42"].

Falls Sie noch nicht den Nationalparkcenter auf Variante 2 aufgesucht haben, gibt es bei DANBY eine weitere Gelegenheit, sich über die North York Moors zu informieren.

Der dortige **National Park Centre** bietet eine ähnlich große Anzahl an Wegstreckenbeschreibungen und während der Saison eine ganze Reihe Aktivitäten ringsum, der Eintritt ist kostenfrei.

[N 54°27'55" W 0°53'41"], Lodge Lane, YO21 2NB

Am nördlichen Ende des Moors finden Sie zahlreiche weitere Übernachtungsmöglichkeiten für fast jeden Geschmack. Östlich von Danby liegen mit der **Lawnsgate Campsite** *(**068:** [N 54°26'50" W 0°50'39"], Lealholm Lane, YO21 2AX, ££, www.lawnsgatecamping.com)* und der **Wild Slack Caravan Site** *(**069:** [N 54°27'06" W 0°50'16"], Lealholm Lane, YO21 2AW, ££, www.wildslackfarm.co.uk)* zwei einfache Farm-Campingplätze nah beieinander. In Richtung GUISBOROUGH gibt es an der **A171** einen Pub Stopover *(**Jolly Sailor Pub**, **070:** [N 54°30'03" W 0°55'19"], TS12 3LN)* und der Parkplatz direkt im Ort kann auch als Nachtplatz dienen *(**071:** [N 54°32'03" W 1°03'03"], Rectory Lane, TS14 7CE, Parkgebühr lt. Aushang)*.

Gastrotipps North York Moors, Malton: The New Malton** (britisch), Market Place, YO17 7LX, **Chapter One**** (britisch) Market Place, YO17 7LX, **No.46**, (Café) Market Place, YO17 7LW, **Pickering: Willowgate Bistro**** (britisch), Willowgate, YO18 7BE, **Spice 4U**** (indisch), 41 Hungate, YO18 7DG, **Cappleman`s Fish**\* (britisch), 11 Market Place, YO18 7AA, **Elisabeth Botham`s Tea Room** (Café), 8 Park Str., YO18 7AJ, **Lastingham: Blacksmith`s Arms**** (britisch), Anserdale Ln, YO62 6TL, **Helmsley: Cocoa Tree** (Café), 4 Castlegate, YO62 5AB, **Cocoa Tree** (Café), 4 Castlegate, YO62 5AB, **Scots of Helmsley***

(Fast Food), 6 Bridge Str., YO62 5BG, **Gepetto`s**** (italienisch), 8 Bridge Str., YO62 5BG, **Porter`s Coffee Shop** (Café), 19 Bridge Str., YO62 5BG, **Hutton-le-Hole: The Crown**** (britisch), Main Str., YO62 6UA, **The Forge** (Café), Main Str., YO62 6UA, **Guisborough: Cat`s Whiskers**** (britisch), 17 Chaloner Str., TS14 6QD

Wanderung am Roseberry Topping (ca. 3 km)
Die kurze, teils steile Wanderung, wenige Kilometer südwestlich von Guisborough, bietet Ihnen schöne Blicke vom Roseberryhügel. Im Frühjahr blühen unterwegs viele Glockenblumen. Fahren Sie zunächst auf der A173 bis ins Dorf Newton. Am Ende befindet sich linkerhand ein Parkplatz (kostenpflichtig).
Gehen Sie auf der **Rosenberry Lane** bergauf bis zum Waldrand und nehmen Sie dort die Stufen, die durch ein Tor in den Newton Wald führen. Halten Sie sich gleich links, um am Waldrand zu bleiben. Dort, wo das dichter bewaldete Gebiet lichter wird, nehmen Sie den Steinweg nach rechts, bis er links durch ein weiteres Tor auf das Roseberry Gelände führt. Recht steil geht es nun auf offenem Gelände bis zum felsigen Gipfel hinauf, der einen wunderbaren Rundumblick ermöglicht. Für den Rückweg wählen Sie den Steinpfad am gegenüberliegenden Ende Ihres Aufstiegsweges und folgen ihm bis zu einem Zaun, bei dem Sie nach rechts weitergehen. Das Gelände wird langsam flacher und grüner. In der Ferne sehen Sie ein kleines Gebäude, auf das Sie zugehen. Der ursprüngliche Nutzen dieses Follies ist nicht zweifelsfrei geklärt. Es wurde einst wohl als Schutzraum für Wanderer oder Jagdunterstand errichtet. Folgen Sie dem Pfad durch Wiese und vorbei an ein paar Ginsterbüschen zurück in den Wald. Dort halten Sie sich erst links und dann gleich wieder rechts auf einem sehr steilen Pfad abwärts. Immer geradeaus bringt Sie dieser Weg zurück zum ersten Tor und dem Rückweg zum Parkplatz an der Hauptstraße.

NORTH YORKSHIRE COAST
Nachdem Sie bislang ausschließlich im Landesinneren unterwegs waren, wird es nun Zeit, für etwas Seeluft an Yorkshires Küste. Ein erster attraktiver Halt bietet sich in SALTBURN-BY-THE-SEA an. Der flache Sandkiesstrand rund um das Pier senkt sich sanft zum Meer hin und Sie können mit einer klei-

Pier in Saltburn-by-the-Sea

Cattersty Sands

nen Zahnradbahn vom Ort hinab ans Meer fahren *(parken bei [N 54°35'08" W 0°58'20"], Marine Parade, TS12 1DY)*. Östlich vom Ort führt auch eine Straße direkt zum Wasser. Am dortigen Parkplatz können Sie über Nacht stehen. Gleich ums Eck gibt es eine Miniatureisenbahn.

(072) WOMO-Badeplatz: Saltburn-by-the-Sea

GPS: N 54°35'05" W 0°58'04", Saltburn Bank, TS12 1NY, SALTBURN-BY-THE-SEA

Max. WOMOs: 2

Ausstattung/Lage: Für Wohnmobile und Vans markierte Buchten auf dem Asphaltparkplatz direkt am Meer. Toiletten, beleuchtet, sonst keine Einrichtungen.

Zufahrt: Am Kreisverkehr an der A174 vor Saltburn in Richtung Rushpool Hall fahren, dann immer geradeaus bis zum Parkplatz linkerhand.

Richtpreis: 5 £, tags laut Aushang, Parkuhr.

Noch schöner und vor allem ruhiger ist der Strand **Cattersty Sands** neben dem Dorf SKINNINGROVE. Sie parken am Ende der kleinen Zufahrtsstraße bei **073:** [N 54°34'16" W 0°53'56"] *(Marine Ter., TS13 4BJ)* und gehen auf dem nach Norden führenden Fußweg rund 350 m bis zur Bucht hinter dem Wall.

Stellplätze 73 und 74

Auf dem weiteren Weg zur Küste hinab, streifen Sie eine ganze Reihe hübscher Fischerdörfer, die sich ihren ursprünglichen Charme mehr oder minder bewahrten. Wählen Sie unbedingt die angegeben Parkplätze und versuchen Sie nicht in die engen Gassen hinab zu fahren!

Das erste Dorf ist STAITHES. Einen Parkplatz für Ihr Fahrzeug finden Sie neben der **Touristeninformation** *(**074:** [N 54°33'21" W 0°47'34"], Whitegate Close, TS13 5BB, WC, tags kostenpflichtig)*. Über die **Staithes Lane** wandern Sie hinab und finden nahe dem Hafen einige kleine Geschäfte und Cafés sowie das **Captain Cook Heritage Centre**. Der bekannte Seefahrer stammte aus dieser Gegend und das recht gut gemachte Museum ist ihm und der lokalen Umgebung gewidmet.

Bis auf ein einziges Café ist es in RUNSWICK BAY meist recht ruhig. Eine Vielzahl der schön hergerichteten Cottages werden inzwischen als Ferienhäuser vermietet. Ausnahmsweise können Sie hier die Fahrt bis fast ganz hinunter zum Ortsparkplatz am **Cleveland Way** wagen. Besser ist der große Parkplatz oberhalb an der **Bank Top Lane geeignet** *([N 54°32'02" W 0°45'08"], TS13 5JF, kostenpflichtig)*. Von dort führt ein schöner Fußweg abwärts und durch das Häuserlabyrinth zum Wasser. Ein Badestrand liegt nochmals unterhalb von SANDSEND. gleich neben der Küstenstraße **A174**. Dort finden Sie am ehesten einen Parkplatz nach der Brücke und dem Ortsende.

Gastrotipps North Yorkshire Coast, Saltburn-by-the-Sea: Signals Bistro** (britisch), 1a Station Sq., TS12 1AQ, **Skinningrove: Kaskane Café** (Café), Mill Ln., TS13 4AY, **Staithes: The Cod and Lobster**** (britisch), High St., TS13 5BH, **The Tea Shop** (Café), 83 Staithes Ln., TS13 5AD, **Sandsend: Sandside Café** (Café), East Row, YO21 3SU, **Eastbek House***** (britisch), East Row, YO21 3SU

WHITBY

Die einst isoliert am Rande des Moors gelegene Gemeinde Whitby hat sich mit der Zeit zu einem recht adretten Städtchen entwickelt, in dem heute vor allem der Tourismus boomt. Während am Ostufer des Esk River, der den Ort teilt, ein Großteil der alten Dorfstruktur erhalten blieb, befinden sich ein Großteil der Geschäfte, Unterkünfte und die in England fast obligatorische Vergnügungsmeile am Westufer. Es gibt mehrere Parkmöglichkeiten, die für Wohnmobile in Frage kommen. Gleichermaßen gut zu erreichen und gut für einen Rundgang geeignet, sind die Plätze nahe des Whitby Pavillons am Weststrand. Entweder direkt entlang der **North Terrace,** [N 54°29'26" W 0°37'20"], oder gleich danach am Parkplatz, den Sie rechts vom **Royal Crescent** aus erreichen. Abgesehen vom Weg ins Ortszentrum haben Sie den Strand in nächster Nähe. Alternativ finden Sie viel Parkraum zentral zwischen Hafen und Bahnhof südlich der Swing Bridge in der **Langborne Road,** bei [N 54°28'58" W 0°36'46"] hinter der Touristeninformation.

Unterwegs in Whitby

Das Städtchen ist nicht so groß, dass Sie sich wirklich verlaufen könnten. Die interessantesten Ecken gruppieren sich allesamt um den Flussbereich am Esk. Wenn Sie vom Strandparkplatz kommen, gehen Sie in östliche Richtung, durch den aus Walfischknochen bestehenden Bogen und danach hinab zur **Pier Road**. Zwischen Fish`n`Chips Buden, Spielhallen und Souvenirshops tobt das Leben. Es gibt ein kleines, kostenloses **Lifeboat Museum** gleich rechts zu Beginn und ein Stück weiter das **Whitby Dracula Experience**. Etwas reißerisch aufgemacht und mehr Geisterbahn als fundierte Ausstellung, wird

Runswick Bay

Hafen von Whitby, unten: Whitby Abbey

darin recht knapp Bezug auf Whitbys Rolle in Bram Stokers Dracula-Roman genommen. In Gestalt eines großen schwarzen Hundes kam Dracula damit im Jahr 1885 in England an... *(Marine Parade, YO21 3PR, £, 9.45 – 17Uhr, www.draculaexperience.co.uk)*. Direkt von den Booten aus oder einigen Ständen werden allerorts Hafenrundfahrten angeboten. Sogar längere Whale Watching Cruises sind im Angebot. In Höhe der Swing Bridge, die aufgeklappt wird, um größere Schiffe durchzulassen, gehen Sie entweder rechts durch die verkehrsberuhigte **Baxtergate** oder die parallel verlaufende **Flowersgate,** vorbei an vielen Geschäften in Richtung **Whitby Museum**. Die umfangreiche Sammlung beherbergt Abteilungen zum maritimen Leben, Geologie, Flora und Fauna, Ethnologie und Kunsthistorie *(Pannett Park, YO21 1RE, £, 9.30 – 16.30 Uhr, www.whitbymuseum.org.uk)*. Danach halten Sie sich rechts, um den Rückweg zum Ausgangspunkt in Angriff zu nehmen. Oder Sie überqueren am Hafen die Brücke und schlendern rechts zum **Captain Cook Museum**. Der junge James Cook fand 1746 Arbeit in Whitby - erzählt werden die Abenteuer und Anekdoten seines Lebens *(Grape Ln., YO22 4BA, £, Mitte Feb – Mär von 11 – 15 Uhr, Apr – Okt 9.45 – 17 Uhr, www.cookmuseumwhitby.co.uk)*. Links führen die kleine Fußgängerzone **Sandsgate** und **Church Street** stetig ansteigend bis zu den 199 Stufen, die zur **St. Mary´s Church** und den bekannten Überresten der **Whitby Abbey** hinaufführen. Beinahe gespenstisch wirkt der dramatische Anblick der Ruinen, vor allem an wolkenverhangenen, nebeligen Tagen... Schon im Jahr 657 wurde an dieser Stelle ein angelsächsisches Kloster gegründet. Die heutigen Überreste stammen von einer Benediktinerabtei aus dem Mittelalter *(YO22 4JT, ££, EH-Members frei, Apr – Sep 10 – 18 Uhr, Okt. und ab Mitte Feb bis 16 Uhr, www.english-heritage.org.uk)*. Wenn Ihnen der Weg bis ganz hinauf zu beschwerlich ist, können Sie die Abbey alternativ mit dem Wohnmobil erreichen. Es gibt einen großen Parkplatz in der **Abbey Lane** bei [N 54°29'12" W 0°36'14"]. Eine andere Möglichkeit, um sich Wegstrecke zu sparen und Whitby zu entdecken, ist der offene Doppeldeckerbus „**Whitby Town Tour**", der von Ende März bis September alle wichtigen Stationen verbindet *(mehr unter www.coastalandcountry.co.uk)*.

Gastrotipps Whitby: Fisherman`s Wife** (britisch), Khyber Pass, YO21 3PZ, **Magpie Café**** (britisch), 14 Pier Rd., YO21 3PU, **The Marine**** (britisch), 13 Marine Par., YO21 3PR, **Willow Branch** (Café), 5a Golden Lion Bank, YO21 3BS, **Trenchers**** (britisch), New Quay Rd., YO21 1DH, **Rusty Shears** (Café), 3 Silver Str., YO21 3BU, **Beckett`s** (Café), 9 Skinner Str., YO21 3AH, **Ditto**** (britisch), 26 Skinner Str., YO21 3AJ, **Burgsy`s**** (amerikanisch), 2 Grape Ln., YO22 4BA, **Humble Pie and Mash*** (britisch), 163 Church Str., YO22 4AS, **Monks Café** (Café), 148 Church Str., YO22 4BH, **Sandgate Coffee** (Café), 10 Market Pl., YO22 4DD

Außerhalb von Whitby gibt es Übernachtungsplätze, zum einen die **Boardings Farm Campsite**, gleich am Ortsrand gelegen *(**075:** [N 54°28'45" W 0°38'24"], Guisborough Rd., YO21 1TL,* ££, Mär – Nov, Strom Dusche/WC, *www.broadingsfarm.co.uk)*. Außerdem zwei einfache, freie Parkplätze, die beide recht nah an den Hauptstraßen gelegen sind *(**076a:** Skelder Carpark an der **A171** bei [N 54°28'03" W 0°42'02"] und **076b:** Blue Bank Carpark an der **A169**, bei [N 54°26'23" W 0°39'54"])*.

ROBIN HOOD`S BAY

Das Dorf mit dem außergewöhnlichen Namen ist das bekannteste und meistbesuchte an der North Yorkshire Heritage Coast. Woher der Name stammt, ist nicht bekannt. Eine Verbindung zum bei uns bekannten Robin Hood aus dem Sherwood Forest, gibt es nicht. Im 16 Jahrhundert war die Siedlung weitaus bedeutender als das weiter nördlich gelegene Whitby und im 18. Jahrhundert war Robin Hood`s Bay das verrufenste Schmugglernest der ganzen Küste. Ein paar Läden, Gasthäuser und

Am Bay Hotel in Robin Hood`s Bay

ein nur bei Ebbe erreichbarer Strand im Osten des Örtchens sind geblieben und reichen für das touristische Erfolgsrezept. Parkplätze gibt es meist am **Station Carpark** bei [N 54°26'09" W 0°32'09"]. Viel weiter hinab sollten Sie nicht fahren. Eine steile Straße führt schmal und gewunden bis zum winzigen Hafen. Zu sehen gibt es eine **Lifeboat Station**, die vom National Trust betrieben wird und ein kleines **Ortsmuseum**. Der Eintritt zu beiden Ausstellungen ist frei.

Gastrotipps Robin Hood`s Bay: Coffee Shack (Café), New Rd., YO22 4SF, **Bramblewick Fish & Grill**** (britisch), The Dock. YO22 4SJ, **Smugglers**** (britisch), The Dock, YO22 4SJ, **Old Bakery** (Café), Chapel Str., YO22 4SQ, **Swell Café** (Café), Chapel Str., YO22 4SQ

(077) WOMO-Campingplatz: North Yorkshire Moors Caravan Club Site

GPS: N 54°25'25" W 0°37'23", May Beck Farm Trail, YO22 5JE, SNEATON
Max. WOMOs: 90
Ausstattung/Lage: WiFi, Strom, V/E, einfacher aber gepflegter Platz mitten im Grünen mit Stellflächen auf Rasen und Schotter, teils Schatten.
Zeiten: März – November **Ortszentrum**: 5,5 km
Zufahrt: Von der A59 kommend immer geradeaus ins Zentrum fahren, bis die Straße an der Blossom Street endet. Dort links abbiegen und an der Ampel vor dem Stadttor rechts in die Nunnery Lane einfahren. Immer dem Verlauf geradeaus folgen, bis Sie den Fluss an der Terry Avenue erreichen. Dort rechts abbiegen und zum Platz fahren.
Richtpreis: 26,30 – 32,80 £, CC-Mitglieder 14,30 – 20,80 £
Internet: www.caravanclub.co.uk
Hinweis: Einen alternativen, ortsnäheren Platz, der allerdings nur über Dusche/WC und geneigte Rasenplätze verfügt, finden Sie an der B1447, **Hooks House Farm**, [N 54°26'20" W 0°32'35"], YO22 4PE.

(078) WOMO-Stellplatz: Sled Gates Carpark

GPS: N 54°25'43" W 0°33'57", Sled Gates, YO22 4QB, FLYINGTHORPE
Max. WOMOs: 2 – 3
Ausstattung/Lage: Einfache Schotterfläche links der Straße. Auf der gegenüberliegenden Seite gibt es Abfahrten zu zwei möglichen Stellplätzen am Hang, vorher Bodenbeschaffenheit prüfen. Keine Einrichtungen, kein Schatten, schöne Aussicht.
Ortszentrum: rund 2,6 km
Zufahrt: Von Robin Hodd`s Bay über Flyingthorpe zurück zur Hauptstraße A171 fahren. Der Platz kommt linkerhand.

(079) WOMO-Wanderparkplatz: Reasty Bank Carpark

GPS: N 54°20'08" W 0°31'01", Reasty Hill, YO13 0LE, HARWOOD DALE

Max. WOMOs: 2 – 3
Ausstattung/Lage: Einfacher Schotterparkplatz neben der Straße, der von Spaziergängern genutzt wird. Keine Einrichtungen, nachts einsam.
Zufahrt: Von der A171 in Richtung Scarborough zweigt kurz nach dem Dorf Flyingdales rechts eine Straße nach Harwood Dale ab. Nach ca. 5 km linkerhand.

Fußgängerzone in Scarborough

SCARBOROUGH

Mit rund 50.000 Einwohnern ist Scarborough das größte Seebad Nordostenglands. Schon die Römer und Wikinger siedelten an dieser Stelle und Heinrich der II. ließ im 12. Jahrhundert eine Burg am Felsen über dem Hafen bauen. Jahrhundertelang machte sich Scarborough einen Namen für die gleichnamige Fair, eine sechswöchige Handelsmesse und durch die 1626 entdeckte Mineralquelle gewann die Stadt als Kurort an Bedeutung. Vor allem im Zweiten Weltkrieg wurden größere Teile der Stadt beschädigt oder gänzlich zerstört. Aber das Zentrum wurde recht behutsam neu errichtet und so blieb rund um Hafen, Strand und Fußgängerzone ein schönes Ortsbild erhalten. Einen zentralen Parkplatz zu finden, gestaltet sich mit einem Wohnmobil, vor allem während der Saison, nicht ganz leicht. Wenn Sie früh unterwegs sind, haben Sie eine Chance am **West Pier** bei [N 54°16'59" W 0°23'31"], YO11 1PD. Ansonsten können Sie es an den vielen Längs Parkern oberhalb des Kreisverkehrs am **Rotunda Museum** versuchen, [N 54°16'42" W 0°23'59"], YO11 2PT.

Unterwegs in Scarborough

Der Interessanteste Teil des Zentrums ist recht kompakt und somit gut in einer Runde zu erkunden. Wenn Sie am Strand starten, haben Sie zunächst die Vergnügungsmeile mit Kasinos, Imbissbuden und dem Kontrast gebenden Grand Hotel etwas weiter südlich, vor sich. Daneben gibt es sogar eine Zahnradbahn am kleinen Hügel für alle Fuß müden Gäste... Am Strand herrscht an schönen Tagen meist viel Trubel. Zwischen Familien, die im Sand buddeln, Badetüchern und Strandsportlern traben Reitesel durch die Bucht, um Kin-

Rotunda Museum

Strandtreiben und Castle in Scarborough

der zu bespaßen. Kurz nach dem Hotel endet die Promenadenstraße **Foreshore Road** an einem Kreisverkehr. Geradeaus können Sie zum **Scarborough Spa** weitergehen, dem örtlichen Heilbad. Gleich hinter dem Kreisel liegt das **Rotunda Museum**. In dem auffälligen, runden Bauwerk wird eine recht wilde Mischung an Gegenständen zur Schau gestellt. Von Fossilien über ein Skelett samt Sarg aus der Bronzezeit bis zu georgianischen Gemälden gibt es allerlei zu entdecken *(Vernon Rd., YO11 2PS, £, Di – So 10 – 17 Uhr, www.scarboroughmuseumstrust.com)*. Neben der **Valley Road** verläuft ein kleiner Park, dem Sie bis zum Teich unterhalb der Straßenüberführung folgen. Kurz davor biegen Sie nach rechts ab und kommen so zur **Art Gallery,** die im Crescent House, einer Villa aus dem 19. Jahrhundert, eingerichtet wurde *(wie Rotunda Museum)*. Geradeaus daran vorbei und mit dem Hauptbahnhof zu Ihrer Linken, spazieren Sie bis zur rechts abgehenden **Westborough**, biegen ab und erreichen so kurz darauf die Fußgängerzone. Folgen Sie der Straße immer geradeaus, bis sie bei **Eastborough** wieder die Strandpromenade erreicht. Sie haben stets einen guten Blick auf **Scarborough Castle**. Falls es Sie dorthin zieht, gehen Sie an der Uferstraße nach links und dann, erneut links, über **East Sandgate** und **Castlegate** zum aufwärts führenden Fußweg. In der Anlage hilft ein Audioguide, sich besser in die Geschichte der Burg

Scarboroughs weiter Strand mit dem Grand Hotel

einzufühlen. Sie sollten der englischen Sprache mächtig sein, da diese Informationen nicht auf Deutsch verfügbar sind *(Castle Rd., YO11 1HY, £, EH-members frei, Apr – Sep von 10 – 18 Uhr, ab Okt 10 – 17 Uhr, sonst nur Sa/So, www.english-heritage.org.uk).*

Gastrotipps Scarborough: Harbour View Café* (britisch), West Pier, YO11 1PD, **Famous Fishpan*** (Fast Food), 28a Foreshore Rd., YO11 1PB, **The Seastrand** (Café), St. Nicholas Cliff, YO11 1NT, **Rice & Spice**** (indisch), 2 Pavilion Ter,, YO11 2JU, **Café Fish**** (britisch), 19 York Pl., YO11 2NP, **Pomodoro**** (italienisch), 24 Newborough, YO11 1NA, **East Coast Kitchen**** (amerikanisch), 34 Newborough, YO11 1NF, **Love Brew Café** (Café), 20 Eastborough, YO11 1NW, **Love Brew Café** (Café), 2ß Eastborough, YO11 1NW, **Life Boat Fish Bar*** (britisch), 76 Eastborough, YO11 1NJ

In der Nähe:

• Im nördlichen Teil der Stadt liegt der im asiatischen Stil angelegte **Peasholm Park**. In dem 14 Hektar großen Gelände finden im Sommer allerlei Open-Air Veranstaltungen statt. Es gibt eine Minigolfanlage und regelmäßig werden auf dem Teich Seeschlachten mit Modellbooten nachempfunden *([N 54°17'31" W 0°24'45"], Ryndle Cres., YO12 7TR, Eintritt frei)*. Die kleine Schmalspurbahn North Bay Railway pendelt nahe dem Nordende des Parks bis zum Sea Life Aquarium.

• Wenn das Wetter nicht mitspielt, haben Sie in Scarborough Gelegenheit abzutauchen. Das **Alpamare UK** bietet vier Innen- und Außenbecken und gleich mehrere, verschieden hohe Wasserrutschen *([N 54°17'46" W 0°24'54"], Burniston Road, YO12 6PH, £££, 10 – 22 Uhr, www.alpamare.co.uk).*

• **Sea Life Sanctuary –** Fische, „Meeresungeheuer" und sogar Pinguine erleben Sie in der Scarborougher Dependance der international agierenden Aquarienkette im äußersten Norden der Stadt *([N 54°18'07" W 0°24'36"], Scalby Mills Road, YO12 6RP, £££, Online ermäßigte Tickets verfügbar, Mo – Fr von 11 – 16 Uhr, Sa/So ab 10 Uhr, www.visitsealife.com/scarborough)*

• Einen schönen Rundumblick auf das Meer und die Stadt bietet der Aussichtspunkt **Olivers Mount** am Obelisken *([N 54°16'05" W 0°24'18"], Jackson`s Lane, YO11 2UG)*. An einem kleinen Parkplatz an der Rückseite des Hügels besteht eine Übernachtungsmöglichkeit bei **080:** [N 54°15'23" W 0°24'51"], **Mere Lane**. Wegen tiefhängenden Bäumen, eignet sich der Platz nur für kleinere Fahrzeuge.

Von oben links im Uhrzeigersinn: Stellplätze 081 a,b und c und 084

Im **Forge Valley** hinter der Stadt liegen mehrere mögliche Übernachtungsplätze entlang von **Low Road** und **Seavegate** im Wald, teilweise mit Picknickbänken ausgestattet. Den ersten finden Sie bei **081:** [N 54°17'11" W 0°27'46"], den letzten, nach einer etwas steileren Rampe rechterhand bei [N 54°16'12" W 0°29'21"].

Pub Stellplätze gibt es rund um die etwas weiter südlich gelegene **Cayton Bucht**. Zum einen das **Poachers Barn Pub** in OSGODBY *(**082:** [N 54°14'50" W 0°22'53"], Osgodby Ln., YO11 3QH)*, zum anderen das **Plough Inn,** gleich an der Hauptverkehrsstraße *(**084:** [N 54°13'53" W 0°20'44"], Redcliffe Ln., YO11 3NX, www.ploughinnscarboorough,co.uk). Mittig dazwischen gibt es einen Campingplatz.*

(083) WOMO-Campingplatz:
Cayton Village Club Site

GPS: N 54°25'25" W 0°37'23", Mill Lane, YO11 3NN, CAYTON BAY
Max. WOMOs: 152
Ausstattung/Lage: Alle Einrichtungen, Spielplatz, großer Platz, meist mit Schotterplätzen, kein Schatten, in fußläufiger Entfernung zur Sandbucht Cayton Bay.
Zeiten: März – Oktober **Ortszentrum**: 5,5 km (Scarborough)
Zufahrt: Direkt rechterhand der A165 in Cayton Bay.
Richtpreis: 28 – 47,20 £, CC-Mitglieder 16 – 35,20 £
Internet: www.caravanclub.co.uk
Hinweis: Sollte der Platz besetzt sein oder Ihnen nicht zusagen, finden Sie ringsum ein halbes Dutzend weiterer Campingplätze.

RUND UM FLAMBOROUGH HEAD

Bevor Sie die langgezogene Landspitze erreichen, haben Sie in FILEY ein weiteres Mal Gelegenheit, zu einem Strandbesuch. Ein großer Parkplatz liegt an der **Church Cliff Road** bei [N 54°12'53" W 0°17'09"], YO14 9NT. Von dort führt ein Fuß-

Promenade in Fliley

weg hinab zum **Cleveland Way** und der Küste. Der örtliche Campingplatz ist genau gegenüber angesiedelt.

Von der Straße zum Cliff können Sie in BEMPTON einer Stichstraße nach links zum **RSPB Bempton Cliffs** folgen. Das Vogelschutzgebiet wacht über eine Kolonie von mehr als einer halben Million Seevögel, die alljährlich in den zerklüfteten Steilküsten brüten und die Kliffs zwischen März und Oktober zu einem beliebten Anziehungspunkt für Naturfreunde und „Birdwatcher" machen. Vor allem Tölpel, Lummen und Papageientaucher sind auf einem Rundgang, je nach Jahreszeit, zu sehen. Dafür wurden Aussichtskanzeln hoch über den Felsen angelegt. Im Infocenter werden weiter reichende Informationen und Leih-Ferngläser bereitgestellt.

[N 54°08'46" W 0°10'09"], Cliff Ln., YO15 1JF, £, 9.30 – 17 Uhr, www.rspb.org.uk

Brütende Seevögel am Bempton Cliff

Bempton Cliff

(085) WOMO-Camping-Platz: Wold Farm

GPS: N 54°07'53" W 0°08'17", Bempton Lane, YO15 1AT, FLAMBOROUGH BAY
Max. WOMOs: 30+
Ausstattung/Lage: Strom, V/E, Duschen/WC, Abwaschgelegenheit, schön gelegener, einfacher Farmcampsite, kein Schatten.
Zeiten: April – Oktober
Ortszentrum: 1,8 km
Zufahrt: Von Bempton kommend in Richtung Flamborough fahren. Wenn die Straße am Ortsbeginn rechts abknickt, links zur Farm halten.
Richtpreis: 14 – 20 £
Internet: www.woldfarmcampsite.com

Direkt oberhalb der Landspitze des **Flamborough Head** überblickt ein weißer Leuchtturm die Umgebung. Am Parkplatz angekommen, können Sie von hier aus eine schöne Küstenwanderung entlang des gut sichtbaren Pfades nach Norden unternehmen. Über die dramatische Selwicks Bay und die steilen Kreidefelsen spazieren Sie bis zur Thornwick Bay in rund 3,5 km Entfernung. Der Rückweg erfolgt auf gleichen Weg. Unterwegs gibt es mehrmals Gelegenheit zur Einkehr.

*Parkplatz bei **086:** [N 54°07'01" W 0°05'00"], Lighthouse Rd., YO15 1AR, Leuchtturm: £, in den Ferien und am Wochenende von 9 - 17 Uhr geöffnet*

Auch die Stadt BRIDLINGTON bietet einen Strand und im Sommer ist Einiges los. Sie wirkt etwas zerfurchter und weniger einheitlich als Scarborough. Mit Parkgelegenheiten sieht es eher schlecht aus. Wenn Sie sich umsehen möchten, wählen Sie den **Belvedere Park & Ride Platz** im Süden, oberhalb des dort recht schönen Strandes und pendeln mit dem Bus ins Zentrum *([N 54°04'03" W 0°12'32"], Belvedere Parade, YO15 3LZ)*.

Kreidefelsen am Flamborough Head

Ein wenig ins Landesinnere versetzt, können Sie **Burton Agnes Hall** besuchen. Das „Stately Home" der Griffiths ist seit der Erbauung Anfang des 17. Jahrhunderts in der 15. Generation in Familienbesitz und wurde bereits mehrmals als eines der schönsten englischen Häuser ausgezeichnet.

[N 54°03'14" W 0°19'13"], Rudston Rd., YO25 4NB, ££, HH-members frei, Apr – Okt 11 – 17 Uhr, www.burtonagnes.com

Wenige Kilometer südlich kommen Sie im **Chestnut Horse Inn** als Gast für die Nacht unter *(**087:** [N 54°00'28" W 0°19'07"], Main Str., YO25 8HN, Kelk, www.chestnuthorse.co.uk).*

Flamborough Leuchtturm und Platz 086

Gastrotipps rund um Flamborough Head, Filey: Sugarcube (Café), 17 Church Str., YO14 9ED, **Bella Italia**** (italienisch), 20 Milford Str., YO14 9DY, **San Marco**** (italienisch), 13 Murray Str., YO14 9DA, **Lighthouse Tea Room** (Café), 14 Belle Vue Str., YO14 9HY, **Flamborough: Seabirds Inn**** (britisch) Tower Str., YO15 1PD, **Copperfields** (Café) 4 Chapel Str., YO15 1LH, **Bridlington: Yips**** (asiatisch), 12 South Marine Drive, YO15 3BZ, **Rags**** (britisch), South Pier, YO15 3AW, **Leoz**** (italienisch), South Pier, YO15 3AW

SPURN HALBINSEL

Die weit in die Nordsee ragende Spurn Halbinsel wird südlich durch den fjordartigen Einschnitt The Humber begrenzt, an dem die Stadt Kingston-upon-Hull sitzt. Sie ist recht dünn besiedelt und bietet an ihrer Südspitze einen schönen Wanderweg.

Wenn Sie mit etwas Glück einen richtig schönen Tag erwischt haben, lohnt am Weg dorthin ein Halt an **Mr. Moos Ice Cream Parlour** bei SKIPSEA. Über 30 Eissorten stehen zur Auswahl und wenn Sie nicht genug bekommen können, besteht die Möglichkeit, am angrenzenden Campingfeld über Nacht zu bleiben *(**088:** [N 53° 58'28" W 0°12'32"], Hornsea Road, YO25 8SY, ££, Strom, Dusche/WC www.mrmoos.co.uk).*

Der recht aufgeräumte Badeort HORNSEA wurde in den Randbezirken mit vielen Mobile Home-Ferienanlagen zugekleis-

Infozentrum am Spurn Head

tert und das Zentrum ist nicht sonderlich spektakulär. Für einen Zwischenstopp versuchen Sie es am besten rund um **Broadway** und **Sands Lane.** Die Hauptparkplätze bleiben Ihnen leider durch Höhenbarrieren versperrt, [N 53°54'45" W 0°09'43"]. Wohnmobilfreundlicher ist man da am **Outletcentre Hornsea Freeport**. Mit rund 30 Shops gehört es zu den eher kleineren Malls, mit einem Abenteuerspielplatz und dem Insektenland **Bugtopia** gibt es abseits vom üblichen Einkaufsgeschehen Abwechslung für Kinder und Shoppingmuffel.

[N 53°53'52" W 0°10'27"], Rolston Rd., HU18 1UT, Mo – Fr von 10 – 17.30 Uhr, Sa ab 9.30 Uhr, So 11 – 17 Uhr, www.hornseafreeport.com

Statt direkt an der Küste entlang zu rollen, können Sie alternativ über ELLERBY und **Burton Constable Hall** fahren. Dort finden Sie einen Stellplatz mit schmaler Zufahrt zwischen den Häusern an einem Naturschutzgebiet bei **089:** [N 53°50'14" W 0°13'30"], **Lambwath Lane**, HU11 5AT. Das elisabethanische Herrenhaus kurz danach wird von 60 Hektar Parkland umgeben, das einst Gartenbaumeister Capability Brown gestaltete. Besucher erhalten Zugang zu 30 Räumen. Das Kuriositätenkabinett aus dem 18. Jahrhundert ist nur eine der Besonderheiten.

[N 53°48'53" W 0°11'24"], Skirlaugh, HU11 4LN, ££, HH-member frei, Mär – Mitte Dez 12 – 17 Uhr, www.burtonconstable.com

Südlich von WITHERNSEA beim kleinen Ort HOLMPTON, können Sie ein Relikt aus Kriegszeiten näher inspizieren. Der **Cold War Bunker** wurde als Schutzraum angelegt und blieb während des Kalten Krieges und danach jahrzehntelang bestehen, um vor allem Angehörige einer Militärbasis im Ernstfall zu schützen.

[N 53°41'03" E 0°04'01"], Rysome Lane, HU19 2RG, ££, Sa/So, in den Ferien täglich geöffnet, 11 – 16 Uhr, www.visitthebunker.com

Sie queren nun den Nullmeridian und erreichen südlich von KILNSEA die Südspitze von **Spurn**. An der Ostseite des Landsporns gibt es einen ganz guten Sandstrand neben dem Mobile Home Park bei [N 53°37'13" E 0°08'26"] in der **Easington Road**.

Das neue **Informationscenter von Spurn Head** samt Café wurde erst vor Kurzem eröffnet, um Besuchern mehr Einblick in die Flora und Fauna dieses speziellen Stücks Natur und seiner meist geflügelten Bewohner zu geben. Ein interessanter Wanderweg führt südlich auf die schmale, nur durch einen Sandstreifen mit dem Festland verbundene Landzunge, auf der eine Lifeboat-Station und Forschungseinrichtungen untergebracht sind. Achtung: bei starker Flut wird der Sandstreifen zwischen Spurn Point und Infocenter komplett überspült. Fragen Sie vorab immer nach den aktuellen Gezeitenständen. Die gesamte Rundwanderung ist mit über 10 km nicht gerade kurz. Deshalb besteht an manchen Tagen die Möglichkeit, mit offenen, geländegängigen LKWs auf Safari zu gehen…

[N 53°36'59" E 0°08'27"], Spurn Rd., HU12 0UH, mehr unter www.ywt.org.uk

(090) WOMO-Stellplatz: Humber Side

GPS: N 53°37'58" E 0°06'19", Humber Side Lane, HU12 0UA, EASINGTON
Max. WOMOs: 2 – 3
Ausstattung/Lage: Einfacher Schotterparkplatz direkt am Deich. Keine Einrichtungen, sehr ruhig, schlechte Zufahrt.
Zufahrt: In Easington nach der Kirche rechts fahren und dann immer geradeaus bis zum Platz.
Hinweis: Kurz zuvor zweigt in Skeffling die Church Road zu einem ganz ähnlichen Platz in der Humber Lane ab. Er liegt bei [N 53°38'37" E 0°04'11"]. Die Zufahrt ist allerdings noch schmaler und schlechter.

(091) WOMO-Campingplatz: Driftwood Caravan Site

GPS: N 53°37'19" E 0°07'42", Easington Rd., HU12 0UB, KILNSEA
Max. WOMOs: 10
Ausstattung/Lage: Strom, V/E, Duschen/WC, kleiner Campground hinter einem Privathaus, Stellplätze auf Schotter oder Rasen.
Zelten: ganzjährig **Ortszentrum**: 3 km (Easington)
Zufahrt: Auf der Fahrt zum Spurn Head im Weiler Kilnsea linkerhand an der Hauptstraße.
Richtpreis: ££
Internet: www.driftwoodcaravansite.co.uk

Kingston u. Hull
Withernsea
Barton u.H.
Humber
Scunthorpe
Doncaster
Immingham
Grimsby
Kirmington
Cleethorpes
Waltham
Trent
Gainsborough
Lincolnshire Wolds AONB
Retford
Worksop
Saltfleet
Louth
Mablethorpe
Legbourne
Lincoln
Wragby
Claythorpe
Sutton
Thorpe o.t.H.
Horncastle
Newark o.T.
Skegness
Sleaford
Belton
Grantham
Belvoir
Boston
Frampton
The Wash
Woolthorpe
Nene
Bourne
Spalding
Wisbech
King`s Lynn
Oakham
Rutland Water
Stamford
Market Harborough
Corby
Peterborough
Great Ouse
Kettering
Ely
Wellingborough
Northampton
Band 89: Mit dem Wohnmobil nach England (Süd)
10 km
St. Neots
Cambridge
Bedford
TOUR 4

Tour 4: Lincolnshire (ca. 730 km)

Kingston-upon-Hull – Lincolnshire Coast
Lincolnshire Wolds – Lincoln
Rund um Grantham – Spalding – Peterborough
Burghley House – Stamford

Stellplätze (gratis)	Kingston-upon-Hull, Saltfleet, Legbourne, Chambers Farm Wood, Denton, Tyford Wood, Peterborough, Rutland Water
Stellplätze (£)	Cleethorpes, Lincoln
Pub Stellplätze:	Kirmington, Winterthorpe, Thorpe on the Hill,
Campingplätze:	Beverly, Cleethorpes, Alford, Peterborough, Stamford, Rutland Water
Besichtigen:	The Deep Aquarium, Kingston-upon-Hull, Seal Sanctuary Skegness, Gunby Estate, Claythorpe Watermill, Louth, Lincoln, Belton House, Belvoir Castle, Woolthorpe Manor, Grimthorpe Castle, Ayscoughfee Hall, Peterborough, Burghley House, Stamford, Kirby Hall
Wandern:	Gibraltar Point Nature Reserve, Lincolnshire Wolds, Hubbard`s Hills, Nene Park Peterborough
Baden:	Cleethorpes, Saltfleet, Mablethorpe, Sutton-on-Sea, Skegness, Rutland Water
Einkaufen:	Kingston-upon-Hull, Lincoln, Springfields Festival Gardens, Peterborough

Die englische Ostküstenregion zwischen der Hafenstadt Hull und Cambridge gehört zu den nicht so stark besuchten Landstrichen Englands. Doch sie bietet mit interessanten Städten, Badeorten und reichlich kulturellen Schauplätzen eindeutig zu viel, um einfach daran vorbei zu fahren.

KINGSTON-UPON-HULL

Ein in England bekanntes Sprichwort behauptet „Hull is dull", also langweilig und nichtssagend. Sicher ist die 250.000 Einwohner-Stadt nicht die größte Perle des Königreichs, doch tut man ihr damit inzwischen Unrecht. In den letzten Jahren ist viel passiert. Aus der eher gesichtslosen und durch große Hafenanlagen stark industriell geprägten Siedlung entstand eine moderne City. Einst durch Walfang zu Wohlstand gelangt, war Hull bis ins angehende 20. Jahrhundert eine reiche Stadt. Im Zweiten Weltkrieg erlitt sie so starke Schäden, wie keine andere in England. 95 Prozent der Gebäude wurden durch deutsche Bombenangriffe ganz oder teilweise zerstört.

Aquarium „The Deep" in Kingston-upon Hull

Gute Parkmöglichkeiten, von denen aus Sie zu Fuß ins Zentrum gelangen, gibt es rund um das **Aquarium The Deep** bei [N 53°44'27" W 0°19'44"] und danach in der **Tower Street**.

Unterwegs in Hull

Nur wenige Schritte vom Parkplatz entfernt, stehen Sie vor dem Eingang zum spektakulären **Aquarium The Deep**. Nach eigenen Angaben ist es das erste Submarinum der Welt. Gemeint ist damit, dass der gesamte Bau um ein zentrales, riesengroßes Aquarium gelegt wurde, das mit 2,5 Millionen Litern Wasser das Herzstück der Anlage bildet. Sogar ein 10 Meter hoher Glasaufzug gleitet durch die Unterwasserwelt, in der unter anderem Rochen, Haie und Meeresschildkröten leben. Insgesamt können Sie 3500 Fische, andere Unterwasserlebewesen, aber auch Pinguine und einige Amphibien und Insekten in The Deep erleben. Im Obergeschoss ist eine Ausstellung zur Entstehung des Lebens im Flachwasser-Lagunenbereich zu sehen. Hier finden mehrmals täglich Fütterungen statt. Nach einer Sektion, die sich mit Korallenriffen befasst, haben Sie erstmals einen guten Einblick ins Hauptaquarium. Die Tour führt dann durch den Amazonas und eine Kaltwasserabteilung mit Lebewesen des Nordens und der Tiefsee zurück zum großen Tank. Bei einem umfangreichen, täglich statt findenden Eventprogramm sehen Sie Tauchern über die Schulter, beobachten das Training der Schildkröten und können sogar ganz speziellen Vorführungen beiwohnen, die beispielsweise den Sinn und die Entstehung von Schleim erklären – ein Stoff aus dem nicht nur Unterwasserträume sind... *(HU1 4DP, ££, 10 – 18 Uhr, www.thedeep.co.uk)*.

Gleich neben dem Aquarium überquert ein Fußgängersteg die Mündung des Flusses Hull. Folgen Sie dem Hochweg weiter nach links, immer am Wasser entlang. Sie kommen zu einem neu gestalteten Teil des alten Hafenbereichs rund um die **Nelson Street** mit Aussichts- und Ruheplattformen. Am Ende folgen Sie rechts der **Minerva Terrace** in

1: Aquarium The Deep
2: Spurn Lightship
3: Princes Quay Mall
4: Maritime Museum
5: St. Stephen`s Mall
6: Hull Minster
7: Market Hall
8: Maister House
9: Hull & East Riding Museum
10: Streetlife Museum
11: Willburn House
12: Arctic Corsair
13: Museum of Club Culture

Richtung Marina. Linkerhand liegen eine große Anzahl kleiner und größerer Boote im Hafenbecken vor Anker. Darunter das **Spurn Lightship**, das bislang nur unregelmäßig besichtigt werden kann *(mehr unter www.hcandl.co.uk)*. Rechts können Sie einen Blick in die **Humber Street**, einen Teil der alten **Humber Docks**, werfen, die Stück für Stück neu belebt werden. Immer geradeaus überqueren Sie die Hauptverkehrsstraße und können links den großen **Einkaufskomplex Princes Quay** betreten. Mitten im Wasser gelegen, entstand er aus alten Kaianla-

Spurn Lightship und Princess Quay

gen. Wenige Meter weiter beginnt der verkehrsberuhigte Bereich, kurz vor dem zentralen **Queen Victoria Square**. Rechterhand befindet sich das **Maritime Museum**. Hier erfahren Sie mehr über Hulls Geschichte. Außerdem gibt es Schiffsmodelle und ein ganzes Walskelett zu sehen *(Queen Victoria Square, HU1 3DX, Eintritt frei, Mo – Sa, 10 – 16.30 Uhr, So, 11 – 16 Uhr, www.hcandl.co.uk)*. Sie können nun eine Schleife über **Jameson Street** und **Ferensway** drehen, die links zur zweiten großen Mall, dem **St. Stephen`s Shopping Centre** führt. Über **Brook Street** und **King Edwards Street** gelangen Sie wieder zum Hauptplatz zurück. Die **New Cross Street** erlaubt schließlich einen Blick in die benachbarte Grünanlage mit Wasserlauf und Springbrunnen. Anschließend betreten Sie über die **Whitefriargate** die verbliebene Altstadt von Hull. Rechts durch die **Trinitiy House Lane** spazieren Sie zum **Minster**, der Hauptkirche Hulls, und folgen nach links der **Church Street**. Sie führt an der überdachten **Market Hall** vorbei, die mit ihrem Campanile mehr an Italien als England erinnert. Über den **Market Place** und die **Scale Lane** rechts erreichen Sie erneut das Hull Ufer. Wenn Sie möchten, folgen Sie vorab noch der **High Street** nach links ins **Museums Quarter**. Rechterhand kommen Sie zum Gebäude des Commercial Museum, das allerdings nicht mehr existiert. Direkt gegenüber liegt das **Maister House** des National Trusts. Es ist vermietet. Nur die Eingangshalle und das Treppenhaus kann man betreten. Rechterhand tummeln sich um einen begrünten Platz vier Museen, die allesamt kostenfrei sind. Zunächst das **Hull & East Riding Museum**. Es behandelt 235 Millionen Jahre Geschichte, von der Erdentstehung über die Mammuts bis zu den angelsächsischen Eroberern. Das **Streetlife Museum** lässt die Bilder, Geräusche und Gerüche der Vergangenheit wiederaufleben. 200 Jahre Transportgeschichte werden auf der High Street der 1940er Jahre lebendig. Das **Wilberforce House** gibt Einblick in das Leben seines ehemaligen Bewohners, William Wilberforce, der sich seinerzeit für ein Ende des transatlantischen Sklavenhandels engagierte. Gleich hinter den drei Gebäuden liegt ein typisches Fischerboot aus Hull am Flussufer vor Anker. Die **Arctic Corsair** wurde 1960 in Dienst genommen und kann auf einer geführten Tour besichtigt werden *(alle vier Museen in der High Street, Eintritt frei, Mo – Sa von 10 – 16.30 Uhr, So 11 – 16 Uhr, www.hcandl.co.uk)*.

City Hall am Queen Victoria Square

Hull Minster

Der Fußgängersteg neben dem Boot führt zurück zur **Scale Lane**. Rechts können Interessierte einen Blick in das bunte **Museum of Club Culture** werfen *(www.museumofclubculture.com)*. Links bringt Sie die **Scale Lane Swing Bridge** zurück zum gegenüberliegenden Ufer, von dem aus Sie nach rechts in wenigen Schritten den Ausgangspunkt erreichen. Falls Ihnen die Tour zu weit ist oder Sie Hull umfassender kennenlernen möchten, können Sie per **Hop On Hop Off-Sightseeing Bus „The Explorer"** oder einer Bummelbahn, die auf zwei unterschiedlichen Routen verkehrt, die Stadt erkunden. Beide halten am Aquarium The Deep. So haben Sie einen einfachen Zu- und Ausstieg ganz in der Nähe des Parkplatzes *(mehr zu Fahrzeiten und Preisen unter www.hulllandtrain.com und www.eastyorkshirecoaches.co.uk/HullExplorer)*.

Gastrotipps Kingston-upon-Hull: 1884 Dock Street Kitchen*** (britisch), Humber Dock Street, HU1 1TB, **Leonardos**** (britisch), 22 Princes Dock Str., HU1 2JX, **Blue Water Café** (Café), 24 Princes Dock Str., HU1 2JX, **Punch Hotel**** (britisch), Queen Victoria Sq., HU1 3RB, **Viet Memories*** (vietnamesisch), 3 Brook Str., HU2 8LA, **Lantern**** (britisch), 46 Whitefriargt., HU1 2HP, **Liquid Jade** (Café), Whitefriargt., HU1 2ER, **Simples Café** (Café), 13 King Str., HU1 2JJ, **Head of Steam Hull** (britisch), 10 King Str., HU1 2JJ, **The Old House** (britisch), 5 Scale Ln., HU1 1LA, **The Lion and Key**** (britisch), 48 High Str., HU1 1QE

Südlich der City wechseln Sie über die **mautpflichtige Humber Bridge** *(1,50 £)* zur Südseite in Richtung Grimsby. Vorher finden Sie am Nordufer unterhalb eine Übernachtungsgelegenheit. In der Nähe von Hull gibt es alternativ einen Campingplatz.

(092) WOMO-Stellplatz: Humber Bridge

GPS: N 53°42'52" W 0°27'06", Cliff Road, HU13 0HE, HULL
Max. WOMOs: 1 – 2

Ausstattung/Lage: Geschotterte, etwas unebene Parkfläche mit teils tiefhängenden Bäumen gleich unterhalb der Humber Bridge neben einem Spielplatz. Sonst keine Einrichtungen.
Ortszentrum: etwa 11 km
Zufahrt: Von der A63 aus Richtung Hull Zentrum kommend, wechseln Sie nach der Brückenunterquerung an der Ausfahrt zur Humber Bridge und nehmen am ersten Kreisverkehr die Ausfahrt in Richtung Hessle. Nach der Unterführung die zweite Straße nach rechts nehmen. Am Ende dem Bogen nach links folgen und gleich wieder rechts zum Ufer hin in die Cliff Road abbiegen und dieser bis zum Ziel rechterhand folgen.

(093) WOMO-Campingplatz: Butt Farm Campsite

GPS: N 53°49'13" W 0°26'40", Victoria Rd., HU17 8PJ, BEVERLY
Max. WOMOs: 30
Ausstattung/Lage: Strom, V/E, Duschen/WC, Spülgelegenheit, gemütliche Campsite mit Stellplätzen auf Rasen und Schotter, nicht immer ganz ruhig durch nahe Schnellstraße.
Ortszentrum: ca. 3,5 km (Beverly)
Zufahrt: Von Hull nördlich in Richtung Beverly fahren, auf die A1079

wechseln bis zur Ausfahrt Beverly/Humber Bridge. Weiter Richtung Beverly fahren und bei erster Gelegenheit links in die Victoria Road abbiegen. Die Zufahrt zur Farm kommt am Ende auf der rechten Seite.
Richtpreis: ££
Internet: www.buttfarm.co.uk

LINCOLNSHIRE COAST

Die Küste unterhalb von Hull bietet einige hübsche Bade- und Erholungsorte, die selbst an schönen Tagen in der Hauptsaison meist weniger überlaufen sind als anderswo. Zunächst kommen Sie fast direkt in KIRMINGTON am Pub **Marrowbone & Cleaver** an, das eine Stopover Gelegenheit bietet *(**094:** [N 53°35'16" W 0°20'04"], High Str., DN39 6YZ, www.marrowboneandcleaver.com)*.

Dann passieren Sie die Stadt GRIMSBY: Fest mit der Hochseeschifferei verbunden, war sie zu ihren Hochzeiten in den 1950er Jahren der größte Fischereihafen der Welt. Allzu viel ist davon nicht mehr übrig. Dank der vielen Lebensmittel verarbeitenden Betriebe ringsum gilt sie aber noch immer als „food town of UK". Touristisch interessanter ist die Nachbargemeinde CLEETHORPES. Gleich hinter der langen Strandpromenade mit Pier, parken Sie in der **Station Road** bei **095:** [N 53°33'48" W 0°01'52"], auf einem gemischten Bus- und PKW-Parkplatz. Das Übernachten war hier gegen Gebühr bislang möglich.

Wenn Sie lieber auf einem Campground stehen, finden Sie den **Cleethorpes Showground Caravan Park** am Südende der Stadt *(**096:** [N 53°32'38" W 0°00'30"], Meridian Rd., DN35 0AR, ££, Apr – Okt, Strom, V/E, Dusche/WC, www.cleethorpescamping.co.uk)*. Neben dem Strand befinden sich der **Meridian Showground** mit wechselnden Veranstaltungen, der Startpunkt der **Coast Railway** und der kleine **Jungle Zoo**-Tiergarten in nächster Nähe.

Promenade von Cleethorpes

Skegness Pier

Über die **A1031** fahren Sie weiter in südliche Richtung. Ab NORTH SOMERCOTES wächst die Anzahl an Mobilheimparks und Campingplätzen. Nach einem Stück Überlandfahrt nähern Sie sich erneut der Küstenlinie. Der direkte Zugang ist durch diese Anlagen oftmals verbaut. Am Ende des Dorfes SALTFLEET können Sie links entlang der **Haven Bank** zu einem kleinen Parkplatz nahe den Sanddünen fahren, **097:** [N 53°25'05" E 0°12'05"].

Der nächste richtige Badeort, samt Promenade und Kirmes am Zentralstrand, ist MABLETHORPE. Ein Parkplatz, der an etwas belebteren Tagen noch Kapazitäten aufweist, liegt südlich des Zentrums an **The Boulevard**, [N 53°20'17" E 0°15'58"], **Queens Park Carpark**. Nicht viel anders präsentieren sich Strand und Meer im benachbarten SUTTON ON SEA. Eine Handvoll Campingplätze für jeden Geschmack und Geldbeutel liegen südlich des Ortes.

(098) WOMO-Campingplatz: Sunny Ridge Campsite
GPS: N 53°15'12" E 0°15'56", Mumby Road, LN13 9JR, ALFORD
Max. WOMOs: 20
Ausstattung/Lage: Strom, V/E, Rasenplatz in ruhiger Lage, kaum Schatten, einfache aber angenehme Atmosphäre.
Ortszentrum: rund 6 km (Chapel St. Leonards)
Zufahrt: Auf der A52 in südliche Richtung fahren. Der Platz kommt, nur spärlich gekennzeichnet, einige hundert Meter nach dem Weiler Huttoft auf der rechten Seite.
Richtpreis: £

Ab CHAPEL ST. LEONARDS wird die Bebauung wieder dichter und die Gemeinde ist mit den Nachbarorten INGOLDSMELL, SEATHOREN und SKEGNESS beinahe verschmolzen. Letzterer ist der interessanteste von allen. Zumindest dann, wenn Sie die etwas abschreckenden, riesigen Mobilheimparks erst einmal hinter sich gelassen haben. Ein Pub Stopover mit ganz offiziellem Stellplatz befindet sich im winzigen WINTERTHORPE bei *(**[099:** [N 53°10'03" E 0°19'53"], **Charnwood Tavern**, Church End, PE25 1EJ, ££, www.charnwoodtavern.co.uk)*.

Zumindest in zweiter Reihe weisen die Parkplätze keine Höhenbeschränkungen auf, z.B. an der **Beresford Avenue** bei [N 53°08'28" E 0°20'25"]. Das „Blackpool des Ostens“ ist meist deutlich belebter als der bisherige Küstenstreifen und Sie haben die Möglichkeit, sich in vielerlei Hinsicht über Meer und Strand hinaus bespaßen zu lassen. Neben dem obligatorischen Rummelplatz befindet sich hier ein **Aquarium**, ein **Miniaturland** und ein großer Teich, auf dem man Boote mieten kann. Hervorzuheben ist das **Natureland Seal Sanctuary**. Es hat sich im gesamten Nordseebereich einen Namen gemacht, da es verlassende und verlassene Babyrobben aufnimmt, aufpäppelt und wieder in die Natur entlässt. Neben Robben gibt es mittlerweile ein Tropenhaus, in dem sogar Krokodile gehalten werden und einen Blumenpalast voller frei fliegender Schmetterlinge.

North Parade, PE25 1DB, ££, täglich von 10 – 16/17 Uhr, www.skegnessnatureland.co.uk

Südlich von Skegness können Sie zum **Gibraltar Point Nature Reserve** fahren. Der unverbaute, ursprüngliche Küstenabschnitt ist für seine schönen Blicke über das Meeresbecken The Wash und die recht große Anzahl an hier lebenden Spezies bekannt. Es gibt ein Besucherzentrum und zwei Parkplätze. Hunde sind im Sommer nicht gestattet.

[N 53°05'50" E 0°19'22"], Gibraltar Road, PE24 4SU, Apr – Okt, 10 – 16 Uhr, sonst 11 – 15 Uhr, www.lincstrust.org.uk

Gastrotipps Lincolnshire Coast, Cleethorpes: The Notts** (britisch), 5 Sea View Str., DN35 8EU, **Agrah**** (indisch), 7 Sea View Str., DN35 8EU, **Relish**** (italienisch), 25 Alexandra Str., DN35 8LG, **Figs** (Café), 36 Alexandra Rd., DN35 8LE, **Papa`s** (Fast Food), Cleethorpes Pier, DN35 8SF, **Mablethorpe: The Beck**** (britisch), Quebec Rd., LN12 1LU, **Liberty`s**** (amerikanisch), 8 Spanish City, LN12 1AL, **The Cauldron*** (britisch), 5 Victoria Rd., LN12 2AF, **Lady B`s Cupcakery** (Café), 29 Victoria Rd., LN12 2AF, **Sutton-on-Sea: Sea Breeze**** (britisch), 10 High Str., LN12 2EX, **Waldo`s** (Fast Food), 37 High Str., LN12 2EY, **Stepping Stones** (Café), 1a Marine Ave., LN12 2ND, **Skegness: Coffee Bean** (Café), 59 High Str., PE25 3NX, **Blue Fin** (Fast Food), 3 Lumley Ave., PE25 2AH, **Tarantino**** (italienisch), 21 Drummond Str., PE25 3EB, **Steak`n`Stuff** (britisch), 36 Castleton Bvd., PE25 2TS

Strand in Skegness

Gunby Estate

LINCOLNSHIRE WOLDS

Wenige Kilometer hinter der Küste erhebt sich ein leichter Höhenzug, die Wolds. Sie stehen als AONB-Gebiet unter besonderem Schutz. Vor allem Wanderer, die keine zu steilen Anstiege schätzen, kommen auf ihre Kosten. Unterwegs begegnet Ihnen vielleicht das hier entstandene Lincolnschaf, eine besonders große und langwollige Rasse.

Ein erster Halt lohnt am **Gunby Estate**. Das ehemalige Zuhause der Massingberd Familie stammt aus dem Jahr 1700 und zeigt auf drei Etagen eine große Sammlung persönlicher und aus aller Welt zusammengetragener Stücke. Das bis heute privat anmutende Haus steht inmitten eines schönen, viktorianischen, teils ummauerten Gartens.

[N 53°10'58" E 0°11'37"], Gunby Roundabout, PE23 5SS, ££, NT-members frei, Apr – Okt von 11 – 17 Uhr, Haus nur Sa – Mi, www.national-trust.org.uk

Beim Dorf CLAYTHORPE können Sie einen Zwischenstopp an der **Claythorpe Watermill** einlegen. Die ehemalige Mühle steht mitten in einem hübsch angelegten Garten, in dem Tiere wie Otter, Erdmännchen und Wasservögel leben. Das reicht zwar nicht unbedingt für einen tagesfüllenden Ausflug, ist aber ideal für eine verlängerte Kaffeepause im zugehörigen Tearoom.

[N 53°17'20" E 0°07'14"], LN13 0DU, Alford, £, Mitte Mär – Okt, 10 – 16/17 Uhr, Hunde verboten, www.claythorpewatermill.com

(100) WOMO-Stellplatz: Legbourne

GPS: N 53°20'31" E 0°02'30", Station Road, LN11 8LH, LEGBOURNE
Max. WOMOs: 2 – 3
Ausstattung/Lage: Einfache Asphaltparkfläche ohne Einrichtungen, durch Büsche von der Straße getrennt, teils schattig.
Ortszentrum: etwa 5 km (Louth)
Zufahrt: Von Claythorpe kommend weiter auf die A157 in Richtung Louth fahren. Kurz nach Legbourne auf der linken Seite.

Louth

Das sympathische Städtchen LOUTH liegt genau auf dem Null-Meridian und gilt als Tor zu den Wolds. Mit seinen vielen kleinen Läden und Ziegelbauten des 18. und 19. Jahrhunderts wirkt es etwas, wie aus der Zeit gefallen. Markant ist der 90 m hohe Turm der St. James Kirche und bekannt ist Louth für seine außergewöhnlich hohe Zahl an guten Restaurants. Wenn Sie sich etwas umschauen möchten, parken Sie beispielsweise in der Northgate bei [N 53°22'05" W 0°00'07"], LN11 0QL.

Ein schöner, nicht allzu weiter und sehr einfacher Spaziergang führt durch das Tal an den **Hubbard`s Hills** gleich nebenan. Die schmale **Crowtree Lane** führt zum Pay & Display-Parkplatz bei [N 53°21'40" W 0°01'25"].

Mehr Infos zu Wander- und Radwegen in den Wolds finden Sie auf www.lovelincolnshirewolds.com. Einen abgelegenen Parkplatz auf dem öfters Wohnmobile über Nacht stehen, finden Sie am Chambers Wood auf dem Weg nach Lincoln *(**101:** [N 53°14'59" W 0°16'48"], Chambers Farm Wood, LN8 5JR).*

Gastrotipps Louth: 14 Upgate*** (britisch), 14 Upgate, LN11 9ET, **Bar Castillejar**** (spanisch), 4 New Str., LN11 9PU, **Little Rose Tearoom** (Café), 28 Aswell Str., LN11 9BA, **Ranch Steakhouse**** (amerikanisch), 12 Queen Str., LN11 9AU, **Ranch Steakhouse**** (amerikanisch), 12 Queen Str., LN11 9AU, **Marrakesh**** (marokkanisch), 12 Vickers Ln., LN11 9PJ, **Serendipity***** (britisch), 149 Eastgate, LN11 9AJ

LINCOLN

Reich an Geschichte gehört Lincoln zu den wichtigsten mittelalterlichen Städten des Königreichs. Es teilt sich eine Unter- und eine Oberstadt, die sich durch eine Senke am River Witham und die dahinter gelegenen Hügel zieht. Oben stehen die wichtigsten historischen Gebäude, etwa Burg, Kathedrale und der Bischofspalast. Am Fluss entstand das Geschäftszentrum. Schon die Römer nutzten diesen Ort zum Siedeln und Wilhelm der Eroberer baute die Stadt während seiner Regentschaft aus.

In den Zeiten der Industrialisierung lag Lincoln nicht mehr auf einer wichtigen Route und geriet etwas in Vergessenheit. Erst als die Universität im letzten Jahrhundert eine Renaissance erlebte, kam wieder mehr Leben und Aufschwung nach Lincoln. Immerhin tummeln sich rund 13.000 Studenten während der Semester zwischen den alten Mauern. Ein sehr großer und zentraler Parkplatz liegt nahe dem Hauptbahnhof in der **Tentercroft Street.** Bislang war selbst das Übernachten nicht verboten *(**102:** [N 53°13'30" W 0°32'23"], LN5 7DB, WC vorhanden)*. Die Fußgängerzone ist nur wenige Meter entfernt.

Stellplatz 102 in Lincoln

Südlich der Stadt können Gäste am Pub **Railway Inn** über Nacht bleiben *(**103:** [N 53°11'16" W 0°39'05"], Station Road, LN6 9BS, Thorpe on the Hill)*.

Unterwegs in Lincoln

Schlüpfen Sie, vorbei am Toilettenblock, am nordwestlichen Ende des Parkplatzes durch die schmale Passage zwischen den Häusern auf die **High Street** hindurch. Links ab liegen einige große Warenhäuser und die **St. Marks Mall**. Für Ihren Rundgang halten Sie sich rechts und spazieren über die Gleise hinweg in den verkehrsberuhigten Bereich. Viele Geschäfte säumen die Hausfassaden, rechterhand taucht ein kleiner Platz auf. Sie queren den Witham Fluss auf der **High Bridge** aus dem 16 Jahrhundert. Markant ist das **House on High Bridge** linkerhand, das einzige Brückenhaus in ganz Nordengland. Falls Sie jetzt Lust auf eine Pause haben und es sich am Wasser bequem machen

Fußgängerzone in Lincoln mit der Guildhall

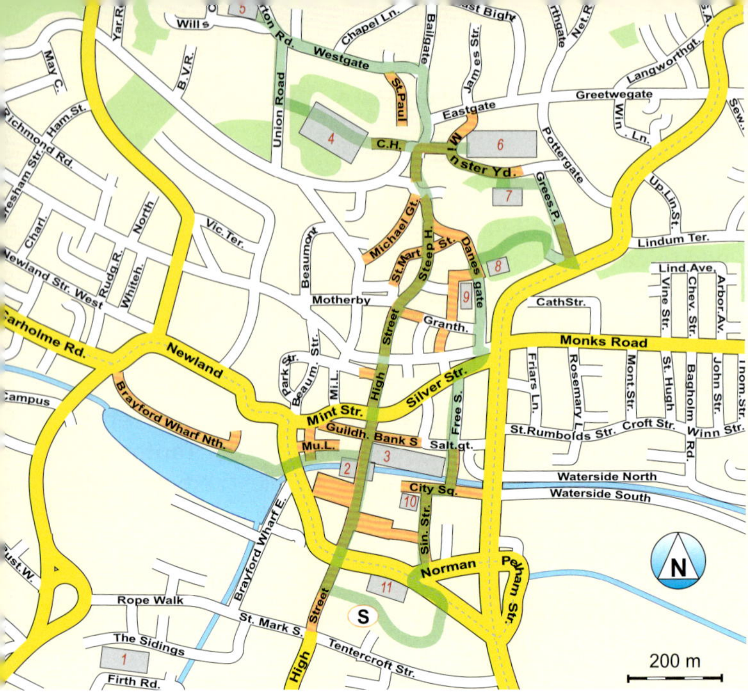

1: St. Mark Shopping Centre
2: House on the Bridge
3: Waterside Mall
4: Lincoln Castle
5: Museum of Lincolnsh. Life
6: Lincoln Cathedral
7: Bishop`s Palace
8: Usher Gallery
9: The Collection
10: Market Hall
11: Lincoln Station

möchten, nehmen Sie die kleine Stiege gleich nach dem alten Fachwerkhaus linkerhand. Sie führt auf einem schmalen Weg zum **Brayford Pool** hinüber, einem natürlich entstandenen See, der heute ein Kino und zahlreiche Restaurants anzieht. Auf der gegenüberliegenden Uferseite sehen Sie die moderne Universität.

Zurück an der High Street gehen Sie weiter, immer leicht bergan und durchqueren das Tor der **Guildhall**. Keine 300 m weiter endet die High Street und Sie gehen schräg rechts entlang **The Strait** und des **Steep Hill,** buchstäblich dem steilen Hügel folgend weiter aufwärts in die Oberstadt. Während weiter unten große Ketten das Bild dominieren, haben sich hier viele kleine Läden niedergelassen. Immer weiter aufwärts zieht sich die schmale Gasse, bis sie sich am **Castle Hill** zu einem breiteren Platz hin öffnet. Vor Ihnen befindet sich die **Touristeninformation** in einem Fachwerkhaus und rechts können Sie durch ein großes Tor einen Blick auf die mächtige Kathedrale erhaschen. Gehen Sie zuvor nach links zum East Gate von **Lincoln Castle** hinüber. Es wurde im 11. Jahrhundert von Wilhelm dem Eroberer errichtet und gründete damals auf den Überresten einer römischen Burg. Die Wehrmauern bieten einen schönen Blick auf Stadt und Kathedrale. Dabei können Sie einer familiengerechten Audioführung lauschen, allerdings nur auf Englisch. In den Burggebäuden können Sie das viktorianische Gefängnis besichtigen und auf Wunsch selbst in Sträflingskluft oder Wachmannuniform schlüpfen. Eine Besonderheit stellt eines der letzten vier originalen Exemplare der **Magna Carta** von 1215 dar, bis heute Grundlage modernen Rechtsverständnisses. Sie wird in der Burg aufbewahrt und Besuchern samt Filmvorführung präsentiert *(Castle Hill, LN1 3AA, ££-£££, Kombitickets mit Kathedrale verfügbar, Apr–Okt von*

10 – 17 Uhr, sonst bis 16 Uhr, www.lincolncastle.com).
Gehen Sie um das Gerichtsgebäude im Westen der Anlage herum zum West Gate und verlassen die Burg auf der dahinter vorbeiführenden **Union Street** nach rechts, bis Sie, nicht allzu weit entfernt, das **Museum of Lincolnshire Life** erreichen. Die Ausstellung spannt einen Bogen von regionaler Geschichte der Landwirtschaft über Industrie und Alltagsleben anno dazumal bis zu einem kompletten Weltkriegspanzer, der seinen Weg hierhin gefunden hat. Hinter dem Museum können Sie in der **Mill Street** noch **Ellis Mill** ansehen. Die letzte von neun Windmühlen, die einst an dieser Stelle standen *(Burton Road, LN1 3LY, Eintritt frei, 10 – 16 Uhr, www.lincolnshire.gov.uk/museumoflincolnshirelife)*.

Steep Hill mit Cathedral View

Nehmen Sie denselben Weg entlang der **Burton Road** zurück, auf dem Sie kamen, biegen aber links in die **Westgate** ein. Sie führt vorbei am markanten, nicht sonderlich schönen Wasserturm zur **Bailgate**, der gemütlichen Ladenstraße der Oberstadt.
Nach rechts folgen Sie ihr bis zurück zur Touristeninformation und nehmen diesmal das Tor links, zur **Lincoln Cathedral**. Sie ist rund 1000 Jahre alt und galt fast 250 Jahre lang als das höchste Gebäude der Welt. Noch immer beeindruckt sie Besucher von innen wie außen *(Minster Yard, LN2 1PX, ££, Mo – Sa, 7.15 – 18 Uhr, So bis 17 Uhr, www.lincolncathedral.com)*. An einem Mauerdurchgang auf der Südseite folgen Sie den Stufen abwärts zu den Überresten des mittelalterlichen **Bishop`s Palace**. Von dem Bauwerk ging einst eine gewaltige Macht aus. Es war der Herrschaftssitz der größten Diözese Englands. Heute ist nur noch die westliche Halle in Teilen übrig *(Minster Yard, LN2 1PU, £, EH-Members frei, Apr – Sep von 10 – 18 Uhr, Okt, Mi – So bis 7 Uhr, sonst Sa/So bis 16 Uhr, www.english-heritage.org.uk)*.
Durch zwei Tore gehen Sie auf dem alten Palasteingangsweg zum **Greestone Place** hinüber und folgen ihm abwärts nach rechts bis zur Hauptstraße. Dort halten Sie sich sofort wieder rechts in die kleine **Temple Gardens** und gehen kurz vor Ende rechts die Treppe hinauf in die Grünanlage der **Usher Gallery**, Lincolns führender Gemäldesammlung. Zum Ausstellungsbereich gehört die gleich daneben an der **Danes Gate** gelegene **Collection**, die Sie auf eine Reise durch Stein-, Bronze- und Eisenzeit bis ins Mittelalter mitnimmt *(Danes Terrace, LN2 1LP, Eintritt für beide Ausstellungen frei, 10 – 16 Uhr, www.thecollectionmuseum.com)*.

River Witham am Central Market

Auf der **Danesgate** gehen Sie weiter abwärts, überqueren die **Monks Road** und umrunden die Häuserspitze linkerhand. Nach wenigen Metern entlang der **Silver Street** zweigen Sie erneut links in die **Free School Lane** ab. Sie führt an einem Theater in der Drill Hall, der Bibliothek und der **St. Swithin`s Church** vorbei. Am Ende schräg rechts und weiter geradeaus gelangen Sie zurück zum Witham Fluss, den Sie auf der kleinen Fußgängerbrücke überqueren. Am Platz gegenüber steht der **Central Market** mit vielen Ständen darin und oft auch davor. Die weiterführende **Sincil Street** wurde zuletzt im großen Stil zur Fußgängerzone umgebaut und leitet Sie zum Bahnhof. Links sehen Sie eine Fußgängerüberführung der Gleisanlagen über die Sie nach wenigen Minuten Ihren Parkplatz wieder erreichen.

Gastrotipps Lincoln: Bar Unico (Café), 3 St. Benedicts Sq., LN5 7AR, **Madame Waffle** (Café), 285 High Str., LN2 1AL, **Jews House Restaurant***** (französisch), 15 The Strait, LN2 1JD, **Bunty`s Tearoom** (Café), 18 Steep Hill, LN2 1LT, **Bookstop Café** (Café), 47 Steep Hill, LN2 1LT, **Brown`s Pies**** (britisch), 33 Steep Hill, LN2 1LU, **Olivares Tapas Bar** (spanisch), 3 Castle Hill, LN1 3AA, **Castle View**** (indisch), 11 Union Str., LN1 3BJ, **The Bronze Pig***** (britisch), 4 Burton Rd., LN1 3LB, **The Old Bakery***** (britisch), 26 Burton Rd., LN1 3LB, **Thirty8**** (britisch), 38 Westgate, LN1 3LB, **Lincoln TapHouse**** (britisch), 1 St. Paul s Ln., LN1 3AL, **Reform***** (britisch), Westgate, LN1 3AS, **Arches Tearoom** (Café), 76 Bailgate, LN1 3AR, **Lady Rose`s Edwardian Tearoom** (Café), Free School Ln., LN2 1EY, **The Angel Coffee House** (Café), Free School Ln., LN2 1EY, **Sign of Fish** (Fast Food) 42 Sincil Str., LN5 7ET

RUND UM GRANTHAM

Die Geburtsstadt der Eisernen Lady, Margret Thatcher, ist nicht sonderlich sehenswert. Rundherum gibt es allerdings mehrere interessante Burgen und Häuser.

Belton House, mit Gartenfolly links unten

Ein Stück nördlich liegt **Belton House**, eines der größten und umfangreichsten Anwesen Mittelenglands, im Besitz des National Trusts. Das Landhaus ist von mittlerer Größe und beherbergt eine umfangreiche Sammlung an Porzellan und Silber sowie eine bemerkenswerte Bibliothek. Die weitläufigen Parkanlagen beherbergen einen formellen Garten, einen Wildpark und den größten Abenteuerspielplatz des National Trusts überhaupt. Sogar eine elektrifizierte Eisenbahn kreuzt zwischen den Spieltürmen, Netzen und Brückenkonstruktionen.

[N 52°56'43" W 0°37'09"], High Rd., NG32 2LW, £££, NT-members frei, Apr – Okt, 9.30 – 17.30 Uhr, sonst nur bis 16 Uhr, Haus nur im Sommer ab 12.30 Uhr geöffnet, www.nationaltrust.org.uk

Weiter westlich finden Sie **Belvoir Castle**, den seit rund 1000 Jahren existierenden und bis heute bewohnten Sitz der Herzöge von Rutland. Die von Zinnen und Türmen gekrönte Burg wirkt wie einem Märchenbuch entsprungen und wurde in ihrer heutigen Form im frühen 19. Jahrhundert umgestaltet. Sie diente oft als Filmkulisse, beispielsweise für die Dan Brown Verfilmung „Der Da Vinci Code" und „Das Geisterschloss". An 100 Tagen im Jahr können Gäste im Park auf Rebhuhn Jagd gehen… Im Gegensatz zu den Gärten ist die Burg nur mit Führung zu besichtigen. Am Weg nach Belvoir kommen Sie an einem möglichen Stellplatz vorbei

[N 52°53'41" W 0°47'00"], High Rd., NG32 1PE, £££, HH-members frei, wechselnde Tage laut Website, dann meist 11 – 17.30 Uhr, www.belvoircastle.com

(104) WOMO-Stellplatz: Dentons Wharf

GPS: N 52°53'52" W 0°43'04", Casthorpe Road, NG32 1LW, DENTON
Max. WOMOs: 1 – 2
Ausstattung/Lage: Schotterparkplatz an einem kleinen Fluss, teils schattig, keine Einrichtungen, ruhig, sehr holprige Anfahrt auf den letzten 150 m.
Ortszentrum: etwa 5 km (Louth)
Zufahrt: Von Grantham fahren Sie auf der A607 in Richtung Melton, bis Sie bei Denton rechts nach Belvoir Castle abbiegen. Dann immer geradeaus, bis nach rund 2,2 km links die Schotterabfahrt kommt.

Newtons Woolthorpe Manor

Das Wohnhaus von Isaac Newton können Sie schließlich südlich von Grantham im kleinen WOOLTHOPRE besichtigen. Tatsächlich ist es nicht übertrieben zu sagen, dass unsere Welt heute vielleicht eine andere wäre, hätte Newton Ende des 17. Jahrhunderts nicht seine physikalischen Versuche in **Woolthorpe Manor** durchgeführt. Ein Pestausbruch sorgte damals dafür, dass er für 18 Monate in sein Elternhaus zurückkehren musste und dort mit Licht und Schwerkraft experimentierte. Neben den Räumen sehen Sie den Apfelbaum, der als eine Art „Baum der Erkenntnis" für Newton zu einem Schlüsselerlebnis wurde. Und Sie können im Nebengebäude selbst den ein oder anderen Versuch starten, um selbst so manchem Phänomen auf die Spur zu kommen.

[N 52°48'31" W 0°37'47"], £, NT-Members frei, Mär – Okt von 11 – 17 Uhr, www.nationaltrust.org.uk

Der nächste mögliche Übernachtungsplatz liegt ganz in der Nähe im **Tyford Wood** an der **A151** in Richtung Spalding, **105:** [N 52°48'14" W 0°35'55"].

SPALDING

Am Weg nach Spalding wartet mit **Grimthorpe Castle** ein weiteres hochkarätiges Herrenhaus im Sommer auf Besucher. Die schlossähnliche Anlage von 1516 ist voll eingerichtet und wird ganzjährig bewohnt. In den weiten Parkanlagen grast Wild. Es gibt ein viele Kilometer langes Wegenetz und einen Abenteuerspielplatz.

[N 52°47'45" W 0°27'01"], A151, PE10 0LY, ££, HH-Members frei, Apr/Mai So/Do, Jun – Sep, So – Do, immer 10.30 – 18 Uhr, Haus bis 16 Uhr, www.grimsthorpe.co.uk

Spalding selbst ist vor allem als Einkaufsstadt bekannt, herausragend schön ist es nicht. Ganz hübsch ist das **Museum Ayscoughfee Hall** mit Wechselausstellungen in einer gepflegten Parkanlage *(Churchgate, PE11 2RA, Eintritt frei)*. Ein größerer Anziehungspunkt ist das etwas kleinere aber sehr angenehme Outlet Centre **Springfields Festival Gardens**. Neben den 58 Shops gibt es eine ganze Reihe an gastronomischen Einrichtungen, Parkanlagen samt verschiedenen beschriebenen Rundwegen und mit dem **Adventureland** einen eigenen, kleinen Vergnügungspark. Falls Sie ins Ortszentrum schauen möchten, verbindet ein Wassertaxi die beiden Örtlichkeiten miteinander.

Stellplatz 105 + Springfields Festival Gardens

[N 52°47'57" W 0°07'44"], Camel Gate, PE12 6 EU, Mo – Sa, 9.30 – 18 Uhr, Do bis 20 Uhr, So 10.30 – 17 Uhr, mehr unter www.springfieldsshopping.co.uk

Gastrotipps Spalding: Amici** (Italienisch), 2 Vine Str., PE11 1AN, **Sergi`s Tapas**\*\* (spanisch) 2 Vine Str., PE11 1AT, **Turner`s Fish** (Fast Food), Red Lion Str., PE11 1SX, **Gurkha Oven**** (indisch), 12b Sheep Market, PE11 1BE

PETERBOROUGH

Rund um die bekannte Kathedrale von Peterborough erstreckt sich heute eine recht moderne Stadt. Wie so viele der heute noch existierenden englischen Metropolen, gründet sie auf einer ehemaligen römischen Siedlung, die später durch die Angelsachsen und ein Kloster neu belebt wurde. Besuchern mit Wohnmobil wird ein schneller Rundgang durch das Zentrum nicht ganz leicht gemacht. Die meisten Parkplätze sind mit Barrieren beschränkt. Nur rund um die **Brook Street** *([N 52°34'34" W 0°14'15"], PE1 1TU)* finden Fahrzeuge über 2,30 m Höhe ein Plätzchen, zumindest wenn man früh genug da ist. Wirklich ausgelegt für große Fahrzeuge sind diese Flächen nicht. Mit dem **Nene Park** besitzt Peterborough eine der größten innerstädtischen Grünflächen Großbritanniens. Dort finden Sie einen Campingplatz samt gut erreichbarer Bushaltestelle und einen

Parkplatz, der zur Übernachtung geeignet ist. Wenn Sie den Rundgang zu der alternativen, ebenfalls angegeben Wanderung ausweiten, können Sie von dort aus bis ins Zentrum gehen.

(106) WOMO-Campingplatz: Ferry Meadows Caravan Club Site

GPS: N 52°33'38" W 0°18'20", Ham Lane, PE2 5UU, PETERBOROUGH

Max. WOMOs: 244
Ausstattung/Lage: Alle Einrichtungen, Spielplatz, sehr großer Campground mit meist auf Schotter gelegenen Stellflächen beidseitig der Zufahrtsstraße, teils schattig, ruhig im Grünen gelegen.
Öffnungszeiten: ganzjährig
Ortszentrum: ca. 5,5 km
Zufahrt: Von Spalding kommend zunächst auf der A16 in Richtung Peterborough fahren und dann auf die A47 in Richtung Leicester wechseln. Nehmen Sie die Ausfahrt in Richtung London und erneut die zweite Abfahrt. An der Oundle Street halten Sie sich rechts, bis Sie nach rund 1,7 km am Kreisverkehr rechts zum Campingplatz im Countrypark abzweigen können.
Richtpreis: 28,20 – 40,40 £, CC-Members 16,20 – 28,40 £
Internet: www.caravanclub.co.uk

(107) WOMO-Stellplatz: Orton Lock Carpark

GPS: N 52°33'33" W 0°16'54", Orton Mere, PE2 7DZ, PETERBOROUGH
Max. WOMOs: 2 – 3
Ausstattung/Lage: Einfache Asphaltparkfläche rund um einen grünen Platz, ohne Einrichtungen zwischen See und Bahndamm, meist recht ruhig, teils schattig.
Ortszentrum: etwa 4 km
Zufahrt: Wie zum Campingplatz zuvor, allerdings in der Oundle Street gleich nach der Unterführung die erste Straße rechts ab bis zum Stellplatz.

Unterwegs in Peterborough

Wenn Sie mit etwas Glück an der **Brook Street** untergekommen sind, folgen Sie dieser zunächst in westliche Richtung, gehen dann links in die **Northminster** und wieder rechts in die **City Road**. Rechts von Ihnen befindet sich der überdachte **City Market** mit festen Marktständen. Gehen Sie noch ein Stück weiter bis zum **Broadway**, der links als Fußgängerzone **Long Causeway** weiterführt und so den zentralen Platz mit der **Guild Hall** aus dem 17. Jahrhundert erreicht. Nach links gehen Sie auf die **Peterborough Cathedral** zu, eines der besterhaltenen und wichtigsten normannischen Gebäude aus dem 12. Jahrhundert. Hinter der beeindruckenden, gotischen Fassade verbergen sich unter anderem die Gräber zweier der bekanntesten Königinnen des Landes – Katharina von Aragon und Königin Mary von Schottland liegen hier begraben *(Dean`s Court, Eintritt frei aber Spen-*

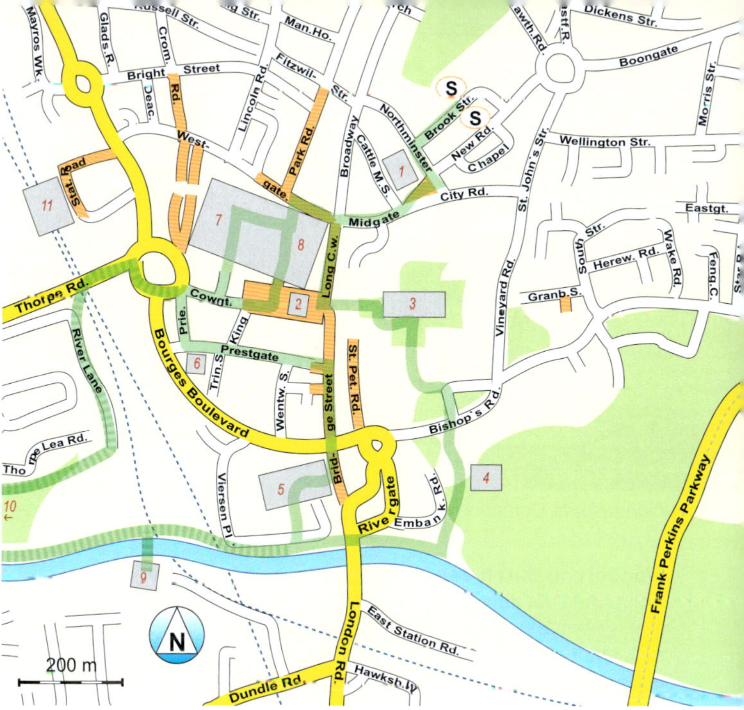

1: Market Hall
2: Guild Hall
3: Peterborough Cathedral
4: Lido
5: Rivergate Shopping Centre
6: Peterborough Museum
7: Queensgate Shopping Centre
8: Westgate Arcade
9: Railworld
10: Longthorpe Tower
11: Central Station

de erwünscht, Mo – Sa von 9 – 17 Uhr, So von 12 – 15 Uhr, PE1 1XS, www.peterborough-cathedral.org.uk).

Südlich der Kirche spazieren Sie durch ein Tor und auf einer kleinen Straße weiter, die bald einen Bogen nach links macht. Bei der ersten Möglichkeit nehmen Sie den Fußgängerdurchgang rechts zur Hauptstraße, und wechseln hinüber in den Park neben dem Freibad Lido im Art Deco Stil der 30er Jahre. Ein Schotterweg, der am hinteren Ende des Bades nach links führt, leitet Sie bis ans Ufer des River Nene. Sie halten sich rechts, passieren die große Brücke und bleiben am Weg direkt am Wasser.

Wenn Sie nur einen kurzen Stadtrundgang machen möchten, gehen Sie nach den ersten beiden Blocks bei der Brücke nach rechts und durch die Passage zum **Rivergate Shopping Centre** hinüber. Andernfalls lesen Sie bei „Wanderung durch den Nene Park“ weiter.

Sie durchqueren die Mall nach rechts und halten sich am Ausgang links auf die Fußgängerzone. An der Stelle, wo Sie den breiten **Bourges Boulevard** queren, halten Busse, die beim Campingplatz starten. Weiter geradeaus erreichen Sie die **Town Hall** mit ihrem

Peterborough Cathedral

Queensgate Complex

Säulenportal. Gegenüber biegen Sie links in die **Priestgate** ein, die zum **Peterborough Museum** führt. Über 200.000 Einzelstücke und eine ganze Reihe interaktiver Displays erhellen vor allem die regionale Geschichte *(Priest Gate, PE1 1LF, Eintritt frei, Di – So 10 – 17 Uhr)*.

Nach rechts führt die schmale Fortsetzung der Priest Gate, erneut nach rechts kommen Sie zur zentralen Fußgängerzone **Cowgate.** Links steht der 1982 eröffnete, riesige **Shopping Complex Queensgate**, der mit der benachbarten **Westgate Arcade** verschmolzen ist. Lassen Sie sich Zeit mit der Erkundung, bevor Sie am Nordende auf der **Westgate** den Rückweg nach rechts einschlagen und bald auf dem bekanntem Weg zurück zu Ihrem Fahrzeug gelangen.

Wanderung durch den Nene Park (gesamt etwa 10 km)

Wenn Sie Lust haben, die Wanderung bis in den Nene Park auszudehnen, gehen Sie nach der Brücke über den Nene Fluss weiter geradeaus, immer am Wasser entlang. Dabei unterqueren Sie die Gleisanlagen und können in Kürze über einen Fußgängersteg, zum **Railworld Wildlife Haven** wechseln. Die etwas wild zusammengewürfelte Anlage wird von Volunteers betrieben und umfasst unter anderem eine große Spur 00 Modellbahn, einen „Wildlife"-Garten auf einem ehemaligen Kohlelagerplatz der Bahn und einen Riesenglobus *(££, unregelmäßige Öffnungszeiten und mehr unter www.railworld.org.uk)*.

Auf dem Hauptweg folgen Sie weiter dem Ufer, immer geradeaus und gelangen so in das **Boardwalks Nature Reserve**. Nach der zweiten Brücke halten Sie sich links und befinden sich nun im **Peterborough Sculpture Park** mit verschiedenen Großplastiken im Gelände. Bei nächster Gelegenheit wechseln Sie auf den links weiterführenden Weg, der der rechts von Ihnen verlaufenden Trainingsstrecke des Ruder- und Kanuclubs von Peterborough folgt. Sie unterqueren eine Hauptstraße und gehen über das Flusswehr und die Gleise links auf die gegenüberliegende Seite und zum **Orton Lock Car Park** (dem angegebenen freien Stellplatz) neben dem **Osier Lake.** Halten Sie sich von hier aus rechts. Der Fußweg verläuft zwischen den Gleisen rechts und dem Golfplatz zur Linken, bis er an der **Goldie Lane** endet. Nach rechts überqueren Sie die Gleisanlagen erneut, schwenken nach links. Sie können auf diesem Weg zum Bahnhof der **Nene Valley Railway** gehen und mit der historischen Dampflok zurück ins Zentrum fahren

(*mehr unter www.nvr.org.uk*). Oder Sie folgen dem Flusslauf zu Ihrer Rechten in nordwestliche Richtung. Nach einer Weile vereint sich dieser Arm mit dem breiteren Hauptlauf des Nene. Oft liegen in diesem Bereich Hausboote vor Anker. Vorbei an Vogelaussicht Stationen erreichen Sie den recht großen **Overton Lake** im **Ferry Meadows Country Park**. Nach links gelangen Sie zum angegebenen Campingplatz und einem Bootsverleih. Zweimal nach rechts und dabei über zwei Brücken hinweg wandern Sie am nördlichen Ende des bereits bekannten Golfplatzes bis zur Straße **Thorpe Wood**. Nur wenige Meter nach rechts versetzt, nehmen Sie den weiterführenden Fußweg, der auf einer Brücke die Schnellstraße kreuzt und Sie danach immer geradeaus zum **Longthorpe Tower** bringt. Der mittelalterliche Wohnturm kann besichtigt werden (*Thorpe Rd., PE3 6LU, £, EH-Members frei, Sa/So 10 – 17 Uhr, www.english-heritage.org.uk*).

Longthorpe Tower

Für ein ganzes Stück müssen Sie der breiten **Thorpe Road** nach rechts folgen. Ein Bus bringt Sie alternativ von der nahen Station zurück ins Zentrum. Ansonsten nehmen Sie nach rund 800 m rechts den Zugang zum **Sue Ryder Thorpall Hospice**. Hinter dem Parkplatz links und gleich wieder rechts folgen Sie einem schmalen Pfad durch eine von Bäumen gesäumte Wiese, die Sie nördlich eines Kreisverkehrs wieder verlassen. Umrunden Sie ihn und wählen Sie gegenüber die kleine **Thorpe Meadows**. Folgen Sie dieser bis zum Ende. Hier können Sie links auf einen geschotterten Weg abzweigen. Immer geradeaus gehen Sie weiter, wenn der Weg zu einem Pfad wird, bis Sie schließlich die ummauerte **River Lane** neben dem Bahndamm erreichen. Folgen Sie ihr, bis Sie in einem Linksknick rechts den Aufgang zur Bahnbrücke nehmen können. Queren Sie die Gleise und biegen am gegenüberliegenden Ende des folgenden Kreisverkehrs in die Fußgängerzone **Cowgate** ein. Von dort aus folgen Sie der Beschreibung des Rückweges im Haupttext.

Gastrotipps Peterborough: Embe2Go (Fast Food), City Market, PE1 1AY, **Fratelli**** (italienisch), Rivergate Centre, PE1 1AL, **Lightbox Café** (Café), 31 Bridge Str., PE1 1HA, **Pizza Parlour**** (italienisch), 5 Cowgate, PE1 1LR, **Queen`s Head**** (britisch), 10 Queen Str., PE1 1PA, **Cote Brasserie**** (französisch), 4 Church Str., PE1 1XB, **Banyan Tree**** (indisch), 53 Westgate, PE1 1QA

BURGHLEY HOUSE

Völlig zu recht wird Burghley House als das großartigste elisabethanische Herrenhaus Englands bezeichnet. Es wurde im 16. Jahrhundert unter dem ersten Lord von Burghley, William Cecil, seines Zeichens Schatzmeister und Lordkanzler Queen Elisabeth I., errichtet. Noch immer wohnen seine direkten Nachfahren in dem Anwesen. Ein großer Teil der über 80 Räume ist heute der Öffentlichkeit zugänglich. Den Rundgang beginnen

Küche und Schlafgemach in Burghley House

Sie mit einer audiovisuellen Einführung ehemaliger Bewohner und gehen von dort in die alte Küche hinüber. Skurril sind die Schildkröten nachempfundenen, Suppenschüsseln an der Wand, dreimal dürfen Sie raten, was darin einst serviert wurde… Über die Kapelle, Billardraum und eine ganze Reihe an privaten Gemächern durchqueren Sie das öffentliche Stockwerk. Aufseher oder die sehr empfehlenswerte Audioführung weisen Sie auf Besonderheiten und schrullige Details hin. Vor allem die Jugendversion macht auch Erwachsenen Spaß, sofern Sie des englischen mächtig sind… Zum Ende der Tour durchschreiten Sie Himmel und Hölle – im wahrsten Sinne des Wortes. Danach gehen Sie zum „Überraschungsgarten" und dem Skulpturengarten hinüber, einem Teil, der von Capability Brown gestalteten Parkanlagen.

Ersterer ist voller Wasserspiele, die gerade im Sommer nicht nur Kindern eine willkommene Abkühlung bieten, wenn

unvermittelt Fontänen aus allen Richtungen über die Wege spritzen. Die mehr als 20 Kunstinstallationen nebenan machen den Spaziergang durch den restlichen Park zu einem Erlebnis. Natürlich können Sie, wie in beinahe allen Häusern in England, einkehren oder sich im Shop umsehen. Der große Parkplatz bietet genug Platz für Wohnmobile.

[N 52°38'37" W 0°26'54"], B1443, Stamford, PE9 3JY, £££, Mitte Mär – Okt, Sa – Do, 11 – 17 Uhr, www.burghley.co.uk

Stamford

STAMFORD

Das benachbarte Stamford wurde 1967 unter Denkmalschutz gestellt. Die gesamte Innenstadt um die Pfarrkirche St. Martin`s ist aus braunem Stein erbaut und in seiner geschlossenen Form einmalig. Kürzere Wohnmobile parken rund um die **Bath Row** bei [N 52°39'02" W 0°28'48"]. Ansonsten probieren Sie Ihr Glück südlich des Welland Flusses bei der **Station Road**, [N 52°38'59" W 0°28'43"].

Das Zentrum mit kleiner Fußgängerzone an der **High Street** befindet sich nordöstlich beider Parkplätze und lädt zu einem kleinen Bummel ein. Die Touristeninformation finden Sie parallel in der **St. Mary Street.**

Gastrotipps Stamford: The George Hotel*** (britisch), 71 St. Martins Str., PE9 2LB, **Zada**** (türkisch), 13 St. Mary``s Hill, PE9 2DP, **Cloisters**** (italienisch), 9 St. Mary`s Str., PE9 2DE, **Central Tearoom** (Café), 7 Red Lion Str., PE9 2AJ, **The King`s Head**** (britisch), 19 Maiden Lane, PE9 2AZ

Südlich von Stamford fahren Sie an der einfachen, ruhig gelegenen und sauberen **Stamford Caravan Club Site** fast direkt

Kirby Hall

vorbei *(**108:** [N 52°34'26" W 0°33'25"], Fineshade, NN17 3BB, ££, CC-Members £-££, WiFi, Strom, V/E, www.caravanclub.co.uk).*

Auch **Kirby Hall** liegt am Weg. Das Haus aus dem 17. Jahrhundert ist nicht mehr bewohnt und inzwischen teilweise unbedacht. Zusammen mit der gut gemachten Audioführung bekommen Sie einen interessanten Einblick in das einstige Leben des Lordkanzlers Christopher Hatton der hier lebte.

[N 52°31'26" W 0°38'21"], Kirby Lane, NN17 3EN, ££, EH-Members frei, Apr – Sep, Mi – So von 10 – 18 Uhr, Okt bis 17 Uhr, sonst nur Sa/So bis 16 Uhr, www.english-heritage.org.uk

An sonnigen Tagen lohnt ein Abstecher zum Stausee **Rutland Water**. Mit Erlebnisbad, Sandstrand, einem Naturreservat, Wassersportangeboten, Insektenzoo, Minigolf und vielen anderen Einrichtungen entlang der Uferzonen, bietet er jede Menge. Besonders gut für ein paar abwechslungsreiche Stunden eignet sich etwa der Parkplatz an der **Sykes Lane** im Nordosten des Sees bei [N 52°39'54" W 0°36'48"], LE15 8QL. Wenn Sie in der Gegend übernachten möchten, haben Sie eine breite Auswahl. Als einfachste Option kann ein kleiner Parkplatz nahe des Naturreservats auf der westlich in den See ragenden **Hambleton Halbinsel** für die Nacht dienen *(**109:** [N 52°39'42" W 0°40'37"], Oakham Road, Hambleton, LE15 8TL).*

Mehr Komfort bieten die Farm- und Estate-Campingplätze in der Umgebung, etwa der einfache, mit Seeblick Sehr schön gelegene **Lyndon Top Caravan Park** am Südufer *(**110:** [N 52°38'06" W 0°40'31"], Lyndon Road, Oakham, LE15 8RN, £, V/E, www.lyndontop.com).*

Tour 5: Warwickshire, Birmingham und Cotswolds (ca. 460 km)

Royal Leamington Spa – Warwick – Birmingham Black Country Living Museum – Stratford-upon-Avon – Cotswolds – Chipping Campden Broadway – Moreton-in-Marsh – Stow-on-the-Wold Bourton-on-the-Water – Cirencester – Stroud Painswick Rococo Gardens

Stellplätze (gratis)	Maidwell, Lapworth, Romsley, Amberley, Barrow Wake
Stellplätze (£)	Warwick, Stratford-upon-Avon, Broadway, Stow-on-the-Wold, Bourton-on-the-Water, Burford, Cirencester

Pub Stellplätze:	Napton-on-the-Hill, Rugby, Lowsonford, Solihull, Birmingham, Wildmoor, Wixford, Willersey, Elkestone
Campingplätze:	Warwick, Rowington, Birmingham, Sutton Coldfield, Moreton-in-Marsh, Chipping Norton, Bourton-on-the-Water, Burford, Cirencester, Minchinhampton
Besichtigen:	Althorp Estate, World Rugby Hall of Fame, Royal Leamington Spa, Warwick, Kenilworth Castle, Baddesley Clinton, Packwood House, Birmingham, Cadbury World, National Motorcycle Museum, Drayton Manor Theme Park, West Midland Safari Park, Black Country Living Museum, Coughton Hall, Stratford-upon-Avon, Charlecote Park, Compton Verney, British Motor Museum, Hidcote, Kitsgate Court Gardens, Chipping Campden, Broadway, Broadway Tower, Snowhill Manor, Bourton House Garden, Sezincote, Batsford Arboretum, Chastelton House, Rollright Stones, Stow-on-the-Wold, Bourton-on-the-Water, Burford, Cotswold Wildlife Park, Bibury, Chedworth Roman Villa, Stroud, Painswick Rococo Gardens
Wandern:	Cotswolds
Baden:	Cotswold Water Park
Einkaufen:	Royal Leamington Spa, Birmingham

Auf der südlichsten Tour der Reise lernen Sie Englands zweitgrößte Metropole, Birmingham, kennen. Ein weiteres Highlight ist ein Besuch der Shakespearestadt Stratford-upon-Avon. Mit den Cotswolds erwartet Sie dann eine der beliebtesten Urlaubsregionen voller pittoresker Dörfer und ansehnlichen Städtchen inmitten einer sanft geschwungenen Hügellandschaft.

Die Weiterfahrt bis zum ersten Haltepunkt in Leamington Spa braucht, je nach gewählter Route, einige Zeit. Wenn Sie unserem Haupttourenvorschlag folgen und die großen Bundesstraßen über Kettering und Northampton wählen, können Sie unterwegs mit einem kleinen Umweg das **Althorp Estate** besuchen. Dieses ist nur im Sommer geöffnet, für zwei Monate in der Hauptreisezeit. Es ist bis heute Sitz der Spencer Familie, zu der Lady Di (1961–1997) gehörte. Althrop Estate umfasst eine der weltweit hochkarätigsten Sammlungen an Kunst, Möbeln und Keramik.

[N 52°17'03" W 0°59'19"], NN7 4HQ, Northampton, £££, HH-Members frei, ca. Mitte Jul – Mitte Sep von 12 – 17 Uhr, Onlinebuchung empfehlenswert unter www.spencerofalthorp.com

Unterwegs finden Sie zwei Stellplätze. Schon vor Althorp liegt ein ruhiger Wanderparkplatz an der recht schmalen **Maidwell Road** nahe der **A508** bei MAIDWELL *(**111:** [N 52°23'18"*

W 0°53'31"]). Das **Pub Folly Freehouse** bietet Gästen diese Möglichkeit gute 15 km vor dem nächsten Zielort *(**112:** [N 52°14'34" W 1°19'54"], Folly Lane, CV47 8NZ, Napton on the Hill, www.follyatnapton.co.uk).*

Alternativ nehmen Sie die etwas kürzere Nordvariante über RUGBY. Fans der gleichnamigen Sportart können die **World Rugby Hall of Fame** besuchen, eine interaktive Erlebniswelt voller Memorabilien und Informationen zur Sportgeschichte und ihrer Helden. Rugbys Fußgängerzone liegt rund 100 m entfernt.

Stellplätze 111 und 113

[N 52°22'19" W 1°15'54"], Little Elborow Street, CV21 3BZ, £, Mo – Sa, 10 – 17 Uhr, So bis 16 Uhr, www.therugbytown.co.uk/halloffame

Über Nacht stehen Sie mit dem Womo auf dieser Variante am rustikalen **St. Thomas Cross Pub,** nordöstlich der Stadt *(**113:** [N 52°23'35" W 1°13'18"], Newton Road, CV23 0DN, Rugby, www.follyatnapton.co.uk).*

ROYAL LEAMINGTON SPA

Entgegen vieler anderer Städte blickt der Ort, meist nur Leamington genannt, auf eine verhältnismäßig kurze Geschichte zurück. Erst im 19. Jahrhundert entwickelte sich dank der gefundenen Heilquellen aus einem kleinen Dorf das Kurbad. Die **Pump Rooms and Baths** wurden 1814 eröffnet und nach dem Besuch der Queen 1838 mit dem Titel „Royal" veredelt. Der öffentliche Badebetrieb existiert heute nicht mehr, doch blieb die

River Leam in Leaminton Spa

The Parade, Royal Leamington Spa

schöne Architektur, der Stadtpark und das alte Badegebäude, heute mit Museum, Galerie und **Touristeninformation**, erhalten. Die guten Einkaufsmöglichkeiten ziehen viele Gäste an und Leamington wächst, dank Pendelangeboten nach Birmingham und Coventry, schnell. Wenn Sie Lust auf einen Spaziergang haben, parken Sie entweder zentral an der **Chandos Street,** die parallel zur Hauptachse **The Parade** verläuft, [N 52°17'34" W 1°32'02"]. Eine Alternative finden Sie weiter südlich an der **Court Street** bei [N 52°17'01" W 1°31'50"].

Gastrotipps Royal Leamington Spa: Fox + Vivian** (britisch), 32 Clarendon Ave., CV32 4RZ, **Lotus Moon**** (thailändisch), 6 Guy Str., CV32 4RT, **Spa Town Coffee** (Café), 94 Warwick Str., CV32 4QG, **La Coppola**** (italienisch), 86 Regent Str., CV32 4NS, **Vinteas** (Café), 16 Park Str., CV32 4QN, **Rosie`s Tearoom** (Café), 23 Livery Str., CV32 4NP, **Drawing Board**** (britisch), 18 Newbold Str., CV32 4HN, **Millennium Balti**** (indisch), 41 Bath Str., CV31 4AG, **Valles**** (britisch), 1 Spencer Str., CV31 3NE, **Elma**** (mediterran), 8 Augusta Pl., CV32 5EL, **Coffee Architects** (Café), 39 Warwick Str., CV32 5JX

St. Mary`s Church

WARWICK

Im Gegensatz zum inzwischen größeren Nachbarn blickt Warwick auf eine mehr als 1000-jährige Geschichte zurück und war einst einer der bedeutendsten Orte des Landes. Für eine kurze Stippvisite eignet sich der Parkplatz östlich der bekannten Pferderennbahn am **Bread and Meat Close** gut, [N 52°16'50" W 1°35'43"]. Für längere Aufenthalte nutzen Sie besser den Campingplatz gleich daneben oder den offiziell zum Übernachten frei gegebenen Platz 500 m weiter an der **Hampton Street**.

(114) WOMO-Campingplatz: Warwick Racecourse Caravan Club Site

GPS: N 52°16'47" W 1°35'47", Hampton Str., CV34 6HN, WARWICK
Max. WOMOs: 56
Ausstattung/Lage: Strom, V/E, Dusche/WC, Waschmaschine/Trockner, Plätze auf Schotter und Rasen, direkt auf dem Gelände der Pferderennbahn, teil schattig und zentral gelegen.
Öffnungszeiten: März – Dezember **Ortszentrum**: ca. 600 m
Zufahrt: Warwick auf der zentralen High Street durchfahren. Nach der Kirche mit dem Torbogen rechts abbiegen und sofort wieder links in die Friars Street halten. Nach knapp 200 m ist der Platz rechts angeschrieben.
Richtpreis: 26,40 – 39,50 £, CC-Members 14,40 – 27,50 £
Internet: www.caravanclub.co.uk

(115) WOMO-Stellplatz: Warwick

GPS: N 52°16'33" W 1°36'01", Hampton Road, CV34 6HU, WARWICK
Max. WOMOs: 6 – 8
Ausstattung/Lage: Asphaltierter Parkplatz an der Pferderennbahn ohne Einrichtungen, kein Schatten.
Ortszentrum: etwa 900 m
Zufahrt: **Zufahrt**: Warwick auf der zentralen High Street durchfahren, nach der Kirche mit dem Torbogen rechts abbiegen und sofort wieder links in die Friars Street halten. Nach rund 500 m rechterhand.
Richtpreis: tags laut Parkuhr, nachts 1 £
Hinweis: Während Veranstaltungen auf der Pferderennbahn ist der Parkplatz für Womos geschlossen.

Das kompakte Zentrum rund um die **Market Hall** mit kleinem Ortsmuseum und die **St. Mary`s Church** ist nett, aber weniger alt und malerisch als man es aufgrund der langen Stadtgeschichte vermuten mag. Grund war ein großes Feuer, das 1694 fast alle alten Fachwerkhäuser zerstörte. Sie können das **Yeomanry Museum** in der **High Street** besuchen. Es befasst sich mit der Regimentsgeschichte der englischen Freibauern ab 1794. Im gleichen Gebäude befindet sich die **Touristenin-**

Im Zentrum von Warwick

formation *(Court House, CV34 4AW, www.visitwarwick.co.uk)*. Daneben führt die **Castle Street** zur bekanntesten und größten Besucherattraktion, dem **Warwick Castle**. Die gut erhaltene Burganlage wird von der Merlin Group betrieben, zu der viele Freizeitparks und Aquarien gehören. Entsprechend bunt und erlebnisorientiert gestaltet sich ein Besuch. Neben den historischen Räumlichkeiten erleben Besucher Reiturniere, Falkner Vorführungen, Labyrinthe und vieles mehr. Die geisterbahnartige Tour durch die alten Verliese kostet extra.

[N 52°16'42" W 1°35'24"] Castle Drive, CV34 4QU, ££££, ab 10 Uhr, genaue Zeiten und deutlich vergünstigte Onlinetickets unter www.warwick-castle.com

Spätestens auf dem Rückweg sollten Sie dem **Lord Leycester Hospital** einen Besuch abstatten. Der mehr als 600 Jahre alte Komplex ist zweifelsohne das schönste Bauwerk der Stadt und kann auf einem Rundgang besichtigt werden. Für etwa 150 Jahre war es Sitz der mittelalterlichen Stadtgilden. Unter Queen Elisabeth wurde es zu einem Ruhesitz für verdiente und verwundete Soldaten und deren Familien in den Diensten Ihrer Majestät. Die Führung des Hauses als Bruderschaft geht auf Robert Dudley, den einstigen Earl von Leicester, zurück und die „Brethren" Brüder geben eine Einführung, bevor Sie die Gebäude erkunden. Besonders interessant ist die alte Kapelle und die schöne Fachwerkshalle. Sie sehen des Weiteren den

Oben und unten: Lord Leycester Hospital

mit einem Arkadengang versehenen Innenhof und den Garten oder können im Tearoom eine Pause einlegen. Informationen sind auch auf Deutsch erhältlich

60 High Street, CV34 4BH, £, Di – So, 10 – 17 Uhr, Winterhalbjahr bis 16 Uhr, www.lordleycester.com

Gastrotipps Warwick: Tailor`s*** (britisch), 22 Market Pl., CV34 4SL, **Micatto**** (italienisch), 62 Market Pl., CV34 4SD, **Art Kitchen**** (thailändisch), 7 Swan Str., CV34 4BJ, **La Mesa**** (spanisch), 5b Old Sq., CV34 4RA, **Aqua Food & Mood**** (libanesisch), 12 Jury Str., CV34 4EW, **Thomas Oken Tea Rooms** (Café), 20 Castle Str., CV34 4BP, **Jambavan**** (indisch), 6 Castle Str., CV34 4BP, **Chip Shed** (Fast Food), 24 West Str., CV34 6AN

In der Nähe:

- Die geschichtsträchtige Burg **Kenilworth Castle** im gleichnamigen Ort nördlich von Warwick war in der Vergangenheit Schauplatz vieler geschichtsträchtiger Ereignisse. Sogar ein Roman wurde ihr gewidmet. Ab dem 12. Jahrhundert errichtet, wurde sie 1649 teilweise zerstört. Heute sind nur noch zwei Gebäude bewohnbar. Sie können Turm, Torhaus, eine Motorsport-Ausstellung und die elisabethanischen Gärten besichtigen *([N 52°20'46" W 1°35'22"], Castle Green, CV8 1NG, Kenilworth, ££, EH-Members frei, Apr – Sep, 10 – 18 Uhr, Okt bis 17 Uhr, sonst Sa/So bis 16 Uhr, www.english-heritage.org.uk).*

Baddesley Clinton

- Das außergewöhnliche Wasserschlösschen **Baddesley Clinton** wurde im 16. Jahrhundert vom Anwalt Henry Ferrer erbaut. Auf den Spuren seiner Familiengeschichte, die bis in die Neuzeit reicht und der Rolle des Hauses, als Versteck während der Priesterverfolgung, erkunden Sie das Anwesen samt dem bunt bepflanzten Garten *([N 52°20'30" W 1°42'25"] Rising Lane, B93 0DQ, Knowle, ££, NT-Members frei, Apr – Sep, 10 – 17 Uhr, sonst 11 – 16 Uhr, www.nationatrust.org.uk).*
- Ganz in der Nähe von Baddesley Clinton können Sie **Packwood House,** ein faszinierendes Tudor-Gebäude besichtigen, das im 20. Jahrhundert der exzentrische Baron Ash aufwendig erneuerte und umbaute. Zu dem sehr speziellen Haus gehört ein großer Garten mit einer seltenen Sammlung an Eiben *([N 52°20'58" W 1°44'49"] Packwood Lane, B94 6AT, Lapworth, ££, NT-Members frei, Apr – Sep, 10 – 17 Uhr, sonst 11 – 16 Uhr, www.nationatrust.org.uk).*

Am weiteren Weg in Richtung Birmingham gibt es verschiedene Übernachtungsmöglichkeiten. Mit Campingplatz, Pub und freiem Stellplatz haben Sie eine breite Auswahl.

(116) WOMO-Campingplatz: Mousley House Farm

GPS: N 52°19'26" W 1°41'06", Case Lane, CV35 7JG, ROWINGTON
Max. WOMOs: 25
Ausstattung/Lage: Strom, V/E, Dusche/WC, Abwaschgelegenheit, einfache Farmcampsite mit Stellflächen auf Rasen, ländlich und ruhig, kein Schatten.
Öffnungszeiten: März – Oktober **Ortszentrum**: ca. 8 km (Warwick)
Zufahrt: Warwick auf der A4177 in Richtung Birmingham verlassen. Am großen Kreisverkehr nach ein paar Kilometern die erste Abfahrt links nach Rowington nehmen und sofort wieder rechts in die Case Lane abbiegen, die zum Platz führt.
Richtpreis: ££ – £££
Internet: www.mousleyhousefarmcampsite.co.uk

(117) WOMO-Pubstopover: Fleur de Lys

GPS: N 52°18'32" W 1°43'33", Lapworth Str., B95 5HJ, LOWSONFORD

Max. WOMOs: 1 – 2
Ausstattung/Lage: Großer Schotterparkplatz hinter dem Haus am Fluss, Biergarten, schöne, ruhige Lage.
Ortszentrum: rund 12 km (Warwick)
Zufahrt: Warwick auf der A4177 in Richtung Birmingham verlassen. Bei Hatton links ab auf die B4439 wechseln und etwas später links ab nach Claverdon halten. Direkt nach der Autobahnbrücke ist Lowsonford nach rechts angeschrieben. Immer der Straße folgen, bis zum Pub auf der rechten Seite.
Richtpreis: Bei Einkehr auf Nachfrage über Nacht parken möglich.
Internet: www.thefleur.co.uk

(118) WOMO-Stellplatz: Kingswood Carpark

GPS: N 52°20'13" W 1°43'43", Brome Hall Lane, B94 5QZ, LAPWORTH

Max. WOMOs: 1 – 2
Ausstattung/Lage: Parkplatz unter Bäumen mit einfachem Erdboden neben einem Kanal. Keine Einrichtungen.
Ortszentrum: etwa 12 km (Warwick)
Zufahrt: Warwick auf der A4177 in Richtung Birmingham verlassen. Bei Hatton links ab auf die B4439 wechseln und immer geradeaus bis Lapworth. Direkt nach der kleinen Kanalbrücke am Ortsanfang links fahren und gleich wieder links die kleine Einfahrt zwischen den Bäumen nehmen.
Hinweis: Enge Einfahrt, die in einem Wohngebiet liegt und teils von parkenden Autos behindert wird, daher eher für kleine Womos geeignet.

BIRMINGHAM

Lange Zeit war Birmingham als gesichtslose Arbeiterstadt, der Reisende lieber fernblieben, verschrien. Seitdem hat sich viel geändert. Die Innenstadt wurde beinahe komplett umgestaltet. Noch immer wird an vielen Ecken gebaut, um mehr Plätze, Grünanlagen und Fußgängerbereiche zu integrieren. Und tatsächlich ist die gelungene Mischung aus Einkaufserlebnis und Kultur, die Birminghams Zentrum heute wiederspiegelt, ein Grund, sich mit dem Wohnmobil in diese dicht besiedelte Gegend vorzuwagen - wie in Großstädten zu erwarten, sind Stellplätze spärlich gesät, aber zumindest ein öffentlicher Parkplatz im Zentrum, ist auf große Fahrzeuge eingerichtet – Sie sollten allerdings möglichst früh am Tag da sein... Leider sind viele der Park & Ride Anlagen in der Umgebung mit Höhenbarrieren versehen. Eine Alternative sind die angegebenen Camping- und Stellplatzmöglichkeiten. Von dort gelangen Sie meist per öffentlichem Nahverkehr in die Stadt. Deutlich bequemer und erstaunlich günstig ist es, wenn Sie alternativ den Fahrdienst Uber nutzen, bei dem Sie einen Fahrer zum Festpreis per Handyapp bestellen.

Citypark Platz: Ludgate Carpark / Snowhill Station

GPS: N 52°29'04" W 1°54'09", Lionel Street, B3 1AT,
Stellplätze: 200+ (mit Parkautomat)
Hinweis: Da diese Stellfläche besonders zentral liegt und als Einzige im weiteren Umkreis problemlos für große Fahrzeuge nutzbar ist, müssen Sie möglichst früh am Tag da sein, um einen Platz zu bekommen

P&R 1: Birmingham Int. (West Midlands Train)

GPS: N 52°26'49" W 1°43'48", Airport Way, B92 0EA,
Stellplätze: 1000+ (mit Parkautomat)
Hinweis: Auf den riesigen Parkflächen rund um den Flughafen ist die Chance am besten, später am Tag einen Platz zu finden. Manchmal sind Ordner im Einsatz, die Sie auf einen anderen Platz umleiten.

P&R 2: Widney Manor (West Midlands & Chiltern)

GPS: N 52°23'48" W 1°46'30", Widney Lane, B91 3JW,
Stellplätze: 250+
Hinweis: Langgezogene, schmale Parkflächen, eher für kleinere Womos geeignet

P&R 3: Barnt Green (West Midlands Train)

GPS: N 52°21'42" W 1°59'29", Station Approach, B45 8PA,
Stellplätze: 50 (mit Parkautomat)
Hinweis: Kleinerer Parkplatz mit einigen längeren Buchten am Anfang.

P&R 4: Stourbridge Junction (West Midlands Train)

GPS: N 52°26'57" W 2°07'59", DY9 7JD,
Stellplätze: 500+
Hinweis: Langgezogene Parkfläche mit größeren Längsparkern am Anfang und Ende.

(119) WOMO-Campingplatz: Chapel Lane Caravan Club Site

GPS: N 52°22'20" W 1°53'39", Chapel Lane, B47 6JX, BIRMINGHAM
Max. WOMOs: 116
Ausstattung/Lage: Alle Einrichtungen, Spielplatz, gepflegter, teils schattiger Platz, in einem Birminghamer Vorort.
Ortszentrum: ca. 15 km, ein Bus fährt zum rund 2,5 km entfernten Bahnhof Wythall. Von dort mit dem West Midland Train ins Zentrum.
Zufahrt: Von Warwick kommend auf der M40/M42 in Richtung Osten fahren, dann auf die A435 Richtung Birmingham abbiegen. Nach 900 m links in die Hill Lane und sofort wieder rechts in die Chapel Lane einfahren und geradeaus bis zum Campingplatz fahren.
Richtpreis: 28,60 – 41,90 £, CC-Members 16,60 – 29,90 £
Internet: www.caravanclub.co.uk
Hinweis: Direkt daneben befindet sich das **Wythall Transport Museum**, das am Wochenende rund 90 historische Busse zeigt (mehr unter www.wythall.org.uk).

(120) WOMO-Camping Platz: Marston Caravan Park

GPS: N 52°32'53" W 1°42'01", Kingsbury Road, B76 0DP, SUTTON COLDFIELD
Max. WOMOs: 120
Ausstattung/Lage: Strom, V/E, Dusche/WC, kleiner Spielplatz, Stellplätze auf Schotter und Rasen, neben der Hauptstraße, recht sauber.
Ortszentrum: etwa 13 km, mit dem Bus zum Bahnhof Water Orton, von dort mit der Cross-Country Train ins Zentrum.
Zufahrt: Von Warwick kommend auf der M40/M42 in Richtung Osten fahren, auf die A435 Richtung Birmingham abbiegen. Nach 900 m links in die Hill Lane und sofort wieder rechts in die Chapel Lane einfahren und geradeaus bis zum Campingplatz.
Richtpreis: ££
Internet: www.marsten-caravan-camping-park.business.site

(121) WOMO-Pubstopover: Hobs Meadow

GPS: N 52°26'40" W 1°47'13", Ulleries Road, B92 8ED, SOLIHULL
Max. WOMOs: 1 – 2
Ausstattung/Lage: Pub mit großem, geteerten Parkplatz vor dem Haus.
Ortszentrum: rund 9,5 km
Zufahrt: Auf der M42 in Richtung Norden bis Solihull fahren. Auf die A41 in Richtung Birmingham wechseln und rechts zu den „Industrial Estates" abzweigen. Immer geradeaus bis zu einem Häuserhalbrund links, dort abbiegen und bis zum Pub linkerhand fahren.
Richtpreis: Übernachtung nach Erlaubnis bei Einkehr im Pub.
Internet: www.thehobsmeadowsolihull.co.uk

(122) WOMO-Pubstopover: Toby Carvery Sheldon

GPS: N 52°27'06" W 1°46'59", Coventry Road, B25 3EH, BIRMINGHAM
Max. WOMOs: 1 – 2
Ausstattung/Lage: Pub einer landesweiten Kette an der Hauptstraße mit geteerten Parkflächen ringsum.
Ortszentrum: etwa 8,5 km
Zufahrt: Auf der M42 in Richtung Norden bis Solihull fahren, dort auf die A41 in Richtung Birmingham wechseln und rechts zu den „Industrial Estates" abzweigen. Immer geradeaus bis zu einer sehr großen Kreuzung. Das Pub befindet sich auf der linken Seite.
Richtpreis: Übernachtung nach Erlaubnis bei Einkehr im Pub.
Internet: www.tobycarvery.co.uk

(123) WOMO-Pubstopover: Wildmoor Oak

GPS: N 52°22'44" W 2°03'20", Top Road, B61 0RB, WILDMOOR
Max. WOMOs: 1 – 2
Ausstattung/Lage: Pub in ländlicher Lage mit Schotterparkplatz auf der anderen Straßenseite.
Ortszentrum: rund 15 km
Zufahrt: Auf der M40/M42 Richtung Osten fahren und auf die M5 Richtung Birmingham wechseln. Die erste Ausfahrt nehmen, links abbiegen und gleich wieder links in die kleine Wildmoor Lane einfahren. Das Pub kommt nach 500 m rechts.
Richtpreis: Übernachtung nach Erlaubnis bei Einkehr im Pub.
Internet: www.wildmooroak.com

(124) WOMO-Wanderparkplatz: Clent Hills

GPS: N 52°25'13" W 2°05'06", Walton Hill Road, B62 0NQ, ROMSLEY
Max. WOMOs: 2 – 3

Ausstattung/Lage: Einfacher Schotterparkplatz nahe einer Hügelkuppe mit Baumbestand ringsum, teils schattig.
Ortszentrum: etwa 18 km, keine Bus-/Bahnverbindung in direkter Nähe. Uber bleibt als Alternative.
Zufahrt: Auf der M40/M42 Richtung Osten fahren und auf die M5 Richtung Birmingham wechseln. Die erste Ausfahrt in Richtung Stourbridge nehmen, bis Sie links nach Clent abbiegen können. Im ersten Ort rechts auf die Church Avenue wechseln und nach guten 3 km rechts Richtung Walton Hill bis zum Stellplatz fahren.

Unterwegs in Birmingham

Ein guter Ausgangspunkt ist der Bahnhof Snow Hill direkt im Zentrum. Er liegt gleich benachbart zum angegebenen City Parkplatz und ist mit den Bahnlinien gut erreichbar. Direkt gegenüber dem Haupteingang gehen Sie zunächst in die **Great Western Arcade** und bleiben der eingeschlagenen Richtung treu, indem Sie die **North Western Arcade** durchqueren. Sie stehen nun mitten in der Fußgängerzone an der **Corporation Street**. Ob Sie hier rechts abbiegen oder weiter geradeaus dem **Martineau Place** bis zum **Martineau Way** folgen, bleibt Ihnen überlassen. In jedem Fall schlagen Sie die dahinter verlaufende, zentrale Achse der **New Street** nach links ein. Sie gelangen so zum **Bull Ring**, einem riesigen Einkaufspalast mit voll verglasten Fronten, die sich beidseitig der Straße über mehrere Stockwerke erstrecken *(mehr unter www.bullring.co.uk)*.

Great Western Arcade

1: Snow Hill Station
2: Great Western Arcade
3: New Western Arcade
4: Martineau Place
5: The Square Mall
6: Bullring
7: Selfridges Building
8: Rotunda
9: Moor Street Station
10: Think Tank
11: St. Martins Church
12: Bullring Market
13: Back to Backs
14: The Mailbox
15: Sea Life Centre
16: ICC & Symphony Hall
17: Repertory Theatre
18: Library
19: City Centre Gardens
20: Town Hall
21: Museum & Art Gallery
22: The Gas Hall
23: Grand Central
24: St. Philip`s Cathedral
25: St. Paul`s Church
26: Museum of Jewellery

Rotunda Gebäude

Das benachbarte, komplett mit 60 cm großen Aluscheiben verkleidete **Selfridges Building** ist ein echter Blickfang, genau wie das denkmalgeschützte **Rotunda** Gebäude aus den 1960er Jahren.

Wer sich für Technik interessiert, geht direkt davor links durch die **Swan Passage** in die **Moor Street** mit dem interessanten, gleichnamigen, im Stil der 30er Jahre gehaltenen Bahnhof weiter. Danach halten Sie sich rechts durch eine Fußgängerpassage hinter dem Parkplatz und erreichen den **ThinkTank Birmingham**. Das mehrfach ausgezeichnete Museum befasst sich auf zeitgemäße Weise mit Wissenschaft, Technik und Naturkunde. Es wird viel Wert auf Interaktion gelegt. Große wie kleine Besucher haben viel Spaß, sich von geschichtlichen Hintergründen inspirieren zu lassen oder sich mit futuristischen Errungenschaften der jüngsten Gegenwart zu beschäftigen. Ein Planeta-

rium und der ganz spezielle Spielplatz „Science Garden“ gehören zum Museum (Millennium Point, B4 7XE, £££, 17 – 17 Uhr, www.birminghammuseum.org.uk).

Hinterhof & Front der Back to Backs

Zurück am Bullring steigen Sie zur weithin sichtbaren **Saint Martin`s Church** am gleichnamigen Platz hinab. Dahinter erstreckt sich der riesige **Bull Ring Market** mit offenen Ständen und zwei Hallen über den nächsten Block. Seit dem Mittelalter befindet er sich hier an gleicher Stelle. Schriftzeichen an den Fassaden und Pagodendächer zeigen beim Verlassen des Marktes am südwestlichen Ende an, dass Sie über den **Ladywell Walk Chinatown** betreten. Das Viertel südlich der City hat sich gemeinsam mit dem angrenzenden, schwul-lesbisch dominierten **Gay Village** zu einem Zentrum des Birmighamer Nachtlebens entwickelt. Einst war es von heruntergekommenen, slumähnlichen Häusern bedeckt. In diesen war das Leben für die Bewohner ein täglicher Kampf. Die letzten verbliebenen dieser alten **Back to Backs** Häuser liegen an der Ecke **Hurst Street/Inge Street**. Sie wurden mittlerweile umfassend saniert und dienen heute, unter Schirmherrschaft des National Trusts, als Museum, in dem mehrmals am Tag Führungen stattfinden. Auf dem empfehlenswerten Rundgang erleben Sie in originalgetreu eingerichteten Stuben aus mehreren Epochen und anhand persönlicher Schicksale nach, was es bedeutet haben muss, hier zu leben *(50 Inge Str., B5 4TE, Di – So, 10.30 – 17 Uhr, ££, NT-Members frei, nur mit Führung und vorheriger Anmeldung, am besten online unter www.nationaltrust.org.uk)*.
Am Ende der **Inge Street** halten Sie sich rechts und wechseln am breiten Innenstadtring auf Höhe des Kreisverkehres die Straßenseite. Durch die Straßen **Holloway Head** und kurz darauf rechts durch die **Bluoher Street** betreten Sie das Kaufhaus **Mailbox**, in dem Sie sich nach links orientieren. Es ist nach der einstigen Postsortieranlage benannt, die sich an dieser Stelle befand.
Eine Treppenanlage führt beim Verlassen zum **Old Line Canal** hinunter, der früher zur Beförderung der in Birmingham hergestellten Güter genutzt wurde. Heute dient er vor allem Ausflugs- und privaten Kanalbooten als Stadtzugang. Über die Brücke spazieren Sie auf einem schönen Fußgängerweg direkt am Wasser entlang, bis Sie das **National Sealife Centre**, ein großes Aquarium der international agierenden Sealife-Kette, erreichen *(Water Edge 3, B1 2HL, £££, 10 – 16 Uhr Sa/So bis 18 Uhr, Onlinebuchung deutlich günstiger, www.visitsealife.com)*.
Über den modern gestalteten **Brindley Place** gleich dahinter, spazie-

Hausboote und Gastronomie am Old Line Canal, unten: Bibliothek

ren Sie zwischen den mit Cafés und Restaurants gesäumten Backsteinhäusern zurück in Richtung Kanal, wechseln die Uferseite und passieren das **International Convention Centre** mit der **Symphony Hall**. Auf großen, autofreien Wegen und Plätzen passieren Sie die vom niederländischen Architekten Francine Houben aufwändig mit Kreisen und Kringeln gestaltete **Bibliothek**. Von der Aussichtsterrasse am Dach haben Sie einen schönen Blick auf das Zentrum. Wer eine Rast einlegen möchte, findet hinter dem Gebäude die Grünfläche der **City Gardens. Ansonsten** gehen Sie auf einem bis zuletzt noch in Bau befindlich Wegstück zum **Chamberlain Square** hinüber. Er geht in den größeren **Victoria Square** über und wird von der **Town Hall** von 1834 und dem **Birmingham Museum and Art Gallery** gesäumt. Von angelsächsischem Gold über Gemäldegalerien und einer ägyptischen Sammlung reicht das Repertoire bis zu einer religiös-spirituellen Ausstellung, die sich mit dem Glauben der vielen ethnischen Gruppen befasst, die seit dem 20. Jahrhundert in Birmingham Fuß fassten. Immerhin haben rund 30 Prozent der Einwohner einen Migrationshintergrund, meistens indischer, pakistanischer oder karibischer Herkunft *(Chamberlain Square, B3 3DH, Eintritt frei, 10 – 17 Uhr, Fr ab 10.30 Uhr, www.birminghammuseums.org.uk)*.

In der dahinter liegenden **Gas Hall** finden oft Ausstellungen statt, die sich meist mit moderner oder zeitgenössischer Kunst beschäftigen.

Auf der **New Street** durchstreifen Sie weiter den innerstädtischen Fußgängerbereich. Rechts blitzt die auffällige, verspiegelte Front der **Central Station** hervor. Sie ist eher ein Shopping Centre als ein Bahnhof und durch eine Passage mit dem dahinter gelegenen Bull Ring verbunden.

Die **Needless Alley** leitet zum begrünten **Cathedral Square** hin, der

die **St. Philip`s Cathedral** in seiner Mitte umgibt. Am hinteren Ende rechts gelangen Sie zurück zum Snow Hill Bahnhof. Alternativ können Sie die Tour über die **Church Street** zur **St. Pauls Church** hin ausweiten. Dahinter beginnt das **Jewellery Quarter**, ein Viertel mit der traditionell größten Ansammlung an Juwelieren im ganzen Land. Bis zum **Museum of the Jewellery Quarter,** das mehr Auskunft dazu gibt und in der **Vyse Street** liegt, ist es ein ganzes Stück *(75 Vyse Street, B18 6HA, Ausstellung frei, Führung durch die Fabrikation gegen Gebühr, ££, Di – Sa, 10.30 – 17 Uhr, www.birminghammuseums.org.uk).*

Central Station

Wenn Sie noch mehr von Birmingham sehen oder die Wegstrecken abkürzen möchten, können Sie den **Hop On Hop Off Birmingham Sightseeing Bus** in Anspruch nehmen. Eine Übersicht der Haltestellen, Preise und Zeiten finden Sie unter www.sightseeingbirmingham.com.

Birmingham Museum

Cathedral Square

Gastrotipps Birmingham: Coffee Time (Café), Priory Square, B4 7LG, **Otoro Sushi**** (japanisch), Indoor Market Unit 30d, B5 4RB, **Original Patty Men**** (amerikanisch), 9 Shaws Passage, B5 5JG, **James Dahl***** (indisch), 70 Hurst Str., B5 4TD, **Topoki**** (asiatisch), Hurst Str. Unit 1c, B5 4TD, **Santorini**** (griechisch), 16 Hurst Str., B5 4BN, **Meat Shack*** (amerikanisch), 17 Thorp Str., B5 4AT, **KEG & Grill*** (indisch), Upper Gough Str., B1 1JG, **Aluna**** (thailändisch), 128 Wharfside Str., B1 1RQ, **Bistrot Pierre**** (französisch), 46 Gas Str., B1 1JT, **Pickled Piglet***** (britisch), 46 Gas Str., B1 2JT, **Tap & Spile**** (britisch), 46 Gas Str., B1 2JT, **Adam`s***** (britisch), 16 Waterloo Str., B2 5UG, **La Galleria**** (italienisch), 5a Ethel Str., B2 4BG, **Indian Streatery**** (indisch), 21a Bennetts Hill, B2 5QP, **Grand Central Kitchen*** (britisch), 7 Stephenson Str., B2 4BL, **Comptoir Libanais**** (libanesisch), Unit 29 Grand Central, B2 4BF, **Revolucion de Cuba**** (kubanisch), 8 Temple Str., B2 5BN, **Damascena**** (arabisch), 5 Temple Row West, B2 5NY, **Purnell`s***** (britisch), 55 Cornwall Str., B3 2DH, **Indian Brewery*** (indisch), 214 Livery Str., B3 1EU

In der Nähe:

- Naschkatzen kommen kaum darum herum, der **Cadbury World** im südlichen Birminghamer Vorort Bournville einen Besuch abzustatten. Auf einer vor allem auf Kinder ausgelegten Tour durch den Erlebnisbereich von Englands bekanntester Schokoladenmarke, durchstreifen Sie einen Aztekendschungel, lernen viel über die Herstellung und sehen dabei zu. Sie fahren durch eine Kakaobohnenwelt und können ein 4D-Kino besuchen. Natürlich kommt die Schokoladenverkostung nicht zu kurz… *([N 52°25'47" W 1°56'02"], Linden Road, B30 1JR, Bournville, £££, Feb – Dez wechselnde Öffnungszeiten lt. Website, Onlineticketkauf empfehlenswert, www.cadburyworld.co.uk)*
- Wenn Sie für Zweiräder etwas übrighaben, wird Ihnen das **National Motorcycle Museum** östlich der Stadt gefallen. Auf einem acht Hektar großen Gelände sind mehr als 850 englische Motorräder aus einem Jahrhundert Herstellungsgeschichte zu sehen *([N 52°26'39" W 1°42'30"], Coventry Road, B92 0EJ, Bickenhill, ££, 8.30 – 17.30 Uhr, www.nationalmotorcyclemuseum.co.uk).*
- Der **Drayton Manor Theme Park** gehört zu den größten Großbritanniens und umfasst eine Fläche von 110 Hektar. Darauf verteilen

Black Country Living Museum

sich acht verschiedene Erlebniswelten, darunter ein kompletter Zoo. Star der Fahrgeschäfte ist „The Shockwave“, eine Achterbahn, in der man stehend durch die vielen Kurven geschickt wird *([N 52°36'36" W 1°42'55"], Drayton Manor Dr., B78 3TW, Fazeley, ££££, genaue Öffnungszeiten und deutlich vergünstigte Tickets bei Onlinebuchung unter www.draytonmanor.co.uk).*

- Der **West Midland Safari Park** setzt nur zum Teil auf seinen Auto-Zoo und hat diesen in den letzten Jahren stark erweitert. Neben einem normalen Tiergarten gibt es eine voll animierte Dinosaurierwelt und einen Freizeitpark *([N 52°22'51" W 2°17'06"], Spring Grove, DY12 1LF, Brewdley, ££££, genaue Öffnungszeiten und deutlich vergünstigte Tickets bei Onlinebuchung unter www.wmsp.co.uk).*

BLACK COUNTRY LIVING MUSEUM

Die Region westlich von Birmingham war einst Motor der englischen Industrialisierungswelle und wurde aufgrund der vielen rauchenden Schlote, die das Land schwarz färbten, Black Country genannt. Genau daran erinnert der Name des tollen Freilichtmuseums in DUDLEY. Auf dem rund 10 Hektar großen Gelände können Sie in die lokale Geschichte der letzten 300 Jahre eintauchen und die Vergangenheit tatsächlich sehen, hören und riechen. Sie fahren mit alten Trambahnen oder Bussen zu den verschiedenen Stationen, wo Sie kostümierte Mitarbeiter auf eine lebendige Reise mitnehmen. Im Dorf werden zum Beispiel Unterrichtsstunden in

Trap Works mit Vorführung im Museum

der alten Schule abgehalten, Fish`n`Chips und Backwaren auf traditionelle Weise zubereitet, Stummfilme in einem alten Kino gezeigt, Handwerksbetriebe mit Leben erfüllt oder skurrile Arzneien in der Apotheke verkauft. In der Mine sehen Sie bei Schmiedearbeiten zu oder steigen in den Untergrund, um zu erleben, wie hart die Umstände der Arbeiter von einst gewesen sein müssen. Außerdem erwarten Sie ein Ausstellungsbereich, ein Jahrmarkt, ein Spielplatz im Stil der 1930er Jahre und die Cattlefield Boat Docks, von denen aus Sie mit Booten durch die benachbarten Kalksteinhöhlen gleiten können. An vielen Tagen im Jahr finden Sonderveranstaltungen statt, mehr dazu erfahren Sie auf der Homepage des Museums

[N 52°31'11" W 2°04'27"], Tipton Road, DY1 4SQ, Dudley, £££, Apr – Okt, 10 – 17 Uhr, sonst Mi – So, 10 – 16 Uhr, www.bclm.com, Kanalfahrten gegen extra Gebühr, mehr dazu unter www.dudleycanaltrust.org.uk

Vorbei am eher uninteressanten REDDITCH steuern Sie das nächste Etappenziel, Stratford-upon-Avon. an. Unterwegs lohnt ein Zwischenstopp am imposanten Landsitz **Coughton Hall.** Er wird bis heute von der Throckmorton Familie bewohnt und erzählt ihre Geschichte. Über viele hundert Jahre waren sie aufgrund ihres katholischen Glaubens schweren Repressalien im anglikanischen England ausgesetzt.

[N 52°14'29" W 1°52'45"], Coughton Fields Lane, B49 5JA, Alcester, ££, NT-Members frei, Apr – Okt, 10 – 17 Uhr, www.nationaltrust.org.uk

Am Pub **The Fish Inn,** etwas weiter südlich im kleinen WIXFORD, dürfen Gäste über Nacht mit dem Womo stehen *(**125:** [N 52°11'21" W 1°52'23"], B49 6DA, Wixford, www.thefishatwixford.com).*

STRATFORD-UPON-AVON

Das nur rund 24000 Einwohner zählende Stratford zieht jährlich über zwei Millionen Besucher an. Grund ist unbestritten ihr berühmtester Sohn, William Shakespeare. Bis heute lebt

und atmet die Stadt im Takt seiner Werke. Das zweifellos hübsche Zentrum quillt an manchen Sommerwochenenden aus allen Nähten. Wenn möglich, weichen Sie auf einen Wochentag aus und verschieben die Besichtigung der bekanntesten Sehenswürdigkeiten, etwa das Geburtshaus, auf die frühen oder späten Stunden, um dem Bustourismus etwas zu entgehen. Erst vor Kurzem wurde ein recht großer Parkplatz nördlich der Innenstadt für Wohnmobile frei gegeben. Neben dem reinen Parken ist nun auch das Übernachten gestattet.

(126) WOMO-Stellplatz: Leisure Centre Carpark

GPS: N 52°11'46" W 1°41'57", Bridgeway, CV37 6YP, STRATFORD-UPON-AVON

Max. WOMOs: 30+
Ausstattung/Lage: Geteerte Parkfläche hinter einem Auto- und Busparkplatz, keine Einrichtungen, kein Schatten, recht ruhig und dennoch zentral gelegen.
Ortszentrum: 800 m
Zufahrt: Auf der A46 aus Richtung Birmingham kommend zunächst der Beschilderung nach Stratford folgen, dann Richtung Warwick auf der Straße bleiben und erst am zweiten Kreisverkehr nach Stratford und Richtung Racecourse abfahren. Immer geradeaus der Straßenführung folgen, bis Sie im Zentrum eine große Linkskurve mitnehmen. Danach rechts abbiegen und links in den Parkplatz einfahren. Wohnmobile stehen ganz am Ende auf der rechten Seite.
Preis: Gebühr laut Aushang.

Unterwegs in Stratford-upon-Avon

Das historische Zentrum ist recht kompakt, so dass Sie es gut zu Fuß erkunden können – kein Wunder, wenn man bedenkt, dass die Stadt zu Shakespeares Zeiten nur rund 800 Einwohner zählte.
Vom Parkplatz aus gehen Sie über den **Bridgeway** zunächst in südliche Richtung. An der ersten Gabelung erreichen Sie rechterhand die **Touristeninformation**, wo Sie sich mit weiterem Info-Material eindecken können. Auf der Brücke vor Ihnen überqueren Sie den Kanal und folgen der **Bridge Street** geradeaus ins Zentrum. Schräg rechts vom Kreisverkehr beginnt die schöne Fußgängerzone **Henley Street**, vorbei an vielen Fachwerkhäusern. Ein erster Zwischenstopp könnte das **MAD-Museum** für Mechanical Art und Design sein. Vor allem Kinder erfreuen sich an den kunterbunten Installationen, auf denen Murmeln laufen und wo es allerorts knirscht, scheppert und sich bewegt *(4 Henley Street, CV37 6PT, ££, 10 – 17 Uhr, Okt – Mär bis 16 Uhr, Ferien und Sa/So bis 17.30 Uhr, themadmuseum.co.uk)*. Keine 100 m weiter gelangen Sie zu **Shakespeares Birthplace**, dem Geburtshaus des großen Dichters. Sie lernen ihn und seine Familien besser kennen. Der Eingang und der gut gemachte Ausstellungsbereich sind in einem Extragebäude untergebracht. Informationsmaterial ist auf Deutsch verfügbar und im Kino wird ein Film zeitweise in deutscher Sprache ausgestrahlt. Über den Hof gehen Sie schließlich in die alten

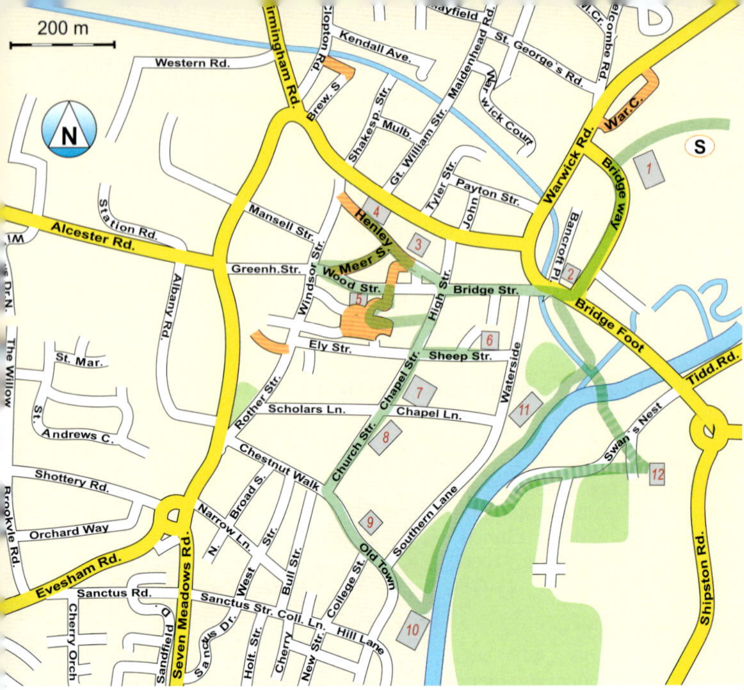

1: Leisure Centre
2: Tourist Information
5: MAD Museum
4: Shakespeares Birthplace
5: Magic Alley und Bell Court
6: Tudor World
9: New Place
8: Shakespeares Schoolroom
9: Hall`s Croft
10: Holy Trinity Church
11: Royal Shakespeare Company
12: Butterfly Farm

Stuben hinüber und sehen die im Stil des 16. Jahrhunderts gehaltenen Räumlichkeiten. Im Hof rezitieren nicht selten Schauspieler Texte aus Shakespeare-Werken. Manchmal werden sie von einer Laute oder anderen Instrumenten musikalisch begleitet. Natürlich steht am Ende eine Runde durch den Souvenirshop auf dem Programm. Wenn Sie die ganze, recht interessante Shakespeare-Tour durch Stratford und die Umgebung machen, lohnt es sich hier ein vergünstigtes Kombiticket des Shakespeare Trusts zu besorgen, das insgesamt fünf historische Orte in und um Stratford einschließt *(Henley Str., CV37 6QW,* £££, Kombiticket ££££, Apr – Aug *von 9 – 17 Uhr, Sep/Okt bis 16.30 Uhr, sonst 10 – 16 Uhr, www.shakespeare.org.uk).*

Ein kurzes Stück zurück folgen Sie der **Meer Street** zum **Market Place** hinüber, wo noch heute regelmäßig ein Bauernmarkt stattfindet. Durch die **Wood Street** gehen Sie zum Hauptplatz zurück oder nehmen rechterhand die Passage durch das Einkaufszentrum **Bell Court**. Wer es skurril mag, schaut im **Magic Alley** Shop vorbei. Integriert ist eine „sagenhafte“ Erlebnisausstellung, in der die Frage auftaucht, wie ein nicht sonderlich gebildeter junger Mann wie Shakespeare seinerzeit so bahnbrechende Werke verfassen konnte… und ob er am Ende nicht ein Zeitreisender war… *(Bell Court, CV37 6EX, ££, mehr unter www.seekthemagic.org).*

Auf der **High Street** spazieren Sie nach rechts weiter. Sie können einen Abstecher links in die **Sheep Street** machen, falls Sie die **Tudor World** besuchen möchten. Dort erleben Sie das Leben zur Tudorzeit. Am Abend werden Shakespearetouren mit verkleideten Schauspielern und nachts Geistertouren veranstaltet *(40 Sheep Str., £, 10. 30 – 17.30 Uhr, CV37 6EE, www.tudorworld.com).*

Sie gelangen linkerhand zu **New Place**, dem Wohnhaus Shakespeares,

Shakespeare`s Birthplace

oder besser gesagt dem Ort, wo es eigentlich stehen sollte. Da ein späterer Besitzer es im Streit mit der Stadt abreißen ließ, blieb nichts als eine Baulücke, die mit einem Garten, dem vermutlichen Grundriss und regelmäßigen Aufführungen ganz hübsch gestaltet wurde und vor allem in jüngster Zeit wiederbelebt wird. Eine Ausstellung ist im Nebengebäude zu sehen. Der Besuch lohnt vor allem, wenn Sie ein Kombiticket erworben haben, das die fünf „echten" Shakespeareorte umfasst *(22 Chapel Str., CV37 6EP, ££, Kombiticket ££££, 10 – 16/17 Uhr, www.shakespeare.org.uk)*.

Nur eine Straßenecke weiter erreichen Sie **Shakespeare`s Schoolroom and Guildhall**. Natürlich wird dieses schöne und große Gebäude entsprechend vermarktet und Sie erleben in den originalgetreu nachgebauten Innenräumen eine Schulstunde von damals… zumindest diese fakultative Vorführung ist nicht immer ganz ernst gemeint und wahrscheinlich nicht jedermanns Sache *(Church Str., CV37 6HB, ££, 11 – 17 Uhr, www.shakespearesschoolroom.org)*.

Am Ende der Straße biegen Sie links in die **Old Town** ab und finden

New Place

Anne Hathaway`s Cottage

sich schnell vor **Hall`s Croft** wieder, das Teil des Kombitickets ist. Im jakobinischen Haus lebte einst Shakespeares Tochter Susanna mit ihrem Mann, dem Physiker John Hall. Auch wenn William hier sicher einst zu Gast war, gibt es wenig Bezug zu ihm. Die alten Räume und der im damaligen Stil angelegte Heilpflanzengarten sind einen Besuch wert. Wer möchte, kann Erinnerungsfotos in den alles andere als zeitgemäßen Roben von damals schießen *(Old Town, CV37 6BG, ££, Kombiticket ££££, 10/11 – 16/17 Uhr, www.shakespeare.org.uk)*.
Am Ende der **Old Town** gehen Sie auf einem Fußweg zur Kirche **Old Trinity** hinüber. Hier ist Shakespeares Grab zu sehen *(Eintritt frei, 3 £ Spende erbeten)*. Hinter der Kirche führt ein Weg am Avon Fluss entlang, dem Sie links in Richtung Norden folgen. Sie gelangen so zum **Swan Theatre** und der **Royal Shakespeare Company**, die ganzjährig bekannte Werke aufführt, die oft, aber nicht immer, aus Shakespeares Feder stammen. Bei Interesse informieren Sie sich über Aufführungstermine und Ticketpreis auf der Website www.rsc.org.uk. Auch wenn es das bekannteste sein mag, ist es bei Weitem nicht das einzige Theater in Stratford… mehr als ein halbes Dutzend, meist kleiner Bühnen, sind über die Innenstadt verteilt…
Alternativ zum Theater und den dahinter liegenden **Bancroft Gardens** nehmen Sie vorher die kleine Fußgängerfähre zum anderen Flussufer hinüber. Dort wartet mit Minigolf, einem Riesenrad und einem Schmetterlingshaus allerlei leichte Zerstreuung auf Gäste. Auch Boote können Sie mieten. Am Ende gelangen Sie zurück zur Touristeninformation und treten von dort den Rückweg zum Parkplatz an.
Auch in Stratford-upon-Avon können Sie, statt zu Fuß zu gehen, den örtlichen **Hop on/Hop off Sightseeing Bus** nehmen. Für das Zentrum ist das kaum nötig. Der Bus bietet den Vorteil, dass er die beiden letzten wichtigen shakespeareschen Schauplätze, Anne Hathaway`s Cottage und Mary Arden`s Farm anfährt, die Sie sonst selbst mit dem Wohnmobil ansteuern müssen *(mehr unter www.city-sightseeing.com/de/100/stratford-upon-avon)*.

Gastrotipps Stratford-upon-Avon: Hobsons Patisseries (Café), 1 Henley Str., CV37 6PT, **El Greco**** (griechisch), 27 Rother Str., CV37 6NE, **Old Thatch Tavern**** (britisch), 23 Greenhill Str., CV37 6LE, **33 The Scullery**** (britisch), 33 Greenhill Str., CV37 6LF, **Sorrento****

(italienisch), 7 Ely Str., CV37 6LW, **Loxley`s**** (britisch), 3 Sheep Str., CV37 6EF, **Lambs Restaurant**** (britisch), 12 Sheep Str., CV37 6EF, **Opposition Bistro**** (britisch), 13 Sheep Str., CV37 6LW, **Fourteas** (Café), 24 Sheep Str., CV37 6EF, **Edward Moon**** (britisch), 9 Chapel Str. Str., CV37 6EP, **No 9**** (britisch), 9 Church Str., CV37 6HB, **Salt***** (britisch), 8 Church Str., CV37 6HB

In der Nähe:

- Shakespeares großer Liebe Anne wird in **Anne Hathaway`s Cottage** gedacht, es ist Teil des Shakespeare Trusts. Das noch immer recht original erhaltene Landhaus steht in einem hübsch angelegten Garten und Sie können die Räumlichkeiten inspizieren, die Shakespeare einst auf Freiersfußen wandeln sahen und ihn zu so mancher Zeile inspiriert haben dürften. Für genaue Erklärungen stehen Mitarbeiter bereit, schriftliche Informationen stehen auf Deutsch zur Verfügung *[N 52°11'25" W 1°43'50"]*, Cottage Lane, CV37 9HH, Stratford, ££, Kombiticket ££££, Apr – Okt, 9/10 – 16.30/17 Uhr, www.shakespeare.org.uk).
- **Mary Arden`s Farm** ist die Geburtsstätte von Shakespeares Mutter und war ein häufiger Aufenthaltstort in seiner Jugend. Die Farm wird heute wieder im Stil der Tudorzeit betrieben und Sie können bei den täglichen Arbeiten von der Tierpflege über die Gartenarbeit bis hin zum Kochen traditioneller Gerichte den entsprechend angekleideten Mitarbeitern zusehen. Im zentralen Hof finden regelmäßig Vorführungen und Simulationen statt. Neben den historischen Gebäuden gibt es einen Spielplatz, eine Falknerei und das große Farmgelände mit alten Haustierrassen zum Erkunden. Es ist der letzte Teil der fünf Shakespeare Trust Objekte *([N 52°13'17" W 1°45'37"], Station Road, CV37 9UN, Wilmcote, £££, Kombiticket ££££, Apr – Okt, 9/10 – 16/17 Uhr, www.shakespeare.org.uk)*.

Mary Arden`s Farm

- Schon seit über 900 Jahren ist **Charlecote Park** das Zuhause der Lucy Familie. Bei einem Rundgang durch die öffentlichen Räume erleben Sie die Schätze, die über Generationen von Mitgliedern zusammengetragen wurden, erkunden Küche, Brauhaus und Stallungen oder spazieren durch die weiten Parkanlagen voller Schafe und Wild *([N 52°12'18" W 1°37'02"], Loxley Lane, CV35 9ER, Charlecote, ££, NT-Members frei, Apr – Okt, 9 – 18 Uhr, Haus 11 – 15.30 Uhr, www.nationaltrust.org.uk)*.
- Im ehemaligen Herrenhaus **Compton Verney** ging man einen anderen Weg und wandelte das Interieur zu einer renommierten Kunstgalerie um. Neben festen Sammlungen chinesischer und nordeuropäischer Kunst präsentiert sie britische Portraits als auch Volkskunst und regelmäßig wechselnde Sonderausstellungen. Zur Erholung dient der riesige Park samt See und großem Spielplatz *([N 52°10'12" W 1°32'36"], Spring Hill, CV35 9HZ, Compton Verney, £££, 10.30 – 18 Uhr, Haus 11 – 17 Uhr, www.comptonverney.org.uk)*.

Hidcote Garden

- Im **British Motor Museum** besuchen Sie die weltweit größte Sammlung britischer Automobile. Mehr als 150 Fahrzeuge stehen in der Hauptausstellung, über 200 weitere im Restaurationszentrum. Auf der Time Road springen Sie von Jahrzehnt zu Jahrzehnt *([N 52°11'20" W 1°28'43"], Banbury Road, CV35 0BJ, Gaydon, £££, 10 – 17 Uhr, www.britishmotormuseum.co.uk).*

THE COTSWOLDS

Wenn man die Cotswolds erwähnt, bekommen viele Briten glänzende Augen. Die hügelige Landschaft gilt nicht nur als Herz Englands, sondern als eine der schönsten Ecken im ganzen Land. Einst kam die Region durch den Wollhandel zu Wohlstand. Heute lebt sie vom Tourismus und vielen wohlhabenden Großstädtern, die sich hier einen Altersruhesitz gönnen und ihr Kapital mitbringen.

Das gemäßigte, meist recht milde Klima sorgt für beste Bedingungen, um allerorts abwechslungsreich blühende Gärten anzulegen. Ein wunderbares Beispiel dafür ist **Hidcote**. Rund 30 Jahre benötigte der passionierte Gartenarchitekt Lawrence Johnston, um seine Vision Anfang des 20. Jahrhunderts zu verwirklichen. Heute können Sie durch die verschiedenen Zonen streifen, die mal penibel und akkurat sortiert, mal urwaldgleich, aber stets gepflegt Hidcote seinen besonderen Charme verleihen. Sportlich Ambitionierte, können sogar eine Runde Tennis spielen.

[N 52°05'07" W 1°44'35"], GL55 6LR, Chipping Campden, ££, NT-Members frei, Mär – Okt, 10 – 17 Uhr, www.nationaltrust.org.uk

Ähnlich und doch wieder ganz anders präsentiert sich **Kitsgate Court Gardens**, gleich schräg gegenüber. Dabei handelt es sich eigentlich um mehrere, miteinander verbundene Gärten mit eigenem Charakter, die in den 1920er Jahren von drei Frauen der Chambers Familie angelegt und bis heute gepflegt werden.

[N 52°05'08" W 1°44'54"], GL55 6LN, Chipping Campden, ££, HH-Members frei, Apr/Sep So/Mo/Mi, Aug, Sa – Mi, jeweils 14 – 18 Uhr, Mai – Jul, Sa – Mi von 12 – 18 Uhr, Chipping Campden, www.kiftsgate.co.uk

Chipping Campden

Der erste schöne Ort ist CHIPPING CAMPDEN. Das schmucke Marktstädtchen besitzt eine gut erhaltene Hauptstraße, mit einer geschlossenen, teils terrassiert angelegten Bebauung aus dem 14. bis 17. Jahrhundert rund um die alte Markthalle. Im ehemaligen Gerichtssaal nahe der stattlichen **St. James Church** ist ein Museum zur kunsthandwerklichen Tradition eingerichtet, weiter südlich gibt es eine Galerie in der alten **Silk Mill**. Parkgelegenheiten finden Sie am Nordende des Ortes bei [N 52°03'14" W 1°46'36"] in der **Cidermill Lane**, GL55 6HX.

Gastrotipps Chipping Campden: Eight Bells** (britisch), 21 Church Str., GL55 6JG, **Badger`s Hall Tea Room** (Café), High Str., GL55 6HB, **Michael`s Mediterranean Restaurant**** (mediterran), High Str., GL55 6AG, **Fig***** (britisch), Upper High Str., GL55 6AN, **Huxleys**** (italienisch), High Str., GL55 6AL

BROADWAY

Einen ähnlichen Charakter weist das nahe Broadway auf. Es wird immer wieder als schönster Ort der Cotswolds gehandelt, entsprechend viel Rummel kann auf der überschaubaren **High Street** herrschen. Rund herum hat sich eine beachtliche Zahl an gastronomischen Betrieben angesiedelt. Es gibt

Broadway

eine **Kunstgalerie** und das **Gordon-Russell-Museum** für Design sowie eine **Touristeninformationsstelle** in der parallel verlaufenden **Back Lane**. Dort wird Infomaterial über die gesamten Cotswolds bereitgestellt. Sie erhalten Wandervorschläge und Routen. Nehmen Sie bei einem Besuch besser den etwas weiter auswärts gelegenen Parkplatz, um nicht gnadenlos eingeparkt zu werden. Auf diesem dürfen Sie über Nacht mit dem Womo stehen. Etwas außerhalb in WILLERSEY kommen Sie alternativ am **Pub The New Inn** unter *(**127:** [N 52°03'12" W 1°50'44"], Main Str., WR12 7PJ, www.thenewinnwillersley.co.uk)*.

Gastrotipps Broadway: Market Pantry (Café), 31 High Str., WR12 7DP, **Russell`s** (britisch), 20 High Str., WR12 7DT, **Russell`s Fish`n`Chips** (Fast Food), 20a High Str., WR12 7DT, **Broadway Deli** (Café), 29 High Str., WR12 7DP, **Leaf & Bean** (Café), 19 The Green, WR12 7AA

(128) WOMO-Stellplatz: Broadway

GPS: N 52°02'14" W 1°52'14", Childswickham Road, BROADWAY

Max. WOMOs: 3 – 4
Ausstattung/Lage: Toiletten, beleuchtet, sonst keine Einrichtungen, asphaltierte Parkfläche in Ortsrandlage, relativ ruhig.
Ortszentrum: rund 500 m
Zufahrt: Aus Richtung Chipping Campden kommend über die A44 Richtung Broadway fahren und erst am zweiten Kreisverkehr links abbiegen. Nach der Ortseinfahrt rechts der Cheltenham Road zum Long Stay Carpark folgen und gleich wieder rechts auf den Parkplatz fahren.
Richtpreis: Aushang und Parkuhr beachten. Womos dürfen oft auf den Busparkplätzen stehen.

Ein signifikantes Gebäude der Region stellt der **Broadway Tower**, einige Kilometer südwestlich dar. Allein auf einer Anhöhe von James Wyatt in Zusammenarbeit mit Capability Brown errichtet, bietet er einen Blick über ganze 16 Countys. Das machte ihn später für die Armee interessant, die ihn während der Weltkriege aus Ausguck nutzte und später an Ort und Stelle einen nuklearen Luftschutzbunker errichten ließ. Neben Shop und Restaurant kann der Turm besichtigt werden.

[N 52°01'21" W 1°50'08"], Buckle Str., WR12 7LB, Broadway, £-££, 10 – 17 Uhr, www.broadwaytower.co.uk

Eines der skurrilsten Häuser Englands können Sie nicht weit entfernt bestaunen: **Snowhill Manor and Garden** war einst die Lebens- und Wirkungsstätte des exzentrischen Charles Wade.

Sammlung im Snowhill Manor

Ausgestattet mit einer satten Erbschaft, verwandelte der Privatier mit seiner Sammelleidenschaft das ganze Haus in ein Museum für alle möglichen Dinge. Von chinesischen Jadekriegern bis zu Puppenstuben, europäischer Kunst und afrikanischen Masken können Sie einen Streifzug durch die vielen Räume des Hauses unternehmen. Für Charles selbst war übrigens kein Platz mehr im Haus. Er lebte, so lange er in Snowhill residierte, im benachbarten Priests House, einer Art kleinem Dienstbotensitz.

[N 52°00'22" W 1°51'41"], Buckle Str., WR12 7LB, Broadway, ££, NT-Members frei, Mitte Mär – Okt, 11 – 17.30 Uhr, Haus 12 – 17 Uhr, Nov von 10.30 – 15.30 Uhr, Haus 11 – 14.30 Uhr, www.nationaltrust.org.uk

MORETON-IN-MARSH

Bevor Sie die Stadt erreichen, können Sie in BOURTON-ON-THE-HILL gleich zwischen vier interessanten Stopps wählen. Direkt im Ort liegt rechterhand der kleine aber schön gestaltete **Bourton House Garden.**

[N 51°59'26" W 1°44'31"], A44, GL56 9AE, £, Apr – Okt, Di – Fr, 10 – 17 Uhr, www.bourtonhouse.com

Keine 500 m weiter biegen Sie rechts zum **Landsitz Sezincote** ab. Das als indischer Mogulspalast im Jahr 1805 errichtete Haus ist in Europa einzigartig. Es wird von einem kupfernen Dom mit Minaretten gekrönt und von sieben Teichen mit Wasserfall, Grotte und Tempel umgeben, zwei Steinelefanten wachen vor der Terrasse. Der reiche Geschäftsmann Charles Cockerell hatte sich damit einst seinen Traum von 1001 Nacht erfüllt. Bis heute ist das Haus privat bewohnt

[N 51°59'23" W 1°44'10"], A44, GL56 9AW, ££, HH-Members frei, Mai – Sep, Do/Fr, 14.30 – 17.30 Uhr, www.sezincote.co.uk

Batsford Arboretum

Direkt gegenüber führt eine zweite Abfahrt von der Hauptstraße links zum Batsford Anwesen mit dem **Batsford Arboretum**. Die große Gartenanlage hat sich nebst Blumen in erster Linie den Bäumen und Büschen verschrieben. Sie können auf meist stillen Rundwegen unter einer Vielzahl echter Riesen und seltener Exoten spazieren gehen. Es ist die größte private Sammlung dieser Art mit einem Schwerpunkt auf fernöstlichen Bäumen, insgesamt mehr als 1300 verschiedene Arten. Besonders schön ist Batsford während der Blüte der japanischen Kirschbäume. Aber auch zu anderen Jahreszeiten lohnt der Besuch. Vor allem Ahorn, Bambus, Eschen, Koniferen, Magnolien und Pinien gibt es in mannigfaltigen Ausführungen zu sehen. Zur Anlage gehört ein großes Pflanzencenter mit Café und, gleich benachbart, können Sie einer Flugshow der **Falknerei** beiwohnen.

[N 51°59'52" W 1°44'04"], GL56 9AD, Batsford, ££, Mai – Sep, Do/Fr, 14.30 – 17.30 Uhr, www.batsarb.co.uk, Falknerei: ££ Anfang Feb – Anfang Nov, 11.30 – 16.30 Uhr, www.cotswold-falconry.co.uk

Chastleton House

Moreton ist ein recht geschäftiges Städtchen, das optisch nicht ganz mit anderen Cotswolds-Orten mithalten kann. In England ist es eher ein Synonym für die benachbart stationierte Air Force Einheit. Am westlichen Rand können Sie auf einem Campingplatz übernachten.

(129) WOMO-Campingplatz:
Moreton-in-Marsh Caravan Club Site

GPS: N 51°59'19" W 1°42'37", Bourton Rd., GL56 0BT, MORETON-I.-M.
Max. WOMOs: 184
Ausstattung/Lage: Alle Einrichtungen, Spielplatz, Minigolf, schöner großer Platz mit Stellflächen auf Schotter und Rasen, teils schattig in idealer Lage in den Cotswolds
Öffnungszeiten: ganzjährig **Ortszentrum:** 350 m
Zufahrt: Aus Richtung Bourton kommend direkt linkerhand kurz vor dem Ortsbeginn.
Richtpreis: 33,60 – 45,80 £, CC-Members 21,60 – 33,80 £
Internet: www.caravanclub.co.uk

Gastrotipps Moreton-in-Marsh: Cacao Bean (Café), High Str., GL56 0AT, **Martha`s Coffee House** (Café), High Str., GL56 0AG, **Yellow Brick Café** (Café), Old Market Way, GL56 0AJ, **Spice Room** (indisch), 3 Oxford Str., GL56 0LA, **Mulberry Restaurant** (britisch), High Str., GL56 0LJ

Ein Stück weiter westlich der Stadt gehört **Chastleton House** zu den besonders beliebten Orten der Cotswolds. Das 400 Jahre alte Gebäude wird von einem hübschen Garten eingebettet und wirkt ein wenig wie eine Zeitkapsel, denn es blieb in all der Zeit völlig unverändert.

[N 51°57'31" W 1°38'04"], Buckle Str., GL56 0SU, Broadway, ££, NT-Members frei, Mär – Okt, Mi – So, www.nationaltrust.org.uk

Nicht weit entfernt können Sie zu den **Rollright Stones** fahren. Die bis zu 5000 Jahre alten neolithischen Steinkreise und -gebilde bestehen aus drei verschiedenen Objekten, den „King`s Men", dem „King Stone" und den „Whispering Knights".

[N 51°58'33" W 1°34'13"], OX7 5QB, Rollright, £, durchgehend zugänglich, www.rollrightsones.co.uk

Eine Farmcampsite wartet keine 5 km entfernt auf Besucher *(**Merry Weather Farm**, **130:** [N 51°57'12" W 1°31'12"], Banbury Rd., OX7 5TE, Chipping Norton,* ££, V/E, Dusche/WC, *www.merryweatherfarm.co.uk)*.

STOW-ON-THE-WOLD

Die Kleinstadt zählt heute etwas über 2000 Einwohner und wirkt recht beschaulich. Rund um den **Market Square** und die angrenzenden Straßen verteilt sich das ländliche Geschäftsleben, eine ordentliche Anzahl an Pubs wartet auf Gäste. Zweimal im Jahr, immer am nächstgelegenen Donnerstag zum 12. Mai und 24. Oktober, ist vor den Toren der Stadt richtig was los: dann treffen sich tausende britische Gypsies, vor allem Irish Travellers und Romnichals, zur Horse Fair, einer eintägigen riesigen Pferdemesse, die dem Handel, Kontakteknüpfen und Feiern dient. Eine Übernachtungsmöglichkeit bietet der Ortsparkplatz.

(131) WOMO-Stellplatz: Stow-on-the-Wold

GPS: N 51°55'41" W 1°43'02", Maugersbury Park, GL54 1HH, STOW-O.T.W.

Max. WOMOs: 5

Ausstattung/Lage: Toiletten, sonst keine Einrichtungen, asphaltierte Parkfläche in Ortsrandlage, meist ruhig, teils schattig.

Ortszentrum: etwa 400 m

Zufahrt: Von der A429 aus Richtung Moreton kommend im Ort links auf die Sheep Street abbiegen und gegen Ortsende rechts Richtung Maugersbury dem „P"-Schild zum Parkplatz rechterhand folgen.

Richtpreis: Gebühr laut Parkuhr.

Gastrotipps Stow-on-the-Wold: Queens Head** (britisch), The Square, GL54 1AB, **Old Stocks Inn**** (britisch), The Square, GL54 1AF, **Lucy`s Tearoom** (Café), The Square, BN, **The Hive** (Café), Digbeth Str., BN54 1BN

BOURTON-ON-THE-WATER

Die **High Street** von Bourton mit dem von kleinen Brücken überzogenen, nur knietiefen Flüsschen Windrush direkt daneben, gehört zu den meistbesuchten Orten der Cotswolds. Wer eine Runde drehen möchte, parkt an der **Station Road** bei **132:** [N 51°53'09" W 1°45'15"]. In den 10 extra für Wohnmobile markierten Parkbuchten können Sie über Nacht bleiben.

Stellplatz 132

Neben der schönen Hauptstraße besuchen viele Gäste das **Model Village**, ein etwas in die Jahre gekommenes, aber noch immer hübsch angelegtes Miniaturdorf, das recht detailgetreu den Ort Bourton im Kleinformat zeigt. Auch eine Dioramen-Schau gehört zu der Anlage.

Oben und unten: Bourton-on-the-Water

Model Village in Bourton-on-the-Water

Rissington Road, GL54 2AF, £, 10 – 17.45 Uhr, Winterhalbjahr bis 15.45 Uhr, www.themodelvillage.com

Ebenfalls leicht angestaubt, aber nicht minder beliebt, ist das **Motoring Museum & Toy Collection** mit mehr als 50 alten Fahrzeugen und anderen motorisierten Kuriositäten. Die Patina wirkt eher charmant als nachlässig und bei einem Besuch gibt es viel zu entdecken.

Old Mill, GL54 2BY, £, Mitte Feb – Anfang Dez, 10 – 18 Uhr, www.cotswoldmotoring-museum.co.uk

Am westlichen Ortsrand können Sie mit dem **Vogelpark Birdland** die größte Attraktion Bourtons besuchen. Von Papageien über Pelikane, Flamingos und Pinguinen sind Arten rund um den Erdball vertreten. In einem extra Bereich firmiert unter dem Namen Jurassic Journey, der zugehörige Dinopark mit lebensgroßen Modellen.

[N 51°52'51" W 1°45'12"], Rissington Rd., GL54 2BN, ££, Apr – Okt, 10 – 17 Uhr, sonst bis 16 Uhr, www.birdland.co.uk

(133) WOMO-Campingplatz: Bourton-on-the-Water Caravan Club Site

GPS: N 51°53'26" W 1°51'56", Stanborough Lane, GL54 3BU, BOURTON-ON-THE-WATER

Max. WOMOs: 57
Ausstattung/Lage: WiFi, Strom, V/E, sauberer, kleiner Basic-Campground mit Stellplätzen auf Schotter und Rasen, teils schattig und ruhig.
Öffnungszeiten: Mitte März bis Oktober
Ortszentrum: 7 km
Zufahrt: Der Platz liegt östlich von Bourton, direkt links neben der A436 in Richtung Cheltenham.
Richtpreis: 26,80 – 29,60 £, CC-Members 14,80 – 17,60 £
Internet: www.caravanclub.co.uk

Gastrotipps Bourton-on-the-Water: Mary`s Rest Tearoom (Café), Moore Road, GL54 2AZ, **Rose Tree Restaurant** (britisch), Victoria Str., GL54 2BX, **Smiths of Bourton** (Café), Victoria Str., GL54 2BT, **Riverside Café** (Café), Victoria Str., GL54 2BP

In der Nähe:

- Der Ort **Burford** wird oft als südliches Tor zu den Cotswolds bezeichnet. Rund um die teils als Allee ausgeführte Hauptstraße The Hill gibt es zahlreiche Gasthäuser und Geschäfte. Am Ortsparkplatz können Womos über Nacht stehen *(**134:** [N 51°48'30" W 1°37'59"], Church Ln., OX18 4DN, WC vorhanden).*
- Mit 260 verschiedenen Tierarten spielt der **Cotswold Wildlife Park** in der Liga der größeren Zoos mit. Durch die ausnehmend schöne Gestaltung der Anlagen lohnt ein Besuch doppelt. Ein Bauernhofgelände, Spielplatz, Tropenhaus und eine Miniaturbahn gehören zum Umfang. Direkt gegenüber finden Sie in fußläufiger Entfernung einen Campingplatz *([N 51°46'33" W 1°38'52"], A361, OX18 4JJ, Burford, £££, ab 10 Uhr, wechselnde Schließungszeiten und vergünstigte Tickets unter www.cotswoldwildlifepark.co.uk, Campingplatz **Bourton Caravan Club Site 135:** [N 51°46'35" W 1°38'52"], A361, OX18 4JJ, Burford, ££-££££, alle Einrichtungen, www.caravanclub.co.uk).*
- Das winzige **Bibury** gilt als besonders schöner Fleck. Vor allem die pittoreske Gasse Awkward Hill ist ein beliebtes Fotomotiv. Leider wird der Ort oft von Bustouristen überrollt. Dann ist es fast unmöglich, einen der wenigen Parkplätze entlang der Hauptstraße zu ergattern, *[N 51°45'36" W 1°50'05"], GL7 5NW.*

CIRENCESTER

Mit 19.000 Einwohnern ist Cirencester die größte Stadt in den Cotswolds. Mit den vielen historischen Gebäuden im Zentrum bietet sie eine schöne Atmosphäre und gute Einkaufsmöglichkeiten in zahlreichen Geschäften. Die Gründung geht auf ein römisches Militärlager namens **Corinium** zurück, dem in der Stadt ein ganzes Museum gewidmet ist.

Park Str., GL7 2BX, £, Mo – Sa, 10 – 17 Uhr, So ab 14 Uhr, Nov – Mär nur bis 16 Uhr, www.coriniummuseum.org

Am nächsten zum Zentrum liegt der **Forum Carpark**, [N 51°42'55" W 1°57'56"], South Way, GL7 1FN. Etwas weiter ist es zum **Beeches Carpark,** an dem es kein Übernachtungsverbot, dafür aber Toiletten gibt, **136:** [N 51°43'00" W 1°57'36"], Beeches Rd., GL7 1BW.

Bibury

Cirencester

Alternative Übernachtungsmöglichkeiten bieten der **Caravan Club Platz Cirencester** am Ortsrand (***137:** [N 51°42'51" W 1°59'00"], Stroud Road, GL7 1UT, ££-££££, alle Einrichtungen, www.caravanclub.co.uk)* oder der Pub Stellplatz **Highwayman Inn** in ELKESTONE *(**138:** [N 51°47'43" W 2°03'01"], Beech Pike, GL53 9PL).*

Gastrotipps Cirencester: Café Mosaic (Café), 12 The Wool Market, GL7 2PR, **Jesse`s Bistro** (britisch), Black Jack Street, GL7 2AA, **Piazza Fontana** (italienisch), 30 Castle Street, GL7 1QH, **Indian Rasoi** (indisch), 14 Dollar Street, GL7 2AJ

Mosaik in der Chedworth Roman Villa

In der Nähe:

- Ein weiteres Relikt aus römischen Zeiten ist die **Chedworth Roman Villa** einige Kilometer nördlich der Stadt. Die Überreste gehören zu einer der größten Villen dieser Epoche in ganz Großbritannien. Ein Schutzgebäude überspannt heute die umfangreichen Bodenmosaiken und das Badehaus. Ein kleines Museum mit Fundstücken ist angeschlossen *(N 51°49'09" W 1°55'29"], GL54 3LJ, Chedworth, ££, NT-Mitglieder frei, www.nationaltrust.org.uk).*
- Weit mehr als 100 Seen umfasst der riesige **Cotswold Water Park** im Süden von Cirencester. Gleich mehrere Zugänge bieten Gelegenheit zum Wandern, zur Beobachtung von Tieren, für Wassersport und natürlich zum Baden. Ein guter Ausgangspunkt ist der Gateway Centre *(N 51°40'18" W 1°54'00"], Spine Road East, GL7 5FP Cerney, www.waterpark.org).*

STROUD

Stroud

Stroud liegt am äußersten westlichen Ende des Cotswolds und war früher ein bedeutender industrieller Standort der Woll- und Kleidungsindustrie. Heute wirkt die Gemeinde etwas verschlafen, bildet aber noch immer einen wichtigen Verkehrsknotenpunkt zwischen Wales, Gloucestershire, Bristol und den Hügeln im Osten. Das kleine Zentrum zieht sich einen Berghügel hinauf. Wenn Sie einen Zwischenstopp einlegen möchten, parken Sie am besten am **Cheapside Carpark** neben dem Bahnhof. Über die Fußgängerbrücke an den Gleisanlagen spazieren Sie in die nahe Fußgängerzone *([N 51°44'39" W 2°13'09"], Cheapside, GL5 2AD)*. Mehr über die Stadtgeschichte erfahren Sie im **Museum in the Park** etwas außerhalb. Es liegt etwas versteckt hinter dem Leisure Centre mit Freibad. Dort können Sie parken.

[N 51°44'56" W 2°13'39"], Stratford Park, GL5 4AF, Eintritt frei, Di – Fr, 10 - !7 Uhr, Sa/So ab 11 Uhr, sonst bis 16 Uhr, www.museuminthepark.org.uk

Gastrotipps Stroud: Sorrento (italienisch), Russell Str., GL5 3AJ, **Dinner at Six** (britisch), 6 Union Street, GL5 2HE, **Woodruffs Organic Café** (Café), 24 High Street, GL5 1AJ

Südlich der Stadt finden Sie den netten Campground an der **Tobacconist Farm** *(**139:** [N 52°11'21" W 1°52'23"], Tobacconist Rd., GL9 6JJ, Minchinhampton,* ££, Apr – Sep, Strom, Dusche/WC, Spül- und Waschgelegenheit, *www.tobacconist-farm.co.uk)* sowie freie Stellplätze.

(140) WOMO-Stellplatz: Amberley

GP3. N 51°42'35" W 2°12'35", Cuver Hill, AMBERLEY
Max. WOMOs: 3 – 4
Ausstattung/Lage: Mehrere geschotterte Parkbuchten an einer kleinen Ortszufahrtsstraße. Weite Sicht, keine Einrichtungen, kein Schatten.

Ortszentrum: etwa 6 km (Stroud)
Zufahrt: Von Cirencester kommend auf der A419 nach Westen fahren. Am Kreisverkehr nach ein paar Kilometern links Richtung Aston

Down halten. Nach weiteren 5 Kilometern links dem kleinen Schild Richtung „Box“ folgen und sofort wieder rechts zu den Stellplätzen abbiegen.

Hinweis: Ganz in der Nähe gibt es weitere Stellplätze als Alternative. Rund 400 m nördlich bei [N 51°42’55” W 2°12’51”] und ein paar Kilometer weiter in Richtung Stroud zweimal bei [N 51°43’47” W 2°12’59”], dann allerdings direkt neben einer befahreneren Durchgangsstraße.

PAINSWICK ROCOCO GARDENS

Ganz in der Nähe von Stroud zweigt eine kleine Straße vom schönen Dorf PAINSWICK links zu den etwas versteckten Rococo Gardens ab. Der Besitzer von Painswick House, Benjamin Hyatt, ließ sie in den 1740er Jahren anlegen, um seine Gäste zu beeindrucken und zu unterhalten. Noch heute stellt die Anlage eine absolute Rarität dar. Es ist der einzige noch existierende Rokoko-Garten im gesamten Königreich. Fast vergessen, wurde er 1984 wiederentdeckt und in mühevoller Arbeit zurück in alten Glanz gebracht. Vorbei am Tearoom und der Eingangspforte, stehen Sie zunächst

Labyrinth der Painswick Rococo Gardens, links Exedra und Stammhaus

am kleinen Eagle House, einem von gleich mehreren Follies des Gartens. Hier haben Sie einen Blick auf den ersten Teil der Anlage, der zunächst recht überschaubar wirkt. Zwischen Obstplantagen und dem kunstvoll angelegten Küchengarten können Sie zum weiß strahlenden Bogen-Folly Exedra spazieren, zum „roten Haus“ gehen oder sich im großen Labyrinth (hoffentlich nicht) verirren. Auf dem weiteren Weg hinab zum Teich und in den bewaldeten Teil des Gartens passieren Sie weitere Follies, wie die „Schneeflocken Höhle“ und die „Gotische Nische“. Am Ende gelangen Sie zum großen Taubenhaus und dem tollen Waldspielplatz. Kinder werden unterwegs zusätzlich durch einen Sticker-Fun-Trail bei Laune gehalten.

[N 51°47’34” W 2°11’50”], Cotswold Way, GL6 6TH, Painswick, ££, 10.30 – 17 Uhr, www.rococogarden.org.uk

Einen letzten Übernachtungsplatz auf Tour 5 finden Sie an der **Barrow Wake** Anhöhe mit Blick über die weite Severn-Ebene bis hinüber nach Wales im Westen *(**141:** [N 51°50’10” W 2°06’06”], Cotswold Way, GL4 8JX).*

Barrow Wake Carpark Nr. 141 mit Aussicht

Stafford
Shrewsbury
Telford
Cannock
Wroxeter
Ironbridge
Wolverhampton
Birmingham
536 m
Stiperstones
Church Stretton
Wentnor
Bridgnorth
Dudley
516 m
Long
Mynd
Shropshire
Hills AONB
W. Bromwich
Bishop`s
Castle
546 m
Brown Clee H.
Stourbridge
Craven Arms
533 m
Titterstone
Kidderminster
Ludlow
Tenbury W.
Great Witley
Leominster
Bromyard
Worcester
Malvern
Hereford
Malvern Hills
AONB
Ledbury
Tewkesbury
Wye
Avon
Ross-on-Wye
Cheltenham
Brecon
Becon N.P.
Goodrich
Cinderford
Gloucester
Westbury
Monmouth
Berry Hill
Coleford
Broadwell
Forest of
Dean
Wye Valley
AONB
Painswick
Cotswolds
AONB
Milkwall
Stroud
Band 85:
Mit dem Wohnmobil
nach Wales
Severn
10 km
Chepstow
N
TOUR 6
Newport
A 5
A 49
A 53
A 41
A 518
A 513
M 6
A 460
A 458
A 5
M 54
M 5
4169
A 442
A 454
A 458
A 49
4117
A 448
A 456
443
4110
M 5
A 449
A 44
A 422
4112
A 417
4103
A 438
A 465
A 449
438
A 46
M 50
A 49
A 417
M 5
A 40
4173
A 417
A 48
38
46
4042
A 449
M 48 (T)
M 4
S
M
168
488
167
165
162
166
161
164
163
160
169
170
171
172
158
159
157
154
155
156
153
152
151
150
143
142
144
149
147
146
145
148

Tour 6: West Midlands (ca. 280 km)

Cheltenham – Gloucester – Wye Valley – Ledbury Worcester – Leominster – Ludlow – Shropshire Hills – Shrewsbury – Ironbridge Gorge

Stellplätze (gratis)	Southam, Cinderford, Speech House, Cannop Ponds, Malvern, Dillingham, Leominster, Church Stretton, Shropshire Hills 3x, The Bog, Shrewsbury, Madeley
Stellplätze (£)	Ledbury, Ludlow, Stiperstones, Ironbridge
Pub Stellplätze:	Piffs Elm, Milkwall, Callow End, Knightwick, Marsh Brook, Shrewsbury,
Campingplätze:	Cheltenham, Coleford, Hanley Swan, Bringsty, Ludlow, Little Stretton, Ratlinghope
Besichtigen:	The Wilson Museum, Gloucester, Westbury Court Gardens, Elton Giant Maze, Clearwell Caves, Goodrich Castle, Ledbury, Eastnor Castle, Westons Cider Mill, Worcester, Croome Estate, Witley Court, Brockhampton Estate, Ralph Court Gardens, Hampton Court Castle, Berrington Hall, Croft Castle, Ludlow, Stokesay Castle, Shrewsbury, Attingham Park, Wroxeter Roman City, Ironbridge Gorge Museums
Wandern:	Forest of Dean, Sculpture Trail, Cannop Ponds, Puzzlewood, Secret Forest, Symonds Yat Rock, Shropshire Hills, Stiperstones, Ironbridge Gorge
Einkaufen:	Cheltenham, Gloucester Quay Outlet und Zentrum, Worcester, Ludlow Food Centre, Shrewsbury

Die East Midlands an der Grenze zu Wales gehören zu den ruhigen, eher dünn besiedelten Regionen Mittelenglands. Mit dem Wye Valley am Fluss Severn und den Hügelketten an den Stiperstones finden Sie vielfältige Natur und kilometerlange Wanderwege vor. Gloucester, Worcester und Shrewsbury sind sehenswerte Städte, in denen die Uhren, zumindest gefühlt, etwas langsamer ticken als in den bekannteren Nachbarstädten im Norden, Osten und Süden. Kleinstädte wie Ludlow umgibt ein besonderer, ländlicher Charme, der so manche Überraschung bereithält.

CHELTENHAM

Zu nationaler Größe gelangte die Stadt einst durch ihre Kuranlagen, die ihr den Zusatztitol „Spa“ einbrachten. Wesentlich bekannter ist sie heute durch ihre berühmten Pferderennen, vor allem im März, dem gesellschaftlichen Höhepunkt des jährlichen Rennkalenders. In Resteuropa kennt man die Renn-Veranstal-

Skulptur Hase und Minotaurus in Cheltenham

tungen zumindest aus einschlägigen Gazetten, auf deren Pararazzifotos mehr oder minder prominente Damen mit riesigen Hüten Prosecco schlürfend am Trab Rand stehen. Zu anderen Zeiten wirkt die Stadt weniger glamourös, auch wenn sie als „rich community“, als reiche Gemeinde eingestuft wird. Das Zentrum um die verkehrsberuhigte **High Street** überzeugt nicht so recht und aus touristischer Sicht ist abseits nicht allzu viel geboten. Lediglich das **Kunstmuseum The Wilson**, mit einer Ausstellung internationaler Güte, lockt Interessierte zu Recht an.

Clarence Street, GL50 3JT, Eintritt frei, Di – Sa von 9.30 – 17.15 Uhr, Do bis 19.45 Uhr, So, 11 – 16 Uhr, www.cheltenhammuseum.org.uk

Wenn Sie sich umschauen und ein Bild machen möchten, stoppen Sie am Zentralparkplatz an der **St. James Street** bei [N 51°53'53" W 2°04'13"].

Gastrotipps Cheltenham: County Kitchen (Café), 6 Grosvenor Str., GL52 2SG, **Prithvi***** (indisch), 37 Bath Rd, GL53 7HG, **Petit Coco**** (französisch), 2 Bath Str, GL50 1YE, **Kibousushi**** (japanisch), 18 Regent Str, GL50 1HE, **Lumiere***** (britisch), Clarence Par., GL50 3PA, **Vinnie`s Eatery*** (britisch), 3 Crescent Ter., GL50 3PE, L`Artisan*** (französisch), 30 Clarence Str., GL50 3NX, **Daphne**** (türkisch), 2 Crescent Pl., GL50 3PG, **Well Walk Tea Room** (Café), 5 Well Walk, GL50 3JX, **White Spoon**** (britisch), 8 Well Walk, GL50 3JX

Vielleicht sind für Sie auch die Übernachtungsgelegenheiten interessant, von denen es gleich mehrere rund um die Stadt gibt.

(142) WOMO-Campingplatz: Cheltenham Racecourse Caravan Club Site

GPS: N 51°55'04" W 2°04'04", Prestbury Park, GL50 4SH, CHELTENHAM
Max. WOMOs: 80
Ausstattung/Lage: Alle Einrichtungen, gewöhnungsbedürftige Lage direkt auf der Cheltenham Pferderennbahn, hauptsächlich geteerter oder geschotterter Untergrund mit Stellplatzcharakter. Dafür gute Verkehrsanbindung in die Stadt und Region.
Öffnungszeiten: April – Mitte Oktober **Ortszentrum**: ca. 2,5 km

Zufahrt: Aus Richtung Stroud kommend fahren Sie auf der A46 in die Stadt, bis Sie links Richtung M5 und Gloucester abbiegen können. Folgen Sie der Straße geradeaus. Ein gutes Stück nach der Bahnlinienquerung rechts am Kreisverkehr folgen Sie den braunen Schildern zum Racecourse.
Richtpreis: 25,90 – 32,30 £, CC-Members 13,90 – 20,30 £
Internet: www.caravanclub.co.uk
Hinweis: An vielen Rennwochenenden erleben Sie die Pferderennen aus allernächster Nähe, mehr unter www.cheltenham.thejockeyclub.co.uk.

(143) WOMO-Pubstopover: Gloucester Old Spot

GPS: N 51°56'01" W 2°08'55", Twekesbury Road, GL51 9SY, PIFFS ELM
Max. WOMOs: 1 – 2
Ausstattung/Lage: Große Schotterparkfläche hinter dem gemütlichen Pub, relativ ruhig.
Ortszentrum: rund 7 km (Cheltenham)
Zufahrt: Aus Richtung Stroud kommend fahren Sie auf der A46 in die Stadt. Biegen Sie links Richtung M5 und Gloucester ab. Folgen Sie der Straße geradeaus und ein gutes Stück nach der Bahnlinienquerung rechts am Kreisverkehr den braunen Schildern zum Racecourse. Immer geradeaus bis zum nächsten Kreisverkehr, dort links Richtung Tewkesbury fahren. Kurz nach der Autobahnbrücke rechterhand
Richtpreis: Übernachtung auf Anfrage bei Einkehr.
Internet: www.thegloucesteroldspot.co.uk

(144) WOMO-Stellplatz: Cleeve Hill Carpark

GPS: N 51°55'18" W 2°00'37", Hampton Road, GL54 4EU, SOUTHAM
Max. WOMOs: 1 – 2
Ausstattung/Lage: Asphaltierter Parkplatz am Ende einer schmalen, abgelegenen Straße neben einer Messstation. Nicht für sehr lange/große Womos geeignet.
Ortszentrum: ca. 900m
Zufahrt: Aus Richtung Stroud kommend fahren Sie auf der A46 in die Stadt, bis Sie rechts Richtung Oxford und Cirencester abbiegen können. Der Beschilderung nach Oxford folgen, an der Ampel neben einer Esso Tankstelle links auf die kleine Greenway Lane abzweigen und diese bis Cleeve Common nicht verlassen. An einer Kreuzung mit zwei Sackgassen der linken Abzweigung folgen bis zum Stellplatz ganz am Ende.
Richtpreis: tags laut Parkuhr, nachts 1 £.
Hinweis: Ein weiterer, ähnlicher Parkplatz liegt unweit bei [N 51°54'40" W 1°59'12"]. Die Zufahrt ist noch schmäler und es können Äste in die zeitweise dicht verwucherte Straße hängen!

GLOUCESTER

Obwohl Gloucester *(„Gloster")* nicht direkt am Meer liegt, hatte es lange Zeit Hafenstadtcharakter. Der Ort war durch den Gloucester Kanal - gezeitenunabhängig - mit dem Fluss Severn verbunden, der nahe Bristol mit seinem breiten Mündungsgebiet eine direkte Verbindung zum Atlantik herstellt. Mit dem Niedergang der englischen Textilwirtschaft und anderer Handelszweige verfielen die alten Dockanlagen und Speicher. In den 1980er Jahren gab Gloucester ein recht desolates Bild ab und galt nicht gerade als britische Vorzeigestadt. Inzwischen wurden die alten Anlagen saniert und ins Stadtbild eingebunden. So entstand ein lebendiger, neuer Ortsteil, der die ganze Stadt aufwertet.

Westgate Street

Unterwegs in Gloucester
Einen Parkplatz ohne Höhenbarriere finden Sie in der **Hare Lane** im Norden des Zentrums bei [N 51°52'03" W 2°14'38"], GL1 2AE. Nach wenigen Metern in Richtung Süden, halten Sie sich gleich rechts in die **Pitt Street**, auf der Sie, nun immer nach links, Gloucesters bekanntestes Bauwerk, die **Gloucester Cathedral,** umrunden. Sie gründet auf eine alte Klosteranlage, die 681 an dieser Stelle erbaut wurde. Der heutige, nicht ganz einheitliche Bau mit dem markanten Vierzinnen Turm, stammt aus späteren Jahren und wurde immer wieder an- und umgebaut. Im großen Stil zuletzt im 15. Jahrhundert. An den **Infirmary Arches** können Sie tags oft direkt durch das Kirchengelände abkürzen und finden sich am Haupteingang wieder. Im Inneren ist unter anderem das Grab von Edward II. und die Krypta sehenswert. Außerdem ist eine Turmbesteigung möglich *(12 College Green, GL1 2LX, 7.30 – 18 Uhr, gloucestercathedral.org.uk)*.
Über den neu gestalteten begrünten Platz neben der Kathedrale gehen Sie durch die **College Street** oder den **College Court** zur Fußgängerzone **Westgate Street** hinüber, der Sie nach links folgen. Auffällig ist die uneinheitliche Bebauung. Von mittelalterlichen Häusern mit Fachwerk bis zu 70er Jahre Betonfassaden ist alles dabei. Nach rechts wechseln Sie in die **Northgate Street**. Hier finden Sie rechterhand die **Touristeninformationsstelle**. Eine Kreuzung später, kurz nach dem alten Kirchenbau links, gehen Sie rechts durch die **Blackfriars** zum

Gloucester Cathedral

gleichnamigen Bauwerk. Es ist eines der besterhaltendsten noch existierenden Dominikanergebäude in England. Später wurde es in ein Tudor Haus und eine Kleiderfabrik umgewandelt *(Blackfriars Lane, GL1 2HS, Eintritt frei, Apr – Okt, So/Mo, 10 – 15 Uhr, www.english-heritage.org.uk)*.

Danach führt links die **Ladybellegate Street** direkt zum **Soldiers of Gloucestershire Museum**. Schlüpfen Sie durch den seitlichen Fußgängerweg zu den Dockanlagen hindurch. Der Eingang zur modern gestalteten Ausstellung mit vielen Militärmemorabilien liegt auf der Rückseite des Museums *(Gloucester Docks, GL1 2HE, £, 10 – 17 Uhr, www.soldiersofglos.com)*. Bleiben Sie rechts vom Hafenbecken, in dem oft private Hausboote vor Anker liegen. Der Weg macht einen Bogen und Sie folgen der Brücke nach links, vorbei an der **Mariners Church**, davor links und gleich wieder rechts gehen Sie an den meist stark belebten und neu gestalteten Docks entlang. Nach dem nächsten Hafenbecken laufen Sie rechts zum **National Waterways Museum** hinüber. Veranschaulicht wird die 200-jährige Geschichte der Docks und des Gloucester & Sharpness Kanals auf unterhaltsame Weise. Bootsrundfahrten werden vom Museum aus organisiert *(Llanthony Warehouse, GL1 2EH, ££, Bootsfahrten £, Apr – Okt, 10 – 17 Uhr, sonst bis 16 Uhr, canalrivertrust.org.uk)*. In Höhe des Museumseingangs spazieren Sie nach links weiter und nehmen die kleine Treppe zur dahinter liegenden **Merchants Road** voller Restaurants und einem Kinokomplex. Am Ende schwenken Sie zweimal nach links und gehen durch die parallel verlaufende **High Orchard Street** zurück. Sie ist Teil des Einkaufscenters **Gloucester Quays Outlet**, das Sie zu Ihrer Rechten besuchen können. Auf bekanntem Weg schlendern Sie durch die Docks zurück, bleiben diesmal aber rechts vom großen Wasserbe-

Gloucester Quays

Gloucester Quays Outlet

cken und nehmen danach die Treppenanlage rechts hinauf zu einer großen Kreuzung. Geradeaus, durch die **Southgate Street**, gelangen Sie zurück in den verkehrsberuhigten Bereich. Dort, wo Sie zuvor in die **Blackfriars** abbogen, halten Sie sich nun rechts in die **Greyfriars Lane**. Die dortige, ehemalige Franziskanerabtei ist nur in Teilen erhalten. Links davon betreten Sie den Komplex des **Eastgate Shopping Centres**. Darin ist die **Gloucester Market Hall** untergebracht. Wer sich für die Stadtgeschichte interessiert, nimmt den Ausgang zur **Bell Lane**. Rechterhand finden Sie das **Museum of Gloucester** *(Brunswick Road, GL1 1TH, £, Di – Sa, 10 – 17 Uhr, www.thecityofgloucester.co.uk)*. Weiter geradeaus verlassen Sie sonst den Komplex an der **Eastgate**, folgen ihr nach links und erneut nach rechts. Eine Ecke nach der tempelartigen Methodistenkirche links biegen Sie in die **Hare Lane** ab, die zum Parkplatz zurück führt.

Gastrotipps Gloucester: Lily`s** (Café), 5a College Court, GL1 2NJ, **Bangkok Canteen**** (thailändisch), 72 Westgate Str., GL1 2NZ, **Hubble Bubble Coffee House** (Café), 42 Westgate Str., GL1 2NF, **Crow`s Nest (Café), 33 Westgate Str., GL1 2NW, **Aroma**** (indisch), 69 Southgate Str., GL1 1TX, **The Barge Restaurant**** (britisch), Gloucester Docks Unit A1, GL1 2DN, **Caffe Corretto** (Café), Gloucester Docks Unit E, GL1 2DQ, **Tank**** (britisch), 12 Llanthony Rd. Gloucester Docks, GL1 2EH, **So Pie**** (britisch), Llanthony Rd. Gloucester Docks, GL1 5QU, **Tall Ships Pub*** (britisch), 134 Southgate Str., GL1 2EX, **C&W**** (afrikanisch), Constitution Walk, GL1 1LF

Westbury Court Gardens

Wenn Sie auf der **A48** weiter in westliche Richtung fahren, folgen Sie dem Lauf des Severns und können bei WESTBURY-ON-SEVERN einen Zwischenstopp an den kleinen **Westbury Court Gardens** einlegen. Ende des 17. Jahrhunderts errichtet, ist die kleine Anlage mit den großen Fischteichen voller stets hungriger Karpfen, eine echte Rarität. Sie wurde als niederländischer Wassergarten errichtet, eine rare Form im gartenbegeisterten England. Parken Sie besser vorne an der Hauptstraße. Hinten am kleinen Stellplatz wird es schnell unangenehm eng.

[N 51°49'25" W 2°24'37"], 7 Court Gardens, GL14 1PD, ££, NT-Members frei, Apr – Okt, www.nationaltrust.org.uk

WYE VALLEY

Das stille Tal am Fluss Wye trennt Wales und England voneinander und bietet reichlich Gelegenheit für Outdoor Aktivitäten, wie Wandern, Mountainbiken, Reiten und vieles mehr. Heute ist es eher dünn besiedelt. Aber die ersten Spuren menschlichen Lebens gehen hier so weit zurück wie sonst nirgends auf den britischen Inseln – nahe der Wye Mündung wurden 1990 mehrere Tausend Jahre alte menschliche Fußabdrücke entdeckt.

Zunächst verlassen Sie bei ELTON die Hauptstraße und durchfahren, rechts ab Richtung CINDERFORD, den **Forest of Dean**, ein Waldgebiet mit Geschichte. Es diente als Holzlieferant für den Schiffsbau, war einst königliches Jagdrevier und ist heute ein beliebtes Erholungsgebiet. Im Sommer können Sie einen Halt am **Elton Giant Maze** einlegen. Jedes Jahr werden Labyrinthe mit verschiedenen Motto-Umrissen in die Maisfelder gefräst, mal sind es Piratenköpfe, mal Figuren aus Star Trek. Ziel ist natürlich, den Weg durch den Irrgarten zu finden. Im Activity Maze warten zusätzlich verschiedene Aufgaben auf Besucher.

[N 51°49'25" W 2°26'51"], Littledean Rd., GL14 1JU, £-££, Jul – Sep., www.eltonmazes.co.uk

Am Ende der Ortschaft können Sie am rechten Parkplatz des Linear Parks über Nacht mit dem Womo stehen, **145:** [N 51°48'44" W 2°30'33"], GL14 3EZ. Nur rund zwei Kilometer weiter gibt es eine weitere Gelegenheit.

(146) WOMO-Wanderparkplatz: Cleeve Hill Carpark

GPS: N 51°48'32" W 2°32'49", Speech House Road, SPEECH HOUSE
Max. WOMOs: 2 – 3
Ausstattung/Lage: Waldparkplatz, schattig unter Bäumen, von der Straße abgetrennt, ruhig, keine Einrichtungen.
Ortszentrum: etwa 3,5 km (Cinderford)
Zufahrt: Der Wegbeschreibung nach ab Cinderford immer geradeaus in den Wald fahren, dann rechterhand.
Hinweis: Schräg gegenüber befindet sich ein Baumlehrpfad, das Cyril Hart Arboretum.

Nach weiteren 1,5 km biegen Sie rechts, beschildert mit **Beechenhurst Lodge**, zum **Sculpture Trail** ab. Insgesamt 15 Großinstallationen im Wald sind an dieser Stelle mit einem Rundweg verbunden. Es gibt ein Café und einen Kletterpark. Beim **Cannop Brook Carpark** (**147:** [N 51°47'41" W 2°34'11"], New Road, GL15 4JS) ist außerdem eine kleine Wanderung möglich.

Wanderung an den Cannop Ponds zu den Freemines (ca. 3,5 km)
Am beschriebenen Parkplatz überqueren Sie die Straße und gehen gegenüber auf dem Fußweg am Seeufer entlang, bis Sie auf einen weiteren Fahr- und Radweg stoßen. Rechts und gleich wieder links an einer zweiten Parkfläche sind zwei Felsen. Daneben ist ein mit rotem Ring markierter Holzwegweiser. Von dort wandern Sie über zwei kleine Brücken in das Waldgebiet hinein. An einem Tor erreichen Sie eine Forststraße, der Sie nach rechts über eine Lichtung folgen. An der nächsten Kreuzung halten Sie sich rechts bergab zu einem weiteren Tor. Alles ist hier dicht mit Moos bewachsen. Hinter dem Tor sehen Sie das Schild „Cannop Wharf". Gehen Sie kurz auf dem Radweg nach rechts und gleich wieder links zur Brücke am Ende des kleinen Teichs und überqueren diese. Oft sehen Sie von dieser Stelle aus Schwäne, Enten und Gänse am Wasser. Immer geradeaus mit dem Teich zur Rechten, erreichen Sie die Straße. Sie queren diese und nehmen den Waldweg gegenüber, der als **Gloucestershire Way** gekennzeichnet ist. Sie steigen bergan bis zu einem großen Felsen. Verlassen Sie den Hauptweg an dieser Stelle am Pfad links vom Strommast. Kurz bevor Sie den nächsten Strommast erreichen, halten Sie sich erneut links auf den Forstweg, weiter ansteigend der Wegkurve folgend, bis zu den Aushubhügeln. Sie gehören zur **Monument Mine**, einer noch immer betriebenen „Freemine" (Freimine). Die Tradition des freien Minenarbeitens begann als Belohnung für Kriegseinsätze der hiesigen Arbeiter zu Zeiten der Plantagenet-Könige im 13./14. Jahrhundert. Am Denkmal links von Ihnen ist auf einer Tafel die traurige Geschichte der abgebildeten Arbeiter niedergeschrieben. Gehen Sie schließlich weiter, bis der Pfad ausläuft. Sie befinden sich nun links vom Eingang zur **Mine Train Quarry**, einem noch immer betriebenen Steinbruch. Für den Rückweg wenden Sie sich nach rechts und gehen zwischen den großen Steinen bergab. Folgen Sie den Strommasten. Zurück an der Forststraße, überqueren Sie diese und gehen geradeaus weiter, den gleichen Weg, auf dem Sie gekommen sind. Wenn Sie die Straße erreichen, drehen Sie nach links zurück zum Parkplatz. Schöner ist es, wenn Sie über die nahe Brücke am Teich vorbei bis zum Radweg weiter wandern und dort nach links den Rückweg einschlagen. Bald gelangen Sie zum zweiten Teich, den Sie vom Beginn der Wanderung kennen. Nach links geht es zurück zum Ausgangspunkt.

In BROADWELL endet der dichte Wald und Sie können links einen Abstecher nach MILKWALL machen. Gleich mehrere beliebte Attraktionen verstecken sich hier. **Puzzle Wood** ist ein besonders verwunschen wirkendes Stück Wald, voller dicht bemooster Felsblöcke und Bäume, windschiefen Wegen und Brücken und wirkt, als wäre es Tolkiens Mittelerde entsprungen.

[N 51°46'47" W 2°36'36"], Perrygrove Road, GL16 8QB, ££, Apr – Sep, 10 – 17 Uhr, Okt bis 15.30 Uhr, Nov/Dez Mi/Sa/So bis 15.30 Uhr, www.puzzlewood.net

Nur wenige hundert Meter entfernt startet die **Perrygrove Railway** zu einer kleinen Rundfahrt. Zusammen mit den Spielplätzen und Baumhäusern ist die Anlage vor allem etwas mit jüngeren Kindern.

[N 51°46'57" W 2°36'42"], Perrygrove Road, GL16 8QB, ££, unregelmäßige Öffnungszeiten, mehr unter www.perrygrove.co.uk

Im Puzzlewood

Nicht viel weiter ist es in südliche Richtung bis zu den **Clearwell Caves**. In dem natürlich entstandenen System hinterließen Minenarbeiter seit tausenden Jahren ihre Spuren. Der **Secret Forest** nebenan ähnelt dem Puzzle Wood, er ist nur etwas ursprünglicher belassen worden.

[N 51°46'17" W 2°36'45"], Lambsquay Road, GL16 8JR, ££, Sommer 10 – 17 Uhr, andere Öffnungszeiten siehe www.clearwellcaves.com und £, ab 10 Uhr, mehr unter www.secretforest.co.uk

Mit dem **Miners Country Inn** gibt es einen nahegelegenen Pub Stopover *(**148:** [N 51°46'05" W 2°36'30"], Chepstow Road, GL16 8LH, www.theminerssling.co.uk)*.

Wenn Sie auf der Suche nach einem Nachtlager Campingplätze bevorzugen, fahren Sie die naturnahe Bracelands Campsite an.

(149) WOMO-Campingplatz: Bracelands Campsite

GPS. N 51°48'54" W 2°38'24", Bracelands Drive, GL16 7NP, COLEFORD
Max. WOMOs: 500+
Ausstattung/Lage: Strom, V/E, Dusche/WC, Spül- und Waschgelegenheit. Sehr große Campsite mitten im Wald auf einer Lichtung, einige Schotterplätze, sonst auf Rasen mit freundlicher, teils etwas improvisiert wirkender Zeltlageratmosphäre.
Öffnungszeiten: ganzjährig **Ortszentrum**: ca. 1,5 km
Zufahrt: Aus dem Wald kommend in Broadwell rechts abbiegen und immer den Schildern nach Symonds Yat folgen. An der Kreuzung, wo rechts Ross-on-Wye angeschrieben ist, geradeaus fahren bis zur Campsite am Ende des Weges.
Richtpreis: ££-£££
Internet: www.campingintheforest.co.uk

Goodrich Castle

Wer vom beliebten Aussichtspunkt **Symonds Yat Rock** einen Blick von oben auf den Wye Fluss und nach Wales hinüberwerfen möchte, fährt unweit des Campingplatzes den braunen Schildern nach bis zum bezeichneten Waldparkplatz. Neben dem kurzen, einfachen Weg zum gesicherten Felsen gibt es eine Reihe weiterer Wanderwege, die gut markiert und auf Hinweistafeln beschrieben sind.

[N 51°50'12" W 2°37'57"], GL16 7NZ, Parkplatz kostenpflichtig

ACHTUNG: vom Symonds Yat Rock sollten nur kleine, wendige Fahrzeuge wie Campingbusse die steile und vor allem schmale Abfahrt ab dem Parkplatz wagen. Ansonsten fahren Sie besser zur letzten Kreuzung zurück und halten sich dort links für die Weiterfahrt.

Ein letzter lohnender Stopp am Rande des Wye Tales sind die Ruinen des **Goodrich Castles,** ein Stück weiter nördlich. Trotz seines teilzerstörten Gesamtzustandes gehört es zu den besterhaltenen mittelalterlichen Burganlagen in England. Nicht

Blick vom Symonds Yat Rock

zuletzt dank der sehr gut gemachten (englischen) Audioführung bietet es interessante Einblicke in das Burgleben von einst, bis hin zur Eroberung und Zerstörung während des Bürgerkriegs im 17. Jahrhundert.

[N 51°52'24" W 2°37'06"], Castle Lane, HR9 6HY, ££, EH-Members frei, Apr – Sep, 10 – 18 Uhr, Okt bis 17 Uhr, sonst Sa/So und im Mär, Mi – So bis 16 Uhr, www.english-heritage.org.uk

LEDBURY

Die alte Marktstadt Ledbury hat viel ihres Tudorcharmes über die Jahrhunderte bewahrt. Vor allem das kompakte, innerste Zentrum rund um das auf Stelzen errichtete **Market House** in der **High Street** und die etwas versteckte, mit Pflastersteinen belegte **Church Lane** dahinter, versprühen noch immer den Charakter von einst. Statt sich nur durch die Gassen treiben zu lassen, können Sie das **Butcher`s Row Museum** zur Heimatkunde besuchen oder den mit Wandbildern geschmückten **Painted Room** ansehen *(Parkplätze in der Bridge und Bye Street, z.B. bei* ***150:*** *[N 52°02'12" W 2°25'38"], HR8 2AJ).*

Market House Ledbury

Gastrotipps Ledbury: Muse Café (Café), The Homend, HR8 1BN, **Market House** (Café), The Homend, HR8 1BN, **Chez Pascal** (Café), 8 New Str., HR8 2DX, **The Malthouse**** (britisch), Church Lane, HR8 1DW, **Prince of Wales** (britisch), Church Lane, HR8 1DL, **Sitara**** (indisch), 19 High Str., HR8 1DS

In der Nähe:

- **Eastnor Castle** liegt inmitten der stillen Malvern Hills. Gäste können die Parkanlagen und die Prunkzimmer des großen, bis heute bewohnten, Herrenhauses besichtigen *([N 52°01'47" W 2°23'31"], Clencher`s Mill Ln., HR8 1RL, ££, HH-Members frei, wechselnde Öffnungszeiten lt. Homepage, www.eastnorcastle.com).*
- Fruchtwein, Cider genannt, ist in ganz Großbritannien ein beliebtes Getränk. In der **Westons Cider Mill** können sie sich auf einer Tour über den Herstellungsprozess informieren und die verschiedenen, meist aus Äpfeln hergestellten Sorten verkosten *([N 51°59'41" W 2°30'45"], How Caple, HR8 2NQ, ££, 11 – 15.30 Uhr, www.westons-cider.co.uk).*

WORCESTER

Da es in Worcester keine Übernachtungsplätze für Wohnmobile gibt, sollten Sie sich bei Bedarf bereits vor der Besichtigung der Stadt nach einem umschauen. Einige Kilometer entfernt haben Sie rund um die Malvern Hills eine breite Auswahl zwischen freien Plätzen, Pub Stopover und Campgrounds

(151) WOMO-Campingplatz: Malvern Hills Caravan Club Site

GPS: N 52°05'42" W 2°16'27", Blackmore End, WR8 0EE, HANLEY SWAN

Max. WOMOs: 204

Ausstattung/Lage: Alle Einrichtungen, großer im Grünen gelegener Platz mit Stellplätzen, teils auf Schotter und auf Rasen. Kaum Schatten, Spielplatz, Rundweg für Hunde.

Öffnungszeiten: Mitte März bis Oktober

Ortszentrum: etwa 2,5 km

Zufahrt: Von Ledbury kommend zunächst auf der A449 immer in Richtung Malvern fahren. In Malvern Wells rechts Richtung Hanley abbiegen. In Hanley Swan links den Schildern nach Worcester und zum Campingplatz folgen. Dieser kommt auf der linken Seite.

Richtpreis: 27,95 – 40,90 £, CC-Members 15,95 – 28,90 £

Internet: www.caravanclub.co.uk

Hinweis: Eine günstigere, aber deutlich einfachere Campingalternative finden Sie nahe der A4103 bei RIDGEWAY CROSS, mit der „Out To Grass Campsite" bei [N 52°08'08" W 2°26'00"], B4220, ££, mehr unter www.outtograss.com.

(152) WOMO-Pubstopover: The Old Bush

GPS: N 52°08'33" W 2°14'42", WR2 4TE, CALLOW END

Max. WOMOs: 7

Ausstattung/Lage: Strom, V/E, Pub mit angeschlossener, echter Campingmöglichkeit des Camping and Caravaning Clubs. Bis zuletzt war eine Übernachtung ohne Mitgliedschaft möglich. Schotter, kein Schatten, hinter dem Pub Parkplatz.

Ortszentrum: ca. 6,5km (Worcester)

Zufahrt: Von Ledbury kommend zunächst auf der A449 über Malvern Richtung Worcester fahren. In Powick rechts nach Callow End abfahren. Gegen Ortsende rechterhand.

Richtpreis: £-££

Internet: www.old-bush.com

(153) WOMO-Stellplatz: Victoria Park

GPS: N 52°07'35" W 2°18'50", Pickersleigh Avenue, WR14 2LW, MALVERN

Max. WOMOs: 2 – 3

Ausstattung/Lage: Asphaltierter Parkplatz mitten im Ort neben einem Sportplatz. Spielplatz und Café direkt benachbart. Sonst keine Einrichtungen. Nur für kurze Womos geeignet, da man nur in den eingezeichneten Buchten parken kann und darf.

Ortszentrum: 1,8 km

Zufahrt: Von Ledbury kommend auf der A449 bis Malvern fahren. Im Ort nach der Bahnüberführung die zweite Straße nach rechts nehmen, dort nach 150 m linkerhand.
Hinweis: Ein weiterer, kleiner Stellplatz liegt recht versteckt am westlichen Ortsrand von Malvern an der Cowleight Road bei [N 52°07'32" W 2°20'34"] linkerhand.

Worcester ist so Manchem ein Begriff. Weniger wegen der Stadt in Mittelengland, eher von der gleichnamigen, von hier stammenden Würzsauce, die es in jedem Supermarkt gibt. Man spricht sie übrigens, genau wie die Stadt, korrekt mit „Wuuster" aus!

Für einen Besuch Worcesters parken Sie am besten am Carpark in der **Grand Stand Road. Er liegt** nah an der Fußgängerzone und hat eigene Parkplätze für Wohnmobile, Busse, Vans und Kleinlaster eingezeichnet.

Cityparkplatz Grand Stand Road

GPS: N 52°11'37" W 2°13'44", Grand Stand Road, WR1 3RD,
Stellplätze: 10 (mit Parkautomat)
Hinweis: Sollte er nicht frei sein, können Sie es auf den Parkplätzen jenseits der Severnbrücke versuchen. Am New Road Carpark, [N 52°11'25" W 2°13'34"], und am Cripplegate Park Carpark, [N 52°11'27" W 2°13'47"], gab es zuletzt keine Höhenbarriere bzw. sie war abmontiert.

Unterwegs in Worcester:
Auch wenn Worcester nur 27 km von Birmingham entfernt ist, ticken die Uhren, so scheint es, in dieser Stadt gemächlicher und das Leben verläuft weitaus traditioneller. Strategisch günstig am Severn positioniert, ist das Stadtgebiet seit Römerzeiten besiedelt. Leider wurde ein nicht unwesentlicher Teil der alten Bebauung in den 1950er und 60er Jahren abgerissen, um den Plänen damaliger Stadtplaner zu folgen. Dennoch konnte sich Worcester zumindest im Innersten seinen Charme weitgehend bewahren. Vom angegebenen Hauptparkplatz aus gehen Sie zu den südlich gelegenen Grünanlagen am Severnfluss und biegen bei erster Gelegenheit links in die **Doldaystreet** ab. Von den alternativ gelegenen Parkplätzen queren Sie die Severnbrücke, halten sich danach links und gelangen nach kurzem Fußmarsch ebenfalls zum Start der Tour.
Vor Ihnen liegt der überdachte Busbahnhof mit dem angrenzenden, nicht sonderlich attraktiven **Crowngate Shopping Centre**. Durchqueren Sie es dennoch. Als geschichtlicher Fakt sei erwähnt, dass sich an dieser Stel-

Worcester Cathedral

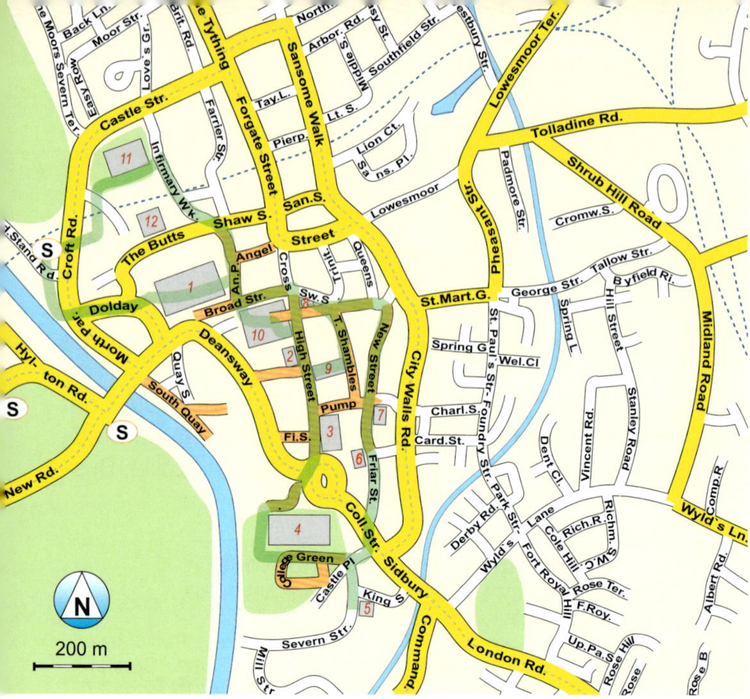

1: Crowngate Shopping Centre
2: Guild Hall
3: Cathedral Square Mall
4: Worcester Cathedral
5: Museum of Royal Worcester
6: Tudor House
7: Greyfriars House
8: St. Swithun`s Church
9: Arcade
10: Crownsgate Mall
11: Infirmary Museum
12: The Hive

le einst die Apotheke befand, in der die Herren Lea und Perrins in den 1890er Jahren die originale Worcestershire Sauce erfanden.

Am hinteren Ende stehen Sie bereits im Fußgängerbereich Worcesters. Oft sind in diesem Bereich Marktstände aufgebaut. Nach rechts und gleich wieder links spazieren Sie entlang der **Broad Street**, biegen rechts in die zentrale **High Street** ab und folgen dieser immer geradeaus. Rechterhand passieren Sie die **Guild Hall**, Sitz des Stadtparlaments aus dem Jahr 1721. Im linken Flügel befindet sich die **Touristeninformation** der Stadt. Ein Stück weiter können Sie links einen Blick ins **Cathedral Square Einkaufszentrum** werfen. Ganz am Ende überqueren Sie die große Ringstraße um das Zentrum und wechseln zur **Worcester Cathedral** hinüber. Sie gilt als eine der prächtigsten Kirchen Großbritanniens, umfasst die Gräber König Johns und Prince Arthurs, mittelalterliche Kreuzgänge, Krypta, Kapitelhaus und eine herausragende antiquarische Bibliothek *(College Yard, WR1 2LA, 7.30 – 18 Uhr, www.worcestercathedral.co.uk)*.

Guild Hall

Südlich des Kirchenbaus halten Sie sich an der Freifläche des **College Green** links und verlassen das Kirchengelände durch das **Edgar Gate** hin zur **Severn Street**. Nach rechts machen Sie einen kurzen Abstecher zum **Museum of Royal Worcester**. Es zeigt eine mehr als 10.000 Teile umfassenden Kollektion an Worcester Porzellan, gleich benachbart zur noch existierenden Produktionsstätte *(Severn Str., WR1 2ND, £, Mo – Sa, 10 – 17 Uhr, So bis 16 Uhr, www.museumofroyalworcester.org)*.

Friar Street

Nehmen Sie ansonsten die **Edgar Street** geradeaus und wechseln, zurück am Ring, scharf links auf die kleine **Friar Street**. Eines der schönsten Gebäude ist das alte **Tudor House Museum** zur Linken. Es erzählt Geschichten der Stadt und des Hauses aus dem 16. Jahrhundert. Im Lauf der Zeit war es mal Abtei, mal Kleiderfabrik. Eine Zeit lang private Wohnstätte und Sitz der Fliegeralarmstelle während des zweiten Weltkriegs *(Friar Str., WR1 2NA, Eintritt frei, Mi/Do/Sa, 10 – 16 Uhr, www.tudorhouse.org.uk)*. Nur wenige Meter weiter rechts, können Sie das **Greyfriars House** besichtigen. 1480 erbaut, gehörte es einst einer reichen Kaufmannsfamilie. Später blieb es über 200 Jahre halb Wohnhaus, halb Ladenzeile. Nach dem 2. Weltkrieg bewahrten die Matley-Moore Geschwister es vor dem Abriss, restaurierten es und lebten bis in die 1980er Jahre darin *(Friar Str., WR1 2LT, £, NT-Members frei, www.nationaltrust.org.uk)*. Folgen Sie weiter geradeaus der **New Street** mit vielen kleinen, unabhängigen Geschäften. Achten Sie auf das alte, fachwerkversehene Gebäude mit dem Pub. Das **King Charles House** war der letzte Rückzugsort König Charles II., ehe er als Verlierer der Schlacht von Worcester im Bürgerkriegsjahr 1651 nach Spanien fliehen musste. Die Straße endet an einem Platz. Dort halten Sie sich links auf den gut sichtbaren Bau der **St. Swithun`s Church** zu. Sie besteht seit 1126, das heutige Gebäude wurde größtenteils erst im 18. Jahrhundert neu errichtet. Links, durch **The Shambles,** bummeln Sie bis zur Passage mit der Waterstones Buchhandlung rechterhand und gehen durch diese zurück zur High Street. Nach rechts sind es nur wenige Meter auf bekannter Strecke, bis Sie links durch die **Crown Gate Passage** mit kleinem Shopping Centre spazieren, die Sie zum Beginn der Runde an der Broad Street zurückbringt. Links gehen Sie auf direktem Weg zum Parkplatz zurück. Alternativ spazieren Sie weiter geradeaus über den **Angel Place** und queren **The Butts**. Ein anfänglicher Fußgängerweg verläuft dahinter nach schräg links vorne, unterquert die Bahntrasse und endet an einem Gebäude der Universität mit dem **Royal Infirmary Museum**. An Stelle des zwischen 1771 und 2002 operierenden Krankonhauses, einem der ältesten des Landes, wird interaktiv die Entwicklung der medizinischen Geschichte nacherzählt *(Castle Str., WR1 3AS, Eintritt frei, Mo – Fr 10 – 17 Uhr, Sa, 10 – 16 Uhr, www.medicalmuseum.org.uk)*. Der mit Wällen versehene Weg linkerhand endet am Bahnviadukt. Links sehen Sie dahinter das preisgekrönte, aber irgendwie an einen wild verschachtelten Pappkarton erinnernde Gebäude mit der Bibliothek **The Hive**. Nach rechts gelangen Sie zum Ausgangsparkplatz.

Gastrotipps Worcester: Massalla Lounge** (indisch), 35 Broad Str., WR1 3NH, **Olive Branch**** (italienisch), 6 Church Str., WR1 2RH, **Massalla Lounge**** (indisch), 35 Broad Str., WR1 3NH, **Farriers Arms**** (britisch), 9 Fish Str., WR1 2HN, **G&Tea** (Café), 45 Friar Str., WR1 2NA, **Singapore Restaurant**** (asiatisch), 29 Friar Str., WR1 2NA, **Friar Street Kitchen**** (britisch), 12 Friar Str., WR1 2LZ, **Chocolate Deli** (Café), 53 New Str., WR1 2DL, **Saffrons Bistro**** (britisch), 15 New Str., WR1 2DP, **Be the Change** (Café), 2 Cornmarket, WR1 2DJ, **Francini** (Café), 14 Angel Place, WR1 3QN, **Burger Shop** (Fast Food), Arch 46 Ferrier Str., WR1 3BH

Croome Estate

In der Nähe:

• Das ehemalige Zuhause des 6. Earls of Coventry, **Croome Court**, besticht mit seinen Blicken über die Malverns und den Landschaftsgarten aus der Feder Capability Browns. Einst lag eine geheime Air Force Basis auf dem Gelände verborgen *([N 52°06'20" W 2°09'52"], High Green, WR8 9DW, ££, NT-Members fei, 10 – 17 Uhr, Haus 11 – 16.30 Uhr, www.nationaltrust.org.uk).*

• Nur das nackte Steingerippe zeugt bis heute von der einstigen Pracht **Witley Courts**, das einem verheerenden Brand zum Opfer fiel. Auf einer Audioführung (nur englisch) erleben Sie alte Geschichten nach und können stündlich den Wasserspielen des großen Brunnens zusehen *([N 52°17'04" W 2°20'00"], Worcester Rd., WR6 6JU, Great Witley, ££, EH-Members frei, Apr – Sep, 10 – 18 Uhr, Okt bis 17 Uhr, sonst Sa/So bis 16 Uhr, www.english-heritage.org.uk).*

• Rund um das **Brockhampton Estate** haben Besucher im 687 Hektar großen Park mehr als genug Platz für kilometer-

Springbrunnen in Witley Court

lange Spaziergänge. Das Farmhaus stammt aus dem 14. Jahrhundert und ist mit einem Holzfachwerk versehen *([N 52°11'28" W 2°27'50"], WR6 5TB, Brockhampton, ££, EH-Members frei, Apr – Dez, 10 – 17 Uhr, sonst nur bis 16 Uhr, Haus ab 11 Uhr, www.nationaltrust.org.uk).*

• Die etwas verschrobenen **Ralph Court Gardens** zeichnen sich weniger durch die allgegenwärtige englische Korrektheit in Sachen Gartenbau aus, als durch die fantasievolle, einem Märchenpark ähnelnde themenbezogene Anordnung der verschiedenen Teilbereiche von Alice im Wunderland bis zum „Piratenschiff" *([N 52°13'01" W 2°31'33"], HR7 4LU, Edwyn Ralph, ££, Mi – So von 10 – 17 Uhr, www.ralphcourtgardens.co.uk).*

(154) WOMO-Pubstopover: The Talbot

GPS: N 52°12'07" W 2°23'30", Bromyard Rd., WR6 5PH, KNIGHTWICK
Max. WOMOs: 3 – 4
Ausstattung/Lage: Schönes Land Pub mit eigener Brauerei, parken am großen, geschotterten Overflow Carpark hinterm Haus möglich.
Ortszentrum: rund 13 km (Worcester)
Zufahrt: Worcester auf der A44 in Richtung Leominster verlassen. Das The Talbot ist nach rund 10 km rechts auf einem braunen Schild angeschrieben.
Richtpreis: Über Nacht parken auf Anfrage und gegen Einkehr.
Internet: www.temevalleybrewery.co.uk

(155) WOMO-Picknickplatz: Ankerdine

GPS: N 52°12'27" W 2°23'13", B4197, WR6 5PR, DILLINGHAM
Max. WOMOs: 1 – 2
Ausstattung/Lage: Kleiner, asphaltierter Rastplatz, schattig, eher für kürzere Womos geeignet. Straße dient als Zufahrt zu einem Anwesen.
Ortszentrum: rund 15 km (Worcester)
Zufahrt: Worcester auf der A44 in Richtung Leominster verlassen. Der Picknickplatz ist genau wie das The Talbot nach rund 10 km rechts auf einem braunen Schild angeschrieben. Am Ende kommt eine sehr scharfe Haarnadelkurve nach rechts.

Brockhampton Estate

Croft Castle

**(156) WOMO-Campingplatz:
Bromyard Downs Caravan Club Site**

GPS: N 52°11'14" W 2°28'14", A44, WR6 5TE, BRINGSTY
Max. WOMOs: 204
Ausstattung/Lage: WiFi, Strom, V/E, einfacher kleiner Platz in einem ehemaligen Steinbruch direkt neben der Hauptverkehrsstraße. Teils schattig, gemütlich.
Öffnungszeiten: Mitte März – Mitte Oktober
Ortszentrum: ca. 20 km (Worcester)
Zufahrt: Worcester auf der A44 in Richtung Leominster verlassen. Der Picknickplatz ist wie das The Talbot nach rund 10 km rechts auf einem braunen Schild angeschrieben. Am Ende kommt eine sehr scharfe Haarnadelkurve nach rechts.
Richtpreis: ab 26 £, CC-Members ab 14 £
Internet: www.caravanclub.co.uk

LEOMINSTER

Das 11.000 Einwohnerstädtchen nahe der walisischen Grenze ist nichts Besonderes. Es bietet ein paar größere Einkaufsgelegenheiten und einige Geschäfte im Zentrum sowie einen zentralen Parkplatz ohne Übernachtungsverbot (***Broad Street** bei **148:** [N 52°13'48" W 2°44'18"], HR6 8DD).*

Ringsum können Sie einige geschichtsträchtige Burgen besuchen. Ein Stück südlich liegt nahe dem Dorf HOPE UNDER DUNMORE das **Hampton Court Castle**. Die gut erhaltene Burg stammt aus dem frühen 15. Jahrhundert und ist von einem prämierten Garten umgeben.

[N 52°10'13" W 2°42'11"], HR6 0PN, £££, Sommerhalbjahr 10.30 – 17 Uhr, Hausführungen meist viermal täglich zwischen 11.30 und 15 Uhr, www.hamptoncourtcastle.co.uk

Ein paar Kilometer weiter nördlich finden Sie zwei interessante National Trust Anwesen. **Berrington Hall** wirkt mit seiner neoklassizistischen Fassade auf den ersten Blick etwas kühl. Doch die interessante Innenausstattung macht den Eindruck schnell wett. Bei genauerem Hinsehen verbirgt sich so manches Geheimnis in den alten Räumen und darum herum. Die Parkanlagen in Berrington waren übrigens die letzten, die der umtriebige Capability Brown in seiner Wirkungszeit anlegte.

[N 52°16'13" W 2°43'05"], HR6 0DW, Ashton, ££, NT-Members frei, Mär – Okt, 10 – 17 Uhr, Haus ab 11 Uhr, sonst nur Sa/So, www.nationaltrust.org.uk

Einen ganz anderen Eindruck macht **Croft Castle**, das mit Unterbrechungen seit 1000 Jahren Heimstätte der gleichnamigen Familie ist. Bei einem Besuch erfahren Sie viel über die ehemaligen Besitzer und wie es Sir James Croft 1923 gelang, das bereits verlorene Anwesen zurückzukaufen. Im Familienraum können Sie in alte Gewänder schlüpfen und Spiele der 1950er Jahre ausprobieren. Im Park erlaubt der Hügel mit den Überresten einer eisenzeitlichen Festung weite Blicke bis in die walisischen Brecon Beacons.

[N 52°17'11" W 2°48'20"], HR6 9PW, Yarpole, ££, NT-Members frei, Mär – Okt, 10 – 17 Uhr, Haus ab 11 Uhr, sonst nur Sa/So, 10 – 16 Uhr, www.nationaltrust.org.uk

LUDLOW

Ludlow ist heute nicht nur für seine über 500, recht gut erhaltenen historischen Gebäude bekannt, sondern hat sich in den letzten Jahren einen Namen als Gourmet-Hotspot gemacht. Den Restaurants und Läden im Ort wird eine außergewöhnlich hohe Qualität nachgesagt. Im September wird im Burghof ein alljährliches **Food Festival** veranstaltet und der **Ludlow Food Centre,** vor den Toren der Stadt, ist für viele Besucher mehr als nur ein Durchreiseziel. Größtenteils Ware aus regionaler Produktion kommt zum Verkauf.

[N 52°23'17" W 2°45'44"], A49, SY8 2JR, Bromfield, Mo – Sa, 9 – 17.30 Uhr, So, 10 – 17 Uhr, www.ludlowfoodcentre.co.uk

Wer die hübsche Stadt besuchen möchten, versucht sein Glück an den zentralen Parkplätzen am **Station Drive** *(ca. ab [N 52°22'11" W 2°42'54"], SY8 2PQ)*. Da diese schnell voll wer-

Ludlow

Stellplatz 158

den und wie fast überall nicht auf Womos ausgelegt sind, nutzen Sie alternativ den Park & Ride Parkplatz bei **158:** [N 52°22'00" W 2°41'36"], **Eco Park Road**, SY8 1FD. Hier besteht keinerlei Übernachtungsverbot.

Etwa ab der **Tower Street** beginnt die eigentliche Altstadt, die sich über die **High Street** und den Marktplatz bis zum **Ludlow Castle** erstreckt. Am Platz finden Sie in den Assembly Rooms die **Touristeninformation**. Der Burghof ist frei zugänglich, die Gebäude dahinter allerdings kostenpflichtig.

Castle Square, SY8 1AY, ££, Mitte Mär – Mitte Okt meist 10 – 17 Uhr, sonst bis 16 Uhr, www.ludlowcastle.com

Ganz in der Nähe, westlich des River Teme, können Sie an der kleinen **Whitcliffe Camp Site** länger bleiben *(**159:** [N 52°21'55" W 2°44'04"], Killhorse Ln., SY8 2HD, Strom, V/E, Duschen/WC, ££, Apr–Mitte Sep, www.northfarmludlow.co.uk).*

Gastrotipps Ludlow: The Queens** (britisch), 113 Lower Galdeford, SY8 1RU, **Baker`s** (Café), 6 Tower Str., SY8 1RL, **French Pantry**\*\* (französisch), 15 Tower Str., SY8 1RL, **Bistro 7**\*\* (britisch), 7 Corve Str., SY8 1DB, **Mortimer`s***** (britisch),), 17 Corve Str., SY8 1DA, **The Fish House**** (britisch),), 51 Bull RIng, SY8 1AB, **Vaughan`s Sandwiches** (Fast Food),), 14 King Str., SY8 1AQ, **Csons at the Green Café** (Café),), The Mill on the Green, Linney, SY8 1EG

SHROPSHIRE HILLS AONB

Die stillen Hügel an Englands Westgrenze wurden 1958 in den Rang eines besonders schönen, schützenswerten Landstrichs gesetzt und bieten viele stille Winkel und Wanderwege. Südliches Tor der Region ist der kleine Ort CRAVEN ARMS. Er ist für das **Stokesay Castle** bekannt, das sich einen guten Kilometer vorgelagert hinter einem alten, gelben Fachwerks-

Stokesay Castle

torhaus verbirgt. Es gilt als besterhaltenes, wenn auch nicht vollständiges, Burggebäude seiner Zeit im ganzen Land.

[N 52°25'50" W 2°49'55"], Craven Arms, SY7 9AH, ££, Apr – Sep, 10 – 18 Uhr, Okt bis 17 Uhr, sonst Sa/So bis 16 Uhr, EH-Members frei, www.english-heritage.org.uk

Gleich an der Ortseinfahrt rechterhand kommen Sie zum **Shropshire Hills Discovery Centre**, der Sie mit Infomaterial zu Aktivitäten und Veranstaltungen versorgt und eine Ausstellung samt komplettem Mammutskelett bietet.

[N 52°26'15" W 2°49'59"], Market Str., SY7 9RS, Eintritt frei, Ausstellung £, 10 – 17 Uhr, wwwshropshirehillsdiscoverycentre.co.uk

Falls Sie sich entscheiden, gleich weiter in Richtung Shrewsbury zu fahren und die Hügel auszulassen, haben Sie entlang der **A49** drei Möglichkeiten zur Übernachtung.

(160) WOMO-Pubstopover: The Lazy Trout Café

GPS: N 52°30'39" W 2°49'29", A49, SY6 6RG, MARSH BROOK
Max. WOMOs: 2 – 3
Ausstattung/Lage: Kleines Pub/Café mit großem Schotterparkplatz, allerdings direkt an der Durchgangsstraße, der manchmal von Truckern zur Rast genutzt wird.
Ortszentrum: etwa 3,5 km (Church Stretton)
Zufahrt: Von Craven Arms kommend entlang der A49 in Richtung Shrewsbury fahren. Nach rund 10 km linkerhand.
Richtpreis: Über Nacht parken auf Anfrage und gegen Einkehr.

(161) WOMO-Campingplatz: Small Batch Caravan and Camping

GPS: N 52°31'24" W 2°49'33", SY6 6PW, LITTLE STRETTON
Max. WOMOs: 204
Ausstattung/Lage: Strom, Dusche/WC, Spülgelegenheit, einfacher kleiner Platz am Ende der Straße zwischen den Hügeln, teils schattig, Stellflächen auf Rasen.
Öffnungszeiten: Je nach Wetterlage ca. April – Mitte Oktober
Ortszentrum: rund 2,6 km (Church Stretton)
Zufahrt: Von Craven Arms kommend entlang der A49 in Richtung Shrewsbury fahren. Bei Little Stretton links auf der Elms Lane in den Ort abbiegen und immer geradeaus bis zur Campsite fahren.
Richtpreis: ££
Internet: www.smallbatchcamping.co.uk

(162) WOMO-Stellplatz: Rectory Wood

GPS: N 52°32'14" W 2°48'48", Cunnery Lane, SY6 6AF, CHURCH STRETTON
Max. WOMOs: 1 – 2
Ausstattung/Lage: Kleine Parkfläche an der Anliegerstraße, ruhig, keine Einrichtungen, nicht für sehr große Womos geeignet.
Ortszentrum: ca. 600 m
Zufahrt: Von Craven Arms kommend entlang der A49 in Richtung Shrewsbury fahren. In Church Stretton nach links die Bahngleise kreuzen, danach die dritte Straße links nehmen und bei zweiter Gelegenheit rechts auf der Cunnery Lane bis zum Platz auf der rechten Seite fahren.

Stellplätze 167 und 168

Wenn Sie die Hügel näher erkunden möchten, haben Sie die Wahl zwischen einer ganzen Reihe abgelegener Parkplätze. **ACHTUNG:** Die Straßen sind teils sehr eng, können jahreszeitbedingt recht weit zugewuchert und an manchen Stellen steil sein! Westlich von CHURCH STRETTON gibt es mögliche Nachtplätze auf einfachen Erd-Schotterplätzen neben den schmalen Teerbändern am **Port Way** *(**163:** [N 52°32'18" W 2°52'00"], SY6 6JG)*, am **Shooting Box Carpark** *(**164:** [N 52°33'09" W 2°51'20"], SY9 5EL)* und am **Billbatch Brook** *(**165:** [N 52°33'27" W 2°52'18"], SY5 0SR)*. Sogar eine abgelegene Farm Campsite mit Plätzen am Feld versteckt sich im Weiler RATLINGHOPE *(**Brow Farm**, **166:** [N 52°33'54" W 2°52'59"], SY5 0SR, £-££, alle Einrichtungen, www.browfarmcampsite.co.uk)*.

Noch ein Stück weiter westlich gelangen Sie über eine sehr schmale und stellenweise steile Straße ins **Stiperstones Naturreservat**. Am relativ großen, aussichtsreichen Parkplatz können Sie über Nacht bleiben *(**167:** [N 52°34'24" W 2°55'56"], SY5 0NL, freiwillige Parkgebühr erbeten)*. Auf einem breiten, zunehmend steinig werdenden Pfad kann man zu den markanten Felszacken emporsteigen. Etwas einfacher erreichbar ist der große **The Bog Wanderparkplatz** bei *(**168:** [N 52°34'30" W 2°56'58"], SY5 0NG)*, von dem aus Sie auf einem rund 9 km

Stiperstones

langen Rundweg die Stiperstones erreichen. Im Infocenter The Bog, in einem alten Schulgebäude, erhalten Sie auf Wunsch weitere Infos zu den Wegen in der Region

Apr – Sep, Di – So, 10 – 17 Uhr, Mo ab 12 Uhr, Okt/Nov bis 16 Uhr, www.bogcentre.co.uk)

Wanderung zu den Stiperstones (8,8 km)
Die Rundwanderung zu den Stiperstones führt durch eine mystische Gegend, in der sich die Menschen seit Urzeiten Geschichten von Hexen, spukenden römischen Bleiminenarbeitern, dem angelsächsischen Kriegsherren Eric und verwunschenen bronzezeitlichen Grabhügeln erzählen. Sicher nicht ins Reich der Legenden gehören die hier lebenden, sonst eher rund um den Polarkreis ansässigen Moorschneehühner, die nirgendwo anders so weit im Süden vorkommen.
Am hinteren linken Ende des Parkplatzes können Sie auf einem Trampelpfad in östliche Richtung gehen, um sich die Wegkurve der Zugangsstraße zu sparen. Über einen Feldweg nach links und dann auf dem Asphalt 100 m nach rechts, gelangen Sie zum eigentlichen Tourbeginn linkerhand. Der Weg steigt entlang der Hügelflanke zu den schroffen Felsgebilden hin an, die sich bald deutlich vor Ihnen abzeichnen. Die erste markante Formation wird als **Cranberry Rock** bezeichnet. Ein Stück weiter stößt von rechts der Zugangsweg des Naturreservats Parkplatz auf die Route. Wer nur ein kurzes Stück gehen möchte, könnte nun abkürzen. Anderenfalls folgen Sie dem ziemlich

steinigen Pfad weiter geradeaus, vorbei am Manstone **Rock** bis zum größten Felsmassiv, dem **Devil`s Chair**. Der Weg senkt sich etwas und Sie wandern bis zu einer Wegkreuzung voran. Hier halten Sie sich rechts. An der nächsten Gabelung gehen Sie geradeaus durch das Tor und folgen dem Wiesenpfad geradeaus. Nach einem weiteren Tor knickt der Weg nach rechts ab und erreicht bald die Zufahrtsstraße einer Farm. Schlagen Sie diese nach rechts ein und verlassen Sie sie in der nächsten Rechtskurve wieder, in dem Sie geradeaus zwischen den Büschen hindurch den nach Südwesten verlaufenden Weg einschlagen. Mit dem Buschwerk zur Rechten durchwandern Sie ein Waldgebiet. Der Pfad wird zu einem geteerten Fußweg, dem Sie bis zum Stiperstones Naturpark-Parkplatz (Nr. 156 im Buch) folgen. In der Mitte nehmen Sie rechts das Tor mit dem Anstieg zu den Felsen und schwenken kurz danach links auf den schmaleren Feldweg ein. Folgen Sie ihm immer geradeaus, bis er am Ende in Ihren Weg vom Aufstieg mündet. Nach links gelangen Sie nach knapp 150 m zurück zur Straße und wenig später zurück zum Ausgangspunkt.

SHREWSBURY

Mit gut 70.000 Einwohnern gehört Shrewsbury nicht zu den ganz großen englischen Städten. Es ist vor allem regional eine wichtige Einkaufsstadt. Die auf einer Flussschleife des Severns gelegene Altstadt ist für Touristen einen Besucht wert.

Falls Sie einen stadtnahen Übernachtungsplatz benötigen, kommt das Vorstadtpub **Red Barn** *(**169:** [N 52°41'52" W 2°45'40"], 108 Longden Rd., SY3 7HS, www.theredbarnshrewsbury.co.uk)* oder der Parkplatz in der **Church Street** neben dem Sportplatz in Frage *(**170:** [N 52°41'25" W 2°45'49"], SY3 9HF).*

Unterwegs in Shrewsbury

Den perfekten, zentrumsnahem Parkplatz für einen Stadtspaziergang finden Sie nordwestlich der Altstadt am Ende der **Frankwell Street** bei [N 52°42'42" W 2°45'21"], SY3 8HQ. Am Parkplatz befinden sich nahe der Fußgängerbrücke am Severn Spender, in denen Sie sich einen kostenlosen Stadtplan mitnehmen können. Folgen Sie der teils überdachten Brückenkonstruktion bis ins **Pride Hill** oder **Darwin Einkaufszentrum**, das Sie an der Straße **Prince Hill** wieder verlassen. Nach links kommt das **Shrewsbury Castle** mit dem **Regmental Museum** voller Militaria *(Castle Str., SY1 2AT, £, Jun – Aug, Mi – Mo, 10.30 – 17 Uhr., Mo bis 16 Uhr, Mitte Feb bis Mai und Sep – Mitte Dez von Fr/Sa und Mo – Mi, 10.30 – 16 Uhr, www.shrewsburymuseum.org.uk).*

Shrewsbury Centre

Spazieren Sie links um die Burg herum, erreichen Sie über eine Treppe rechts die Bahnüberführung, die zum **Dana Prison**, dem alten Gefängnis der Stadt, leitet. Auf rund 2-stündigen Touren führen ehemalige Wärter Gäste durch die erlebnismuseal aufbereitete Anlage, von der georgianischen Zeit bis in die Gegenwart. Alleingänge mit Audioführung sind alternativ möglich *(The Dana, SY1 2HP, £££, 10 – 17 Uhr, www.jailhousetours.com)*.
Nach rechts gelangen Sie zur neuen **Market Hall** und später zu den **The Quarry**-Grünanlagen am Flussufer samt bunt bepflanztem Garten und großem Spielplatz.
Geradeaus liegen die kleinen Gassen der Altstadt, in denen Sie die **Old Market Hall und das Shrewsbury Museum and Art Gallery** finden *(Market Str., SY1 1LG, £, Di – Sa, 10 – 17 Uhr, So, 11 – 16 Uhr, www.shrewsburymuseum.org.uk)*. Etwas weiter nordwestlich stehen die Kirchen **St. Almund`s** und **St. Mary`s Church** sowie, gleich benachbart, **The Parade**. In dem zu einem Einkaufscenter umfunktionierten klassizistischen Bau fanden eine ganze Reihe kleiner, unabhängiger Shops ein Zuhause. Ein Stück weiter ist ein Teil der Stadtmauer erhalten geblieben. Auch die **Shrewsbury Cathedral** befindet sich dort.

Gastro Tipps Shrewsbury: Brooklyn Craft (Fast Food) 4 Castle Gate, SY1 2AQ, **The Alb**** (britisch) 14 Smithfield Rd., SY1 1PB, **Lilys Tea Garden** (Café), Smithfield Road, SY1 1PF, **Cafe at St. Mary`s** (Café) Dogpole, SY1 1DX, **La Lanterna**** (italienisch) 11 St. Alkmonds Square, SY1 1UH, **House of the Rising Sun**** (asiatisch) 18 Butcher Row, SY1 1UW, **Ginger & Co.** (Café) 30 Princess Str., SY1 1LW, **Golden Cross**** (britisch) 14 Princess Str., SY1 1LP, **Csons**** (marokkanisch) 8 Milk Str., SY1 1SZ, **Old Post Offive*** (britisch) ,1 Milk Str., SY1 1SZ, **Casa Naranjo**** (spanisch), Wyle Cop, SY1 1XA, **Henry Tudor**** (britisch), Wyle Cop, SY1 1XA, **Lion & Pheasant***** (britisch), 50 Wyle Cop, SY1 1XJ, **Tast of Shrewsbury** (Café), 70 Mardol, SY1 1PZ, **La Dolce Vita**** (italienisch), 35a Hills Lane, SY1 1QU, **Avatar**** (indisch), 22 Mardol, SY1 1PU

In der Nähe:

• Das große Anwesen **Attingham Park** wurde 1785 vom Ersten Lord Berwick erbaut. Das Haus erzählt die wechselvolle Familiengeschichte,

in der sich über die nächsten 160 Jahre Reichtum und Bankrott abwechselten. Der Wildpark lädt zu ausgedehnten Spaziergängen ein und Kinder können sich am Natur-Spiel-Feld austoben *([N 52°41'10" W 2°40'18"], SY4 4TP, Attingham, ££, NT-Members frei, Mär – Okt, 8 – 18 Uhr, Haus, 11 – 16.30 Uhr, sonst nur Park von 8 – 17 Uhr, www.nationaltrust.org.uk)*
• Nicht weit entfernt von Attingam stehen die Überreste der **Wroxeter Roman City** – einst die viertgrößte römische Siedlung in Britannien. Um sich die damaligen Zeiten besser vorstellen zu können, wurde ein Römisches Stadthaus nachgebaut. Die englischsprachige Audiotour gibt weitere Auskünfte *([N 52°40'31" W 2°38'39"], B4380, SY5 6PH, £, EH-Mitglieder frei, Arp – Sep, 10 – 18 Uhr, Okt bis 17 Uhr, sonst Sa/So bis 16 Uhr, www.english-heritage.org.uk)*.

Ironbridge, unten Ironbridge Gorge

IRONBRIDGE GORGE

Südlich der eher seelenlosen Planstadt TELFORD erstreckt sich am Severn eine heute als **Ironbridge Gorge** bekannte Schlucht. Der Name bezieht sich auf die erste 1779 erbaute Eisenbahnbrücke der Welt. Gemeinsam mit 35 anderen Industriedenkmälern in nächster Umgebung gehört sie heute zum UNESCO Weltkulturerbe und eine eigene Stiftung verwaltet und betreut die Anlagen. Die alte Brücke ist für Fußgänger frei gegeben und wirkt nicht mehr ganz so spektakulär wie das vor fast 250 Jahren gewesen sein muss. Ringsum haben sich ganze zehn große und kleine Museen angesiedelt, die viele Besucher in das Tal locken. Unter dem Dachnamen **Iron Bridge Gorge Museums** kann man für alle gemeinsam ein Sammelticket erstehen oder einzeln besuchen. Wer die Brücke sehen möchte, parkt am **Ironbridge Car and Coach Carpark** bei **171:** [N 52°37'35" W 2°29'07"], Ladywood, TF8 7JP. Dort befindet sich das **Iron Bridge Tollhouse**. An einem großen Infoständer können Sie verschiedene Broschüren und Faltblätter entnehmen, unter anderem zu den verschiedenen Wegen durch die Schlucht,

Stellplätze 171 und 172

auf denen Sie die Umgebung alternativ zum Wohnmobil zu Fuß erkunden können. Ein weiterer möglicher Nachtplatz liegt unweit des Teilmuseums **Blists Hill Victorian Town** bei **172: [N 52°37'43" W 2°27'14"]** an der **Coalport Road**.

Iron Bridge Gorge Museen:
Öffnungszeiten
Apr – Sep: 10 – 16 Uhr, Victorian City bis 16.30 Uhr, Darby House und Tar Tunnel 11 – 15 Uhr, Broseley Pipeworks 1.30 – 15 Uhr
Okt – Mär: Di – So, 10 – 16 Uhr, Darby House, Tar Tunnel und Broseley Pipeworks bleiben geschlossen.

Sammelticket: ££££, mehr unter www.ironbridge.org.uk

- **Enginuity, ££** – *nicht nur Kinder haben an vielen interaktiven Stationen Spaß, bei denen meist naturwissenschaftliche Fragen unserer Zeit im Mittelpunkt stehen ([N 52°38'20" W 2°29'33"], 10 Wellington Rd., TF8 7DX).*
- **Coalbrookdale Museum of Iron, ££** – *Stahl aus Coalbrookdale hat die Welt verändert – auf welche Weise, erfahren Sie in der Ausstellung ([N 52°38'23" W 2°29'35"], Coach Rd., TF8 7DQ).*
- **Darby House, £** – *In den Herrenhäusern am Rande der Schlucht erleben Sie, wie die "bessere Gesellschaft" in den Zeiten der Industrialisierung lebte (parken wie Coalbrookdale Museum oder Enginuity, 30 Darby Rd., TF8 7EW).*
- **Museum of the Gorge, £** – *Herzstück des Museums ist das 12 Meter lange, detailverliebte Modell der Ironbridge Gorge ([N 52°37'47" W 2°29'33"], Wharfage, TF8 7NH).*
- **Iron Bridge Tollhouse,** £ – *Erfahren Sie mehr über die Brücke und die Funktion des alten Mauthäuschens am Südufer (Adresse bei Platz 162).*
- **Broseley Pipe Works £** – *Erkunden Sie eine alte Tabakpfeifen Werkstatt, die noch immer genau so aussieht, wie sie die Arbeiter in den 1950er Jahren verlassen haben ([N 52°37'01" W 2°29'10"], Duke Str., TF12 5LX, Broseley).*
- **Jackfield Tile Museum** ££ – *Im viktorianischen England waren Fliesen der letzte Schrei. Das Museum zeigt ausgewählte Stücke und beleuchtet die damalige Entwicklung der Wandkeramiken ([N 52°37'26" W 2°27'54"], Salthouse Rd., TF8 7LJ).*
- **Tar Tunnel** £ – *Noch immer rinnt Teer durch die Mauerritzen des alten Tunnels, der aus Zufall von Arbeitern im 18. Jahrhundert angeschlagen wurde ([N 52°37'12" W 2°27'08"], Coalport High Str., TF8 7HS).*
- **Coalport China Museum, ££** – *Im alten Keramikbetrieb sehen Sie vor Ort gefertigte Stücke und erfahren, wie die traditionelle Produktion von Statten ging ([N 52°37'07" W 2°27'02"], Coalport High Str., TF8 7HT).*
- **Blists Hill Victorian Town, £££** – *Lassen Sie sich um mehr als 100 Jahre zurückkatapultieren und erleben eine Stadt in viktorianischer Zeit ([N 52°37'50" W 2°27'01"], Legges Way, TF7 5UD, Madeley).*

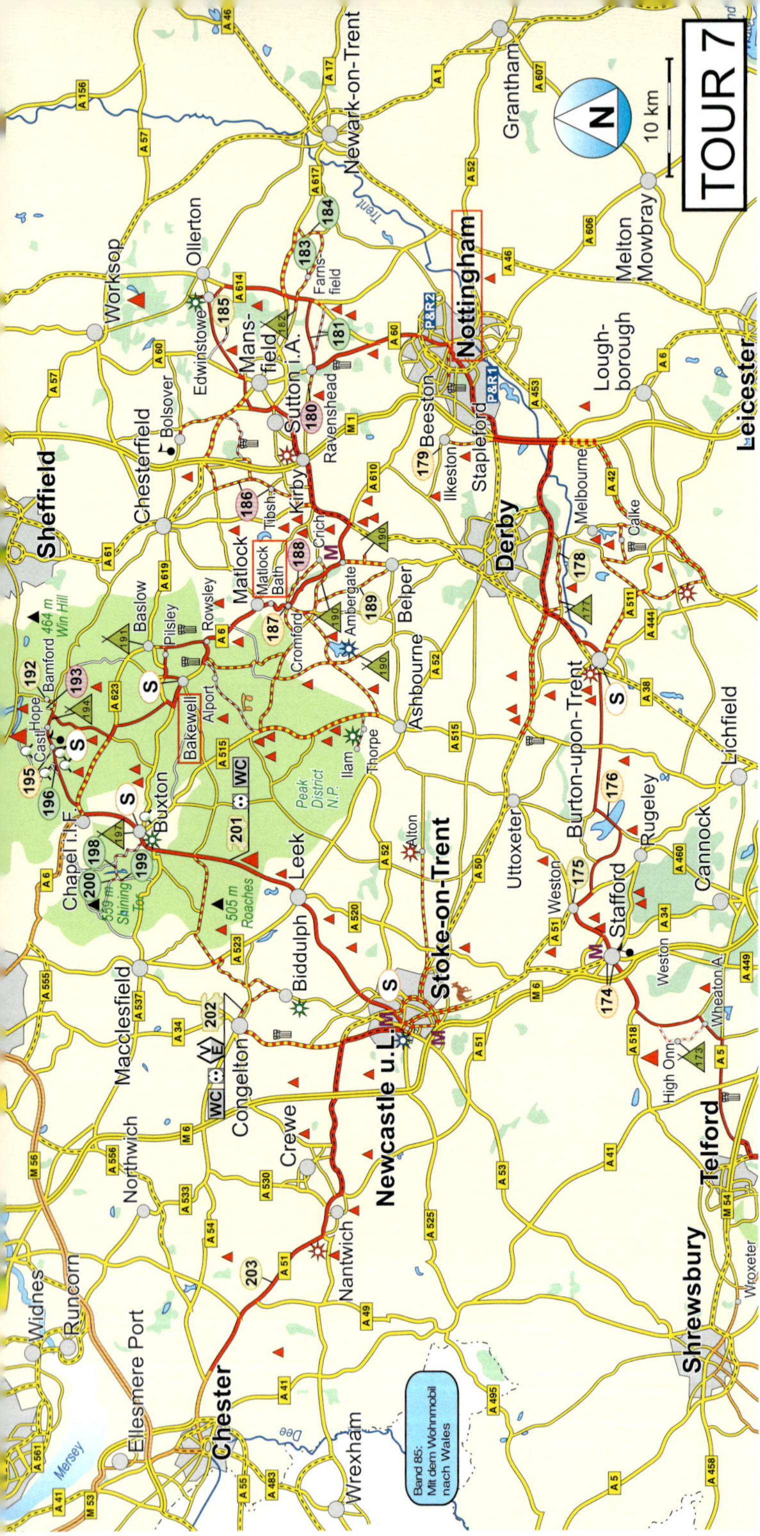
TOUR 7
10 km
N
Sheffield
Chesterfield
Worksop
Ollerton
Newark-on-Trent
Grantham
Nottingham
Mansfield
Sutton i.A.
Edwinstowe
Bolsover
Farnsfield
Ravenshead
Kirby
Tibshelf
Matlock
Matlock Bath
Crich
Cromford
Ambergate
Belper
Rowsley
Pilsley
Baslow
Bakewell
Alport
Bamford
Hope
Castleton
Chapel i.l.F.
Buxton
Win Hill
464 m
Shining Tor
559 m
Roaches
505 m
Leek
Peak District N.P.
Ilam
Thorpe
Ashbourne
Alton
Stoke-on-Trent
Newcastle u.L.
Biddulph
Congleton
Macclesfield
Northwich
Crewe
Nantwich
Chester
Ellesmere Port
Widnes
Runcorn
Mersey
Dee
Wrexham
Band 85: Mit dem Wohnmobil nach Wales
Shrewsbury
Wroxeter
Telford
High Onn
Wheaton A.
Weston
Stafford
Cannock
Rugeley
Lichfield
Uttoxeter
Burton-upon-Trent
Derby
Melbourne
Calke
Stapleford
Ilkeston
Beeston
Loughborough
Leicester
Melton Mowbray
Trent
P&R1
P&R2
WC
S
M

Tour 7: Nottingham- und Derbyshire (ca. 590 km)

Stafford – Burton-upon-Trent – Nottingham Newstead Abbey – Sherwood Forest – Matlock Bath – Haddon Hall – Chatsworth House – Peak District National Park – Stoke-on-Trent

Stellplätze (gratis)	Stafford, Blithfield Reservoir, West Hallam, Ravenshead (2x), Blidworth, Farnsfield (2x), Tibshelf (2x), Lea Bridge, Bolehill, Thornhill, Goyt Valley, Errwood Reservoir, Pym Chair
Stellplätze (£)	Stafford, Cromford, Castleton, Mam Tor
Pub Stellplätze:	Weston, Barrow-on-Trent, Kings Clipstone, Alderwasley, Belper, Bamford, Upper Hulme, Bunglawton, Alpraham
Campingplätze:	High Onn, Stenson, Farnsfield, Belper, Kirk Ireton, Whatstandwell, Baslow, Hope, Buxton
Besichtigen:	Weston Park, Ancient High House, Stafford Castle, National Brewery Centre, Burton-upon-Trent, Sudbury Hall, Conkers, Calke Abbey, Nottingham, Wollaton Hall, Hardwick Hall, Bolsover Castle, Gullivers Kingdom, Lead Mining Museum, Heights of Abraham, Masson and Cromford Mill, Crich Tramway Village, Carsington Water, Arbor Low Stone Circle, Haddon Hall, Chatsworth House, Bakewell, Castleton, Peveril Castle, Peak Cavern, Speedwell Cavern, Treak Cliff Cavern, Blue John Cavern, Buxton, Poole`s Cavern – Stoke-on-Trent, World of Wedgwood, Biddulph Grange Garden, Little Moreton Hall, Monkey Forest, Alton Towers Park
Baden:	Waterworld Stoke-on-Trent
Wandern:	Sherwood Forest, Dovedale, Cave Dale, Mam Tor, Grin Low Country Park, Fernlee und Errwood Reservoir

Tour 7 führt Sie nochmals ins englische Binnenland. Sie erkunden dieses Mal die alten Grafschaften Derbyshire und Nottinghamshire. Dazu gehören so bekannte Gebiete, wie Robin Hoods sagenumwobener Nottingham Forest, der Peak District Nationalpark und mit Chatsworth eines der bekanntesten Herrenhäuser des Königsreichs.

STAFFORD

Auf der Fahrt in Richtung Stafford können Sie zunächst in WESTON-UNDER-LIZARD Halt machen. Das Anwesen **Weston Park** war einst das Stammhaus der Earls of Bradford. Heute ist es für seine Kunst-, Antiquitäten-, Silber- und Porzellansammlung bekannt. Der Park geht einmal mehr auf Capability Brown zurück. Die verschiedenen Lust- und Themengärten stammen aus späteren Epochen. Im Juli wird auf dem Gelände seit einigen Jahren ein großes Bulli-Camper Treffen abgehalten. Sonderausstellungen, Privatevents und große öffentliche Veranstaltungen wie Feuerwerke finden regelmäßig statt .

[N 52°41'40" W 2°17'08"], Shifnal, TF11 8LE, £ – ££, HH-Members frei, Haus Juni – August von Di – Do nur mit Führung, So ohne, Garten auch Mai/Okt Sa/So und Sep, immer 11 – 17 Uhr, www.weston-park.com

(173) WOMO-Campingplatz: High Onn Caravan Club Site

GPS: N 52°44'16" W 2°15'05", ST20 0AX, HIGH ONN
Max. WOMOs: 46
Ausstattung/Lage: WiFi, Strom, V/E, einfacher, kleinerer Platz mit Plätzen auf Wiesen und Schotter, ruhig gelegen, teils schattig.
Öffnungszeiten: Mitte Mai – Anfang Oktober
Ortszentrum: ca. 13 km (Stafford)
Zufahrt: Von der A5 aus Richtung Telford kommend links nach Wheaton Aston abzweigen und im Ort links der Beschilderung nach High Onn bis zum Ziel folgen.
Richtpreis: 27 £, CC-Members 15 £
Internet: www.caravanclub.co.uk

Ancient High House

Stafford ist eher Zwischenziel als zwingender Etappenstopp. Wenn Sie sich im Zentrum etwas umsehen möchten, finden Sie in fußläufiger Entfernung einen eigens für Fahrzeuge mit Übergröße errichteten Parkplatz.

(174) WOMO-Stellplatz: Doxey Road Carpark

GPS: N 52°48'34" W 2°07'28", Doxey Road, ST16 2QY, STAFFORD
Max. WOMOs: 4 – 5
Ausstattung/Lage: Einfache Parkfläche als Teil des sonst höhenbeschränkten Großparkplatzes der Stadt. Keine Einrichtungen. Nachts teils belebt.
Ortszentrum: ungefähr 400 m
Zufahrt: Von der A518 aus südwestlicher Richtung kommend fahren Sie immer geradeaus, bis Sie die Gleise überqueren. Dann links, am Bahnhof vorbei, und weiter geradeaus bis die Straße nach rechts in die Castle Street abknickt. Am Ende links halten und am Kreisverkehr die beschilderte Ausfahrt zum Parkplatz nehmen. Der Coach & Lorry Carpark ist angeschrieben.
Richtpreis: kostenpflichtig mit Parkuhr lt. Aushang.

Hinweis: Einen alternativen Parkplatz, der etwas ruhiger liegt, finden Sie am nordwestlichen Ortsrand an den Doxey Marshes bei [N 52°49'23" W 2°08'43"], Wootton Drive, ST16 1PU.

Im kompakten Ortszentrum ist vor allem das **Ancient High House** sehenswert. Das Gebäude aus dem Jahr 1595 ist eines der größten und vermutlich das älteste noch im Original existierende Fachwerkhaus Großbritanniens. Das Museum im Inneren wirft einen Blick auf das Leben der Bewohner früherer Jahrhunderte.

Greengate Str., ST16 2JA, Eintritt frei, Di – Sa, 10 – 16 Uhr, www.staffordmuseums.co.uk

An der Zufahrtsstraße in den Ort passieren Sie das **Stafford Castle** linkerhand. Auf einem Rundweg mit Informationstafeln machen Sie sich mit der Geschichte der Burg vertraut. Es existiert auch ein Besucherzentrum.

[N 52°47'47" W 2°08'42"], Newport Rd., ST16 1DJ, Eintritt frei, Apr – Okt, Mi – So, 11 – 16 Uhr, sonst nur Sa/So, www.staffordmuseums.co.uk

Gastrotipps Stafford: Market Vaults** (amerikanisch), 4 St. Martin`s Place, ST16 2LA, **The Grove** (Café), 9 St. Mary`s Grove, ST16 2AT, **Swan Brasserie**** (britisch), 46 Greengate Str., ST16 2JA, **Soup Kitchen**** (britisch), 2 Church Lane, ST16 2AW, **Market Vaults**** (amerikanisch), 4 St. Martin`s Place, ST16 2LA, **Simply Bilash**** (indisch), 1 Doxey Rd., ST16 2EW

Außerhalb von Stafford haben Sie in WESTON Gelegenheit, am **Saracens Head** einen Pub Stopover einzulegen *(**175:** [N 52°50'28" W 2°02'36"], Stafford Road, ST18 0HT, www.saracensheadweston.co.uk)*. Ein Stück weiter südöstlich können Sie am **Blithfield Reservoir** auf einem Parkstreifen ohne Reglementierung stehen *(**176:** [N 52°48'47" W 1°54'32"], Watery Lane, WS15 3DX)*.

BURTON-UPON-TRENT

Mit Burton verhält es sich ähnlich wie mit Stafford zuvor – es gibt nichts zu sehen, was von außergewöhnlichem Rang wäre. Doch zumindest für Freunde von Ale, Lager und Bitter lohnt der Besuch in Englands Bierstadt Nummer eins. Zwar gibt es keine dreißig Brauereien mehr wie einst, aber es konnten sich immerhin acht kleine und größere Produktionsstätten halten. Neben einigen interessanten Craft- und Fassbieren werden bekannte britische Marken wie Carling, Marston`s und Golden Delicious hergestellt. Viel genauer können Sie sich im **National Brewery Centre** informieren. Selbstredend gehört zum Besuch des Biermuseums eine Verkostung…

[N 52°48'29" W 1°37'55"], Horninglow Str., DE14 1NG, ££, Apr – Sep, 10 – 17 Uhr, Führungen 11 und 14 Uhr, sonst bis 16 Uhr mit Führungen um 11 und 13.30 Uhr, www.nationalbrewerycentre.co.uk

Das eigentliche Zentrum Burtons versteckt sich hinter einer Vielzahl an Supermärkten und Warenhäusern am River Trent. Den passenden Parkplatz gibt es am **Meadowside Drive** bei [N 52°48'19" W 1°37'32"], DE14 1TL.

Gastrotipps Burton-upon-Trent: Helen`s Tearoom** (Café), 15 Market Place, DE14 1HA, **Favourite Thai**** (thailändisch), 7 Market Place, DE14 1HA, **The Dial**** (britisch), Station Str., DE14 1BN, **Veneziaa**** (italienisch), 1 Guild Str., DE14 1NA, **Langan`s Tea Room (Café), George Str., DE14 1DP

Sudbury Hall

In der Nähe:

- Neben dem interessanten Herrenhaus aus dem 17. Jahrhundert können Sie in **Sudbury Hall** das angeschlossene Museum of Childhood (Kindheitsmuseum) besichtigen. Auf einer nostalgischen Reise durch Kindheitserinnerungen der letzten 300 Jahre kann man Spielsachen ausprobieren: Interaktive Displays runden das Angebot ab *([N 52°53'11" W 1°45'55"], Main Rd., DE6 5HT, Sudbury, £££, NT-Members frei, Apr – Okt, 11 – 17 Uhr, Nov – Mär, Do – So bis 16 Uhr, www.nationaltrust.org.uk).*
- Bei **Conkers** handelt es sich um eine Mischung aus Walderlebniszentrum und Vergnügungspark. Klettergarten, 4D Kino, Waldwege mit Türmen, Gerüsten und Brücken sowie Wasserspielplätze ergeben viele Möglichkeiten für den ganzen Tag *([N 52°44'31" W 1°32'32"], Millennium Ave., DE12 6GA, Swadlincote, ££, Apr – Sep, 10 – 18 Uhr, sonst bis 17 Uhr, www.visitconkers.com).*
- Fast gänzlich unrestauriert dokumentiert **Calke Abbey** den Untergang vieler ehemals reicher Familienbesitze im 20. Jahrhundert. Verlassene Flügel, verborgene Schätze der exzentrischen, ehemaligen Bewohner, aufgegebene Gärten und viele Überraschungen und Geheimnisse erwarten Sie bei einem Besuch dieses ungewöhnlichen Anwesens samt angeschlossenem Naturreservat *([N 52°48'06" W 1°27'30"], DE73 7LE, Ticknall, £££, NT-Members frei, Apr – Okt, Nat. Res, 7.30 – 19 Uhr, Garten 10 – 17 Uhr, Haus 11 – 17 Uhr, Nov – Mär nur Nat. Res, und Garten bis 16 Uhr, www.nationaltrust.org.uk).*

Calke Abbey

(177) WOMO-Campingplatz: Four Oaks Camp Site

GPS: N 52°51'52" W 1°31'02", Buckford Ln, DE73 7GB, STENSON
Max. WOMOs: 22
Ausstattung/Lage: Strom, Dusche/WC, Spülgelegenheit, Grillplätze, kleiner, meist ruhiger Grascamping nahe am schönen Trent-Mersey-Kanal.
Öffnungszeiten: April – Oktober
Ortszentrum: rund 6 km (Derby)
Zufahrt: Von der A38 aus Richtung Burton kommend am Verbindungs-Kreisverkehr mit der A50 die kleine Abfahrt nach Willington nehmen. Im Ort nach links abbiegen und nach etwa 3 km links nach Stenson zum Platz fahren.
Richtpreis: ££
Internet: www.four-oaks-camp-site.business.site

(178) WOMO-Pubstopover: The Ragley Boat Stop

GPS: N 52°51'44" W 1°29'16", Deep Dale Ln., DE73 7FY, BARROW ON TRENT
Max. WOMOs: 2 – 3
Ausstattung/Lage: Moderner Pub mit großem Biergarten am Trent-Mersey-Kanal. Großer Parkplatz vor dem Haus, ruhig.
Ortszentrum: etwa 5 km (Derby)
Zufahrt: Die A50 an der Ausfahrt zur Calke Abbey verlassen und im Kreisverkehr der Beschilderung folgen. Gut einen Kilometer nach dem Dorf Swarkestone rechts, schlecht beschildert, nach Sinfin abzweigen Hinter der Kanalbrücke links fahren bis zum Pub linkerhand.
Richtpreis: Auf Anfrage bei Einkehr über Nacht parken möglich.
Internet: www.king-henrys-taverns.co.uk

NOTTINGHAM

Nottingham wurde im 7. Jahrhundert von den Angelsachsen gegründet und fiel im 9. Jahrhundert unter dänische Hoheit, nachdem Wikinger die Siedlung eingenommen hatten. Der Ort war damals für seine Sandsteinhöhlen bekannt, die von Anfang an als Wohnstätten dienten. Der Name stammt übrigens vom Sachsenhäuptling Snot. Als im Laufe der Zeit aus Snottingham der Name Nottingham wurde, war dies den meisten der über 300.000 Einwohnern nur recht (engl. snot = Rotz/Schnösel/Mistkerl). In Resteuropa ist der Stadtname vor allem mit Robin Hood und seinem Gegenspieler, dem Sheriff von Nottingham assoziiert. Auf Robins Spuren treffen Sie heute noch an vielen Ecken, auch wenn die Figur selbst größtenteils auf Erfundenem und ausgeschmückten Legenden beruht.

Robin Hood in Nottingham

Falls Sie eine Übernachtungsgelegenheit suchen, können Sie einen etwas weiter außerhalb gelegenen See-Stellplatz ausprobieren. Für die Stadtbesichtigung nutzen Sie einen der beiden angegebenen P&R-Plätze mit sehr guter und günstiger Busverbindung ins Zentrum.

(179) WOMO-Stellplatz: Straw`s Bridge Carpark

GPS: N 52°58'02" W 1°19'40", High Ln., DE7 5FG, WEST HALLAM
Max. WOMOs: 2 – 3
Ausstattung/Lage: Schotterparkfläche an einem kleinen See mit Spazierweg, eher für kürzere Womos geeignet. Nur durch einige Büsche von der Hauptverkehrsstraße getrennt, kaum Schatten.
Ortszentrum: ca. 1,4 km (Ilkeston)
Zufahrt: Von der A50 auf die M1 in Richtung Norden wechseln und diese bei nächster Gelegenheit wieder verlassen. Am Kreisverkehr die Ausfahrt nach Risley/Sandyacre wählen. In Stanton am bepflanzten Ortsplatz rechts abbiegen und immer der Beschilderung nach Ilkeston folgen. Am großen Kreisverkehr im Ort gleich wieder links halten bis zum Parkplatz nach rund 1,2 km rechts.

P&R Parkplatz Queens Drive P&R

GPS: N 52°55'45" W 1°09'54", Queens Drive, NG2 1AP
Stellplätze: 500+
Zentrum: Per Centrelink P&R Bus rund 2,5 km ins Zentrum.
Hinweis: Sie müssen bis zur Höhenbarriere fahren. Sollte diese nicht von selbst aufschwenken, muss man den Rufknopf drücken. Ein Mitarbeiter macht Ihnen die Schranke auf. Achtung: der Platz ist abends meist nur bis ungefähr 20 Uhr in Betrieb. Mögliches über Nacht parken erfolgt ausdrücklich auf eigene Verantwortung.

P&R Parkplatz Colwick Racecourse

GPS: N 52°56'56" W 1°06'50", Racecourse Road, NG2 4BG,
Stellplätze: 300+
Zentrum: Per Ecolink P&R Bus ca. 2,5 km ins Zentrum.
Hinweis: Der Platz ist abends meist nur bis ungefähr 19/20 Uhr in Betrieb. Über aktuelle Zeiten vorher informieren, wenn Sie bis abends bleiben und nicht unfreiwillig übernachten möchten.

Pub Ye Olde Trip...

Unterwegs in Nottingham:
Starten Sie den Stadtrundgang an der Bushaltestelle **Maid Marian Way**. Diese wird sowohl vom Ecolink als auch vom Centrelink Bus bedient.
Nach Süden endet die Straße am großen **Castle Boulevard**, dem Sie nach rechts folgen. Passieren Sie die nächste Straßeneinmündung und gehen rechts auf dem Fußgängerweg auf die markanten, in Sandstein geschlagenen Höhlen zu. Die **Castle Caves** sind nur ein kleiner Teil der einst vielen hundert großen und kleinen Kavernen, die in Nottingham über Jahrhunderte angelegt wurden. In der Hochzeit bildeten sie kilometerlange, unterirdische Gänge und wuchsen zu Städten in der Stadt heran. Auf einer Führung durch die Caves kön-

1: Castle Caves & Ye Olde Trip Pub
2: Museum of Nottingham Life
3: Nottingham Castle
4: Robin Hood Experience
5: Sky Mirror & Playhouse
6: Notingham Cathedral
7: City Council und Tourist Inf.
8: Royal Concert Hall
9: Intu Victoria Centre
10: Nat. Videogame Arc.
11: Nat. Ice Centre
12: St. Mary Church
13: Nat. Justice Museum
14: Nottingham Contemporary
15: Intu Broadmarsh
16: City of Caves

nen Sie sich darüber informieren. Eine gewisse körperliche Fitness ist Voraussetzung, denn es geht unterwegs über sehr viele, teils ziemlich steile Stufen ständig auf und ab *(Castle Boulevard, NG1 6EL, ££, Tickets über das Nottingham Castle, nur mit Führung, ca. bis Mitte 2020 wg. Sanierungsarbeiten geschlossen, www.nottinghamcastle.org.uk)*. Direkt gegenüber befindet sich das **Museum of Nottingham Life** im alten Brauhaus. Mit Hilfe von rekonstruierten Räumen und Geschäften werden 300 Jahre lokaler Geschichte nacherzählt *(Castle Boulevard, NG7 1FB, £, ca. bis Mitte 2020 wg. Sanierungsarbeiten geschlossen, www.visit-nottinghamshire.co.uk)*.

Auch das nächste, gleich anschließende Gebäude ist interessant: **Ye Olde Trip to Yerusalem** gilt als das wahrscheinlich älteste Pub Englands und ist einen Blick wert, auch wenn Sie nicht einkehren wollen. Unterhalb der Burgmauern folgen Sie dem **Castle Boulevard**. Linkerhand sehen Sie die bronzene **Robin Hood Statue** aus den 1950er Jahren, gebaut „um mindestens 6000 Jahre zu überstehen". Bald darauf gelangen Sie linkerhand zum Eingang von **Nottingham Castle**. Die Burganlage aus dem 11. Jahrhundert umfasst neben entsprechend ausgestatteten Räumen eine Galerie, einen Robin Hood Bereich und Informationen zum Leben in und um die Burg in früheren Zeiten. Da die Burg zuletzt umfassend erneuert wurde, entnehmen Sie aktuelle Informationen zum Angebot am besten der Website *(Lenton Rd., NG1 6EL, £, ca. bis Mitte 2020 wg. Sanierungsarbeiten geschlossen, www.nottinghamcastle.org.uk)*.

Noch mehr Robin Hood erleben Sie auf Wunsch in der interaktiven und stark auf junge Besucher ausgerichteten Ausstellung **Robin Hood Experience**. Auch wenn kostümierte Mitarbeiter versuchen, entsprechende

Fußgängerzone von Nottingham

Atmosphäre zu schaffen, kein Muss bei einem Stadtbesuch… *(94 Frias Lane, NG1 6EB, ££, 10 – 18 Uhr, www.robinhoodexperience.co.uk)*
Wenn man der **St. James Terrace** weiter folgt, spaziert man rechterhand am ehemaligen Stadthaus Lord Byrons vorbei. Den einst hochverehrten Schriftsteller lernen Sie auf den kommenden Seiten des Buches an seinem Wohnsitz Newstead Abbey noch besser kennen.
Rechts über die **Park Row** und wieder links entlang der **East Circus Street** nähern Sie sich dem begrünten **Wellington Circus**. Rechterhand steht die inzwischen überregional bekannte, verspiegelte Skulptur „**Sky Mirror**" des Künstlers Anish Kapoor vor dem Theater **Nottingham Playhouse**. Dahinter schlendern Sie zwischen **Albert Hall** und **St. Barnabas Church** zur **Derby Road** hinüber, halten sich rechts und am Kreisverkehr geradeaus in die zunächst verkehrsberuhigte und von vielen Restaurants gesäumte **Chapel Bar**. Vor Ihnen taucht der **Market Square** auf, einer der größten für Fahrzeuge gesperrten Plätze des Landes.
Statt ihm direkt geradeaus zu folgen, legen Sie einen Schlenker nach links ein und gehen auf der **King Street**, und gleich darauf an der Nottinghamer Speakers Corner links durch die **Queen Street** zum größten Schauspielhaus der Stadt, dem **Theatre Royal**. Seitlich rechts daneben führt die neu gestaltete **Forman Street** mit dem modernen, im Sommer durch ein Sonnensegel geschützten **Trinity Square** zu Nottinghams großer Mall hinüber, dem **Intu Victoria Centre** mit mehr als 120 Läden.
Ein Stück zurück, über **Kings Walk** und **King Street** bewegen Sie

Trinity Square

sich wieder auf den Market Square zu, dem Sie diesmal auf **Long Row** und **Pelham Street** nach links folgen. Am Ende des Fußgängerbereichs können Sie in der **Carltom Street** rechts die **National Videogame Arcade** besuchen, das erste Computergaming-Museum des Königreichs. Natürlich geht es um Computerspiele, die man an allen Ecken spielen kann. Von den ersten Anfängen bis zu ultramodernen Neuentwicklungen können Sie sich an mehr als hundert verschiedenen Stationen versuchen... *(24 Carlton Str., NG1 1NN, ££, Fr ,12 – 17 Uhr, Sa/So, 10 – 18 Uhr, www.thenvm.org)*.

City of Caves

Nach rechts folgen Sie der **Stoney Street** ins Herzen des alten Lace Quarters. Hier wurden lange Zeit Spitzen hergestellt und weltweit vertrieben. Das große, ehemalige Warenhaus rechts, mit dem treppenbesetzten Eingangsportal, ist das inzwischen zur Universität gehörende **Adams Building** aus genau dieser Zeit. Links gehen Sie bei Interesse zum **National Ice Centre** hinüber. Wenn nicht gerade Spiele des renommierten, örtlichen Eishockeyteams stattfinden, können sich Besucher selbst beim Runden drehen versuchen *(Bolero Sq., NG1 1LA, mehr unter www.nationalice-centre.com)*.

Am Ende der **Stoney Street** biegen Sie nach rechts ab. Sie passieren die uralte **Church of St. Marys**, die bereits im Doomesday Book aus dem 11. Jahrhundert eingetragen war und besuchen linkerhand das **National Justice Museum**. Das ehemalige Gerichts- und Gefängnisgebäude geht auf das Jahr 1375 zurück und war der einzige Ort Englands, an dem man zugleich verhaftet, verurteilt, eingesperrt und hingerichtet werden konnte. Die verschiedenen Abteilungen lassen einem so manches Mal kalte Schauer über den Rücken laufen. Wem es tagsüber noch nicht reicht, der bucht eine nächtliche Geister oder Torror Tour... *(25 High Pavem., NG1 1HN, ££, Mo – Fr, 9 – 17 Uhr, Sa/So, 10 – 17.30 Uhr, Kombitickets mit City of Caves erhältlich, www.nationaljusticemuseum.org.uk)*.

Nur wenige Schritte weiter erreichen Sie mit **Nottingham Contomporary** eine interessante, zeitgenössische Kunstgalerie, die auf drei Ebenen feste und wechselnde Objekte, Bilder und Installationen zeigt *(Weekday Cross, NG1 2GB, Eintritt frei, Di – Sa, 10 – 18 Uhr, So ,11 – 17 Uhr, www.nottinghamcontemporary.org)*. Gegenüber steht das nächste Einkaufscenter, **Intu Broadmarsh**, das sich zuletzt in umfangreicher Erneuerung befand. Darin liegt der Eingang zur Ausstellung **City of Caves**. Sie wurde in einem sanierten Teil der unterirdischen Höhlen eröffnet und gibt faszinierende Einblicke in ihre lange Nutzungszeit. Wochentags können Sie die Höhlen selbstständig mit

einer Audioführung durchwandern. Sa/So und in den Ferien werden Sie von historischen Charakteren geführt und erfahren interessante und haarsträubende Geschichten von anno dazumal. Verbrechertreffen in den Katakomben eines Pubs, zum Himmel stinkende Jauchegruben des Gerberhandwerks und Luftschutzräume während des Zweiten Weltkriegs sind nur einige davon... Neben den vielen Informationen auf Englisch sind deutschsprachige Infobroschüren erhältlich *(Broadmarsh Centre Upper Level, NG1 7LS,* ££, 10 – 17 Uhr, *Kombitickets mit City of Caves erhältlich, www.nationaljusticemuseum.org.uk/venue/coty-of-caves).*
Nördlich des Einkaufscenters schlagen Sie die **Low Pavement** nun nach links ein und erreichen über die **Castle Gate** in Kürze wieder den Ausgangspunkt.

Gastro-Tipps Nottingham: Calcutta Club** (indisch), 8 Maid Marian Way, NG1 6HS, **World Service***** (britisch), Castle Gate, NG1 6AF, **Fothergills**** (britisch), 5 Catle Rd., NG1 6AA, **Doughnotts** (Bäckerei), 26a Long Row, NG1 2DR, **George`s Great British Kitchen**** (britisch), 13 Queen Str., NG1 2BL, **Petit Paris**** (französisch), 2 Kings Walk, NG1 2AE, **Yamas Meze**** (griechisch), 5 Thurland Str., NG1 3DR, **Wired Café** (Café), 42 Pelham Str., NG1 2EG, **Bar Iberico**** (spanisch), 17 Carlton Str., NG1 1NL, **Anoki**** (indisch), Barker Gate, NG1 1JU, **Happy Dough Lucky**** (italienisch), 14 Broadway, NG1 1PS, **Cartwheel Café** (Café), 16 ow Pavement, NG1 7DL

In der Nähe:

- Sehr zentral westlich der Innenstadt liegt das riesige Gelände von **Wollaton Hall and Deer Park**. In einem Park voller Rehe und Damwild können Sie das Natural History Museum in einem Gebäude aus dem Jahr 1580 und das benachbarte Industrial Museum, zwei interessante Ausstellungen, besuchen. Außerdem finden zu allen Jahreszeiten Jahrmärkte, Festivals und andere Veranstaltungen rund um Wollaton statt *([N 52°56'56" W 1°12'41"], Lime Tree Ave., NG8 2AE, Eintritt frei, nur Parkgebühren, Haus 11 – 16 Uhr, Park regulär 8 – 17 Uhr, www.wollatonhall.org.uk).*

NEWSTEAD ABBEY

Die ehemalige Abtei aus dem Jahr 1174 wurde im 16. Jahrhundert nach der Säkularisation von Henry VIII. an Sir John Byron verkauft. Noch immer stehen einige Fassadenteile des alten Kirchenbaus. Besucher fasziniert vor allem ein späterer Besitzer von Newstead Abbey. Bis heute ist Lord Byron mit seinen Werken über literarische Kreise hinaus ein Begriff. Während seiner Zeit in Newstead von 1808 bis 1814

Lord Byrons Arbeitszimmer

Newstead Abbey

ließ er sich von Haus und Park inspirieren und verfasste einige seiner bekanntesten Werke. Er war so etwas wie ein früher Popstar. Wild, verwegen, unangepasst machte er sich später einen Namen als Freiheitskämpfer, unter anderem in Griechenland. Bei einem Rundgang erkunden Sie etwa die viktorianisch eingerichteten Räume der Abbey, das private Arbeitszimmer Byrons und die große Bibliothek. Die freundlichen Mitarbeiter erzählen auf Nachfrage gern Geschichten zu besonderen Begebenheiten und Artefakten wie dem Schädelkrug auf Byrons Schreibtisch... Auch der schöne, große Park mit Seen, Pfauen und im Frühjahr vielen bunt blühenden Rhododendren ist einen Spaziergang wert.

[N 53°05'06" W 1°10'17"], A60, NG15 8NA, Ravenshead, ££ zzgl. Parkgebühr, Garten 9 – 17 Uhr im Winter teils nur bis 16 Uhr, Haus Sa/So und Ferien 12 – 16 Uhr, www.newsteadabbey.org.uk

(180) WOMO-Picknickplatz: Thieves Wood Carpark

GPS: N 53°05'49" W 1°11'40", Coxmoor Rd., NG15 9HQ, RAVENSHEAD

Max. WOMOs: 2 – 3

Ausstattung/Lage: Großer Schotterparkplatz im Wald mit Picknickbänken.
Schöne Lage, nachts zeitweise etwas unruhig.

Ortszentrum: ungefähr 1,3 km

Zufahrt: Von der A60 aus Richtung Newstead Abbey kommend an der folgenden Kreuzung links Richtung Kirkby in Ashfield abzweigen und gleich wieder rechts fahren. Der Platz befindet sich auf der rechten Seite.

Stellplätze 181a und 183

NOTTINGHAM- UND SHERWOOD FOREST

Vom einstigen Räuberwald nördlich von Nottingham sind heute nur noch einzelne Teile übrig. Ehe Sie den interessantesten Teil des Gebietes erreichen, gibt es eine ganze Reihe an Übernachtungsplätzen, die, entgegen anderer Regionen, nicht vollumfänglich mit Höhenbarrieren oder Verboten bedacht wurden. Schon kurz nach Ravenshead befindet sich rechterhand ein gut erreichbarer kleiner Wanderparkplatz an den **Haywood Oaks**, allerdings recht nah an der Durchgangsstraße *(**181a:** [N 53°05'48" W 1°05'26"], Baulker Ave., NG21 0HT)*. Ein Stück südlicher können Sie den großen Waldpicknickplatz am **Blidworth Wood** anfahren *(**181b:** [N 53°04'58" W 1°06'44"], Blidworth Ln., NG21 0NZ)*.

Ein recht ordentlicher Campingplatz liegt ums Eck. Die Zufahrt befindet sich nahe dem vor allem auf jüngere Kinder ausgerichteten **Wheelgate Freizeitpark** (www.wheelgatepark.com).

(182) WOMO-Campingplatz: Lurcher Farm Cottage

GPS: N 53°06'23" W 1°04'45", Mansfield Rd., NG22 8HY, FARNSFIELD
Max. WOMOs: 15+
Ausstattung/Lage: Strom, V/E, Dusche/WC, Spülgelegenheit. Aufgeräumter Platz mit Stellflächen auf Schotter und Rasen, ruhig, kein Schatten.
Öffnungszeiten: April – Oktober
Ortszentrum: ca. 7 km (Mansfield)
Zufahrt: Von der A614 am Kreisverkehr beim Freizeitpark links zur Mansfield Rd. wechseln, nach gut 1 km links.
Richtpreis: ££
Internet: www.lurcherfarmcottagecandc.co.uk

Westlich der **A614** finden Sie zwei weitere mögliche Nachtplätze. Einmal den **Hexgreave Carpark** im kleinen FARNSFIELD, *(**183:** [N 53°06'31" W 1°02'33"], Station Ln., NG22 8LG)* oder den **Edingley Beck Carpark**, allerdings mit zeitweise recht zugewucherter, schmaler Anfahrtsstraße *(**184:** [N 53°06'09" W 0°59'34"], Station Rd., NG22 8NJ)*.

Da das Besuchergebäude am **Sherwood Forest** für viele Jahre, wenig attraktiv, kaum mehr Besucher anlockte, wurde 2018 ein neues Informationszentrum eröffnet. Nördlich der kleinen Gemeinde EDWINSTOWE entstand ein neuer Großpark-

Robin Hood`s Oaktree

platz samt kleinem Jahrmarktsbereich. Auf der gegenüberliegenden Straßenseite spazieren Sie an einem lokalen Craftcentre mit einheimischem Kunsthandwerk und anderen Waren vorbei zu dem modernen Bau hinüber. Sie erhalten eine Vielzahl an Informationsmaterial über die Gegend – und natürlich allerlei Robin Hood Nippes... Ein Wanderweg führt in den Wald hinein. Zumindest sollten Sie bis zum **Robin Hood`s Tree** gehen, auch wenn Sie keine längere Rundwanderung starten wollen. Die uralte, inzwischen umzäunte und gestützte Eiche ist zwischen 800 und 1000 Jahren alt und wiegt rund 23 Tonnen. Der Sage nach handelt es sich um genau den Baum, unter dem sich Robin und seine Gefährten einst trafen...

[N 53°11'54" W 1°03'52"], Church Str., NG21 9HN, Eintritt frei aber Parkgebühr, Visitorcentre 10 – 17 Uhr, Winter von 10.30 – 16.30 Uhr, www.visitnottinghamshire.co.uk

Nicht weit entfernt kommen Gäste des **Pubs Dog and Duck** über Nacht am großen Parkplatz unter *(**185:** [N 53°10'42" W 1°05'41"], Archway Rd., NG21 9BY, Kings Clipstone)*.

In der Nähe:

- An der weiterführenden Route passieren Sie das riesige Anwesen rund um **Hardwick Hall**. Das Haus stammt aus dem 16. Jahrhundert und wurde größtenteils von der Handschrift einer Dame, „Bess of Hardwick“, geprägt. Über die Jahrhunderte entwickelten ihre Nachfahren sowie eine große Anzahl an Künstlern, Dekorateuren, Gärtnern und Handwerkern dieses elisabethanische Haus zu etwas ganz Besonderem weiter. Unmittelbar daneben stehen die Überreste von **Hardwick Old Hall**. Dieses ältere Gebäude hat die vielen Epochen seit seiner Entstehung weniger gut überstanden und ist nur mehr als Gebäudehülle vorhanden, aber zu besichtigen. Wer will, kann am Weg zu den Häusern die kleine **Stainsby Mill** besuchen. Sie zeigt anschaulich den Arbeitsplatz eines Müllers im 19. Jahrhundert

Hardwick Hall

(parken bei [N 53°09'59" W 1°18'16"], S44 5QJ, Doe Lea, Hardwick Hall: ££, NT-Members frei, Mär – Okt Garten, 9 – 18 Uhr, Haus 11 – 16/17 Uhr, Nov – Feb nur Garten 10 – 17 Uhr, Stainsby Mill: £, NT-Members frei, Mi – So, Jun – Aug, 10 – 17 Uhr, Feb– Mai und Sep – Nov bis 16 Uhr, www.nationaltrust.org.uk, Hardwick Old Hall: £, EH-Members frei, Apr – Sep, Mi – So, 10 – 18 Uhr, Okt bis 17 Uhr, sonst Sa/So bis 16 Uhr, www.english-heritage.org.uk).

- Sehr gut erhalten samt Ausstattung, Pferde-Gestüt und Nebengebäuden bietet **Bolsover Castle** beinahe tagesfüllende Beschäftigung für alle Altersstufen. Eine Audioführung hilft, vergangene Zeiten wieder zum Leben zu erwecken *(parken im Ort Bolsover, Castle Str., S44 6PR, ££, Apr – Sep, 10 – 18 Uhr, Okt bis 17 Uhr, sonst Sa/So bis 16 Uhr, www.english-heritage.co.uk).*
- Falls Ihnen nach Shopping ist, können Sie im **East Midlands Outlet** zwischen rund 70 Markenartiklern wählen, die dort sieben Tage die Woche Waren anbieten ([*N 53°06'25" W 1°18'46"*], Mansfield Rd., DE55 2JW, Alfreton, mehr unter www.mcarthurglen.com).

(186) WOMO-Picknickplatz: Tibshelf Ponds

GPS: N 53°08'09" W 1°20'34", Sunny Bank, DE55 5PG, TIBSHELF

Max. WOMOs: 1 – 2

Ausstattung/Lage: Kleiner Schotterparkplatz am Ende einer schmalen Anwohnerstraße bei einem Fischteich. Picknickbank, kein Schatten, nachts ruhig.

Ortszentrum: ca. 5 km (Alfreton)

Zufahrt: Von der A617 aus Richtung Westen kommend wechseln Sie am Autobahnkreisverkehr zu M1 auf die A6175 Richtung Holme Wood und am 2. Kreisverkehr erneut links auf die Tibshelf Road. Am Ende der Straße rechts nach Alfreton abzweigen und zum Pub „The Crown" links lenken. Dann jeweils bei erster Gelegenheit einmal links und wieder rechts abbiegen, bis zum Platz linkerhand.

Hinweis: Etwas weiter nördlich gibt es an der Zufahrtsstraße einen weiteren, schönen Stellplatz bei [N 53°10'28" W 1°21'40"], Timber Lane, S45 8AL.

Matlock Bath

MATLOCK BATH

Südlich der Stadt Matlock entwickelte sich im 18. Jahrhundert aus einem nur durch eine Schotterpiste angebundenem, wenige Häuser zählenden Nest, ein veritabler Kurort, nachdem man heiße Quellen gefunden hatte. Die Lage in einem engen Tal am Derwent Fluss bot nur begrenzte Baumöglichkeiten. Der Ort ließ sich nicht beliebig vergrößern. Auch wenn die Zeiten der Kurbäder vorbei sind, hat Matlock Bath mit einer großen Zahl an Sehenswürdigkeiten viel dafür getan, um bis heute für Scharen von Touristen attraktiv zu bleiben. Im Hochsommer geben sich vor allem teils schwarmartig auftauchende Biker ein Stelldichein, die den Ort zu einem beliebten Ausflugsziel erkoren haben. Im Frühherbst ist das Flusstal für die Venetian Nights bekannt, bei denen aufwändig illuminierte Themenboote, unterstützt von Feuerwerken, abends den beleuchteten Fluss entlang schippern. Eine beliebte Attraktionen ist beispielsweise der auf jüngere Kinder ausgelegte Freizeitpark **Gullivers Kingdom** mit 20 Fahrgeschäften und anderen Spielangeboten.

[N 53°07'01" W 1°33'50"], Temple Walk, DE4 3PG, £££, Jul/Aug, 10.30 – 17 Uhr, Apr – Jun und Sep/Okt nur Sa/So und Ferien, www.gulliversfun.co.uk

Im **Lead Mining Museum** erfahren Sie mehr über die hier einst angesiedelte Bleimine und das Leben der Arbeiter. In der zugehörigen Temple Mine aus den 1920er Jahren können Sie selbst auf unterirdische Entdeckungsreise gehen.

[N 53°07'10" W 1°33'47"], South Parade, DE4 3NR, £, Apr – Okt, 11 – 16 Uhr, Minenführungen lt. Website, Nov – Mär nur Sa/So, www.peakdistrictleadminingmuseum.co.uk

Um sich den Ort selbst anzusehen, versuchen Sie entweder zentral am Parkplatz an der **Temple Road** unterzukommen *([N 53°07'08" W 1°33'48"], DE4 3NR)*. Etwas besser stehen

Masson Mill

die Chancen westlich des Flusses am Bahnhof bei [N 53°07'19" W 1°33'27"], DE4 3NT. Von diesem Parkplatz aus haben Sie den kürzesten Weg bis zu den **Heights of Abraham**. Damit wird eine Seilbahn bezeichnet, die Sie auf ein Höhenplateau befördert. Dort stehen eine Vielzahl an Freizeitbeschäftigungen zur Verfügung, von zwei Höhlentouren über verschiedene Wanderwege bis zu einer Fossiliensammlung.

Dale Rd., DE4 3NT, £££, Apr – Okt, 10 – 16.30 Uhr, Feb/Mär nur Sa/So, www.heightsofabraham.com

Nur wenige hundert Meter weiter südlich liegen mit den **Masson Mills** und **Cromford Mills** zwei von insgesamt fünf alten, industriellen Textil-Mühlen am Fluss, die als Sinnbild für die Industrialisierung unter UNESCO-Weltkulturerbeschutz stehen. In der Masson Mill finden Sie ein Museum mit abertausenden alten Nähmaschinen und ein kleines Einkaufszentrum. In der Cromford Mill gibt es eine teils interaktive Ausstellung zur Geschichte der Mühle und dem Leben des großindustriellen Besitzers Richard Arkwright und ein angelegtes Netz an Wanderwegen.

Masson Mill: Derby Rd., DE4 3PY, keine Parkplätze für Womos direkt vor Ort vorhanden, daher nur als Spaziergang ab Matlock Bath sinnvoll, £, 10 – 16 Uhr., So ab 11 Uhr, www.massonmills.co.uk
*Cromford Mill: **187:** [N 53°06'36" W 1°33'13"], Mill Rd., DE4 3RA, £, 9 – 17 Uhr, Cromford, www.cromfordmills.org.uk*

Stellplatz 187

Bei einem touristisch so gut erschlossenen Gebiet haben Sie natürlich die Wahl zwischen einer großen Anzahl an Stellplätzen jeglicher Art.

(188) WOMO-Picknickplatz: High Peak Junction Carpark

GPS: N 53°06'06" W 1°31'55", Lea Rd., DE4 5AE, LEA BRIDGE
Max. WOMOs: 1 – 2
Ausstattung/Lage: Schön angelegter, geschotterter Parkplatz, etwas eng und für kleinere Womos geeignet. Teils schattig, Besichtigungsmöglichkeit von alten Mühleneinrichtungen und Naturparks auf der anderen Flussseite.

Ortszentrum: ungefähr 3,8 km (Matlock Bath)
Zufahrt: Direkt an der A6 zwischen Matlock und Belper, nahe dem Ort Cromford gelegen.
Hinweis: Ganz in der Nähe finden Sie eine weitere Stellplatzmöglichkeit am Parkplatz der beliebten Black Rocks bei [N 53°05'49" W 1°34'05"], DE4 4NQ, Bolehill.

(189) WOMO-Pubstopover: The Bear Inn

GPS: N 53°04'16" W 1°31'59", Wirksworth Rd., DE56 2RD, ALDERWASLEY
Max. WOMOs: 1 – 2
Ausstattung/Lage: Großer Schotterparkplatz neben dem urigen Land Pub in Alleinlage. Schöner Biergarten, ruhig.
Ortszentrum: ungefähr 4,5 km (Belper)
Zufahrt: Von der A6 in Richtung Wirksworth abfahren, an einer scharfen Kurve mit großem Baum rechts im Ort nicht beschildert links abbiegen und immer geradeaus bis zum Pub auf der linken Seite.
Hinweis: Ein weiteres Pub finden Sie mit dem **The Spanker Inn** bei [N 53°03'04" W 1°27'50"], Spanker Lane, DE56 2AT, ganz in der Nähe des Campingplatzes „The Firs".

(190) WOMO-Campingplatz: The Firs Caravan Club Site

GPS: N 53°02'55" W 1°28'22", Crich Lane, DE56 2JH, BELPER
Max. WOMOs: 64
Ausstattung/Lage: Alle Einrichtungen, gepflegter, mittelgroßer etwas enger Platz in Ortsrandlage. Kein Schatten.
Öffnungszeiten: Mitte Mär – Oktober **Ortszentrum**: ca. 2,8 km
Zufahrt: An der Abzweigung der A6 und der A610 südlich in Richtung Belper fahren. In Ambergate links der kleinen Bahnunterführung nehmen und an der nächsten Kreuzung rechts bis zum Campingplatz lenken.
Richtpreis: 33,30 – 40,20 £, CC-Members 21,30 – 28,20 £
Internet: www.caravanclub.co.uk
Hinweis: Etwas weiter entfernt und einfacher ausgestattet, dafür sehr schön bei einem See gelegen, ist alternativ die **Carsington Water Caravan Club Site**, ££-££££, Apr – Okt bei [N 53°02'38" W 1°37'56"], Crich Lane, DE6 3JL, Kirk Ireton. Wenn Sie einfach nur eine günstige, einfache Campsite Nähe Matlock Bath suchen, wählen Sie die **Birchwood Farm**, ££, Apr – Okt, [N 53°05'34" W 1°31'32"], B5035, DE4 5HS, Whatstandwell.

Gastro-Tipps Matlock Bath: The Chocolate Shop (Café), 52 South Parade, DE4 3NS, **Hodgekinson`s Restaurant**** (britisch), 150 South Parade, DE4 3NR, **Tucker Fish`n`Chips** (Fast Food), 18 North Parade, DE4 3NS, **When The Clock Strikes 3**** (britisch), 14 North Parade, DE4 3NS, **Balti**** (indisch), 256 Dale Rd., DE4 3NT

Stepping Stones im Dovedale

In der Nähe:

- Wer sich für Schienenbeförderung interessiert, wird im **Crich Tramway Village** fündig. Bei einem Besuch können Sie nach Herzenslust mit historischen Trambahnen durch die Kulisse eines echten Dorfes fahren. Außerdem gibt es themenbezogene Ausstellungen, einen Park mit Waldspazierwegen und Spielplätze für Kinder *([N 53°05'23" W 1°29'07"], Plaistow Green Rd., DE4 5DP, Crich, £££, Mitte Mär – Okt, 10 – 16.30 Uhr, Apr – Aug bis 17.30 Uhr, www.tramway.co.uk).*
- Am schön gelegenen Stausee **Carsington Water** dreht sich fast alles um Wassersport. Segeln, Windsurfen, Stand-up-Paddeling und Rudern sind äußerst beliebt und viele der Sportgeräte können Sie tageweise im Watercentre ausleihen. Wer lieber auf den Wegen ringsum bleibt, kann fischen oder findet einen Fahrradverleih vor Ort *([N 53°03'41" W 1°38'36"], Big Ln., DE6 1ST, Upper Town, Centre geöffnet 10 – 16.30 Uhr, www.carsingtonwater.com).*
- Das schöne **Dovedale** gilt als ausgewiesener Beautyspot und bietet schöne Wandermöglichkeiten entlang des Dove Rivers. Besonders markant ist der Flussübertritt an den Stepping Stones *(parken bei [N 53°03'13" W 1°48'19"], DE6 2AZ, Ilam, oder bei [N 53°03'20" W 1°46'59"], DE6 2AY, Ilam, mehr unter www.nationaltrust.org.uk).*
- Der **Arbor Low Stone Circle** gilt als die wichtigste prähistorische Stätte der East Midlands. Der atmosphärische Platz mit seinem liegenden Steinkreis befindet sich auf privatem Farmland im Hochmoor. Parken Sie besser an der Ausbuchtung der Straße statt am Zuweg. Der Platz ist hier sehr begrenzt *([N 53°10'21" W 1°45'50"], Long Rake, DE45 1JS, Monyash, £, www.english-heritage.org.uk).*

HADDON HALL

Haddon Hall bietet zwar nicht die größte und umfangreichste Tour – aber in kaum einem anderen Haus ist die mittelalterliche Atmosphäre noch so greifbar wie hier. Wandteppiche und Bemalungen, Freskos und Schnitzereien, sogar die Möblierung der öffentlich zugänglichen Bereiche scheint seit Jahrhunderten unberührt geblieben zu sein und versetzt Besucher in längst vergangene Zeiten von Rittern, Hofdamen und gediegener Pracht. Herz des Hauses bildet der Bankettsaal aus dem 14. Jahrhundert mit großem offenem Kamin und einer Galerie. Ein Gang führt in die seit Tudorzeiten bestehende Küche einschließlich Bäckerei und Schlachterei. Zur anderen Seite hin betreten Sie unter anderem die einstigen Privaträume des Earls, mit Schlafraum, langer Galerie und einem heute als Hochzeitssaal genutzten Raum. Der Zugang in den aufwändig terrassierten Garten ist von hier aus möglich. Er wurde im 12. Jahrhundert angelegt und dann, dem Flusslauf des benachbarten Wye folgend, mehrmals verändert. Zuletzt in den 1930er Jahren von der Duchess of Rutland. Ihre prämierten Rosen bilden noch immer einen der schönsten Bereiche. Sie können einen Blick in die St. Nicholas Kapelle werfen oder die kleine Ausstellung im Nebenflügel besichtigen.

[N 53°11'30" W 1°39'04"], Haddon Rd., DE45 1LA, Bakewell, £££, HH-Members frei, Ende Mär – Sep und Okt, Fr – Mo, 10.30 – 17 Uhr, www.haddonhall.co.uk

Unten und oben: Haddon Hall

Eingangshalle

CHATSWORTH HOUSE

Nur rund acht km entfernt gelangen Sie zu Chatsworth House, nicht nur auf dem Papier einem der größten „stately homes“ Großbritanniens. Haus, Garten, Park, Farm – es ist einfach alles riesig und selbst ein ganzer Tag reicht kaum aus, um sich wirklich überall umzuschauen. Nach dem Parken müssen Sie entscheiden, ob Sie die gesamte Anlage oder nur einzelne Teile besuchen möchten. Wer sich für einen Besuch des Hauses entscheidet, betritt durch den Innenhof den dahinterliegenden Besucherflügel. Bis heute bewohnt der Duke von Devonshire mit seiner Familie den größten Teil von Chatsworth. Die öffentlichen Bereiche sind sehr umfänglich und prachtvoller ausgestattet als so manche Königsschlösser. Neben alten Gemälden, Intarsien, Möbeln und Kunstwerken finden Sie in beinahe allen Räumen moderne Schauobjekte, die der Duke leidenschaftlich sammelt. Wer möchte, kann sich unterwegs an einem Webstuhl versuchen. Wenn Sie durch die Skulpturenhalle Chatsworth House verlassen haben, könnte als nächstes der Garten auf dem Programm stehen. Die über 40 Hektar großen, teils aufwändig angelegten Bereiche bestechen mit vielen verwinkelten Wegen, die mal durch üppig bepflanzte Rabatte, mal entlang von Wasserläufen mit Bachforellen und mal zu den verstreut gelegenen Follies führen. Dazu zählen das Grottenhaus und das Pumpengebäude mit den künstlich angelegten,

auf das Haus zulaufenden Wasserkaskaden. Sehr schön ist der Steingarten, mit See und Labyrinth daneben. Im äußersten Nordosten liegen die großen Küchengärten. Diese versorgen verschiedene Restaurants und Cafés rund um Chatsworth mit Gemüse und Obst. Im dritten Teilbereich können Sie schließlich die Farm besuchen. Vor allem, aber nicht nur Kinder lieben es, mit den Tieren auf Tuchfühlung zu gehen, sich im Melken zu versuchen oder sich am wirklich großen Abenteuerspielplatz ausgiebig auszutoben.

Oben: Wasserkaskade im Garten, unten: Bibliothek

[N 53°13'45" W 1°36'43"], DE45 1PP, Bakewell, ££££, Einzelbereiche £ – £££, täglich geöffnet, wechselnde Zeiten, mehr informationen unter www.chatsworth.org

Im nahen Dorf PILSLEY findet man den hauseigenen **Hofladen** und kauft bei Bedarf Waren aus Chatsworth. Selbst einen Campingplatz gibt es auf dem Gelände.

[N 53°14'03" W 1°38'20"], B6048, DE45 1UF, Mo – Sa von 9 – 18 Uhr, So, 10 – 17 Uhr

(191) WOMO-Campingplatz: Chatsworth Park Caravan Club Site

GPS: N 53°14'15" W 1°37'04", DE45 1PN, BASLOW
Max. WOMOs: 120
Ausstattung/Lage: Alle Einrichtungen, Spielplatz, sehr saubere, teils parzellierte Stellflächen auf Schotter, teils schattig, direkt am Derwent Fluss gelegen und in fußläufiger Entfernung zum Chatsworth House.
Öffnungszeiten: ganzjährig **Ortszentrum**: um 1,4 km
Zufahrt: Steuern Sie auf der B6012 an Chatsworth vorbei und immer geradeaus bis nach Baslow. Dort links halten. Die beschilderte Einfahrt zum Platz kommt auf der rechten Seite.
Richtpreis: 33,70 – 47,70 £, CC-Members 21,70 – 35,70 £
Internet: www.caravanclub.co.uk

PEAK DISTRICT NATIONAL PARK

Der über 1400 Quadratkilometer große Nationalpark im Herzen Englands, auf dessen Boden Sie sich inzwischen befinden, wurde 1952 gegründet und besteht überwiegend aus Farmland im Süden und Hochmooren im Norden. Da durch Kultivierung des Landes weite Teile des ursprünglichen Landschaftsbildes stark in Mitleidenschaft gezogen wurden, gibt es seit 2013 einen Plan des National Trusts, der weite Teile des Parks besitzt, das ursprüngliche Erscheinungsbild wiederherzustellen. Dazu werden Abläufe zugeschüttet und der Wasserstand allmählich erhöht. Bis diese Prozedur abgeschlossen ist, wird es rund 50 Jahre dauern… Sie müssen bis auf Weiteres, mit dem dennoch landschaftlich schönen und abwechslungsreichen Ist-Zustand vorliebnehmen. Ein erster Stopp könnte das attraktive Städtchen BAKEWELL sein. Die besten Parkmöglichkeiten finden sich im Osten am **Agricultural Way**, [N 53°12'42" W 1°40'06"], DE45 1AH oder eventuell auf den ab der **Coombs Road** erreichbaren Parkplätzen ab, [N 53°12'52" W 1°40'15"], DE45 1BU. Im überschaubaren Zentrum finden Sie eine große Touristeninformationsstelle samt National Park Besucherzentrum an der **Bridge Street**, eine ganze Reihe Läden und Gasthäuser und etwas weiter westlich hinter

Alte Flussbrücke in Bakewell

der All Saints Church, das Heimatmuseum **The Old House**.

Über eine Reihe kleiner Straßen können Sie ins weiter nördlich gelegene CASTLETON fahren. Vor Erreichen des „Ortes mit den vielen Höhlen“ können Sie zwischen mehreren Campinggelegenheiten wählen.

(192) WOMO-Pubstopover: The Anglers Rest

GPS: N 53°20'58" W 1°41'20", Taggs Knoll, S33 0DY, BAMFORD
Max. WOMOs: 1 – 2
Ausstattung/Lage: Community Pub, das von den Gemeindemitgliedern gemeinsam geführt wird. Parkplätze neben und erhöht hinter dem Gebäude.
Zufahrt: Von Süden kommend biegen Sie statt links nach Castleton rechts ab und nehmen links die Abfahrt nach Bamford. Im Ort rechts nach einer spitzen und etwas steilen Auffahrt.
Richtpreis: Auf Anfrage bei Einkehr über Nacht parken am Pub möglich.
Internet: www.anglers.rest

(193) WOMO-Picknickplatz: High Peak Junction Carpark

GPS: N 53°21'06" W 1°42'17", Carr Ln., DE4 5AE, THORNHILL
Max. WOMOs: 2 – 3
Ausstattung/Lage: Abgelegener Schotter-Parkplatz hinter dem Dorf an einer recht langen und schmalen Zufahrtsstraße. Schattig und meist ruhig.
Ortszentrum: knapp 5,5 km (Castelton)
Zufahrt Von Süden kommend biegen Sie statt links nach Castleton rechts ab und nehmen links die Abfahrt nach Thornhill. Folgen Sie der sehr schmalen, gewundenen Straße durch den Ort bis zum Parkplatz rund 600 m dahinter.

(194) WOMO-Campingplatz: Hardhurst Farm Camping

GPS: N 53°20'36" W 1°43'28", Parsons Lane, S33 6RB, HOPE
Max. WOMOs: 30+
Ausstattung/Lage: Strom, einfache Dusche/WC, Spülgelegenheit, kleines Café. Einfache Rasen-Campsite mit einigen zusätzlichen Schotterplätzen neben einer Farm nahe den Bahngleisen.
Öffnungszeiten: ca. April – Oktober
Ortszentrum: rund 3,4 km (Castleton)
Zufahrt: Von Süden kommend biegen Sie rechts nach Castleton ab und sofort wieder rechts nach Aston und zur beschilderten Campsite.
Richtpreis: £

Das kleine Castelton wird an manchen Tagen der Hauptsaison von Besuchern geradezu überschwemmt. Sind Sie nicht gerade in den Bank Holidays oder anderen schönen August Wochenenden hier sind, ist der Ansturm aber meist erträglich. Wer sich etwas Umschauen möchte, nimmt den Parkplatz neben der **Touristeninformationsstelle** bei [N 53°20'37" W 1°46'39"], **Cross Str.,** S33 8WN. Ein beliebter Wanderweg führt von dort zum **Peveril Castle** hinüber. Der etwas schweißtreibende Aufstieg zur Ruine garantiert schöne Blicke über die ganze Region. Der verbliebene Wohnturm kann besichtigt werden *(wg. Sanierungsarbeiten zuletzt geschlossen, mehr unter www.english-heritage.org.uk)*.

Castelton, unten: Winnants Pass

Dahinter führt der Weg weiter ins **Cave Dale** mit hohen Felsgebilden beidseits des Weges. Wenn Sie die Abzweigung zur ortsnächsten Höhle bei Castleton nach rechts nehmen, wird eine kurze Rundwanderung daraus. Die **Peak Cavern** kann natürlich einzeln besucht werden und verfügt über einen eigenen, großen Parkplatz an der Hauptstraße. Was es mit der Seilmacherei in der Höhle auf sich hat und warum sie der „Arsch des Teufels" genannt wird, erfahren Besucher bei einem geführten Rundgang.

N 53°20'34" W 1°46'46"], Cross Str., S33 8WN, ££, Kombitickets mit Speedwell Cavern erhältlich, Apr – Okt, 10 – 17 Uhr, sonst nur Sa/So, www.peakcavern.co.uk

Nur wenige hundert Meter außerhalb, gelangen Sie zur nächsten von insgesamt vier Höhlen rund um Castleton. Höhepunkt der **Speedwell Cavern** ist eine Fahrt auf dem 450 m unter dem Berg gelegenen kleinen See. Sie erfahren bei den Touren Einiges über das Leben der Bleiminenarbeiter, die früher an diesem Ort schufteten.

[N 53°20'29" W 1°47'31"], Arthurs Way, S33 8WA, ££, Kombitickets mit Peak Cavern erhältlich, Apr – Okt, 10 – 17 Uhr, sonst nur Sa/So, www. speedwellcavern.co.uk

Die dritte, ebenfalls gleich benachbart gelegene Höhle ist die **Treak Cliff Cavern**. In der Höhle gibt es, nach kurzem Aufstieg, neben Tropfsteinen interessante Abbauplätze des lokal vorkommenden Blue John Steins zu sehen, eine Fluoritform, die einst zufällig entdeckt wurde. Im kleinen Besucherzentrum gibt es geschliffene Steine zu kaufen oder man poliert selbst einen Stein. Unterhalb der Höhle ziehen sich Parkplätze entlang der Sackstraße, die Wohnmobile zur Übernachtung nutzen.

***195:** ab [N 53°20'40" W 1°47'45"], Hope Valley, S33 8WA, ££, Mär – Okt, 10 – 17 Uhr, sonst bis 16 Uhr, www.bluejohnstone.com*

Da die einst weiterführende Straße nach der Höhle durch Bergstürze seit Jahren blockiert ist, müssen Sie die Fahrt nach Westen über den schmalen und ziemlich steilen **Winnants Pass** mit mehr als 20 Prozent antreten. Er beginnt hinter der Speedwell Cavern. Das Fahrstück ist kurz, kann aber bei Nässe unangenehm sein. Notfalls umfahren Sie den Pass weiträumig in südlicher Richtung.

Haben Sie das Straßenstück bezwungen, steuern Sie rechts zur letzten Höhle, der **Blue John Cavern**. Alternativ bauen Sie sie in die folgend beschriebene Wanderung mit ein. Auf der knapp einstündigen Führung wird Ihnen, ähnlich der Treak Cavern, der Abbauprozess des Blue John Steins gezeigt. Bis heute ist die Mine in den Wintermonaten in Betrieb.

[N 53°20'44" W 1°48'16"], Cross Str., S33 8WH, ££, Apr – Okt, Mo – Fr, 9.30 – 115.30 Uhr, Sa/So bis 16 Uhr, www.bluejohn-cavern. co.uk

Gleich benachbart ist es erlaubt am **Mam Nick Carpark** die Nacht zu verbringen und von dort aus eine schöne Rundwanderung zu machen (***196:** [N 53°20'47" W 1°48'56"], Sheffield Rd., S33 WA*).

Treak Cliff Cavern

Mam Tor Carpark 196

Rundwanderung um den Mam Tor (ca. 5 km)
Bei dieser Wanderung besteigen Sie die 517 m hohen Hügel am und um das Mam Tor. Der Weg ermöglicht wunderbare Ausblicke über die ganze Region. Unterwegs sehen Sie mit etwas Glück Moorschneehühner, Wiesenpieper und Schneehasen. Steigen Sie ab dem Parkplatz am dahinter liegenden Weg über die Stufen aufwärts und folgen ihm neben der Straße, bis Sie das hier beginnende National Trust Gelände durch die kleine Pforte betreten können. Halten Sie sich dort links. Akkurat angelegte Steintreppen erleichtern über weite Teile den steileren Aufstiegsteil zum **Mam Tor**. Noch recht neu ist der weiterführende Gipfelweg. Folgen Sie den Wegmarkierungen am Grat, bis der Weg deutlich steiler wird. Ein Stück weiter gelangen Sie zu einem Denkmal, das sich in einer Senke befindet. Halten Sie sich hier rechts, abwärts, wieder in Richtung des bereits hinter Ihnen liegenden Mam Tors. An der Gabelung bleiben Sie rechts auf dem Weg, der das Wäldchen umrundet bis zur Straße. Durch ein Tor gelangen Sie zum nicht mehr passierbaren Teilstück des **Hope Valley**. Folgen Sie der Straße ein Stück nach rechts. Ein weiteres Tor führt zu den Parkplätzen rund um die **Blue John Cavern**, Hier gehen Sie zur Höhle hinüber. Wer die Höhle nicht besichtigen will, lässt die Gebäude neben sich und schreitet durch eine Pforte auf einen Pfad, der durch Wiesengelände führt. Am höchsten Punkt des Hügels lassen Sie rechts herum das nächste Tor hinter sich. Queren Sie das dahinter liegende Feld und die Straße und halten sich an der Gabelung links hin zum Eingang einer weiteren Höhle, dem **Windy Knoll**. Das Betreten ist wegen Steinschlaggefahr nicht erlaubt. Durchqueren Sie ab hier das Feld, nehmen die kleine Pforte an der Straße und gehen auf diesem Weg zurück zum Anfangsparkplatz.

Weiterfahrt in Richtung Manchester

Um Manchester und seine Umgebung zu besuchen, lenken Sie nun über CHAPEL-EN-LE-FRITH weiter in nordwestliche Richtung und lesen bei Tour 8 weiter.

Blick auf den Mam Tor

Weiterfahrt in Richtung Stoke-on-Trent

Wer Manchester auslassen möchte, nimmt die folgende Routenbeschreibung, die auf der **A623** in Richtung BUXTON weiterführt.

Buxton Crescent

Der größte Ort des Peak District N.P. ist deutlich weniger verspielt als die Dörfer zuvor und von städtischem Charakter. Wer sich ein wenig im Zentrum umschauen will, braucht etwas Glück, denn die vielen kleinen Parkplätze sind meist nicht auf Wohnmobile ausgelegt oder mit Höhenbarrieren versperrt. Einen Versuch wert ist der Parkplatz in der **Market Street** bei [N 53°15'19" W 1°54'49"], SK17 6LE, oder der am Botanischen Garten am nicht durch die Tiefgarage überbauten Teil, **Burlington Road** [N 53°15'25" W 1°55'15"], SK17 9AR.

Beliebt ist der große **Grin Low Country Park** im Südwesten der Stadt mit dem markanten **Salomon`s Temple** an seinem höchsten Punkt und einem Kletterpark. Die fünfte Höhle der Region befindet sich dort, gleich neben dem Besucherparkplatz. **Poole´s Cavern** ähnelt eher einer klassischen Tropfsteinhöhle. Schon seit Römerzeiten werden diese natürlichen Hohlräume als Mine genutzt. Wenn der Parkplatz besetzt ist, finden Sie nach kurzer Fahrt südlich des Parks eine Alternative neben dem örtlichen Campingplatz.

[N 53°15'01" W 1°55'32"], Temple Rd., SK17 9DH oder alternativ am Grin Low Carpark bei [N 53°14'42" W 1°55'45"], SK17 6UJ, ££, Höhle Mär – Okt, 9.30 – 17 Uhr, sonst 10 – 16 Uhr, www.poolescavern.co.uk

(197) WOMO-Campingplatz: Buxton Caravan Club Site

GPS: N 53°14'43" W 1°55'42", Grin Low Rd., SK17 6UJ, BUXTON
Max. WOMOs: 118
Ausstattung/Lage. Alle Einrichtungen, sehr schön gelegener, weitläufiger Platz direkt am Country Park. Teils schattig, Plätze meist auf Schotter, sonst Rasen.
Öffnungszeiten: Mitte März bis Oktober
Ortszentrum: um 4,3 km
Zufahrt: Verlassen Sie Buxton in südwestlicher Richtung auf der A53 und zweigen links nach Harpur Hill ab. Die Zufahrt zum Platz kommt nach kurzer Zeit auf der linken Seite.
Richtpreis: 28,55 – 40,90 £, CC-Members 16,55 – 28,90 £
Internet: www.caravanclub.co.uk

Stellplatz 198

Westlich von Buxton liegen die Stauseen **Fernlee Reservoir** und **Errwood Reservoir.** Zwei beliebte Wander- und Freizeitziele. Die Straßen ringsum sind teilweise sehr schmal, teils steil und nicht immer in sehr gutem Zustand. Wenn Sie sich dennoch in das Gebiet vorwagen, finden Sie noch passabel erreichbare, ruhige Stellplätze, nicht nur für die Nacht *(z.B: Goyt Valley Carpark, **198:** [N 53°16'26" W 1°57'54"], Goyt`s Ln., SK17 6SX, Errwood Hall Carpark, **199:** [N 53°16'14" W 1°58'59"], Errwood Res., SK17 6SX oder Pym Chair Carpark, **200:** [N 53°17'16" W 2°00'36"], Embridge Causway, SK10 5XL).*

(201) WOMO-Pubstopover: The Winking Man

GPS: N 53°10'16" W 1°57'46", Buxton Rd., ST13 8UH, UPPER HULME
Max. WOMOs: 5 – 6
Ausstattung/Lage: Großes Pub direkt an der A53 mit Parkplatz neben dem Haus. Es gibt echte Stellplätze mit Strom und WC.
Zufahrt: Von Buxton kommend an der A53 in Richtung Leek/Stoke on Trent. Um die 9 km nach Buxton auf der linken Seite.
Richtpreis: Auf Anfrage bei Einkehr über Nacht parken am Parkplatz möglich. Richtige Stellplätze 10 £.
Internet: www.winkingman.co.uk

Gastro-Tipps Peak District, Bakewell: Rajas** (indisch), Bridge Str., DE45 1DS, **Lime Lounge Coffee House** (Café), Bridge Str., DE45 1DS, **Piedaniel`s**\*\* (französisch), Bath Str., DE45 1BX, **Lavender Tea Rooms** (Café), 6 Hebden Court, DE45 1EE, **Ricci`s**** (italienisch), 10 Water Str., DE45 1EW, **Castelton: Rose Cottage Café** (Café), Cross Str., S33 8WH, **Ye Olde Nags Head**** (britisch), Cross Str., S33 8WH, **1530**** (italienisch), Cross Str., S33 8WH, **Tilly`s** (Café), Cross Str., S33 8WH, **Buxton: St. Moritz\*\*,** 7 Cavendish Circus, SK17 6AT, **Simply Thai\*\*,** 2 Cavendish Circus, SK17 6AT, **Barbarella`s Bar**** (britisch), 7 The Quadrant, SK17 6AW, **Le Brasserie de la Cour**,** (französisch), George Str., SK17 6AY, **Buxton Brewery Tap House**** (britisch), George Str., SK17 6AY, **The Lone Star**** (amerikanisch), George Str., SK17 6AY, **Café at the Green Pavillon** (Café), 4 Terrace Rd., SK17 6DR, **Square Tearooms** (Café), 6 The Square, SK17 6AZ, **Columbine**** (britisch), 7 Hall Bank, SK17 6EW, **Gurkha Tingmo Palace**** (indisch), 55 High Str., SK17 6HB

STOKE-ON-TRENT

Die Stadt am Fluss Trent entstand Anfang des 20. Jahrhunderts aus sechs, bis dahin unabhängigen Gemeinden. Noch heute fällt auf, dass es verschiedene mehr oder minder attraktive Zentren gibt. So richtig schön ist keines davon. Einen Namen machte sich die Region seit dem 17. Jahrhundert für ihr Töpferhandwerk. Mehrere Dutzende großer und kleiner „Pottery“-Betriebe produzierten die einst begehrten Waren. Heute ist nur noch eine Handvoll übrig, die einen Teil ihres Gewinns mit dem Handel von Importware bestreitet und die Herstellung oft mehr aus musealen Gründen pflegt. Um wenigstens einen Teil von Stoke kennen zu lernen, fahren Sie am besten in den Stadtteil Smithfield. Mit mehreren Einkaufszentren und Shops großer Handelsketten, einem verkehrsberuhigten Bereich, der **Touristeninformation** und dem **Potteries Museum and Gallery**. stellt es den wohl interessantesten Innenstadtteil dar *(parken z.B. an der* ***Birch Terrace*** *bei [N 53°01'25" W 2° 10'20"], ST1 3JY oder als Kunde auf einem der großen Supermarktparkplätze)*.

Potteries Museum Stoke-on-Trent

Bethesda Str., ST1 3DW, Eintritt frei, Museum: Mo – Sa, 10 – 17 Uhr, So, 11 – 16 Uhr, stokemuseums.org.uk

Wer Lust auf einen Sprung in warmes Wasser verspürt, ist hier ebenfalls richtig. Die **Waterworld** ist ein recht großer, tropisch angehauchter Indoor-Wasserpark mit mehreren Becken und einem Dutzend wilder Rutschen. Eine Übernachtungsgelegenheit finden Sie etwas weiter nördlich.

[N 53°01'39" W 2°11'48"], Festival Park, ST1 5PU, ££, geöffnet ab 10 Uhr, genaue Zeiten über www.waterworld.co.uk

(202) WOMO-Pubstopover: The Church House

GPS: N 53°10'18" W 2°11'34", Buxton Rd., CW12 2DY, BUNGLAWTON
Max. WOMOs: 5
Ausstattung/Lage: Strom, V/E, WC, Pub mit richtigem kleinem Campingplatze neben dem Gebäude.
Zufahrt: Von Buxton kommend auf der A53 in südliche Richtung lenken, dann rechts Richtung Macclesfield und weiter Richtung Congleton über die A523 fahren. Im Vorort Bunglaton auf der linken Seite.
Richtpreis: £
Internet: www.robinsonsbrewery.com

Viele Besucher fahren gar nicht in die Innenstadt, sondern besuchen die etwas weiter außerhalb gelegenen Attraktionen. Zum Beispiel die bekannteste Töpfereiausstellung und Erlebniswelt, **World of Wedgwood** im Süden Stoke-on-Trents. Sie können eine

Biddulph Grange Gardens

Führung durch die Produktion machen, die ausgezeichnete Ausstellung besuchen, essen, trinken – und natürlich im Factory-Outlet Store einkaufen... Bei Interesse kreieren Sie Töpferwaren nach Ihren eigenen Wünschen oder versuchen sich an der Töpferscheibe.

[N 52°57'22" W 2°10'15"], Wedgwood Drive, ST12 9ER, ££-£££, 10 – 17 Uhr, worldofwedgewood.com

In der Nähe:

- Als eine Art Lebenswerk schuf James Bateman im Garten seines Hauses ab 1842 für ganze 26 Jahre eine wirklich außergewöhnlich schöne Erlebniswelt, die heute als die **Biddulph Grange Gardens** bekannt ist. Aus Tempelchen, Schlösschen, kleinen Seen und verschlungenen Wegen auf engstem Raum entstand ein einzigartiges, blühendes Gesamtkunstwerk. Es sind Flyer mit Infos zu Fahrradwegen bis nach Stoke- on-Trent erhältlich *([N 53°07'51" W 2°09'54"], Grange Rd., ST8 7SD, Biddulph, ££, NT-Members frei, Mär – Mai und Okt, 10 – 16.30 Uhr, Jun – Sep, 9 bis 17.30 Uhr, sonst 10 – 15.30 Uhr, www.national-trust.org.uk).*
- Das auffällige Tudorhaus **Little Moreton Hall** trotzt seit mehr als 500 Jahren der Schwerkraft. Eigentlich müsste der krumme, nach oben hin immer breiter werdende Bau längst in sich zusammengefallen sein. Dass dem nicht so ist, erleben Sie mit eigenen Augen

([N 53°07'34" W 2°15'15"], Congleton Rd., CW12 4SD, Congleton, ££, NT-Members frei, Apr – Okt, 11 – 16.30 Uhr, www.national-trust.org.uk).

- Falls Sie immer schon mal Affen ganz nahekommen wollten, aber es bislang noch nie schafften, bietet sich im englischen (!) **Monkey Forest** dazu Gelegenheit. Ganz ohne Trennwände und Gehege sind Sie von einem Rudel Berberaffen umgeben. Als Kontrastprogramm leihen Sie am benachbarten See Kanus aus *([N 52°56'57" W 2°11'45"], Stone Rd., ST12 9HR, Trentham, ££, Apr – Okt, 10 – 17 Uhr, Aug bis 18 Uhr, www.monkey-forest.com).*
- Der **Alton Towers Freizeitpark** gehört zu den größten im Land und ist durch seine vielen, recht wilden Fahrgeschäfte nicht nur, aber vor allem auf Jugendliche und Erwachsene ausgerichtet. Neben dem Themenpark mit mehreren Bereichen gibt es einen eigenen Wasserpark *([N 52°59'15" W 1°52'42"], Farley Ln., ST10 4DB, Alton, ££, ca. Ende Mär – Okt, ab 10 Uhr, mehr unter www.altontowers.com).*

Little Moreton Hall

Gastro-Tipps Stoke-on-Trent: NOM** (britisch), 95 Stafford Str., ST1 1LS, **The Exchange**** (britisch), Marsh Street South, ST1 1HJ, **Roberto`s Pizza House**** (italienisch), 25 Pall Mall, ST1 1EB, **The Slamwich Club**** (amerikanisch), 63 Picadilly, ST1 1HR, **The Quarter Cafe**** (britisch), 65 Picadilly, ST1 1HR, **Massala Junction**** (indisch), Victoria Square, ST1 4JH

Ein letzter Zwischenstopp am Weg zur Tour 8 Richtung Chester könnte der beliebte **Snugbury Ice Cream Parlour** direkt an der **A51** kurz nach NANTWICH sein. Der Bauernhof in Einzellage hat sich einen Namen in Sachen Eiscreme gemacht. Ansonsten gibt es keine nennenswerten Sehenswürdigkeiten. Trotzdem pilgern nicht nur an Sonnentagen viele Besucher dorthin. Vielleicht versuchen Sie ein paar Kugeln.

[N 53°05'16" W 2°33'50"], A51, Nantwich, CW5 6BU, www.snugburys.co.uk

Wenig später gibt es linkerhand Gelegenheit zu einem letzten Pub-Stopover auf Tour 7 am **Tollemache Arms** (***203:** [N 53°07'50" W 2°37'09"], A53, Alpraham, CW6 9LJ).*

Tollemacher Arms (Platz 203)

TOUR 8
10 km
Band 85:
Mit dem Wohnmobil
nach Wales
Manchester
Liverpool
Birkenhead
Bootle
Chester
Stockport
Warrington
Wigan
St. Helens
Bolton
Sale
Stretford
Altrincham
Oldham
Bury
Ashton u.L.
Glossop
Marple
High Lane
Hazel G.
Buxworth
Chapel e.l.F.
Buxton
Macclesfield
Congleton
Biddulph
Knutsford
Wilmslow
Northwich
Crewe
Dunham Massey
Leigh
Westhoughton
Ashton i.M.
Prescot
Widnes
Runcorn
Speke
Ellesmere Port
Eccleston
Formby
Wallasey
West Kirby
Greasby
Thurstaton
Heswall
Neston
Deeside
Mold
Holywell
Prestatyn
Mersey
Dee
Peak District N.P.
537 m Featherbed M.
636 m Kinder Scout
559 m Shining Tor
506 m Shutlingsloe
551 m Axe Edge
P&R1
P&R2
P&R
N

Manchester – Chester – Chester Zoo
Wirral Peninsula – Liverpool – Knowsley Safari

Stellplätze (gratis)	High Lane, Marpleridge, Pownall Park, Wardle, Eccleston, Upton, Thurstaton, Wallasey, Liverpool
Stellplätze (£)	Dinting, Littleborough, Chester, Liverpool (2x)
Pub Stellplätze:	Buxworth, Bamford, Littleborough,
Campingplätze:	Bury, Greenfield, Oldham, Newhey, Culcheth, Christleton, Little Stanney, Thurstaton,
Besichtigen:	Manchester, Lyme Park, Quarry Bank, Tatton Park, Dunham Massey, Chester, Chester Zoo, Blue Planet Aquarium, National Waterways Museum, Ness Botanic Gardens, Port Sunlight, Liverpool, Speke Hall, Beatles Childhood Homes, Croxteth Hall, Knowsley Safari
Baden:	Wallasey
Einkaufen:	Manchester, Cheshire Oaks Outlet, Liverpool

Dort, wo die Flüsse Dee und Mercey im Osten Englands tiefe Einschnitte ins Land bilden, hat sich eine stark bevölkerte, urbane Region gebildet. Sie wird von den Großstädten Manchester und Liverpool beherrscht, die Sie auf dieser Tour kennenlernen. Viel kleiner, aber nicht minder sehenswert, ist das schöne Chester, etwas weiter südlich an der walisischen Grenze.

MANCHESTER

Die Region Greater Manchester, zu der neben der Stadt acht weitere, eng verbundene Gemeinden gehören, bildet mit über 2,6 Millionen Einwohnern die zweitgrößte Metropolregion Großbritanniens, gleich hinter London. In Manchester selbst leben rund 520.000 Menschen.

Die einstige, als grau und dreckig verrufene Arbeiterstadt, hat sich über die Jahre in großen Teilen erneuert und bietet Besuchern heute viele interessante Ecken. Allerdings treten auch Armut und andere soziale Probleme stärker zum Vorschein als in anderen nordenglischen Städten. Rund um Manchester gibt es, zumindest etwas weiter außerhalb, eine ganze Reihe möglicher Übernachtungsplätze, von denen aus Sie mehr oder weniger gut ins Zentrum gelangen. Dazu kommen ein paar barrierefreie P&R Angebote und zwei Parkgelegenheiten direkt im Zentrum.

(204) WOMO-Campingplatz: Burrs Country Park Caravan Club Site

GPS: N 53°36'40" W 2°18'19", Woodhill Rd., BL8 1DA, BURY
Max. WOMOs: 103
Ausstattung/Lage: Alle Einrichtungen, Schotter- und einige Rasenplätze am Rand des Vororts Bury, ruhig, sauber, kein Schatten.
Öffnungszeiten: ganzjährig
Ortszentrum: 1,7 km (Bury), ca. 18 km (Manchester), zu Fuß oder mit den Bussen 477 und 478 ins Zentrum von Bury fahren. Von dort mit Trambahnlinie 1 oder 4 nach Manchester.
Zufahrt: Aus dem Peak District kommend über die A6 bis zum Stadtring M60 fahren und diesem nach Norden folgen. Auf die M66 wechseln und die Ausfahrt Bury wählen. Der Straße folgen, bis nach dem Zentrum rechts die Caravan Club Site auf braunen Schildern angeschrieben ist. Diesen zum Ziel folgen.
Richtpreis: 26,40 – 39,50 £, CC-Members 14,40 – 27,50 £
Internet: www.caravanclub.co.uk

(205) WOMO-Campingplatz: Well-i-Hole-Farm

GPS: N 53°31'56" W 2°01'25", Well-i-Hole Rd., OL3 7HY, GREENFIELD
Max. WOMOs: 50+
Ausstattung/Lage: Strom, V/E, Dusche/WC, einfacher Grasplatz am River Tame neben der Farm, kein Schatten, recht ruhig.
Öffnungszeiten: März – Oktober
Ortszentrum: ca. 1,2 km (Greenfield), um 15 km (Manchester), etwa 900 m bis zur Bahnstation Greenfield, von dort mit der Northern Line oder dem Transpenine Express ins Zentrum von Manchester fahren.
Zufahrt: Aus dem Peak District kommend über die A6 bis zum Stadtring M60 fahren und diesem Richtung Norden folgen. Die Abfahrt nach Ashton-under-Lyne nehmen und auf der A635 immer geradeaus. Am Ende von Quick biegen Sie nach dem Pub Roal George links ab. Der Campingplatz kommt auf der rechten Seite.
Richtpreis: ££
Internet: www.well-i-holefarm.co.uk

(206) WOMO-Campingplatz: Hawthorne Camping

GPS: N 53°32'01" W 2°05'11", Roundthorne Rd., OL4 5LN, OLDHAM

Max. WOMOs: 15+
Ausstattung/Lage: Strom, V/E, Dusche/WC. Meist einfache stellplatz-ähnliche, recht enge Parkfläche auf Asphalt oder Schotter, zweckmäßig. Neben dem zugehörigen Pub.
Öffnungszeiten: ganzjährig
Ortszentrum: rund 2 km (Oldham), ungefähr 13 km (Manchester). Mit Bus 865 direkt vom Camping Platz bis Hamilton Street fahren und ca. 300 m bis zum Halt der Trambahnlinie 5 gehen (Oldham Mumps). Diese fährt ins Zentrum.
Zufahrt: Aus dem Peak District kommend über die A6 bis zum Stadtring M60 fahren und nach Norden steuern. Auf die A62 nach Oldham wechseln und dort rechts auf die A62 Richtung Huddersfield lenken. An der nächsten Ausfahrt nach 150 m wieder links abfahren und im Kreisverkehr links den Schildern zum Alexandra Retail Park folgen. Auf der Straße rund 2,4 km bleiben, bis Sie links nach einer Autowaschstation spitz abbiegen können. Die Straße führt zum Campsite neben dem Pub.
Richtpreis: £
Internet: www.hawthorne-campsite.com

(207) WOMO-Campingplatz: Piethorne Valley

GPS: N 53°36'14" W 2°04'56", Huddersfield Rd., OL16 3TA, NEWHEY
Max. WOMOs: 12
Ausstattung/Lage: Strom, V/E, Dusche/WC, Waschmaschine/Trockner, Picknickbänke, schöne kleine Campsite in Ortsrandlage, Stellflächen auf Schotter, recht ruhig.
Öffnungszeiten: März – Oktober
Ortszentrum: ca. 2,5 km (Milnrow), rund 17 km (Manchester), etwa 800 m zum Trambahnhalt Newhey der Linie 5, die Sie nach Manchester City bringt.
Zufahrt: Aus dem Peak District kommend über die A6 bis zum Stadtring M60 fahren und diesem nach Norden folgen. Dann auf die M62 wechseln und die Ausfahrt Newhey wählen. Im Ort links Richtung Huddersfield abzweigen. Der Platz kommt nach ein paar hundert Metern links.
Richtpreis: ££
Internet: www.piethorne-valley-camping.co.uk

(208) WOMO-Campingplatz: Leyland Farm Campsite

GPS: N 53°27'55" W 2°32'28", Wilton Ln., WA3 4BD, CULCHETH
Max. WOMOs: 20+
Ausstattung/Lage: Strom, Dusche/WC, V/E, einfache Campsite neben einer Farm, Stellplätze meist auf Schotter, nah an den Gleisen, sonst recht ruhig.
Öffnungszeiten: März – Dezember
Ortszentrum: knapp 1,5 km (Culcheth), ca. 20 km (Manchester). Rund 300 m entfernt in den Bus 192 einsteigen, der zum Bahnhof Glazebrook fährt. Von dort mit der Northern Line nach Manchester fahren.
Zufahrt: Aus dem Peak District kommend über die A6 bis zum Stadtring M60 fahren und diesem nach Süden folgen. Dann links auf die A575 Richtung Worsley wechseln und weiter der Beschilderung zur A580 (Leigh) folgen. Dort die Abfahrt links nach Newton nehmen und wieder links Richtung Culcheth fahren. Der Straße bis zur Campsite rechterhand folgen.
Richtpreis: ££

(209) WOMO-Pubstopover: Navigation Inn

GPS: N 53°20'08" W 1°58'04", Brookside, SK23 7NE, BUXWORTH
Max. WOMOs: 1 – 2
Ausstattung/Lage: Schönes Land-Pub am Kanal mit großer Schotterparkfläche und großem Freisitzbereich, nahe an der A6.
Ortszentrum: ungefähr 4 km (Chapel-en-le-Frith), ca. 30 km (Manchester). Bahnstation und Parkplatz im nahen Whaley Bridge (Northern Line).
Zufahrt: Die A6 rund 6 km nach Chapel-en-le-Frith rechts vor einer Bahnbrücke Richtung Buxworth verlassen und dieser Straße etwa 1,6 km folgen. Rechts zum Buxworth Canal Basin abzweigen. Das Pub kommt linkerhand.
Richtpreis: Bei Einkehr und auf Anfrage ist über Nacht parken i.d.R. möglich.
Internet: www.navigationinn.co.uk

(210) WOMO-Pubstopover: The Grapes

GPS: N 53°36'47" W 2°12'32", 69 Norden Rd., OL11 5PW, BAMFORD
Max. WOMOs: 1 – 2
Ausstattung/Lage: Zwangloses Stadtteil-Pub mit recht großem Asphaltparkplatz hinter dem Haus.
Ortszentrum: ungefähr 1,8 km (Heywood), ca. 17 km (Manchester). Nächste Bahnstationen in Castleton und Rochdale (Northern Line).
Zufahrt: Aus dem Peak District kommend über die A6 bis zum Stadtring M60 fahren und diesem nach Norden folgen. Auf die M66 wechseln und

die Ausfahrt Heywood/Bury wählen. Nun der A 58 nach Heywood folgen und dort gegenüber von der Market Hall links Richtung Police Station (beschildert) abbiegen. Am Ende der Straße rechts fahren und sofort wieder links in die Zielstraße mit dem Pub linkerhand nach rund einem Kilometer.
Richtpreis: Bei Einkehr und auf Anfrage ist über Nacht parken i.d.R. möglich.
Internet: www.robinsonsbrewery.com

(211) WOMO-Pubstopover: The White House

GPS: N 53°39'26" W 2°02'58", Halifax Rd., OL15 0LG, LITTLEBOROUGH
Max. WOMOs: 1 – 2
Ausstattung/Lage: Ausflugs-Pub an der Hauptstraße in Alleinlage auf einem Hügel mit guter Aussicht. Schotter-/Asphaltparkflächen daneben. Relativ ruhig.
Ortszentrum: ungefähr 3,5 km (Littleborough), etwa 28 km (Manchester), Bushaltestelle am Pub, nächste Bahnstation in Littleborough (Northern Line).
Zufahrt: Aus dem Peak District kommend über die A6 bis zum Stadtring M60 fahren und diesem nach Norden folgen. Bei Oldham abfahren und über die A663 und die A627(M) nach Norden Richtung Rochdale steuern. Am Ende links weiter Richtung Rochdale fahren und kurz darauf rechts die A58 nach Halifax nehmen. Immer geradeaus bis zum Pub rund 2,5 km hinter Lilttleborough.
Richtpreis: Bei Einkehr und auf Anfrage ist über Nacht parken i.d.R. möglich.
Internet: www.thewhitehousepub.co.uk

(212) WOMO-Stellplatz: High Lane Carpark

GPS: N 53°22'01" W 2°04'39", Windlehurst Road, SK6 8AB, HIGH LANE
Max. WOMOs: 1 – 2
Ausstattung/Lage: Asphaltparkfläche im Ort mit Müllcontainern, sonst keine Einrichtungen, nahe dem Gemeindezentrum.
Ortszentrum: um die 250 m (Windlehurst), ungefähr 17 km (Manchester). Bahnstation Middlewood rund 800 m entfernt, alternativ mit dem Bus 394 nach Hazel Grove fahren (auch Parkmöglichkeiten vorhanden) und dort die Bahn besteigen (beides Northern Line).
Zufahrt: Der A6 bis High Lane folgen und hier nach dem Horseshoe Inn Pub rechts zum Parkplatz abbiegen.

(213) WOMO-Stellplatz: Ridge Quarry

GPS: N 53°22'38" W 2°03'18", The Ridge, SK6 7ES, MARPLERIDGE
Max. WOMOs: 2 – 3
Ausstattung/Lage: Einfacher Asphaltparkplatz neben der Straße, keine Einrichtungen, abgelegen, meist ruhig.
Ortszentrum: ungefähr 2 km (Marple), ca. 17 km (Manchester), keine Bus-/Bahnverbindung in direkter Nähe, evtl. Uber. Alternativ fahren Sie nach Marple oder Strines und nehmen die Bahn. Parkplätze sind dort jeweils vorhanden (Northern Line).
Zufahrt: Biegen Sie von der A6 in Disley rechts Richtung Golf Club ab. Nach dem Golfplatz rechts in die ziemlich schmale Wybersley Rd. wechseln. Sie geht über in The Ridge, der Platz kommt nach gut 400 m links.

(214) WOMO-Stellplatz: Lindow Common Carpark

GPS: N 53°19'46" W 2°15'06", Racecourse Road, SK9 5LR, POWNALL PARK
Max. WOMOs: 2 – 3
Ausstattung/Lage: Asphaltparkfläche an einem Naturschutzgebiet in Ortsrandlage. Keine Einrichtungen.
Ortszentrum: um die 1,5 km (Wilmslow), ca. 16 km (Manchester), mit

Bus 88 oder zu Fuß zum Bahnhof Wilmslow. Von dort mit der Northern oder einer der anderen Linien ins Zentrum fahren (Parkplätze vorhanden (Broadway Meadow Carpark).
Zufahrt: Von der A6 in Hazel Grove links Richtung Davenport Carpark abfahren und der Chester Road über die Gleise folgen. Nun immer geradeaus und am Ende der Straße rechts halten und gleich darauf wieder links (nach wie vor Chester Road). Am Kreisverkehr nach Wilmslow abzweigen und diese Richtung an den nächsten zwei Kreisverkehren beibehalten. Am dritten rechts Richtung Manchester fahren und die nächste Ausfahrt links wählen und gleich wieder links, bis Sie rechts nach Altrincham lenken können. Nach einer Parkanlage wechseln Sie linkerhand in die Racecours Road, dort kommt der Platz linkerhand.

(215) WOMO-Stellplatz und P&R: Dinting Station

GPS: N 53°27'00" W 1°58'17", Dinting Road, SK13 7UU, DINTING
Max. WOMOs: 4 – 5

Ausstattung/Lage: Einfacher, ziemlich großer Schotterparkplatz ohne Höhenbarriere an der Bahnstation. Keine Einrichtungen.
Ortszentrum: rund 1,6 km (Glossop), ca. 16 km (Manchester), mit der Northern Line ins Zentrum.
Zufahrt: Die A6 nach Chapel-en-le-Frith am Kreisverkehr Richtung Glossop verlassen und der Straße folgen. Glossop durchfahren und gegen Ende links Richtung Swimming Pool und Howard Park auf die Talbot Road wechseln. Nun immer geradeaus bis zum Parkplatz auf der linken Seite.
Richtpreis: Gebühr lt. Aushang mit Parkuhr.

(216) WOMO-Stellplatz: Hollingworth Lake

GPS: N 53°38'02" W 2°05'35", Rakewood Road, O15 0AZ, LITTLEBOROUGH

Max. WOMOs: 1 – 2
Ausstattung/Lage: Parkplatz am Visitorcentre des Hollingworth Lakes. Schattig, asphaltiert, Spazierwege, ruhig, Café.
Ortszentrum: um 1,5 km (Littleborough), ca. 21 km (Manchester), die Bahnhofe Littleborough und Smithybridge sind rund 2 km entfernt (auch Busse 455 und 458).
Zufahrt: Aus dem Peak District kommend über die A6 bis zum Stadtring M60 lenken und diesem nach Norden folgen. Dann bei Oldham abfahren und über die A663 und weiter über die A627(M) nach Norden Richtung Rochdale. Am Ende links weiter Richtung Rochdale steuern und kurz darauf rechts die A58 nach Halifax nehmen. In Littleborogh nach der Bahnunterführung ist rechts der Hollingworth Lake angeschrieben. Am Ufer links zum Stellplatz linkerhand fahren.
Richtpreis: Gebühr laut Parkuhraushang.

(217) WOMO-Wanderparkplatz: Watergrove Reservoir

GPS: N 53°39'18" W 2°08'07", Ramsden Road, OL12 9NH, WARDLE
Max. WOMOs: 3 – 4
Ausstattung/Lage: Schotterparkplatz am Stausee ohne Einrichtungen, ruhig.
Ortszentrum: ungefähr 1 km (Wardle), rund 21 km (Manchester), keine

Bus-/Bahnverbindung in direkter Nähe, evtl. Uber. Ab Wardle gehen Busse nach Smithybridge zur Bahn (Northern Line).
Zufahrt: Aus dem Peak District kommend über die A6 bis zum Stadtring M60 fahren und diesem nach Norden folgen. Bei Oldham abfahren und über die A663 und die A627(M) nach Norden Richtung Rochdale steuern. Am Ende links weiter Richtung Rochdale fahren und kurz darauf rechts die A58 nach Halifax nehmen. Links ist nach dem Pub Bulls Head das Dorf Wardle angeschrieben. Am Ende der Straße links halten und immer geradeaus bis zum Stellplatz.

Cityparkplatz: Victoria Station, Total Carpark

GPS: N 53°29'22" W 2°14'47", A56, M3 1RR,
Stellplätze: 500+ (Womo-Tagespauschale 20£)
Hinweis: Im Umkreis befinden sich ein halbes Dutzend weiterer, privater Parkflächen mit meist ähnlichen Preisen, z.B. um die Roger Str., [N 53°29'28" W 2°14'16"]. Höhenbarrieren werden vom Personal oft geöffnet, wenn noch Platz ist.

Cityparkplatz: Dilworth Street

GPS: N 53°27'45" W 2°13'52", Dilworth Street, M13 9NS,
Stellplätze: 150+ (mit Parkautomat)
Hinweis: Innerstädtische Parkfläche ohne Höhenbarriere auf der größere Autos stehen können.

P&R 1: Ladywell Metrolink (Tramline 3)

GPS: N 53°28'59" W 2°19'32", Pilgrim`s Way, M50 1AU, SALFORD
Stellplätze: 300+ (mit Parkautomat)
Hinweis: Die Bahnstation Eccles liegt in der Nähe und die Mediacity UK ist mit rund 1,5 km Entfernung in Laufweite.

P&R 2: Marble Station (Northern Train)

GPS: N 53°24'02" W 2°03'23", Brabyns Brow, SK6 7DB, MARBLE
Stellplätze: 150+ (teils Parkautomat, teils kostenfrei)
Hinweis: Insgesamt gibt es drei Parkflächen an der Straße, alle ohne Höhenbeschränkung.

P&R 3: Wigan Wallgate (Northern Train)

GPS: N 53°32'45" W 2°38'10", Dorning Rd., WN1 1ND, WIGAN
Stellplätze: 60+ (gebührenpflichtig)
Hinweis: Stadt am Weg in Richtung Liverpool. Nach den Koordinaten folgt alternativ ein öffentlicher Parkplatz. Direkt am Bahnhof können Sie möglicherweise auch stehen. Die Einfahrt war durch Bauarbeiten verengt.

Unterwegs in Manchester:
Das heutige Stadtgebiet Manchesters und seiner umliegenden Gemeinden war schon vor der Zeitenwende durch keltische Stämme besiedelt. Die Römer errichteten das Lager Castrum Mamucium und hielten es für über 300 Jahre. Nach ihrem Abzug Anfang des 5. Jahrhunderts lagen weite Teile der Region brach. Sie war nur dünn besiedelt. Rund 200 Jahre später gründeten die Angelsachsen eine neue Siedlung namens Mameceaster, der den heutigen Namen enthält. Im

13. Jahrhundert erlangte der Ort Markt- und später Stadtrechte. Viele eingewanderte Flandern ließen sich nieder und brachten ihr Wissen um Woll- und Leinenverarbeitung mit. Diese Kenntnisse bildeten einen Grundstein für den späteren Aufstieg zu einer Textilmetropole. Zur Zeit der industriellen Revolution im 18. Jahrhundert boomte einerseits die Wirtschaft, die Stadt quoll aus allen Nähten und die Armut vieler zu Hungerlöhnen beschäftigter Arbeiter führte zu miserablen Lebensbedingungen und schließlich gewalttätigen Aufständen und Plünderungen. Der Bau des Manchester Ship Canals machte Manchester zur drittgrößten Hafenstadt Englands – und das obwohl es 64 km von der Küste entfernt liegt. Kohle und Textilverarbeitung erklommen immer neue Höhen, die Lebensqualität der Bewohner änderte es sich aber nur wenig.
Als die lokale Industrie während der Weltwirtschaftskrise fast zum Erliegen kam, verschlimmerte dies das Elend der Menschen noch weiter und Manchester erholte sich bis zum Zweiten Weltkrieg nicht mehr. Deutsche Fliegerangriffe zerstörten in dieser Zeit große Teile der alten Bausubstanz und hinterließen eine auch optisch völlig zerstörte Stadt. Die Einwohnerzahl halbierte sich von einstmals fast 800.000 Menschen auf rund 400.000 und der nicht immer sehr gelungene Wiederaufbau sowie der erneute Aufschwung gingen nur langsam von Statten.
Einen weiteren Tiefschlag stellte der größte IRA-Bombenangriff in der Geschichte dar. 1996 detonierte eine 1500 kg schwere Bombe im Zentrum und zerstörte allein 75.000 Quadratmeter an Laden- und Büroflächen sowie Wohnquartiere und öffentliche Plätze. Da es vorher eine Warnung gab, kamen keine Menschen ums Leben. Diese Katastrophe führte schlussendlich zu einem Neuaufbau des Zentrums, der mit einer bereits begonnenen wirtschaftlichen Neuausrichtung einherging. Manchester wurde wieder zu einem begehrten Wohnort, der Arbeit und moderne Einkaufsmöglichkeiten bietet. Die Bevölkerung wuchs stark. Heute gibt es 135 Parks und Grünanlagen, moderne und innovative Orte, wie die erst vor kurzer Zeit fertig gestellte Media City UK im Westen. Dennoch polarisiert die Stadt bis heute und nicht jeder entdeckt unter der noch immer rauen Schale einen schönen Kern.

Da Sie von den meisten Parkplätzen und Bahnverbindungen einen guten Anschluss an die **Victoria Station** haben, beginnt der beschriebene Stadtrundgang dort. Vorweg sei gesagt, dass es kaum möglich ist, die gesamte Innenstadt zu Fuß zu erkunden. Sie ist zu weitläufig. Die Fahrt mit dem **Sightseeing Manchester Bus** ist äußerst empfehlenswert, vor allem wenn Sie die etwas weiter entfernten Sehenswürdigkeiten erkunden möchten *(££, Ticket ist 48h lang gültig, Abfahrten hier zuletzt 3 6x täglich zwischen 11 und 15.30 Uhr, Kommentar nur englisch, eine deutschsprachige Begleit-App ist über die Website downloadbar, www.sightseeingmanchester.com)*. Sie können den Bus direkt südlich

Media City UK

Old Trafford

der Bahnstation an der **Victoria Street** besteigen. Die Haltestelle ist entsprechend markiert, fällt aber nicht sofort ins Auge. Die 90-minütige Rundtour beinhaltet 15 Stopps, an denen Sie nach dem Hop on/Hop off-Prinzip jederzeit zu- und aussteigen können. Vor allem sollten Sie den Bus nutzen, wenn Sie die **Media City UK** und das umliegende, neue Viertel an den ehemaligen Kaianlagen besuchen wollen *(Bus Stopp Nr. 10, 101 Broadway, M50 2EQ, Salford, mediacityuk.co.uk)*. Hier ist die größte Ansammlung an Fernseh- und Radiosendern im ganzen Land vereint und es finden regelmäßig verschiedenste Veranstaltungen statt. Gleich benachbart auf der gegenüberliegenden Kanalseite steht **The Lowry** *(Pier 8, The Quays, M50 3AZ, Salford, www.thelowry.com)*. Der markante Bau am Wasser beherbergt mehrere Theater, Galerien, Läden und gastronomische Betriebe. Der **Lowry Outletcenter** mit rund 50 Shops schließt sich östlich an *(www.lowryoutlet.co.uk)*. Über die Flussbrücke und entlang den schön gestalteten Wasserläufen gelangen Sie zum **Imperial War Museum North**. Dem Namen nach beschäftigt sich die umfangreiche, sehr zeitgemäß aufbereitete Ausstellung mit den Kriegen des letzten Jahrhunderts und ihren Folgen. Doch auch der Kunst und den Geschehnissen rundherum wird Platz eingeräumt *(Trafford Wahrf Rd., M17 1TZ, Stretford, Eintritt frei, 10 – 17 Uhr, www.iwm.org.uk)*.

Town Hall am Albert Square

Ein weiterer touristischer Hauptanziehungspunkt, den Sie besser mit dem Bus besuchen, ist **Old Trafford**, das legendäre Stadion der Weltklasse-Fußballmannschaft Manchester United. Es wird direkt angefahren oder ist von den Kaianlagen aus in wenigen hundert Metern zu Fuß erreichbar. Auf Führungen

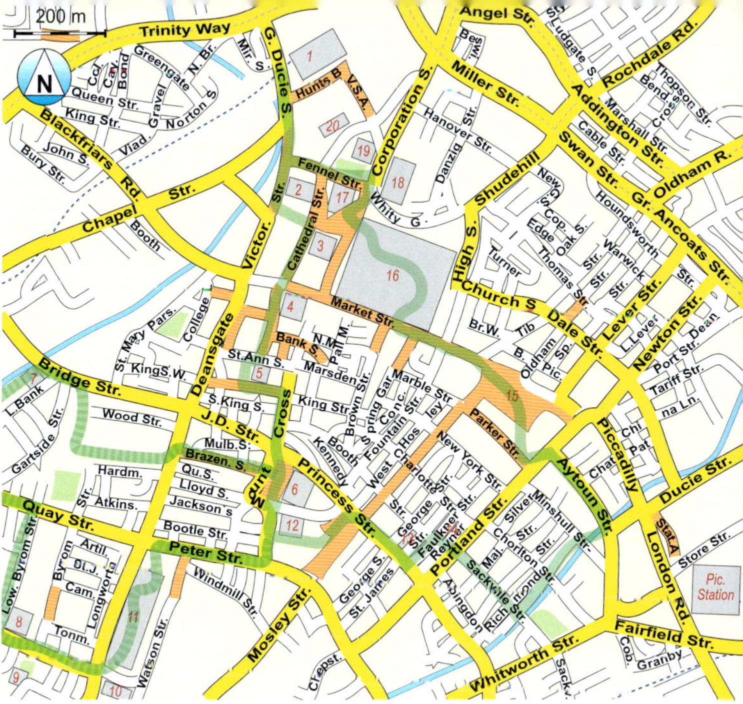

1: Victoria Station
2: Manchester Cathedra
3: Selfridges Centre
4: Royal Exchange Theatre
5: St. Anne`s Church
6: Manchester Town Hall
7: People`s History Museum
8: Air and Space Hall (SalM)
9: Fort Mamucium
10: Beetham Tower
11: GNR Warehouse
12: Manchester Library
13: Manchester Art Gallery
14: Chinese Arch
15: Picadilly
16: Arndale Mall
17: Corn Exchange
18: The Printworks
19: National Football Museum
20: Chetham`s School of Music

können Sie das 75.000 Plätze Oval erkunden und die Ausstellung **Old Trafford Experience** besuchen *(Bus Stopp Nr. 12, Sir Matt Busby Way, M16 0RA, Stretford, ££££, Mo – Sa, 9.30 – 17 Uhr, So, 10 – 16 Uhr außer an Spieltagen, www.manutd.com)*.
Das riesige **Science and Industry Museum** ist unbedingt einen Besuch wert *(siehe folgende Tour Beschreibung)*. Sie können es erlaufen oder die kürzere Tour Variante wählen und per Bus Stopp Nr. 13 erreichen.

Für den Rundgang folgen Sie der **Victoria Street**, geradeaus in den verkehrsberuhigten Bereich, bis zur **Manchester Cathedral**. Sie besitzt die umfangreichste und besterhaltene mittelalterliche Holzausstattung des gesamten englischen Nordens *(Victoria Str., M3 1SX, Eintritt frei, So – Do von 8.30 – 18.30 Uhr, Fr/Sa bis 17.30 Uhr, manchestercathedral.org)*. Hinter der Kirche halten Sie sich links und gehen, gleich wieder rechts durch die **Cathedral Street** auf das Selfridges Gebäude zu. Rechts daneben verläuft die Fußgängerzone. Folgen Sie dieser entlang der **Exchange Street**, die schließlich an der **St. Anne`s Church** endet. Rechts um die Kirche herum schlüpfen Sie durch die dahinter liegende Passage zur **King Street**, einer der bekanntesten Einkaufsstraßen Manchesters hinüber. Gehen Sie nach links und am Ende der Fußgängerzone rechts bis zum zentralen **Albert Square** mit der Manchester **Town Hall**. Sie wurde im viktorianisch-gotischen Stil von Alfred Waterhouse erbaut und 1877 eröffnet. Auffällig ist vor allem der große Uhrturm und die reich verzierte Fassade. Aufgrund umfangreicher Umbauarbeiten bleibt das Gebäude bis 2024 für Besucher gesperrt. Hier befindet sich der Haupthaltepunkt des Sightseeing Busses, falls sie diesen lieber von hier aus besteigen wollen.

Science Museum und Beetham Tower

Für die kürzere Tour Variante gehen Sie geradeaus durch die **Mount Street** direkt zur Bibliothek hinüber. Ansonsten folgen Sie der **Brazenose Street** nach Osten. Autofrei halten Sie sich an der nächsten Kreuzung schräg links von Ihnen weiter geradeaus durch **The Avenue** und drehen am Ende vor dem streng wirkenden Betonbau mit dem Gericht nach rechts, bis Sie die **Bridge Street** erreichen. Linkerhand passieren Sie das auffällige Gebäude, mit dem **Civil Justice Centre**. Gleich dahinter versteckt sich das **People`s History Museum.** Es befasst sich mit der Entwicklung der Demokratie am Beispiel des Vereinten Königreichs *(Left Bank, M3 3ER, Eintritt frei, Spende erwünscht, 10 – 17 Uhr, www.phm.org.uk)*. Hinter dem Gebäude können Sie auf einer Passage entlang des **Irwell Rivers** am Wasser entlang gehen. An der nächsten Brücke biegen Sie links ab und nehmen die insgesamt fünfte Straße nach rechts. Die **Lower Byrom Street** führt an den **St. Johns Gardens** vorbei zu den Eingängen von zwei zusammen gehörenden Museen. Rechterhand betreten Sie das erwähnte **Science and Industry Museum**. Am Gelände des weltweit ältesten Personenverkehrsbahnhofs entstand eine äußerst umfangreiche Sammlung voller interaktiver Schaustücke, alter Fahrzeuge und historischer Maschinen, die für jeden etwas bietet: von Demonstrationen der ersten automatischen Webstühle bis zu einem der ersten Computer, genannt „Baby" aus dem Jahr 1948. Linkerhand dreht sich in der **Air and Space Hall** alles um Luftfahrtpioniere und ihre abenteuerlichen „fliegenden Kisten" *(Liverpool Road, M3 4FP, Eintritt für beide Hallen/ Gelände frei, 10 – 17 Uhr, www.scienceandindustrymuseum.org.uk)*. Über die **Liverpool Road** nach links spazieren Sie am **Castlefield Urban Heritage Park** vorbei. Darin wurde ein Stück des ehemaligen römischen **Forts Mamucium** an dieser Stelle nachgebaut. Die ursprünglichen Ruinen wurden im 19. Jahrhundert endgültig abgerissen. Am Ende der Straße stoßen Sie auf eines der auffälligsten Gebäude Manchesters, den voll verglasten, nach oben hin breiter werdenden **Beetham Tower**. Die beiden obersten Stockwerke hat sich sein Erbauer, der Architekt Ian Simpson ge-

Central Library

sichert. Ansonsten ist auf 22 der 47 Stockwerke ein Hilton Hotel untergebracht. Die Sky Bar im überhängenden 23. Stock besitzt teilweise einen Glasboden. Am Boden misst der 169 m hohe Wolkenkratzer an der Schmalseite gerade einmal 17 m. Linkerhand führt eine Treppenanlage zur erhöhten Passage, die parallel zur **Deansgate** an einigen Läden und Cafés vorbeiführt. Entweder links unten, entlang der Straße, oder rechts, durch das Gebäude mit dem Kino, dem ehemaligen **Great Northern Railway Warehouse**, geht es bis zum **Great Northern Square,** mit seinem halbrunden Amphitheater, hinüber. Nach rechts erreichen Sie das altehrwürdige **Midlands Hotel** und die gegenüberliegende, auffällig rund erbaute Bibliothek, **The Central Library**. Folgen Sie dem **St. Peters Square** mit den vielen Trambahngleisen nach links und dann der **Princess Street** nach rechts. Linkerhand können Sie die **Manchester Art Gallery** in dem klassizistischen Gebäude mit Säulenportal besuchen. Neben Wechselausstellungen umfasst sie eine rund 25.000-teilige Sammlung klassischer Kunst und Gemälde, dekorativer Objekte sowie Kostümen und Accessoires *(Mosley Str., M2 3JL, Eintritt frei, 10 – 17 Uhr, Mo ab 11 Uhr, www.manchesterartgallery.org)*. An der **Faulkner Street** biegen Sie links nach **China Town** ab, die Sie mit vielen chinesischen Werbetafeln und dem **Chinese Arch** in der Mitte begrüßt. Vor dem Tor nach rechts, über **Nicholas** und **Sackville Street**, besuchen Sie das für sein Nachtleben bekannte **Gay Village**, in dem vor allem die schwul-lesbische Szene zu Hause ist. Die schönste Straße ist die **Canal Street**, der Sie, am Wasser entlang, nach links folgen. Wenn diese endet, wechseln Sie notgedrungen die Uferseite und gehen bis zur großen Kreuzung geradeaus. Dort führt die **Aytoun Street** bis zu den begrünten **Piccadilly Gardens** hinüber, einem beliebten „Hang out“ im Sommer. Am großen Springbrunnen plantschen an warmen Tagen oft ganze Scharen von Kindern im Wasser. Geradeaus beginnt an der Ecke **Market Street** und **High Street** die

Chinese Arch

Canal Street

Arndale Shopping Mall

riesige **Arndale Shopping Mall**, Europas drittgrößtes, innerstädtisches Kaufhaus mit mehr als 200 Shops. Verlassen Sie diese am Ende am nordöstlichen Eck durch den Next-Store. Linkerhand steht das **Corn Exchange** Gebäude mit einem voll verglasten Innenhof. Weiter rechts gegenüber, liegt der dunkle Eingang des Vergnügungszentrums **The Printworks**. Hier scheint es immer Nacht zu sein, was der Beliebtheit der darin beheimateten Restaurants und Cafés keinen Abbruch tut. Gleich am östlichen Ausgang stehen Sie vor dem Gebäude des **National Football Museums**. Die weltweit größte Fußball-Ausstellung zeugt von der Liebe Manchesters zu „ihrem Sport“. Ganze sechs Stockwerke umfassen eine Hall of Fame, massenhaft Informationen zu Stadien, Spielern, Clubs und Liegen, und viele interaktive Bereiche, um selbst dem Ballsport ganz nahe zu kommen *(Todd Str., M4 3BG, Eintritt frei, Spende erbeten, 10 – 17 Uhr, www.nationalfootballmuseum.com)*. Über den begrünten Platz dahinter spazieren Sie zwischen der Music Academy und der vom Anfang der Tour bekannten Kathedrale zur Victoria Station und dem Ausgangspunkt zurück.

Gastro Tipps Manchester: Lunya** (spanisch), Deansgate Barton Arcade, M3 2BN, **Armenian Taverna**** (armenisch), 3 Princess Str., M2 4DF, **Rajdoot Tandoori**** (indisch), 18 Albert Sq., M2 5PE, , **Australasia Restaurant***** (international), 1 The Avenue, M41 6GT, **Grand Pacific**** (britisch), 50 Spring Gardens, M2 1EN, **Facenda Rodizio**** (brasilianisch), The Avenue, M3 3AP, **Manchester House***** (britisch), 18 Bridge Str., M3 3BZ, **Beastro**** (britisch), Leftbank, M3 3AG, **Tattu**** (chinesisch), 3 Hardman Sq., M3 3EB, **Don Marco**** (italienisch), Campfield Arcade Liverpool Rd., M3 4FH, **Platzki**** (polnisch), 255 Deansgate, M3 4EN, **Asha`s**** (indisch), 47 Peter Str., M2 3NG, **Adam Reid***** (britisch), 16 Peter Str., M60 2DS, **Vienna Coffee House** (Café), 74 Mosley Str., M2 3LW, **Teppanyaki**** (japanisch), 58 George Str., M1 4HF, **Habesha*** (afrikanisch), 29 Sackville Str., M1 3LZ, **No 1 Canal Street**** (britisch), 1 Canal Str., M1 3HE, **Federal Café**** (pazifisch), 9 Nicholas Croft, M4 EY, **Alston Bar**** (britisch), Cathedral Str., M4 3TR

Picadilly Gardens

Quarry Bank

In der Nähe:

- Seit dem Mittelalter grast in **Lyme Park** eine Herde Rotwild auf dem 560 Hektar großen Anwesen südöstlich von Manchester. Besucher können ausgedehnte Spaziergänge unternehmen, die Rosen und bunt leuchtende Blumenrabatten in den Gärten bewundern, während die Kinder am Abenteuerspielplatz toben. Natürlich gibt es ein Haus zu besichtigen, in dem die opulente Regency-Zeit nie vorüber gegangen ist *([N 53°20'18" W 2°03'24"], SK12 2NX, Disley, ££, NT-Members frei, 8 – 18 Uhr, Haus 10 – 15 Uhr, Nov – Feb, Haus nur Fr – So, 11 – 15 Uhr, www.national-trust.org.uk).*
- In **Quarry Bank** blieb eine komplette Gemeinde aus der Industrialisierungszeit erhalten. Sie sehen die gegensätzlichen Unterkünfte und Lebensumstände der Arbeiter und der Besitzer, die alte, wasserbetriebene Baumwollmühle und haben Gelegenheit zu Spaziergängen am Flussufer des Bollin *([N 53°20'41" W 2°14'45"], Quarry Bank Rd., SK9 4JB, Styal, £££,* NT-Members frei, *Mär – Okt, 10.30 – 17 Uhr, Nov – Feb von Mi – So, 10.30 – 16 Uhr, Jan nur Sa/So, www.national-trust.org.uk).*

Lyme Park

- Das beeindruckende neoklassizistische Anwesen **Tatton Park** wurde einst von den Gebrüdern Wyatt erbaut. Die Besucher erhalten Einblick in eine Vielzahl an Räumen voller Kunst, Bücher und Keramiken. Der Küchenblock und die zugehörige Farm aus den 1930er Jahren können, genau wie Gärten und Wildpark, besichtigt werden *([N 53°19'48" W 2°23'24"], Mereheath Drive, WA16 6QN, Knutsford, ££, HH- und NT-Members frei, Apr – Okt,* Gärten *von 10 – 18 Uhr, Haus Di – So, 13 – 17 Uhr, www.tattonpark.org.uk).*

- Besonders bekannt ist das Anwesen **Dunham Massey** für seinen außergewöhnlich schönen Wintergarten. Doch auch das Haus im georgianischen Stil und der Garten als grüner Gegenentwurf zur nahen Großstadt sind einen Besuch wert *([N 53°23'07" W 2°24'16"], Woodhouse Ln., WA14 4SJ, Altrincham, ££, NT-Members frei, Apr – Okt,* Gärten 10 – 18 Uhr, Haus Di – So, *13 – 17 Uhr, www.national-trust.org.uk).*

CHESTER

Am Fluss Dee gelegen, geht die Stadt Chester auf eine alte, römische Befestigung, Fort Deva, zurück. Überreste, wie die Hypokausten damaliger Warmluftheizsysteme und ein Teil des alten Amphitheaters sind bis heute sichtbar. Sowohl während der angelsächsischen als auch der normannischen Zeit blieb Chester stets ein wichtiger Festungs- und Handelssitz. Oft war die Stadt Ausgangs- und Rückzugsort bei Schlachten gegen das direkt benachbarte Wales. Erst als der Flusshafen versandete und das benachbarte Liverpool immer größer wurde, schwand Chesters Einfluss. Heute hat die schöne Stadt, mit ihrer weitgehend erhaltenen Mauer und der geschlossenen mittelalterlichen Fachwerkshausbebauung, rund 80.000 Einwohner und setzt stark auf den Tourismus. Beinahe der halbe Ort ist auf Privatbesitz erbaut und Eigentum des Duke of Westminster, der in seinem privaten Schloss im Vorort Eccleston residiert.

Wer Chester besuchen möchte, kann zwischen verschiedenen Stell- und Campingplätzen wählen. In Kombination mit dem Chester Zoo macht die P&R Anlage nordöstlich des Zentrums Sinn. Ansonsten ist der zur Übernachtung geeignete, sehr zentral gelegene **Little Roodee Carpark** die erste Wahl.

Dunham Massey

(218) WOMO-Campingplatz: Netherwood Touring Site

GPS: N 53°10'40" W 2°49'46", Whitchurch Rd., CH3 6AF, CHRISTLETON
Max. WOMOs: 20+
Ausstattung/Lage: V/E, Dusche/WC, einfacher aber freundlicher Grasplatz nahe dem Shropshire Canal an der A41.
Öffnungszeiten: ca. März – Oktober
Ortszentrum: rund 4,5 km (Chester), Buslinie 41 fährt nahe dem Platz von der Hauptstraße ins Zentrum.
Zufahrt: Von der A51 ungefähr 1,5 km nach dem Dorf Clotton links in die Hook Lane abbiegen. Immer geradeaus, am Ende rechts in die Whitchurch Road abbiegen und bis zum Platz nach gut einem Kilometer rechts fahren.
Richtpreis: ££
Internet: www.netherwood-touring-site.business.site

(219) WOMO-Stellplatz: Eccleston Ferry

GPS: N 53°09'13" W 2°52'36", Paddock Road, CH4 9JE, ECCLESTON
Max. WOMOs: 1 – 2

Ausstattung/Lage: Schöner, abgelegener Parkplatz am River Doo, ruhig, teils schattig, keine Einrichtungen. Der Fuß-/Radweg am Fluss führt ins Zentrum von Chester.
Ortszentrum: etwa 4,5 km (Chester)
Zufahrt: Von der A51 kommend in Richtung Chester fahren und auf die A53 in südliche Richtung wechseln. An der nächsten Ausfahrt links nach Wrexham abfahren und gleich wieder links, nach Belgrave und weiter links nach Ecclestone abbiegen. In der Dorfmitte rechts fahren und am Ende der öffentlich befahrbaren Straße links zum Parkplatz abbiegen.

(220) WOMO-Stellplatz: Little Roodee Carpark

GPS: N 53°11'04" W 2°53'35", Castle Drive, CH1 2AN, CHESTER
Max. WOMOs: 1 – 2
Ausstattung/Lage: Großer zentraler Auto- und Busparkplatz in fußläufiger

Entfernung zur Innenstadt zwischen dem River Dee und der Burg gelegen. Toiletten, Mülleimer, beleuchtet, Café am Platz.
Ortszentrum: 400 m.
Zufahrt: Der A51 ins Zentrum folgen und von dort der Beschilderung „P - Little Rodee Coaches".
Richtpreis: Gebühr laut Aushang.

P&R Platz Upton

GPS: N 53°13'38" W 2°53'24", A 41, CH2 4BW, CHESTER
Stellplätze: 6 Parkplätze für oversized Vehicles wie Womos vor der Höhenbarriere.
Hinweis: Von hier mit dem Pendelbus ins Zentrum, direkt benachbart zum Chester Zoo gelegen.

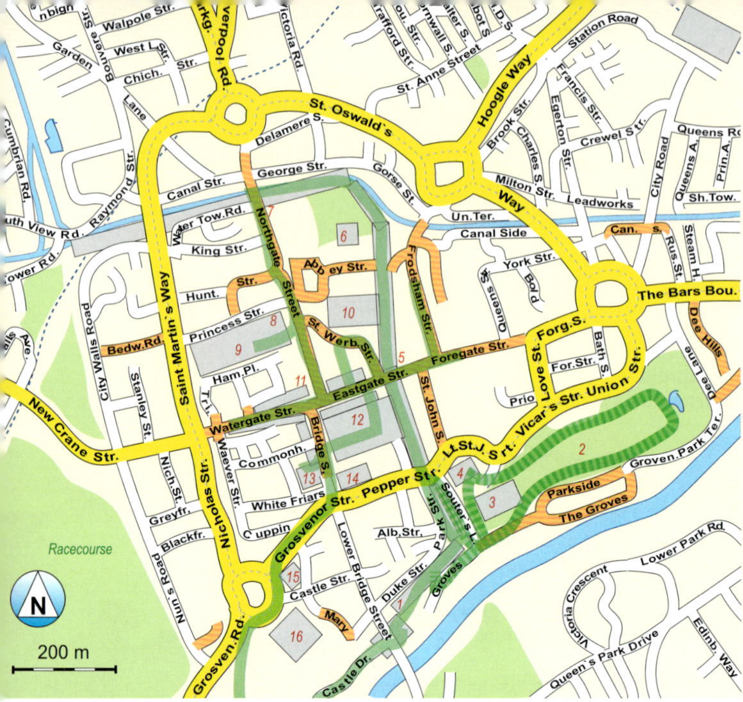

1: City Walls
2: Grosvenor Park
3: St. John
4: Amphitheater
5: Eastgate Clocktower
6: Cathedral Falconary
7: Northgate
8: Town Hall + Tourist Inf.
9: Forum Shopping + Market Hall
10: Chester Cathedral
11: The Rows
12: Grosvenor Shopping Center
13: Deva Roman Experience
14: St. Michael
15: Grosvenor Museum
16: Chester Castle + Military Mus.

Unterwegs in Chester:
Dafür, dass Chester nicht sonderlich groß ist, gibt es wirklich viel zu sehen. Die kompakte, durch die Stadtmauern begrenzte Altstadt gibt weitgehend die Größe vor und so können Sie gut alle wichtigen Sehenswürdigkeiten an einem Tag besichtigen, ohne auf ihr Fahrzeug oder andere Hilfsmittel angewiesen zu sein. Nur wenn Sie dringend Wegstrecke einsparen wollen oder müssen, lohnt die Fahrt mit dem örtlichen **Hop on/Hop off City Sightseeing Bus** *(mehr unter www.city-sightseeing.com)*.
Wenn Sie den Rundgang am **Little Roodee Carpark** beginnen, sehen Sie hinter sich die Stadtmauern und **Chester Castle**. Die Burg dient heute Großteils als Verwaltungssitz. Die öffentlichen Teile und der Eingangsturm **Agricola Tower** sind nur auf geführten Touren zu besichtigen *(nur Fr – So, ca. Mitte Jul – Mitte Sep, Infos in der Touristeninformation oder im Grosvenor Museum)*. Das ebenfalls darin untergebrachte Military Museum wird am Ende der Tour beschrieben.

Old Dee Bridge

Folgen Sie dem **Castle Drive** entlang des River Dee in nordöstliche Richtung, bis zur **Old Dee Bridge**, die über den Fluss führt. Auf Wunsch überqueren Sie diese und werfen auf der anderen Uferseite rechts einen Blick auf den **Minerva Shrine** im **Edgar`s Field Park**. Der verwitterte Altarstein aus dem 2. Jahrhundert stammt aus Chesters römischer Vergangenheit und steht bis heute an seinem ursprünglichen Platz.

Roman Gardens

Steigen Sie am **Bridgegate** hinter der Brücke auf die Stadtmauer und folgen dieser nach Nordosten. Von hier oben umrunden Sie die halbe Innenstadt und haben immer wieder wunderbare Blicke zu beiden Seiten. Alternativ unterbrechen Sie an den **Wishing Steps**, der nächsten hinabführenden Treppe zur Rechten, den Weg vorerst, um zurück zum Flussufer zu gelangen. Von **The Groves** legen an dieser Stelle mehrmals täglich Ausflugsboote zu Fahrten entlang des Dees ab *(mehr unter www.chesterboat.co.uk)*. Dahinter beginnt Chesters grüne Lunge, der akkurat und schön bepflanzte **Grosvenor Park**. Kinder wie Erwachsene können auf einer Miniaturbahn eine Runde durch die Gärten drehen. Nordwestlich wird er durch die teilweise ausgegrabenen Überreste des **Amphitheaters** und der **St. John Church** begrenzt, ihres Zeichens nach der ältesten Kirche der Stadt.

Entweder setzen Sie den Weg weiter über die Stadtmauer fort oder spazieren direkt davor durch die **Roman Gardens** bis zum nächsten Tor, dem **Newgate.** Hier können Sie erneut auf- oder abzusteigen. Der Mauerweg führt, beidseitig eng bebaut, bis zum **Eastgate** mit der imposanten **Eastgate Clock**, einem der Wahrzeichen Chesters. Nach links haben Sie einen wunderbaren Blick auf die **Eastgate Street** mit den **The Rows** genannten, herrlichen Fachwerkshäusern beidseits der Straße. Von hier starten Sie den Rundgang, wenn Sie vom Bus Interchange über die **Froodham Road** oder den Haltestellen an der **Foregate Street** zum Stadtrundgang stoßen.

Der Mauerspaziergang führt Sie weiter bis zur

The Rows von der Stadtmauer

Cathedral und Indoor Market

Chester Cathedral, die teilweise von Bäumen verdeckt wird. Am Weg zur nordöstlichen Ecke der Stadtbefestigung mit dem **King Charles Tower** streifen Sie die **Chester Cathedral Falconary** mit eigenem Abgang. Ganz untypisch liegt dieses Falknerei Gelände mitten im Stadtzentrum. Die Flugshows finden das ganze Jahr über statt. Es gibt zusätzlich einige Reptilien zu sehen und Sie können die Nature Gardens der Kathedrale mit erkunden *(9 Abbey Square, CH1 2HU, £, Apr – Okt, 10 – 17 Uhr, sonst bis 16 Uhr, www.chestercathedral.com/falconary-nature.gardens)*. Da Sie bereits die halbe Altstadt umrundet haben, wird es Zeit, sich dieser auf Augenhöhe zu nähern. Am folgenden **Northgate** steigen Sie von der Mauer herab und folgen der **Northgate Street** stadteinwärts. Nach dem Theater **Storyhouse** zur Rechten öffnet sich die Straße zu einem großen Platz hin. Rechts können Sie sich in der **Touristeninformation** in der **Town Hall** weiteres Informationsmaterial besorgen. Gleich dahinter führt eine Passage durch das **Forum Shopping Centre** zu den **Chester Indoor Markets** mit einigen interessanten Ständen, an denen Sie frische, lokale Lebensmittel erwerben können *(Abbey Sq., CH1 2HU)*. Linkerhand steht die **Chester Cathedral** an der **St. Werburgh Street**. Die Kirche stammt aus dem 11. Jahrhundert, wurde aber immer wieder an- und umgebaut. Sie ist frei zugänglich, lediglich die Entdeckertouren samt Turmbesteigung sind gebührenpflichtig *(Touren £-££, mehr unter www.chestercathedral.com)*.

Am Chester Cross

Am Ende der Northgate Street stoßen Sie auf das markante Marktkreuz **Chester Cross**. Von hier aus hat man die beste Rundumsicht auf die faszinierenden Häuserreihen mit ihren mehrstöckigen Arkadengängen. Lassen Sie sich ausführlich Zeit durch **Watergate** und **Eastgate Street** zu bummeln. Über **Godstall Lane** und **St. Werburgh Street** können Sie eine zusätzliche kleine Schleife drehen. Außerhalb des Stadttores laden **Foregate** und **Frodsham Street** mit ihren verkehrsfreien Bereichen zu einer Runde ein. Auf der Südseite der Eastgate durchqueren Sie das **Grosvenor Shopping Centre** und verlassen es durch eine imposante Westfassade an der **Bridge Street** mit weiteren Geschäften und Cafés. Schräg gegenüber führt die schmale **Pierpoint Lane** zum **Dewa Roman Experience**. Die teilweise erlebnisorientiert aufbereitete Ausstellung zur römischen Vergangenheit Chesters ist kein Muss, aber ein ganz interessanter Zwischenstopp und recht familientauglich orientiert *(12b Bridge Str., CH1 1NN, £, Feb – Nov, Mo – Sa, 9 – 17 Uhr, So ab 10 Uhr, sonst 10 – 16 Uhr, www.dewaromanexperience.co.uk)*.

Grosvenor Shopping Mall

Am Ende der Bridge Street wechseln Sie schräg rechts, gegenüber **der St. Michael`s Church**, in die **Grosvenor Street**, die zurück zum Ausgangspunkt führt. Einen Besuch ist unterwegs das **Grosvenor Museum** wert. Es zeigt eine umfangreiche, archäologische Sammlung verschiedener Epochen, Kunst, Silber sowie natur- und sozialhistorische Abteilungen *(27 Grosvenor Str., CH1 2DD, Eintritt frei, Spende erwünscht, Mo – Sa, 10.30 – 17 Uhr, So, 13 – 16 Uhr, www.grosvenormuseum.westcheshire-museum.co.uk)*. Zu guter Letzt werfen Sie am Kreisverkehr links einen Blick in das **Military Museum,** das in einem Teil des Burggeländes untergebracht ist. Es dreht sich um Regimentssoldaten aus Chester, die man seit dem 17. Jahrhundert sammelt *(Castle Str., CH1 2DN, £, 10 – 17 Uhr, Nov – Mär nur Do – Di, www.cheshiremilitarymuseum.co.uk)*.

Gastro-Tipps Chester: Twenty2*** (britisch), 22 City Walls, CH1 1SB, **Hickory`s Smokehouse**** (amerikanisch), The Groves, CH1 1SH, **Porta**** (spanisch), 140 Northgate Str., CH1 1HT, **Joseph Benjamin**** (britisch), 140 Northgate Str., CH1 2HT, **Chez Jules**** (französisch), 71 Northgate Str., CH1 2HQ, **Bollici**** (italienisch), 2 Abbey Green, CH1 2JH, **Blue Bell 1494**** (mediterran), 65 Northgate Str., CH1 2HQ, **NiceBites*** (britisch), Market Hall, CH1 2HH, **Sergio`s**** (italienisch), 18a St. Werburgh Str., CH1 2DY, **Cheshire Sandwich Company** (Fast Food), 5 Godstall Ln, CH1 1LN, **Simon Radley***** (britisch), 56 Grosvenor, CH1 1LT, **Upstairs***** (britisch), 70 Watergate Str., CH1 2LA, **Twenty2***** (britisch), 22 City Walls, CH1 1SB, **Hanky Panky Pancakes** (Café), 20 Commonhall Str., CH1 2BJ, **Jaunty Goat Café** (Café), 57 Bridge Str., CH1 1NG, **Firejacks**** (britisch), Pepper Str., CH1 1DF, **Picanha**** (brasilianisch), 27 Newgate Str., CH1 1DQ, **La Fattoria**** (italienisch), 25 Lower Bridge Str., CH1 1RS, **Moules a Go-Go**** (britisch), 6 Cuppin Str., CH1 2BN, **Miller and Carter** (britisch), Grosvenor Rd., CH1 2DJ

CHESTER ZOO

Der Zoo vor den Toren Chesters wurde 1931 von George Mottershead gegründet und entwickelte sich seit dem zu einem der größten und gleichzeitig dem meistbesuchten Tierpark in England. Das Forbes Magazin kürte ihn zu einem der besten Zoos weltweit, der sich auf einer Gesamtfläche von über 50 Hektar erstreckt. Insgesamt beherbergt der Zoo rund 21.000 Tiere aus weit über 500 verschiedenen Arten. Einen besonderen Namen machte sich der Chester Zoo im Bereich der Erhaltung und Nachzucht. Mehr als die Hälfte seiner Tiere steht auf der roten Liste der gefährdeten Arten und viele wurden bereits erfolgreich nachgezüchtet. Neben Tieren wird den Pflanzen ein besonderes Augenmerk geschenkt und bewusst auf die Aussaat und Pflege weiterer, fast 300 seltener und bedrohter Arten gesetzt.

Die riesige Anlage ist in verschiedene Habitate unterteilt, die den Lebensräumen ihrer Bewohner möglichst naturnah nachempfunden wurden. Einen noch recht neuen und besonders aufwendig gestalteten Teil stellen die **Chester Zoo Islands** dar, die den Inseln Indonesiens nachempfunden wurden und die dortige Tier- und Pflanzenwelt mit Tigern, Gibbons, Brillenbären oder Kasuaren nachstellt. Sogar mit Booten können Sie zwischen den Inseln kreuzen und so vom Wasser aus alles beobachten.

Viele andere Zoobereiche wurden mit einer Schwebebahn erschlossen, die über die Gehege gleitet und die Wege verkürzt. Insgesamt haben Sie die Möglichkeit 15 verschiedene, faunistische Bereiche zu erkunden sowie 14 Gartenprojekte, bis hin zum außerhalb gelegenen, eigenen Naturreservat. Für einen ausführlichen Besuch kann man aufgrund von Umfang und Vielfalt einen ganzen Tag einplanen.

[N 53°13'37" W 2°53'21"], Moston Rd., CH2 4BW, £££-££££, Nachlass bei Onlinebuchung, Sommer: 10 – 17.30 Uhr, Winter von 10 – 16 Uhr, www.chesterzoo.org

In der Nähe:

- Nicht nur der Chester Zoo, auch das nicht weit entfernte **Blue Planet Aquarium** weiß zu beeindrucken. Als zweitgrößter Unterwasserzoo des Landes verfügt es unter anderem über einen 4 Millionen Liter fassenden Haupttank, den ein 71 Meter langer Unterwassertunnel durchquert. Wer immer schon mal das Verlangen hatte, kann auf Wunsch mit Haien schwimmen... *([N 53°15'39" W 2°53'16"], Longlooms Rd., CH65 9LF, Ellesmere Port,* £££, Nachlass bei Onlinebuchung, 10 – 17 *Uhr, Sa/So bis 18 Uhr, www.blueplanetaquarium.co.uk).*
- Neben Informationen zum Bau der britischen Kanäle wird im **National Waterways Museum** eine der größten Ausstellungen historischer Boote weltweit gezeigt. Interaktive Technologie und Mitmachstationen sorgen dafür, dass die Besucher einen besseren Eindruck vom Leben und Arbeiten entlang Englands künstlicher Wasserstraßen erhalten *([N 53°17'16" W 2°53'30"], Parkplatz mit schwenkbarer Höhenbarriere, bei Ankunft evtl. nachfragen, South Pier Rd., CH65 4FW, Ellesmere Port, ££, Apr – Okt, 10 – 17 Uhr, Nov – Mär bis 16 Uhr, www.canalrivertrust.org.uk).*
- Im größten Outletcenter Nordenglands, dem **Cheshire Oaks Designer-Outlet**, gilt für Besucher: "Shop until you drop!" Falls die dortigen über 130 Markenläden nicht reichen, können Sie im direkt dahinter gelegenen Coliseum Shopping Park weiter machen. Dort gibt es außerdem ein Kino, Bowlingbahn und Indoor Adventure Golf *([N 53°15'46" W 2°52'54"], Cheshire Oaks Way, CH65 9JJ, South Wirral, mehr unter www.mcarthurglen.com).*

(221) WOMO-Campingplatz:
Chester Fairoaks Caravan Club Site

GPS: N 53°15'26" W 2°53'11", Rake Lane, CH2 4HS, LITTLE STANNEY
Max. WOMOs: 96
Ausstattung/Lage: Alle Einrichtungen, fast alle Plätze auf Schotter, teils parzelliert, schattig, einige auf Rasen.
Öffnungszeiten: ganzjährig
Ortszentrum: 2,3 km (Ellesmere Port), ungefähr 8 km (Chester), Bus Nr. 1 fährt vom Halt Longlooms Road in etwa 900 m Entfernung nahe dem Blue Planet Aquarium ins Zentrum.
Zufahrt: Von der A51 kommend in Richtung Chester fahren und auf die A/M53 in Richtung Ellesmere/Liverpool wechseln. Die Ausfahrt zum Outletcentre nehmen und auf die A5117 in Richtung South Wirral lenken. Zweite Straße links zum Platz auf der linken Seite nehmen.
Richtpreis: 32,90 – 47 £, CC-Members 20,90 – 35 £
Internet: www.caravanclub.co.uk

WIRRAL PENINSULA

Die rund 24 mal 11 Kilometer messende Halbinsel - zwischen den Mündungen der Flüsse Dee und Mersey - ist ein beliebtes Ausflugsziel der Großstädter aus den dicht besiedelten Zonen ringsum. Für Reisende gibt es einige interessante Punkte, die einen Zwischenstopp lohnen. Der erste sind die **Ness Botanic Gardens** im Südosten, nahe der walisischen Grenze gelegen. Sie wurden Ende des 19. Jahrhunderts vom Baumwollhändler Arthus Bulley erschaffen und nach dessen Tod in den 1940er Jahren von seiner Tochter an die Universität von Liverpool übergeben. Bedingung war, dass die Botanic Gardens weiterhin für die Allgemeinheit zugänglich bleiben. Die Anlage wird regelmäßig umgestaltet. Bekannt ist sie unter anderem für ihre umfangreiche Bepflanzung mit Rhododendren, Kamelien und Schneeglöckchen.

[N 53°16'20" W 3°02'30"], Neston Rd., CH64 4AY, ££, 10 – 17 Uhr, www.ness-gardens.org.uk

Entlang der Westküste ziehen sich zwischen HEESTON und WEST KIRBY lange Streifen an Stein-Sand-Stränden nach Norden. Zum Baden oder Sonnen laden sie weniger ein. Es gibt allerdings Stellplatzgelegenheiten.

(222) WOMO-Stellplatz: Arrowe Brook Carpark

GPS: N 53°22'27" W 3°06'19", Kings Parade, CH49 1AB, UPTON

Max. WOMOs: 2 – 3

Ausstattung/Lage: Recht großer Schotterparkplatz an einem Waldgebiet, der hauptsächlich von Spaziergängern genutzt wird, keine Einrichtungen, schattig.

Ortszentrum: ca. 900 m (Greasby)

Zufahrt: Die M53 in Richtung Upton (A552) verlassen, nach dem kleinen Ortsschild (rund 1,6 km) links abbiegen und bis zum Platz auf der linken Seite lenken.

Hinweis: Ein ähnlicher Stellplatz befindet sich rund 4,5 km weiter westlich bei Thurstaston, [N 53°21'09" W 3°08'03"].

Wirral Peninsula mit Blick auf River Dee und Wales

(223) WOMO-Campingplatz: Wirral Country Park Caravan Club Site

GPS: N 53°20'45" W 3°09'05", Station Rd., CH61 0HN, THURSTASTON
Max. WOMOs: 90
Ausstattung/Lage: Alle Einrichtungen, Spielplatz, gepflegter Platz mit Stellplätzen hauptsächlich auf Schotter und Blick auf die Dee-Mündung. Teils schattig, ruhig, direkt oberhalb der Küste gelegen.
Öffnungszeiten: Mitte März – Oktober
Ortszentrum: ungefähr 4 km (Lower Heswall).
Zufahrt: Von der M53 links auf die A5137 Richtung Heswall abzweigen und der Straße bis in den Ort folgen. Dort rechts auf die A540 nach West Kirby wechseln und am Kreisverkehr im Dorf Thurstaton links in Richtung Wirral Country Park fahren. Der Platz ist hier angeschrieben.
Richtpreis: 31,60 – 39 £, CC-Members 19,60 – 27 £
Internet: www.caravanclub.co.uk

Schöner ist der Strand im nordöstlichsten Eck von The Wirral, vor Wallasey, zumindest wenn Sie der Anblick einiger nicht allzu weit entfernter, auf Liverpooler Seite gelegenen Industrieanlagen nicht stört. Der Küstenbereich ist, vor allem im Sommer, dennoch gut besucht. Die vielen Buden und Vergnügungsstätten entlang der **Marine Promenade** zeugen davon. Am äußersten westlichen Ende parken regelmäßig Wohnmobile im Sackgassenbereich über Nacht.

(224) WOMO-Stellplatz: Kings Parade

GPS: N 53°26'05" W 3°04'21", Kings Parade, CH45 3NN, WALLASEY
Max. WOMOs: 10+

Ausstattung/Lage: Keine Einrichtungen, Sackgasse am Ende der langen Strandpromenade, die regelmäßig beidseits von Wohnmobilen zum Übernachten genutzt wird.
Ortszentrum: um die 2 km
Zufahrt: Der M53 in Richtung Liverpool folgen, dann links auf die A554 nach Wallasey abfahren. Immer geradeaus bis zum Ende der Straße, dort am Kreisverkehr linkerhand.

Im Osten der Halbinsel ist ein als **Port Sunlight** bekannter Ortsteil von BEBINGTON sehenswert. Er wurde ab 1888 von den Lever Brüdern als Wohnquartier für die Arbeiter der neu errichteten Seifenfabrik angelegt. Die in ihrer Geschlossenheit noch heute sehenswerte Bebauung umfasst inzwischen das Dorfmuseum **Port Sunlight Museum and Garden Village** und die überregional renommierte **Lady Lever Art Gallery**, beide Gebäude stehen fast nebeneinander.

[N 53°21'19" W 2°59'56"], Windy Bank, CH62 5DX, Museum: £, 10 – 17 Uhr, www.portsunlightvillage.com, Galerie: Eintritt frei, 10 – 17 Uhr, www.liverpoolmuseums.org.uk

Durch einen der beiden mautpflichtigen Tunnel, den **Kingsway** oder den **Queensway**, queren Sie den Mersey, um nach Liverpool zu gelangen.

LIVERPOOL

Liverpool ist eine Stadt mit vielen Gesichtern. Sie ist Großbritanniens zweitgrößter Exporthafen, Heimat vieler bekannter Musiker, allen voran der Beatles. Mit 181 Regentagen im Jahr ist sie einer der nassesten Orte Englands, besitzt mit der Liverpool FC eine der besten Fußballmannschaften des Königreichs. Im Jahr 2004, vor allem dank des historischen Hafenbereichs, nahm die UNESCO Liverpool in die Weltkulturerbeliste auf.

Die Ursprünge der vergleichsweise jungen Stadt gehen auf das Jahr 1207 zurück, als eine erste Hafensiedlung entstand. Die nächsten 500 Jahre geschah kaum Bedeutendes und der Ort dümpelte als unbedeutende Gemeinde mit kaum mehr als 500 Einwohnern als „schlammiger Pfuhl", was der Stadtname ursprünglich bedeutet, dahin.

Erst als der Handel mit den westindischen Inseln in Schwung kam und Sklaven zu einem begehrten Gut wurden, wuchs Liverpool aufgrund der strategisch günstigen Lage rasant. Stahl und Textilien aus dem Inland, Umschlagsgüter aus aller Welt und mehr als neun Millionen Auswanderer am Weg in „die neue Welt" wählten bis in die 1930er Jahre Liverpool als Ausgangshafen.

Da Bombenangriffe im Zweiten Weltkrieg der Stadt schwer zugesetzt hatten, begann in den ausgehenden 40er Jahren ein großes Wiederaufbauprogramm. Die schnell hoch gezogenen Wohnquartiere waren, wie so oft, nicht gerade glücklich gewählt und führten, mit dem einhergehenden wirtschaftlichen Niedergang seit den 70er Jahren, zu schweren Ausschreitun-

The Beatles: Paul McCartney, George Harrison, Ringo Starr, John Lennon

gen. In den 1990er Jahren wuchs Liverpools Wirtschaft wieder und der Wandel hin zum Dienstleitungs- und Tourismussektor ist überall ersichtlich. Heut gehört die Stadt zu den lebendigsten und interessantesten in ganz England.

Im Gegensatz zu den meisten anderen Städten, macht es in Liverpool ausnahmsweise Sinn, mit dem Wohnmobil bis direkt in die Stadt vorzudringen. Sofern Sie der Tour folgen, werden Sie vom Merseytunnel mitten im Zentrum ausgespuckt. Halten Sie sich in Richtung Uferbereich, denn dort finden Sie mehrere Park- und Übernachtungsmöglichkeiten. Eine Alternative wäre der riesige Tagesparkplatz in der **Priory Road**.

(225) WOMO-Stellplatz: Liverpool Yacht Marina

GPS: N 53°23'26" W 2°59'07", Coburg Wharf, L3 4BP, LIVERPOOL
Max. WOMOs: ca. 14

Ausstattung/Lage: Keine Einrichtungen, gegen Aufpreis ist aber V/E möglich.
Ortszentrum: 1,5 km
Zufahrt: Von Birkenhead oder Wallasey kommend die Tunnel unter dem Mersey nehmen und auf die zentrale Hauptstraße am östlichen Flussufer fahren (A5053, auf Strand Str.). Immer in südliche Richtung geradeaus, dann rechts in die Mariners Wharf abbiegen in Richtung „The Yacht Club". Der Straße bis zum Stellplatz folgen.
Richtpreis: 18 £

(226) WOMO-Stellplatz: Monarchs Quay

GPS: N 53°23'41" W 2°59'16", Monarchs Quay, L3 4BX, LIVERPOOL
Max. WOMOs: 20+
Ausstattung/Lage: Keine Einrichtungen. Große, beleuchtete Asphaltparkfläche neben dem Busparkplatz im Hafenbereich.
Ortszentrum: 700 m.
Zufahrt: Von Birkenhead oder Wallasey kommend die Tunnel unter dem Mersey nehmen und auf die zentrale Hauptstraße am östlichen Flussufer fahren (A5053, auf Strand Str.). Immer in südliche Richtung geradeaus steuern, dann rechts den Schildern zu den Parkplätzen an der Waterfront folgen (Queens Wharf).
Richtpreis: 14 £

(227) WOMO-Stellplatz: Riverside Drive

GPS: N 53°22'30" W 2°57'56", Riverside Drive, L3 4EF, LIVERPOOL
Max. WOMOs: 10+
Ausstattung/Lage: Etwas erhöht gelegene Parkfläche neben der Hauptstraße. Keine Einrichtungen.
Ortszentrum: ca. 3,8 km, Bushaltestelle (Nr. 500) gleich nebenan, von dort bis ins Zentrum (Halt Gower Street) fahren.
Zufahrt: Von Birkenhead oder Wallasey kommend die Tunnel unter dem Mersey nehmen und auf die zentrale Hauptstraße am östlichen Flussufer fahren (A5053, auf Strand Str.). Immer in südliche Richtung geradeaus, bis rechterhand der Parkplatz kommt.

Wheel of Liverpool an der Echo Arena

Cityparkplatz: Priory Road Carpark

GPS: N 53°26'00" W 2°57'20", 230 Priory Rd., L4 2SR, LIVERPOOL
Ausstattung/Lage: Sehr große, asphaltierte Parkfläche nördlich des Zentrums im Stadtteil Anfield neben dem Stadion. Nicht an Spieltagen nutzen! Mit Bus Nr. 17 (Temple Street) ins Zentrum fahren.
Zufahrt: Von Birkenhead oder Wallasey kommend die Tunnel unter dem Mersey nehmen und auf der A59 in nördliche Richtung steuern. Dann für 1,5 km den rechten Spuren in Richtung Manchester folgen (A580) und in einer Linkskurve mit auffälliger Kirche rechts in die Priory Road abbiegen. Der Parkplatz kommt auf der rechten Seite.

Unterwegs in Liverpool:
Da Liverpools Zentrum und seine interessanten Orte recht weit gestreut sind, macht die Nutzung eines Busservice durchaus Sinn. Gleich zwei konkurrierende Unternehmen buhlen um die Gunst der Touristen. Beide fahren am **Albert Dock** ab, von dem die folgende Beschreibung des Stadtspaziergangs startet. Unsere Empfehlung fällt in diesem Fall auf die roten Busse von **Liverpool City Sights.** Im Programm gibt es, neben der standardmäßigen Hop on/Hop off-Stadtrundfahrt, inklusive deutschsprachiger Kommentare, die lustige **City & Beatles Tour**. Selbst wenn Sie kein ausgemachter Fan der Fab Four sind, werden

Berühmtes Penny Lane Schild, rechts: Liverpool City Sights

Sie vermutlich von den enthusiastischen Live-Guides und ihren Anekdoten, sowohl zu den Musikern als auch den Besonderheiten der Stadt, mitgerissen. Untermalt wird das Ganze natürlich von der Musik der Beatles und Sie fahren in die Außenbezirke, um die Wohnorte John Lennons und Paul McCartneys zu sehen und zu Fotostopps an der Penny Lane und den Strawberry Fields. Einziger Wermutstropfen: diese Tour setzt gute Englischkenntnisse voraus. Beide Touren eignen sich für einen ersten Überblick, bevor Sie sich zu Fuß zur weiteren Erkundung aufmachen *(Abfahrt für beide Touren: Gower Street am Albert Dock, L3 4AE, ££-£££, Tickets 24h bzw. 48h gültig, Hop on/Hop off-Stadtrundfahrt mindestens 12x täglich, City & Beatles-Tour mindestens 3x täglich, mehr unter www.liverpoolscitysights.co.uk).*

Wenn Sie auf einem der drei erstgenannten Stellplätze ankommen, spazieren Sie entlang des Flussufers beziehungsweise über die Brücke zu den modern umgebauten und wiederbelebten, alten Kaianlagen des **Albert Dock**. Gleich gegenüber, auf der anderen Seite des schmalen Wasserlaufs Dukes Dock, ist Ihnen, neben der Veranstaltungshalle **Echo Dock** vielleicht das **Wheel of Liverpool** aufgefallen. Das 60 Meter hohe Riesenrad ermöglicht aus einer der 42 Kabinen einen ersten Eindruck der Stadt von ganz oben *(Keel Wharf, L3 4FN,* ££, So – Do, *10 – 21 Uhr, Fr/Sa bis 23 Uhr, www.freijwheels.com).*
Am bereits erwähnten Albert Dock haben sich in den letzten Jahren rund um die Wasserfläche eine Menge Restaurants und viele interessante Sehenswürdigkeiten angesiedelt.
Eine der meistbesuchten ist zweifelsohne **The Beatles Story**. Sie begleiten John, Paul, George, Ringo und ihre Weggefährten auf ihrem Weg zum Weltruhm durch verschiedene Stationen, die mittels Audioführung, auch auf Deutsch, unterlegt sind *(Albert Dock, L3 4AD, £££,*

Albert Dock

1: Liverpool Wheel
2: Sightseeing Busstop
3: Beatles Story
4: Tate Liverpool
5: Maritime Museum
6: MS Edmund Garner
7: Piermaster`s House
8: Slavery Museum
9: Liverpool Museum
10: Ferry Terminal
11: Royal Liver Building
12: British Music Experience
13: Cavern Quarter
14: Metquarter Mall
15: St. John`s Gardens
16: World Museum
17: Walker Art Gallery
18: St. George`s Hall
19: Lime Street Station
20: Clayton Square Mall
21: Liverpool One Malls
22: Metropolitan Cathedral
23: Liverpool Cathedral
24: Hardman`s House
25: Chinese Arch

teils in den Sightseeing-Bustickets incl., je nach Saison 9/10 – 18/20 Uhr, www.beatlesstory.com). Auf der westlichen Dockseite ist ein Ableger der berühmten Tate Galerie in London untergebracht, die **Tate Liverpool**. Sie zeigt eine hochkarätige Sammlung britischer, internationaler moderner und zeitgenössischer Kunst und Sonderausstellungen. *(Albert Dock, L3 4BB, Eintritt frei, 10 – 17 Uhr, www.tate.org.uk)*.

Must see nicht nur für Fans: Beatles Story

Auf der Nordseite folgt das **Merceyside Maritime Museum**. Dem Namen nach befasst es sich mit der Schifffahrtsgeschichte der Stadt. Zu den Highlights zählen die Ausstellungsbereiche zur Titanic und Lusitania, zweier berühmter Schiffe, die beide in Liverpool starteten und tragisch endeten. Es gibt zum Beispiel Abteilungen zum Leben auf See, der Emigration in die Neue Welt und den Atlantischen Seeschlachten. Das benachbart vor Anker liegende Museumsschiff Edmund Gardner und das Haus des Hafenmeisters können die Besucher im Sommer mitbesichtigen *(Albert Dock, L3 4AQ, Eintritt frei, 10 – 17 Uhr, www.liverpoolmuseums.*

org.uk/maritime).
Der Eingang unmittelbar daneben gehört zum **International Slavery Museum,** in dem der Geschichte der Sklaverei gedacht wird. Es steht nicht ohne Grund an diesem Ort, denn von den Docks aus fuhren die Sklavenschiffe einst in die Neue Welt und machten Liverpool reich. Erzählt werden viele Einzelschicksale, und viele Informationen zum Leben in Westafrika, früherer sowie moderner Sklaverei sind enthalten *(wie Maritime Museum, www.liverpoolmuseums.org.uk/ism).*
Über die Brücke am **Canning Dock** spazieren Sie weiter zur Liverpool Waterfront. Der große, moderne Bau linkerhand beherbergt das neue **Museum of Liverpool**. Umfangreich und äußerst zeitgemäß wird die Stadtgeschichte von ihren Anfängen bis heute ausführlich beleuchtet. Ein Kino und „Hand`s on"-Bereiche für Kinder gehören dazu *(Pier Head, L3 1DG, Eintritt frei, 10 – 17 Uhr, www.liverpoolmuseums.org.uk/mol).*

Liverpool Museum und Liver Building

Anschließend sehen Sie eines der beliebtesten Fotomotive Liverpools. Die lebensgroßen Statuen der Beatles werden ganzjährig von Touristenscharen umschwärmt, die alle ein gemeinsames Foto schießen möchten. Um den richtigen Moment abzupassen, um es selbst zu versuchen, müssen Sie schnell sein...
Links davon bekommen Sie am **Pier Head Fährterminal** Tickets für verschiedene Ausflugsfahrten auf und um den Mersey. Dabei wird die meist bereits enthaltene **U-Boat Story** am gegenüberliegenden Ufer angelaufen, bei der sie ein in mehrere Teile zerschnittenes, deutsches U-Boot inspizieren können *(mehr unter www.merseyferries.co.uk).*
Rechts stehen drei markante Gebäude. Das bekannteste ist das **Royal Liver Building** ganz links. Mit seinem Glockenturm ist das 90 m ho-

Liverpool Skyline

New Cavern Club

he Bauwerk eines der Wahrzeichen Liverpools und wurde 1913 fertiggestellt. Die mystischen, 5,5 m großen Liver Birds auf den Turmspitzen dürfen niemals abfallen, da dies, der „urban legend" nach, das Ende der Stadt bedeuten würde. Im mittleren Bau daneben ist das **British Music Experience** untergebracht. Rund 600 Memorabilien zur Geschichte der britischen Pop- und Rock-Musik, warten auf Besucher, darunter Stücke von Freddie Mercury (Queen), David Bowie, Noel Gallagher (Oasis), den Rolling Stones und den Spice Girls. Wer sich berufen fühlt, kann im Gibson Interactive Studio selbst sein Geschick als Musiker testen *(£££, 9 – 18 Uhr. Okt – Mär bis 17 Uhr, www.britishmusicexperience.com)*.

Rechts verlassen Sie durch die **Brunswick Street** den Uferbereich und spazieren zwischen dem **Corn Exchange** und dem **India Building** in Richtung Ortsmitte. An der nächsten größeren Kreuzung bleiben Sie schräg rechts auf Ihrem Kurs durch die **Cook Street** und halten sich in der **North John Street** rechts, um gleich wieder links, neben dem Hard Days Night Hotel mit in die Fassade integrierten Beatlesfiguren, in die kleine **Mathew Street** einzubiegen. Sie stehen nun im legendären Cavern Quarter. Der hier ansässige **Cavern Club** zählte einst zu den wichtigsten Geburtsstätten britischer Künstler und nicht nur die Beatles sammelten dort bei Dutzenden Auftritten erste Erfahrungen. Da das Gebäude abgerissen wurde, ist inzwischen ein neuer Cavern Club auf der gegenüberliegenden Straßenseite entstanden. Wenigstens ein wenig 60ies Flair kommt heute noch auf, wenn nicht gerade zu viele Touristen die Trottoirs blockieren.

Am Ende der stets mit Musik beschallten Ausgehmeile stehen Sie vor dem **Metquarter Einkaufszentrum**. Rechts daneben folgen Sie der **Whitechapel** geradeaus bis zu den **St. John Gardens**. Das schöne, große Gebäude links daneben ist Heimat des **World Museums**. Es umfasst eine ethnologisch-naturwissenschaftliche Sammlung und wurde im Jahr 1853 eröffnet. Heute ist das Museum so weit gefasst, dass es von den Dinosauriern über das alte Ägypten den Bogen bis zum Thema

World Museum

St. George`s Hall, Metropolitan Cathedral, Liverpool Cathedral,

Raumfahrt spannt. Auch ein Planetarium, Aquarium und Insektenhaus gehören zum Inventar (*William Brown Str., L3 8EN, Eintritt frei, 10 – 17 Uhr, www.liverpoolmuseums.org.uk/wml*). Rechts daneben schließt die **Walker Art Gallery** an. Sie umfasst eine außergewöhnliche Gemäldesammlung ab dem 13. Jahrhundert, darunter Werke von Rembrandt über Turner bis Hockney (*William-Brown-Str., L3 8EL, Eintritt frei, 10 – 17 Uhr, www.liverpoolmuseums.org.uk/walker*).

Sie stehen nun unweit der Wellington Statue zur Linken und gehen über den großen Platz in südliche Richtung. Rechts spazieren Sie an der mit Säulen geschmückten **St. George`s Hall**, Liverpools Stadthalle vorbei, links befindet sich der große Bahnhof **Lime Street**.

Für die kürzere Tour Variante durchqueren Sie das **Clayton Square Einkaufs-Zentrum zur** Rechten, verlassen es an der **Renelagh Street** und folgen dieser, rechts, über die **Hanover Street** bis in den Fußgängerbereich zur Rechten, rund um das Shopping Areal **Liverpool One**. Am Ende erreichen Sie die Uferstraße **Strand Street** und das Albert Dock.

Für die längere Variante, die vor allem Sinn macht, wenn Sie auf den Sightseeing Bus verzichten, gehen Sie ein Stück nach dem Bahnhof schräg links durch die **Mount Pleasant** zum auffälligen, UFO-ähnlichen Rundbau der **Metropolitan Cathedral**. Sie ist eines der größten katholischen Gotteshäuser Nordeuropas und mit ihrer riesigen Kuppel, den rund um den Altar angeordneten Sitzplätzen und blauen Lichtfenstern, in vielerlei Hinsicht außergewöhnlich. Da sie an ein überdimensionales Zelt erinnert, wird sie, ihrer Form nach, von den Einheimischen als „Paddys Wigwam“ bezeichnet *(Mount Pleasant, L3 5TQ, Eintritt frei, es werden* Führungen angeboten, 7.30 – 18 Uhr, liverpoolmetrocathedral.org.uk).

Vorbei an der **Philharmonie** linkerhand und der renommierten Schauspiel-, Musik- und Tanzschule **Instituto for Performing Arts** folgen Sie der **Hope Street** bis zur zweiten, noch größeren Kathedrale Liverpools. Die anglikanische **Liverpool Cathedral** rühmt sich gleich einer ganzen Reihe an Superlativen. So besitzt sie die weltgrößten

Liverpools Fußgängerzone

gotischen Bogengänge, den höchsten Kirchturm der Stadt, die weltweit schwersten und am höchsten hängenden Turmglocken, die größte Orgel des Königreichs – um nur einen Auszug zu nennen. Um alle interessanten Ecken zu sehen, empfiehlt es sich, eine Tour zu buchen, in der ein Einführungsfilm enthalten ist *(St. James Mt., L1 7AZ, Eintritt frei, Tourtickets £, 8 – 18 Uhr, liverpoolcathedral.org.uk)*.
Gleich gegenüber, in der **Rodney Street** können Sie **Hardmans`House** besuchen. Das 50er Jahre Studio, des seinerzeit bekannten Portraitfotografen Edward Hardman und seiner Frau Margaret, hat sich kaum verändert. Auch die bescheidenen Privaträume sind zugänglich *(59 Rodney Str., L1 9ER, ££, NT-Members frei, Mitte Mär – Okt, Mi – Sa, 11 – 15.30 Uhr, www.nationaltrust.org.uk)*.
Über die **Upper Duke Street** treten Sie den Rückweg in Richtung Merseyufer an. Dabei passieren Sie linkerhand den **Chinese Arch** rund um die kleine, praktisch nur eine Straße zählende Liverpooler Chinatown dahinter. Das Viertel rechts wird **Ropewalks** genannt und ist heute voller Restaurants und Cafés, die sich über die schachbrettartig angeordneten Straßen verteilen. Wenn Sie die **Hanover Street** erreichen, halten Sie sich langsam links und gelangen so, wie bei der Kurzvariante, in die Fußgängerzonen rund um das **Liverpool One** Einkaufszentrum am Ende des Rundgangs. Lassen Sie sich Zeit beim Shoppen und stöbern. Der Ausgangspunkt liegt gleich benachbart hinter der Grünfläche des **Chavasse Parks.**

Liverpool One

Gastro-Tipps Liverpool: Docklands Fish`n`Chips (Fast Food), Albert Dock The Colonnades, L3 4AA, **Mrs Danvers Café** (Café), Port of Liverpool Building Pier Head, L3 1BY, **Silk Rd Liverpool**** (mediterran), Beetham Plaza 25, L2 0XJ, **Bacaro**** (italienisch), 47 Castle Str., L2 9UB, **Heritage Restaurant**** (britisch), 40 Castle Str., L2 7LA, **Olive Restaurant**** (italienisch), 25 Castle Str., L2 7LA, **Mowgli**

Street Food** (indisch), 3 Water Str., L2 0RD, **Barton Rouge**** (indisch), 26 Exchange Str. East, L2 3PH, **Shiraz Restaurant*** (türkisch), 19 North John Str., L2 5QU, **Festival**** (brasilianisch), 7 Matthew Str., L2 6RE, **Fattoush**** (libanesisch), 23 Hatton Gd., L3 2FE, **Lovelock`s** (CaféOld Haymarket Un.6, L1 6ER, **Rococo Coffee House** (Café), 61 Lord Str., L2 6PB, **Hanover Street. Social**** (britisch), 16 Hanover Str., L1 4AA, **Shiraz Palace**** (türkisch), 45 Ranelagh Str., L1 1JR, **Greek Taverna**** (griechisch), 76 Bold Str., L1 4HR, **Caribou Poutine** (Fast Food), 5 Slater Str., L1 4BW, **Filter and Fox** (Café), 27 Duke Str., L1 5AP, **Clockworks**** (britisch), 11 Wolstenholme Sq., L1 4JJ, **Cowshed**** (britisch), 104 Seel Str., L1 4BL, **Chamber 36**** (chinesisch), 454 Berry Str., L1 9DF

In der Nähe:

- Unweit des Liverpooler Zentrums können Sie **Speke Hall,** ein außergewöhnlich schönes, Holzfachwerkhaus aus der Tudorzeit besichtigen. In seiner wechselvollen Geschichte war das Gebäude während des 18. und 19. Jahrhunderts fast durchgehend verlassen und diente lange Zeit als Kuhstall. In viktorianischer Zeit erweckte man es aus dem Dornröschenschlaf, sanierte das Fachwerkhaus umfangreich und heute erstrahlt es in neuem Glanz. Die schönen, ruhigen Gärten kontrastieren auf sehr angenehme Weise zur Hektik und dem Lärm der benachbarten Großstadt *([N 53°20'11" W 2°52'09"], The Walk, L24 1XD, Speke, ££, NT-Members frei, Garten 10.30 - 17 Uhr, Haus nur Mi – So von 12.30 – 17 Uhr, Nov – Feb wechselnde Öffnungszeiten, www.national-trust.org.uk).*
- Wenn Sie als echter Beatles-Fan immer einmal „Mendips" und 20 Forthlin Road, die **Beatles Childhood Homes** von Lennon und McCartney, besichtigen wollten, hilft einmal mehr der National Trust weiter. Sie erkunden die Orte, an denen die beiden ihre ersten Songs schrieben und ihre Kindheit verbrachten *(Abfahrt ab Waterfront nähe Albert Dock oder ab Speke Hall, ££££, NT-Members ££, Mai – Sep und Mär – Apr/ Nov, Mi – So, mindestens 3x täglich, nur nach rechtzeitiger Onlinebuchung unter www.nationaltrust.org.uk/beatles-childhood.homes).*
- Ein weiteres interessantes Anwesen am Liverpooler Stadtrand ist **Croxteth Hall and Country Park.** Das einstige Landhaus der Molyneux Familie wird heute von der Stadt Liverpool verwaltet und gibt Einblick in eines der wertvollsten Anwesen Nordwestenglands. Außer dem Haus selbst können Sie die zugehörige Farm, den viktorianischen, ummauerten Garten mit einer historisch-botanischen Sammlung, den 200 Hektar großen Park sowie eines der ältesten öffentlichen Gebäude Liverpools, das West Derby Courthouse, besichtigen. Kinder werden am Abenteuerspielplatz und Orientierungspfad sowie durch die Miniatureisenbahn bei Laune gehalten *([N 53°26'32" W 2°54'19"], Muirhead Ave. East, L11 1EH, £, Apr – Sep, 10.30 – 17 Uhr).*

KNOWSLEY SAFARI

Am östlichen Stadtrand von Liverpool liegt das privat bewohnte Anwesen Knowsley Hall. In einem Teil des gewaltigen Parks ringsum haben der Earl of Derby und seine Familie 1971 einen Safari Park eröffnet, der immer weiter ausgebaut wurde. Heute umfasst das Angebot zusätzlich einen kleinen Freizeitpark, einen Wildnis Trail, der sich um ein Wolfsgehege schlängelt, einen Teich mit Ruderbooten, eine Greifvogel- sowie eine Seehundshow und eine Fledermaushöhle. Wer möchte, kann mit einer Bimmelbahn auf einem Streckenabschnitt am See das Reich der Tapire erkunden oder sich zu Fuß auf den Amur Tiger Trail begeben. In diesem Teil des Safariparks sind die Besucher zu Fuß unterwegs und beobachten die Großkatzen durch verschiedene, riesige Scheiben von ganz nah. Auch mit Giraffen können Sie benachbart beinahe auf Tuchfühlung gehen. Im eigentlichen Safariteil fahren Sie mit Ihrem eigenen Wohnmobil durch das in zehn Bereiche aufgeteilte Freigelände. Dromedare, Büffel, Zebras und sogar Nashörner und Löwen kommen Ihnen extrem nah. Anhalten, um Fotos zu schießen ist erlaubt, das Aussteigen natürlich nicht. Lediglich auf die Extrarunde durch den Affenwald sollten Sie im eigenen Fahrzeug besser verzichten und dem Geschehen von außerhalb der Umzäunungen zusehen. Vor den frechen Pavianen ist vom Scheibenwischer über Womo-Dachaufbauten und -fenster nichts sicher. Falls Sie nicht darauf verzichten möchten, fahren Sie alternativ in den Bamboo-Bus genannten Transportern mit. Zur Einstimmung gibt es eine eigene App für ihr Handy.

[N 53°26'01" W 2°48'45"], A58, L34 4AN, Prescot, £££, online ermäßigte Tickets erhältlich, aktuelle Öffnungszeiten auf www.knowsleysafariexperience.co.uk

Tour 9: Englands Nordwestküste (ca. 210 km)

Formby – Southport – Blackpool – Lancaster Ingleton – Kirkby Lonsdale

Stellplätze (gratis)	Pilling, Brookhouse
Stellplätze (£)	Southport, Lytham St. Anne`s (3x), Blackpool (4x), Ingleton,
Pub Stellplätze:	Winmarleigh
Campingplätze:	Formby, Stanah, Ingleton (2x),
Besichtigen:	Southport, WWT Martin Mere, Rufford Old Hall, Blackpool, Lancaster, White Scar Cave, Ingleborough Cave, Kirkby Lonsdale
Wandern:	Formby Pines, Morecambe Wattwanderung, Ingleton Waterfalls Trail, Ingleborough Nature Trail, Gaping Gill
Baden:	Formby Sands, Southport, Lytham St. Anne`s, Morecambe

Die englische Nordwestküste wird durch den bekannten Urlaubsort Blackpool dominiert. Ruhiger und schöner geht es weiter südlich in Formby zu, eleganter in Southpool und traditioneller in Lancaster. Bei einer letzten Fahrt in die westlichen Ausläufer der Yorkshire Dales können Sie die Natur und Ruhe genießen, bevor Sie das Lake District erreichen.

FORMBY

An schönen Tagen lohnt es sich, die **A565** für einen Bade- oder Wanderstopp in Formby zu verlassen. Der weite Sandstrand mit den dahinter liegenden Dünen besteht aus recht feinem Sand und bietet so viel Platz, dass er nur sehr selten überlaufen ist. Im Waldstreifen dahinter lebt eine große Population der immer seltener werdenden Roten Eichhörnchen.

Formby Sands

Coniston
Bowness
Kendal
Coniston Water
Lake Windermere
Lake District N.P.
Yorkshire Dales N.P.
609 m Calf Top
686 m Craghill
736 m Whernside
Kirkby Lonsdale
Ulverston
Ingleton
723 m Ingleborough
Clapham
Morecambe Bay
Morecambe
Heysham
Lancaster
Brookhouse
560 m Ward`s Stone
Forest of Bowland AONB
Knott End
Fleetwood
Garstang
511 m Fairsnape F.
T.-Cleveleys
Wyre
Clitheroe
Ribble
Blackpool
Preston
Lytham St. Annes
Blackburn
Ribble Est. N.R.
Leyland
Darwen
Chorley
Southport
Rufford
Bolton
Ormskirk
Formby
Skelmersdale
Wigan
Leigh
Crosby
10 km
Bootle
St Helens
N
TOUR 9

Große, recht gut zugängliche Parkplätze finden Sie am **Formby Beach Carpark** und entlang der dorthin führenden **Victoria Road** ab [N 53°33'56" W 3°05'14"], L37 1XU. Weitere Parkplätze gibt es etwas südlicher am **Lifeboat Road Carpark** bei [N 53°33'01" W 3°05'43"], L37 2DD *(beide Parkplätze National Trust, Members frei, sonst Parkgebühr)*. Dort liegt der örtliche, einfache Campingplatz, der eine Übernachtungsmöglichkeit hinter dem Mobile Home Park bietet. Er ist etwas in die Jahre gekommen. Die Stellplätze liegen schön, meist im Pinienwald *(**Formby Point Caravan Park**, **228:** [N 53°33'01" W 3°05'31"], Lifeboat Rd., L37 2EB,* ££, Apr – Okt, *Strom, Dusche/WC, www.formbypointcaravanpark.co.uk)*.

Eichhörnchen Wanderung in den Formby Pines (ungefähr 3 km)
Bis vor 30 Jahren waren Rote Eichhörnchen in ganz Nord- und Mitteleuropa allgegenwärtig und ein gewohnter Anblick. In Großbritannien galten sie um 1900 sogar als Plage und wurden regelrecht gejagt. Seitdem haben sich die eingeschleppten amerikanischen Grauhörnchen, die eine dunklere Fellfarbe aufweisen und etwas größer sind, breit gemacht und die ursprünglichen Bestände zurückgedrängt oder ausgerottet. Im Pinienwaldgürtel hinter dem Formby Beach wurde für die dort lebende rote Population ein Schutzgebiet eingerichtet, durch das eine schöne, Wanderung führt.

Nachdem Sie den Parkplatzeinlass an der **Victoria Road** passiert haben, parken Sie neben der Straße. Der Rundgang beginnt links vom Toilettenhäuschen und ist als „Cornerstone Path" markiert. Folgen Sie dem breiten Weg durch das Waldgelände. Er ist mit weiß-rosa Markierungen versehen. An einer T-Kreuzung mit hölzernem Glockenspiel biegen Sie nach links ab und folgen dem Cornerstone Path bis zur nächsten Gabelung. Halten Sie sich nun links. Der Weg führt zu einer Lichtung mit Picknickplatz und wieder in den Wald. Sie überqueren die Victoria Road, spazieren über einen weiteren Picknickplatz und folgen dem rechten der beiden weiterführenden Feldwege. Gehen Sie geradeaus, bis sich der Pfad er-

Formby Sands

neut teilt und Sie eine Wegmarkierung mit gelbem Pfeil auf grauem Grund sehen. Auf dem linken Pfad gelangen Sie in ein offenes Dünen- und Grasland. Nach einer Rechtskurve und einer Bank kommt die nächste Verzweigung. Nach links lassen Sie die Dünen rechts von sich und das Grasland linkerhand. Der gut sichtbare Weg führt in ein offenes Waldgebiet, links sehen Sie die Pinienplantage. Sie wurde im späten 19. Jahrhundert als Wind- und Sandschutz für das dahinter gelegene Anwesen angelegt. Das lockere restliche Waldgebiet ist als **Nicotine Wood** bekannt. Es wurde in den 50er und 60er Jahren als Ablagehalde für hunderte Tonnen an Tabakresten aus den nahen Fabriken genutzt.

Bei der nächsten Gabelung geht es rechts weiter durch Pinienbestand mit einer landwirtschaftlich genutzten Fläche zur Linken. Nach links bewegt sich der Pfad, verlässt den Wald und kreuzt kurz danach den **Sefton Coastal Path**. Bleiben Sie geradeaus, bis Sie eine Straße erreichen. Folgen Sie dieser nach links für ca. 400 m. Sie biegen vor den Müllcontainern erneut links ab und folgen diesem Feldweg bis in eine Senke. Dort wählen Sie den linken der beiden Pfade, gehen einen kurzen, aber steilen Anstieg hinauf, bis der Weg dahinter ins offene Grasland verläuft. Am Ende der Fläche senkt sich ein gut erkennbarer Pfad erneut ab. Er führt schließlich zu einer Kreuzung mit Bank.

Wechseln Sie auf den Weg nach links. Dieser führt einen Abhang hinab und wird zu einem Bohlenweg. An seinem Ende halten Sie sich an der T-Kreuzung rechts, den Hügel hinauf. Dort nehmen Sie links, den eingezäunten Pfad zurück zum Ausgangspunkt.

SOUTHPORT

Die 90.000 Einwohner-Stadt Southport ist, ähnlich wie das etwas weiter nördlich gelegene Blackpool, ein beliebter Badeort. Nicht nur mit seinen sechs Golfplätzen wendet er sich an ein etwas wohlhabenderes Klientel und ist bemüht, in den Einkaufsstraßen und entlang der Promenade ein viktorianisch angehauchtes Flair zu bewahren. Ein breiter Sand- und Wattgürtel trennt den Ort vom Meer und fällt bei Ebbe auf weiter Fläche trocken. Darüber spannt sich der mit über einem Kilometer zweitlängste Pier Großbritanniens. Die künstliche **Marine Lake**-Lagune ist ein beliebter Ort zum abendlichen Flanieren und das meiste Leben spielt sich rund um die **Lord**

Lord Street in Southport

Street ab. Ferner gibt es ein Indoor-Schwimmbad und eine Outdoor-Modellbahnanlage und natürlich einen Freizeitpark mit diversen Fahrgeschäften, das **Pleasureland**. Interessant ist es für Wohnmobiltouristen, weil es seinen Parkplatz zum Übernachten frei gegeben hat.

(229) WOMO-Stellplatz: Pleasureland

GPS: N 53°38'50" W 3°01'07", Esplanade, PR8 1RR, SOUTHPORT
Max. WOMOs: 40+
Ausstattung/Lage: Strom, V/E, ebene Asphaltfläche neben dem Freizeitpark, nicht immer sonderlich ruhig, zentral gelegen.
Ortszentrum: ca. 300 m
Zufahrt: Auf der A565 nach Southport einfahren. Im Zentrum eine Straße nach dem Kreisverkehr links abbiegen (Kingsway) und geradeaus fahren bis zur Einfahrt des Freizeitparks auf der rechten Seite.

Richtpreis: £
Internet: www.southportpleasureland.com

Gastrotipps Southport: Bistro Bar Med** (spanisch), 7 Coronation Walk, PR8 1RD, **Westminster**** (britisch), 165 Lord Str., PR8 1PF, **A Great Little Place** (Café), 11c Hoghton Str., PR8 1DB, **Twelve**** (britisch), 12 Princess Str., PR8 1EZ, **Le Boulevard**** (britisch), 18 Cambridge Arc., PR8 1AS, **Shamraat**** (indisch), 8 Stanley Str., PR9 0BY, **Bistro21**** (britisch), 21 Stanley Str., PR9 0BS, **Auberge Brasserie**** (französisch), 1b Seabank Rd., PR9 0EW, **The Swan** (Fast Food), 52 Stanley Str., PR9 0BS, **Volare**** (italienisch), 613 Lord Str., PR8 0AN

Rufford Old Hall

In der Nähe:

• Das Vogelschutzgebiet und Wetland Center **WWT Martin Mere** bietet das ganze Jahr über Gelegenheit Vögel, darunter viele seltene Arten, in freier Wildbahn zu beobachten. Dazu zählen Kormoran, Grau- und Silberreiher, Singschwan, Löffelente, Rohrdommel, Rohrsänger und viele andere. Beliebt ist der Ort als Zwischenstation tausender Zugvögel *([N 53°37'26" W 2°51'56"], Fish Ln., L40 0TA, Burscough, ££, ab 9.30 Uhr, mehr unter www.wwt.org.uk)*.

• Das schöne Fachwerkgebäude **Rufford Old Hall** stammt aus der Tudorzeit und beeindruckt bis heute mit seiner Ausstattung voller alter Möbel, Waffen, Rüstungen, Wandbehängen und Schnitzereien. Es gibt Beweise, dass Shakespeare einige Monate seiner Jugend hier verbrachte *([N 53°38'19" W 2°48'54"], 200 Liverpool Rd., L40 1SG, Rufford, ££, NT-Members frei, Öffnungszeiten über www.nationaltrust.org.uk)*.

LYTHAM ST. ANNE`S

Der kleine Ort direkt südlich von Blackpool ist die ruhigere Alternative zum lauten und grellen Nachbarn. Es gibt zwar keine großen Sehenswürdigkeiten, doch der Strand ist schön und flach. Ein großer Vorteil ist, dass die am Wasser angelegten Parkplätze allesamt barrierefrei sind. Wohnmobile können diese tags wie nachts ansteuern. Sie liegen alle entlang der Promenade und sind kostenpflichtig. Der erste ist der auch für Busse zugelassene **Fairhaven Road Car Park** bei **230:** [N 53°44'38" W 3°01'32"], FY8 1NW. Alternativen folgen neben der **Lifeboat Station** bei [N 53°44'48" W 3°01'56"], FY8 1LS und am Nordstrand bei [N 53°45'36" W 3°02'40"], FY8 2TR, **Clifton Drive**.

BLACKPOOL

Fast 150.000 Einwohner zählt die Küstenstadt, die seit jeher ein Synonym für Massentourismus ist. In Großbritannien gilt sie als Pionier in Sachen Pauschaltourismus. Während die positiven Errungenschaften dieser Entwicklung in Form von guter Infrastruktur, zahlreichen touristischen Einrichtungen und Vergnügungsmöglichkeiten mit beispielsweise gleich drei Piers zumindest teilweise erhalten blieben, sind die negativen leider auf den ersten Blick sichtbar. Heute gilt Blackpool als Billigreiseziel der Working Class und ist für Junggesellenabschieds-Saufgelage berüchtigt, auch wenn die Verwaltung viel dafür tut, dieses Image zu korrigieren. Die Stadt wirkt vielerorts wie ein altes Jahrmarktsgelände, das tagsüber an sehr vielen Ecken recht schäbig daherkommt und nur bei Dunkelheit und entsprechender Illumination einen Rest Charme vergangener Tage zu versprühen vermag…

Blackpool, Pleasure Beach, Blackpool Tower und Central Pier

Vielleicht veranlasst Sie all das, einen weiten Bogen, um Blackpool zu machen. Vielleicht macht es Sie aber auch neugierig und Sie möchten sich selbst einen Eindruck machen oder einige der ohne Zweifel zahlreichen Freizeiteinrichtungen nutzen. In diesem Fall finden Sie ganze vier Parkplätze vor, auf denen Wohnmobile parken und übernachten können. Sie liegen in zweiter Reihe, etwas abseits vom größten Rummel und sind, je nach Saison, nicht immer alle geöffnet oder für Womos zugänglich. Fündig werden Sie am Ende immer.

(231) WOMO-Stellplatz: Lytham Road Carpark

GPS: N 53°47'45" W 3°02'59", Lytham Rd., FY4 1HT, BLACKPOOL
Max. WOMOs: 4
Ausstattung/Lage: Keine Einrichtungen, Parkplatz mit vier extra für Wohnmobile eingerichteten Stellplätzen. Beleuchtet, Bushaltestelle.
Ortszentrum: um 300 m**Zufahrt**: Von Lytham St. Anne`s kommend am Ortsbeginn rechts in die Squires Gate Lane abbiegen und links der Beschilderung Richtung „Town Centre" folgen. Der Parkplatz kommt nach rund 1,5 km rechts.
Richtpreis: Lt. Aushang mit Parkuhr
Hinweis: Alternativ finden Sie nahe dem Fußballstadion einen weiteren Parkplatz am **Seasiders Way**. Die Parkfläche ist vor allem für Busse gedacht und nur bei Bedarf für Wohnmobile frei gegeben [N 53°48'21" W 3°02'59"].

(232) WOMO-Stellplatz: Banks Street Carpark

GPS: N 53°49'23" W 3°03'00", Banks Str., FY1 2DT, BLACKPOOL
Max. WOMOs: 5 – 6
Ausstattung/Lage: Keine Einrichtungen, großer Parkplatz neben dem Bahnhof Blackpool North.
Ortszentrum: ca. 600 m

Zufahrt: Von Lytham St. Anne`s kommend folgen Sie der Promenadenstraße am Wasser entlang bis zum dritten Pier (North Pier). Nehmen Sie nach dem Obelisken links die zweite Straße rechts (Banks Str.) bis zum Parkplatz auf der rechten Seite.
Richtpreis: Lt. Aushang mit Parkuhr
Hinweis: Eine weitere, in erster Linie für Busse gedachte aber auch für Womos mögliche Parkfläche, liegt noch etwas weiter nördlich an der **Warbreck Hill Road** bei [N 53°49'59" W 3°03'14"].

Blackpools wichtigste Freizeiteinrichtungen von Süd nach Nord:

- **Pleasure Beach:** Der Freizeitpark gehört zu den meistbesuchten des Landes und bietet eine riesige Anzahl an Fahrgeschäften *(Watson Rd., FY4 1EZ, mehr unter www.blackpoolpleasurebeach.com).*
- **Sandcastle Waterpark:** Englands größter Indoor-Wasserpark ist vor allem auf Action und Wasserrutschen ausgerichtet *(Promenade, FY4 1BB, mehr unter www.sandcastle-waterpark.co.uk).*
- **South Pier:** Der South Pier präsentiert sich als klassischer englischer Vergnügungspier mit Spielarkade, Buden und diversen Karussells (www.blackpoolpiers.co.uk).
- **Central Pier mit Riesenrad:** Der Central Pier bietet zusätzlich abendliche Shows und ein Riesenrad (Promenade, FY1 5BB, www.blackpoolpiers.co.uk).
- **Madame Tussauds:** Ableger des bekannten Wachsfigurenkabinetts (Promenade, FY1 5AA, www.madametussauds.com).
- **Sea Life Aquarium:** Großes Aquarium in üblicher Optik der weltweit agierenden Kette (Promenade, FY1 5AA, www.sealife.co.uk).
- **Coral Island:** Großes, überdachtes Vergnügungszentrum mit Fahrgeschäften, Arkade und Casino im Seeräuberlook (Central Promenade, FY1 5DW, www.coralisland.co.uk).
- **Blackpool Tower:** 158 m hoher, dem Eiffelturm ähnlicher Turm aus dem 19. Jahrhundert, mit Aussichtsplattform, Geisterbahn, Zirkusshow, Indoorspielplatz und Ballsaal *(Promenade, FY1 4BJ, www.blackpooltower.com).*
- **North Pier:** Der ruhigere North Pier beschränkt sich auf eine Arkade sowie mehrere Restaurants und Cafés *(www.blackpoolpiers.co.uk).*
- **Blackpool Model Village & Gardens:** Am westlichen Ortsende landeinwärts gelegenes Miniaturdorf *(West Park Drive, FY3 9RB, www.blackpoolmodelvillage.com).*
- **Blackpool Zoo:** Mittelgroßer Zoo benachbart zum Model Village mit vielen exotischen Tieren, Spielplätzen und Dino-Safaribereich *(www.blackpoolzoo.org.uk).*

Blackpool Promenade

Gastrotipps Blackpool: West Coast Rock Café** (amerikanisch), 5 Abingdon Str., FY1 1DG, **Pastels** (Fast Food), 2 Cedar Sq., FY1 1BP, **Piazza Italia**** (italienisch), 8 Cedar Sq., FY1 1BP, **Number Five** (Café), 5 Cedar Sq.., FY1 1BP, **Akash**** (indisch), 76 Topping Str., FY1 3AD, **Cake Delights** (Café), 111 Topping Str., FY1 3AA, **Yorkshire Fisheries** (Fast Food), 16 Topping Str., FY1 3AQ, **Othello`s**** (griechisch), 54 Talbot Str., FY1 1LR, **Michael Wan`s Restaurant**** (chinesisch), 27 Clifton Str., FY1 1JD, **Sapori**** (italienisch), 36 Clifton Str., FY1 1JP, **Hauze Restaurant**** (spanisch), 28 Talbot Rd., FY1 1LF, **McHalls**** (britisch), 5 Lord Str., FY1 2AZ.

(233) WOMO-Campingplatz: Stanah House

GPS: N 53°52'46" W 2°59'04", River Rd., FY5 5LR, STANAH
Max. WOMOs: 20+
Ausstattung/Lage: Strom, V/E, Dusche/WC, Waschmaschine/Trockner, Plätze auf Schotter. Unspektakulärer aber recht ordentlicher, aufgeräumter, kleinerer Campingplatz, kein Schatten.
Öffnungszeiten: März – Oktober
Ortszentrum: gegen 1,3 km (Thornton)
Zufahrt: Blackpool auf der A586 in Richtung Landesinneres verlassen. An einer Kreuzung links in Richtung Fleetwood abfahren (A585). Am folgenden Kreisverkehr die Abfahrt nach Little Thornton wählen und den Campingplatz Hinweisschildern folgen.
Richtpreis: ££
Internet: www.stanahhousecaravanpark.co.uk

(234) WOMO-Stellplatz: Pilling Embankment

GPS: N 53°56'33" W 2°55'54", Fluke Hall Lane, PR3 6HP, PILLING
Max. WOMOs: 2 – 3
Ausstattung/Lage: Schotterparkflächen beidseits der kleinen Straße, keine Einrichtungen, direkt am Meer gelegen.
Ortszentrum: rund 2,5 km (Knott End-on-Sea)**Zufahrt**: Blackpool auf der A586 in Richtung Landesinneres verlassen. An einer Kreuzung links in Richtung Fleetwood abfahren (A585). Gleich wieder rechts auf die A588 nach Knott End lenken und der Straße bis in den Ort folgen. Nach einem 20 mph Schild rechts in die Grasmere Road abbiegen und die Straße bis zum Stellplatz nicht verlassen.

(235) WOMO-Pubstopover: The Patton Arms

GPS: N 53°56'07" W 2°47'44", Park Ln., PR3 0JU, WINMARLEIGH
Max. WOMOs: 1– 2
Ausstattung/Lage: Einfache Schotterparkfläche neben dem einfachen Land Pub an der Durchgangsstraße.
Ortszentrum: ca. 3,3 km (Garstang)
Zufahrt: Blackpool auf der A586 in Richtung Landesinnere verlassen. Am Ende der Straße links halten auf die A6 und links Richtung Cockerham abfahren. Das Pub kommt an dieser Straße rechterhand.
Richtpreis: Auf Anfrage und bei Einkehr Übernachtung möglich.
Internet: www.restaurantwebx.com/ThePatternArms

LANCASTER

Die Stadt am River Lune blickt auf eine rund 2000-jährige Geschichte zurück. Sie basiert - nach dem im Namen enthaltenen Begriff „caster" für „castrum" - auf einer römischen Siedlung. Im Mittelalter war es einer der wichtigsten englischen Häfen von internationaler Bedeutung. Das House of Lancaster, eine einflussreiche englische Herrscherdynastie, die im 14. und 15. Jahrhundert drei englische Könige stellte, stammt aus der Stadt. Zwischen **Market Street**, **Cheapside** und **Church Street** liegt die teils verkehrsberuhigte, adrette Innenstadt, die zu einem Zwischenstopp einlädt. Im dortigen **Lancaster City Museum** erfahren Sie mehr über die Stadtgeschichte.

Market Str., LA1 1HT, Eintritt frei, Di – So von 10 – 17 Uhr, www.lancashire.gov.uk

Am Rande des Zentrums steht das mächtige **Lancaster Castle**. Der Hof und zwei kleine Ausstellungsbereiche sind frei zugänglich. Das Innere kann man nur auf einer geführten Tour besichtigen. Dabei werden Sie auf eine rund einstündige (englischsprachige) Reise mitgenommen, die nicht an Geschichte spart. Es geht um Hexenwerk, religiösen Wahn und Verbrechen aber auch um Bestrafung und Rehabilitation, während Sie etwa den Zellentrakt besichtigen.

2 Castle Park, LA1 1YQ, ££, 9.30 – 17 Uhr, Winterhalbjahr meist nur 10.30 – 15.15 Uhr, Sa/So bis 16 Uhr, www.lancastercastle.com

Fast benachbart zur Burg befindet sich die örtliche **Touristeninformation** an der **Meeting House Lane.** Größere Parkplätze gibt es westlich des Zentrums an der **Nelson Road** beidseits bei [N 54°02'51" W 2°47'44"], LA1 1PU.

Gastrotipps Lancaster: The Whale Tail** (britisch), 78a Penny Str., LA1 1XN, **Sultan of Lancaster**** (indisch), Brock Str., LA1 1UU, **Full House Noodles*** (asiatisch), 21 Common Garden Str., LA1 1XD, **Sunburry Coffee House** (Café), 28 Sun Str., LA1 1EW, **The Sun**** (britisch), 25 Sun Str., LA1 1EW, **Butcher and Tonic**** (britisch), 74 Church Str., LA1 1ET, **Blue Moon Restaurant** (thailändisch), 6 Rosemary Ln., LA1 1NR, **Moorish** (Fast Food), 5 Moor Ln., LA1 1QD, **Red Peppercorn**** (britisch), 13 Moor Ln., LA1 1QD

Lancaster

In der Nähe:

Strand bei Morecambe

- Der einstige Hafen von Lancaster versandete im Lauf der Jahrhunderte. Heute liegt die Stadt **Morecambe** rund 2,5 km entfernt am Wasser. Wirklich viel geboten wird nicht. Es gibt Gelegenheit, ein wenig Zeit am Meer zu verbringen oder eine interessante Wattwanderung zu machen. Während der Saison finden geführte Touren fast täglich statt *(mehr unter „Cross Bay Walk" auf www.visitlancashire.com oder in der örtlichen Touristeninformation, Old Station Building, Marine Rd., LA4 4DB).*
- Vom benachbarten Heysham legen die Fähren nach Douglas auf der **Isle of Man** ab *(mehr unter www.steam-packet.com).*

INGLETON

Hinter Lancaster können Sie auf der **A683** einen Abstecher in die westlichen Yorkshire Dales einlegen. Rund um das kleine Ingelton gibt es mehrere schöne Outdoor-Ziele. Unterwegs passieren Sie einen Stellplatz.

(236) WOMO-Picknickplatz: Bull Beck Picnic Site

GPS: N 54°04'43" W 2°42'05", A683, LA2 9JN, BROOKHOUSE
Max. WOMOs: 3 – 4
Ausstattung/Lage: WC, Picknickbänke, Schotterparkplatz neben der Straße, durch Bäume getrennt, schattig.
Ortszentrum: etwa 7 km (Lancaster)
Zufahrt: Direkt rechterhand der A683, kurz nach dem Dorf Caton.

Ingleton Waterfall Trail (ca. 7 km)
Ganze sechs Wasserfälle säumen den schön angelegten Rundweg, der von Ingelton aus die Schluchten der Flüsse Twiss und Doe erschließt. Starten Sie am Parkplatz bei [N 54°09'16" W 2°28'17"], **Holme Head Farm Road,** LA6 3ET. Für die Parkgelegenheit und die Erhaltung der Wege fällt eine Gebühr an. Sie steigen zunächst gemächlich an, während Sie dem dahinplätschernden Twiss folgen. Nach dem ersten Viertel des Weges erreichen Sie die **Pecca Falls**, die in fünf Stufen rund 30 Meter in die Tiefe

stürzen. Gleich dahinter passieren Sie die **Hollybush Falls** an einer etwas steileren Passage, bevor der Weg sich zu einem weiteren Tal hin öffnet. Den hintersten Punkt dieses Landeinschnitts bildet der 14 Meter hohe **Thornton Fall,** der hier über einen Felsvorsprung in die Tiefe stürzt. Mutige klettern bis zum Rand des Wasserfalls. Für ein schönes Erinnerungsfoto nehmen Sie Platz auf dem großen Felsen vor dem Wasserfall. Linkerhand geht es aus dem Tal nach oben, kurz danach über eine Brücke und Sie verlassen den Twiss und gelangen zum höchsten Punkt der Runde. Dieser bietet einen schönen Blick auf die Landschaft ringsum. Rechts ab halten Sie sich auf einem Karrenweg parallel zum Hang hin und passieren, nachdem Sie einige Tore hinter sich gelassen haben, die **Twistleton Farm**. Stetig fällt der gut ausgeschilderte Weg zu einer schmalen Straße hin ab. Auf der anderen Seite liegt das Gelände des **Falls Park** mit kleiner Snack Bar für Wanderer. Zuletzt war eine kleine, wirklich schön gelegene Campsite in Bau. Wenn Sie Ihnen gefällt, vielleicht eine Idee für die nächste Nacht? Die Anfahrtsstraße ab Ingleton ist ziemlich schmal, genauere Infos erhalten Sie sicher vor Ort (***237:*** *[N 54°10'10" W 2°27'13"], LA6 3JH, www.falls-park.co.uk)*. Hinter den Bänken der Snack Bar zweigt links der Weg zu den drei parallel nebeneinanderliegenden **Beezley Falls** ab. Entlang des Doe River steigen Sie der Schlucht folgend ab. An den **Baxenghyll Falls** gibt es eine Aussichtsbrücke, die über das Wasser reicht. Nur ein kurzes Stück ist es nun zu den **Snow Falls**, die Sie nur gut sehen, wenn Sie sich vom Weg am Fluss ein Stück nach hinten drehen. Drei Viertel des

Weges haben Sie nun gemeistert. Das Gelände wird flacher und Sie folgen schließlich einem Forstweg, der gegen Ende in eine Asphaltstraße übergeht und im Ort Ingleton endet. Halten Sie sich rechts und an der Kirche erneut rechts, erreichen Sie schnell den Ausgangsparkplatz *(£, April – Aug, 9 – 19 Uhr, Mär/Sep/Okt bis 16 Uhr, Nov – Feb bis 14.30 Uhr, mehr unter www.ingletonwaterfallstrail.co.uk)*.

In Ingleton gibt es eine Reihe Cafés und Gasthäuser. Am Ortsparkplatz neben dem Community Centre besteht bislang kein Übernachtungsverbot, **238:** [N 54°09'05" W 2°28'02"], LA6 3BH. In der Nähe findet man einen schönen Farm Campingplatz.

(239) WOMO-Campingplatz: Lundholme Farm

GPS: N 54°09'07" W 2°29'08", New Rd., LA6 3HN, INGLETON
Max. WOMOs: 12
Ausstattung/Lage: Strom, V/E, Dusche/WC- Schön gelegener, ruhiger und sauber angelegter Platz hinter einer Farm.
Öffnungszeiten: März bis Oktober
Ortszentrum: um 1,4 km
Zufahrt: Am Ende der A687 rechts abbiegen. Die Farm kommt nach rund 250 m rechterhand.
Richtpreis: ££

Über die **B6255** in Richtung Hawes (siehe Tour 1) fahren Sie zur rund 3 km entfernten **White Scar Cave**. Sie gilt als längste Schauhöhle Großbritanniens und wurde 1971 entdeckt. Auf dem ungefähr 1,6 km langen Weg durch die Höhle, sehen Sie unter anderem unterirdische Wasserfälle und eine riesige, eisenzeitliche Höhle mit Tausenden an Stalaktiten.

[N 54°09'57" W 2°26'33"], LA6 3AW, nur mit Führung, ££, Feb – Okt von 10 – 16 Uhr, sonst nur Sa/So je nach Wetterlage, www.whitescarcace.co.uk

Nicht viel weiter ist es zur zweiten Höhle der Gegend. Die **Ingleborough Cave** liegt einen Ort weiter, beim kleinen CLAPHAM. Vom Besucherparkplatz aus spazieren Sie zunächst entlang des rund zwei Kilometer langen Nature Trails bis zum Höhleneingang. Die ein Kilometer lange, geführte Tour führt durch 350 Millionen Jahre Erdgeschichte und vorbei an zahlreichen, die Fantasie anregenden Tropfsteingebilden. Durch gurgelnde Strudellöcher entweicht das Wasser an manchen Stellen in tiefer liegende Höhlen und Felslöcher.

[N 54°07'06" W 2°23'25"], LA2 8EA, Nature Trail: 1 £, erm. 50 p., da die Gebühr teils per Automat zu entrichten ist, sollten Sie abgezählte Münzen mitführen. Höhle: ££, Feb – Okt, 10 – 16 Uhr, Ferien bis 17 Uhr, Sa/So bis 15 Uhr, www.ingleboroughcave.co.uk

Von der Höhle führt ein schöner Wanderweg weiter bergauf bis zum **Gaping Gill**. Dort stürzt der Beck Fluss in einen tiefen Felsschlund, der sich im Boden auftut. Wem der beeindruckende Anblick von oben nicht reicht, der kann sich zweimal im Jahr sogar mittels Seilwinden hinab gleiten lassen *(Termine und genauere Infos unter www.cracenpotholeclub.org)*.

Gastrotipps Ingelton: Country Harvest** (britisch), New Road, LA6 3PE, **Masons Freehouse**** (britisch), New Rd., LA6 3HL, **La Cascada**** (spanisch), 6 High Str., LA6 3AB, LA6 3HL, **Inglenook Fish`n`Chips** (Fast Food), The Square LA6 3EG

KIRKBY LONSDALE

Das hübsche Marktstädtchen ist für seine recht große Anzahl schöner Gasthäuser und Cafés bekannt. Außerdem verfügt es über eine lebendige Hauptstraße, in der ganze sechzig Geschäfte auf Kundschaft warten. Das Besondere ist, dass es sich ausschließlich um unabhängige, kleine Läden handelt und keine Ketten im Zentrum erlaubt sind. Besonders viel rührt sich an Donnerstagen, wenn Markt gehalten wird. Mit Kindern lohnt ein Blick in die winzige „**Enchanted Chocolate Mine**" im Keller des örtlichen Schokoladenladens... der einzige Ort, in dem Schokolade angeblich unterirdisch abgebaut wird... Ein beliebter Foto Spot ist die alte **Devil`s Bridge** am Ostrand des Ortes. Dort finden Sie Picknickbänke und Parkmöglichkeiten, [N 54°11'54" W 2°35'23"], LA6 2DF. Noch ortsnäher parken Sie an der **Dodgson Croft** beidseitig auf Höhe des Booths Stores, [N 54°12'04" W 2°35'59"], LA6 2HG.

Gastrotipps Kirkby Lonsdale: The Orange Tree** (britisch), 9 Fairbank, LA6 2BD, **Sun Inn**** (britisch), 6 Market Str., LA6 2AU, **Plato`s Restaurant**** (britisch), 2 Mill Brown, LA6 2AT, **Avanti**** (italienisch), 57 Main Str., LA6 2AH, **Number Forty Four** (Café), 44 Main Str., LA6 2AJ, **Crossing Point Café** (Café), 7 Market Sq., LA6 2AN

Devil`s Bridge bei Kirkby Lonsdale

Tour 10: Lake District und Cumbria (ca. 340 km)

Kendal – Lake Windermere – Grasmere – Coniston Water – Muncaster Castle – Whitehaven Cockermouth – Buttermere Valley – Derwent Water Ullswater – Carlisle

Stellplätze (gratis)	Stainton, Broughton, Walney Island, Seascale, Longlands Lake, Maryport, Crummock Water, Honister Pass, Castlerigg Stone Circle, High Brow Carpark, Lazonby
Stellplätze (£)	Cockermouth
Pub Stellplätze:	Sizergh, Eamont Bridge, Sebergham
Campingplätze:	Sedgwick, Bowness, Hawkshead, Skelwith, Chapel Stile, Coniston (2x), Santon Bridge, Lamplugh, Manesty, Patterdale, Hotown, Cotehill
Besichtigen:	Levens Hall, Sizergh Castle, Kendal, Kendal Museum, Museum of Lakeland Life, Bowness, World of Beatrix Potter, Lake Windermere, Lakeside Aquarium, Lakeland Motor Museum, Fell Foot Park, Brockhole Park, Ambleside, Wray Castle, Hill Top, Beatrix Potter Gallery, Townend, Grasmere, Wordsworth Museum, Allan Bank, Coniston Water, Brantwood Estate, Safari Zoo, Muncaster Castle, Beacon Museum, Rum Story, Senhouse Roman Museum, Wordsworth House, Cockermouth, Honister Slate Mine, Derwent Water, Keswick, Keswick Museum, Pencil Museum, Mirehouse and Garden, Castlerigg Stone Circle, Ullswater, Dalemain Mansion, Lowther Castle, Hutton-in-the-Forest, Carlisle, Carlisle Castle, Gretna Green
Wandern:	Lake Windermere, Tarn Hows, Coniston Water, St. Bees Head, Crummock Water, Buttermere Water, Loweswater, Seatoller, Derwent Water, Ullswater, Aira Force
Baden:	Lake Windermere, Seascale, Buttermere Water
Einkaufen:	Carlisle, Gretna Outlet

UNESCO Welterbe und Nationalpark in einem ist das rund 2200 Quadratkilometer große Lake District im äußersten Nordwesten Englands. Die höchsten Berge, meisten, größ-

TOUR 10/11
N
10 km
Band 33:
Mit dem Wohnmobil nach Schottland
Kielder Water
Kielder Forest
513 m Glendhu Hill
Langholm
Northumberland N.P.
Lockerbie
Annan
Esk
Longtown
Greenhead
Melkr.
Lanercost
Halt-whistle
Annan
Gretna
Brampton
Solway Coast AONB
Eden
TOUR 11
Carlisle
North Pennines AONB
Morecambe Bay
664 m Black Fell
Lazonby
710 m Melmerby F.
Maryport
Penrith
Cocker-mouth
868 m Blencathra
Bassenthwaite Lake
Derwent
Keswick
Troutbeck
Pooley Br.
Workington
Ullswater
Derwent Water
Crummock Water
Butter-mere
Glenridding
White-haven
Buttermere Water
Thirlmere Lake District N.P.
950 m Helvellyn
817 m High Street
Haweswater
Cleator
Ennerdale Water
806 m High Stile
899 m Great Gable
Grassington
Ambleside
663 m Tarn Crag
Kent
St. Bees
Egremont
Wast Water
978 m Scafell Pike
Hawksh.
Bowness
Santon Bridge
Seascale
Holmrook
808 m Old Man
Coni-ston
Kendal
Ravenglass
Coniston Water
L. Winder-mere
Sedgwick
600 m Black Combe
Lakeside
Millom
Ulverston
Grange o.S.
Lune
Morecambe
Barrow i.F.
Lancaster
560 m Ward's St.

ten und tiefsten Seen sowie einige der hübschesten Dörfer des Landes, vereinen sich in diesem landschaftlich ausnehmend schönen Gebiet. Leider fällt im Lake District auch der meiste Regen, was die Planung der Reise zeitweise zu einem Glücksspiel machen kann.

KENDAL

Die Stadt Kendal am River Kent gilt als Zugangstor zum Lake District und liegt am äußersten südöstlichen Rand der von zahlreichen Seen durchzogenen Berglandschaft. Bevor die **A590** wenige Kilometer vor Kendal nach Westen abbiegt, können Sie am Kreisverkehr zur **A591** Richtung SEDGWICK zu einem abgelegenen kleinen Stellplatz am Bachufer nahe dem Weiler STAINTON abzweigen, **240:** [N 54°15'45" W 2°44'15"].

Oben: Garten am Sizergh Castle, unten: Stellplatz 240

Auf der gegenüberliegenden Seite des Kreisverkehrs haben Sie Gelegenheit, zwei hochkarätige Anwesen zu besichtigen. Das elisabethanische **Levens Hall** wurde um einen Wehrturm aus dem 13. Jahrhundert errichtet und verfügt neben lederverkleideten Wänden und jakobinischem Inventar über Gemälde namhafter Künstler wie Rubens. Besonders bekannt ist es für seinen Formschnittgarten. Seit 1694 werden mehr als 100 unterschiedliche Bäume und Hecken in teils symmetrische, teils wild verschnorkelte Formen getrimmt, einige sind über neun Meter hoch.

[N 54°15'36" W 2°46'31"], A6, LA8 0PD, £££, HH-Members frei, Mitte Apr – Sep, So – Do von 10 – 17 Uhr, Haus 12 – 16 Uhr, www.levenshall.co.uk

Noch näher zur Schnellstraße und gleich hinter dem Dorf SIZERGH gelegen finden Sie **Sizergh Castle**. Das mittelalterliche Anwesen wird bis heute von der Strickland Familie bewohnt. Im öffentlichen Teil sind viele private Bilder und Gegenstände zu sehen. Besonders schön ist der Steingarten. Gerne gibt man

Strickland Arms, 241

Ihnen Tipps zu Wanderungen auf dem insgesamt 650 Hektar großen Grundstück.

[N 54°16'58" W 2°46'22"], Ashbank Ln., LA8 8AE, ££, NT-Members frei, Apr – Okt, 10 – 17 Uhr, sonst bis 16 Uhr, Jan geschlossen, Haus nur Apr – Okt, 12 – 16 Uhr, www.nationaltrust.org.uk

Am Weg zum Haus können Sie am nahen **Strickland Arms** als Gäste oft über Nacht am Parkplatz bleiben, **241:** [N 54°16'42" W 2°46'07"], Nannypie Ln., LA8 8DZ, www.thestricklandarms.com. Ein Campingplatz liegt ebenfalls in der Nähe.

(242) WOMO-Campingplatz: Kendal Caravan Club Site

GPS: N 54°17'01" W 2°45'18", Chapel Lane, LA8 0JZ, SEDGWICK

Max. WOMOs: 140
Ausstattung/Lage: Alle Einrichtungen, Spielplatz, großer Campingplatz mitten in einem Wald, auf dem Grundstück einer ehemaligen Schwarzpulver Fabrik. Stellflächen auf Schotter, schattig.
Öffnungszeiten: Mitte März bis Oktober
Ortszentrum: ungefähr 6,5 km (Kendal)
Zufahrt: Am Kreisverkehr der A590 und A591 Kreuzung in Richtung Sedgwick abfahren und gleich die erste Straße nach links wählen. Ab hier ist der Platz angeschrieben.
Richtpreis: 31,60 – 44,20 £, CC-Members 19,60 – 32,20 £
Internet: www.caravanclub.co.uk

Das Zentrum Kendals gruppiert sich um die zentrale, teils verkehrsberuhigte **High Gate.** Östlich, in der kleinen **Finkle Street**, befindet sich die Tourismus-Infostelle. Einen Parkplatz finden Sie am ehesten an der **Blackhall Road** bei [N 54°19'46" W 2°44'42"], LA9 4BT oder in der **Dowker`s La-**

Kendal Castle

ne bei [N 54°19'33" W 2°44'48"], LA9 4DH. Für große Womos sind beide nur bedingt geeignet. Mehr über Geschichte und Natur der Region erfahren Sie im etwas abseits am östlichen Flussufer gelegenen **Kendal Museum.**

Station Rd., LA9 6BT, £, Di – Do, 10 – 16 Uhr, www.kendalmuseum.org.uk

Die spärlichen Überreste von **Kendal Castle** liegen auch dort, allerdings mehrere hundert Meter weiter südlich im **Fletcher Park**. Sie sind frei zugänglich.

Am südlichen Ende der High Gate stoßen Sie auf das umfangreichere **Museum of Lakeland Life** das sich, etwas weiter gefasst, mit Menschen, Landwirtschaft und Industrie im Lake District befasst.

Peppercorn Lane, LA9 5AL, £, Mo – Sa, 10.30 – 16 Uhr, www.lakelandmuseum.org.uk

Gastrotipps Kendal: The Moon** (britisch), 129 Highgate, LA9 4EN, **Brew Brothers** (Café), 69 Highgate, LA9 4ED, Déjà Vu** (französisch), 124 Stricklegate, LA9 4QG, **Pedro`s Casa**** (mexikanisch), 128 Stricklegate, LA9 4QG, **Castle Diary***** (britisch), 26 Wildman Str., LA9 6EN, **Joshua Tree**** (britisch), 11 Stramongate, LA9 4BH, **1657 Chocolate House** (Café), 54 Branthwaite Brow, LA9 4TX, **Baba Ganoush**** (indisch), 27 Finkle Str., LA9 4AB

LAKE WINDERMERE

Der 17 Kilometer lange und 400 bis 1500 m breite Lake Windermere ist Englands größter See. Seit Mitte des 19. Jahrhunderts gehört er zu den beliebtesten englischen Ferienregionen. Zweigen Sie kurz vor dem See von der **A591** nach BOWNESS-ON-WENDERMERE ab und parken am **Braithwaite Fold Carpark** vor dem Campingplatz des Camping und Caravanning Clubs. Hier befindet sich einer der größten und am besten erreichbaren Parkplätze in See Nähe, auf dem Sie auch in der Hochsaison noch unterkommen. Dank der zahlreichen Schiffsverbindungen gelangen Sie zu allen interessanten Punkten ringsum von hier aus autofrei.

Bowness-on-Windermere

[N 54°21'29" W 2°55'26"], Glebe Rd., LA23 3HB, kostenpflichtig, Alternativen siehe „Lake Windermere Cruises"

World of Beatrix Potter

Rund 600 m sind es auf der schräg gegenüber quer durch den Park verlaufenden und für Autos gesperrten **Rectory Lane** bis ins geschäftige kleine Zentrum von Bowness. Alternativ nehmen Sie die während der Saison pendelnde Bimmelbahn, die einen längeren Spaziergang erspart. Dort, wo der Weg auf die Seepromenade stößt, befindet sich linkerhand das **Bowness Bay National Park Information Centre** mit vielfältigen Informationsangeboten zum Lake District und Umgebung. Ein Stück weiter erhalten Sie linkerhand, direkt am Ufer im Fährterminal, Tickets für Fahrten auf dem Lake Windermere.

Mitten im Ort können Sie die **World of Beatrix Potter** besuchen. In dem schön gestalteten Märchenland wird den Tiergeschichten der bekannten Kinderbuchautorin gedacht, die ganz in der Nähe oberhalb des Windermere Westufers lebte. Während im Königreich sprichwörtlich jedes Kind ihre Erzählungen kennt, ist sie im deutschsprachigen Raum weit weniger präsent. Zumindest ihre bekannteste Figur, Peter Hase, hat über die Jahre auch internationalen Kultstatus erreicht. Nach einem kurzen Einführungsfilm tauchen Kinder und erwachsene Märchenfans in die Erlebniswelten von Eichhorn Squirrel Nutkin, Igelin Mrs. Tiggy-Winkle, der Gans Jemima Puddle-Duck oder des Katers Tom Kitten ein. Der kleine Garten von Peter Hase ist im Freibereich nachgebaut und im Sommer finden täglich bis zu drei Aufführungen im benachbarten Theater statt.

Crag Brow, LA23 3BX, ££-£££, 10 – 17.30 Uhr, Shows Ende Mai – Aug, Sa – Do, mehr unter wwww.hop-skip-jumo.com

(243) WOMO-Campingplatz: Braithwaite Fold

GPS: N 54°21'25" W 2°55'28", Glebe Rd., LA23 3HB, BOWNESS
Max. WOMOs: 65
Ausstattung/Lage: Alle Einrichtungen, sauberer, teils etwas enger Platz, meist mit Einzelschotterflächen, kein Schatten, ortsnahe Lage.
Öffnungszeiten: ganzjährig **Ortszentrum**: um 750 m
Zufahrt: In Bowness auf der A592 in südliche Richtung fahren und an der Promenade rechts halten. Die Straße beschreibt einen großen Bogen. Der Platz liegt hinter dem Großparkplatz rechterhand.
Richtpreis: £££-££££
Internet: www.campingandcaravanningclub.co.uk
Hinweis: In der Hauptferienzeit stellt der Rugbyclub Ambleside alternativ immer wieder über einige Wochen sein Gelände zum Campen zur Verfügung. Die Ausstattung ist einfach, der Preis günstig. Er liegt zwischen dem Windermere See und dem Dorf Ambleside bei [N 54°25'32" W 2°58'03"], Borrans Rd., LA22 0LY.

Windermere Lake Cruises

Ein Besuch am großen See ist nicht vollkommen, ohne eine der zahlreichen, angebotenen Seerundfahren. Bowness ist der ideale Ausgangspunkt, da Sie von hier aus Anschluss zu beinahe allen Zielen haben. Alternative Startpunkte, die ebenfalls über größere Parkeinrichtungen verfügen, sind folgend mit Koordinaten vermerkt. Am Ticketschalter der Seenschifffahrt wählen Sie zwischen der gelben Southside-Cruise, der blauen Island-Cruise und der roten Northside-Cruise. Wenn Sie einen ganzen Tag oder mehr Zeit haben und sich ausführlich am See umsehen möchten, kommt das 24h-Ticket „Freedom of the Lake" in Frage. Für rund 20 £ pro Person sind alle Strecken inklusive *(mehr unter www.windermere-lakecruises.co.uk).*

ISLAND CRUISE *(blau, ££, je nach Saison, mindestens 3x täglich)*: Bei dieser etwa 45-minütigen Rundtour steht die Bootsfahrt im Mittelpunkt und Sie legen nicht an. Die Boote kreuzen zwischen den kleinen Inseln in der Seemitte und es bieten sich schöne Blicke auf die umgebenden Berge, Buchten und Wälder.

SOUTHSIDE CRUISE *(gelb, ££, je nach Saison bis zu 9x täglich)*: Diese Rundfahrt erschließt den südlichen Teil von Lake Windermere. Am Ende können Sie in LAKESIDE Station machen *(dortiger Großparkplatz: [N 54°16'41" W 2°57'22"], LA12 8DR)*. Direkt neben der Anlegestelle befindet sich das **Lakeside Aquarium**. Neben der größten Vielzahl an Süßwasserfischen gibt es Otter, Schildkröten und verschiedene Insekten zu sehen *(Newby Bridge, LA12 8AS,* £, Kombitickets erhältlich, *täglich um 10 Uhr, www.lakesaquarium.co.uk).*

Lake Windermere

Fell Foot Park

Per Bahn geht es neben dem Anleger bis zu 7x täglich weiter zum **Lakeland Motor Museum** nahe Haverthwaite. Im Mittelpunkt der umfangreichen Sammlung stehen klassische Automobile aller Epochen, vom frühen T-Modell über Sportwagen der 30er Jahre bis hin zu britischen Erfolgsmodellen aus den Häusern Rover oder MG *(A590, LA12 8TA, ££, Kombitickets erhältlich, 9.30 – 17.30, Winter bis 16.30 Uhr, www.lakelandmotormuseum.co.uk)*.

Als dritte Möglichkeit wechseln Sie in nur 10 Minuten mit einem Anschlussboot ans Westufer und besuchen den beliebten **Fell Foot Park.** Er ist ein idealer Anlaufpunkt zum Picknicken, Paddeln, Rudern und Schwimmen. Wassersportausrüstungen kann man leihen, es gibt Umkleiden, Duschen und Schließfächer *(eigener Parkplatz bei [N 54°16'29" W 2°57'05"], A592, LA12 8LN, Eintritt frei, Active Base und Parkplatz für Nicht-NT-Mitglieder kostenpflichtig, 9 – 17 Uhr, www.nationaltrust.org.uk)*.

NORTHSIDE CRUISE *(rot, ££, bis zu 18x täglich):* Auf der Nordrunde hält das Boot an zwei verschiedenen Anlegestellen. Sie können an beiden Punkten zur grünen Walkers Cruise wechseln, die Wray Castle einschließt.

Der Halt **Brockhole Park** im Nordwesten von Lake Windermere ist eine Art Pendant zum Fell Foot Park im Süden. Sie können Boote und Fahrräder mieten, Minigolf spielen, Pony reiten, am Wasser und auf dem Spielplatz toben uvm. Des Weiteren gibt es ein großes Besucherzentrum *(eigener Parkplatz bei [N 54°24'04" W 2°56'21"], A591, LA23 1LJ, Eintritt frei, 10 – 16/17 Uhr, www.brockhole.co.uk)*.

Vom Anleger am **Ambleside Pier** spazieren Sie durch den **Borrans Park** und vorbei an den spärlichen Resten des **Ambleside Roman Forts** in den rund ein Kilometer entfernt gelegenen Hauptort **Ambleside.** Alternativ verkehren etwas archaisch aussehende Pendel"busse". Das schöne Dorf ist recht übersichtlich und verläuft hauptsächlich entlang zweier paralleler Ladenstraßen, die zum Bummeln und Einkehren einladen *(eigener Parkplatz bei [N 54°25'16" W 2°57'46"], A5095, LA22 0ES)*.

Ausflugsboot am Lake Windermere

Sowohl von Ambleside als auch Brockhole wechseln Sie zur grünen Bootsroute, um ans Ostufer zum **Wray Castle** zu gelangen. Auch wenn es wie eine mittelalterliche Burg aussehen mag, wurde es erst Mitte des 19. Jahrhunderts im Auftrag des exzentrischen Liverpooler Geschäftsmanns James Dawson erbaut. Beatrix Potter verbrachte als 16-jährige ihre Sommerferien im Schloss und verliebte sich in die Gegend. Da kein Inventar erhalten ist, dient es heute vor allem als Informationsstelle zur Region sowie als Indoor-Spiel- und Aktivitätszentrum für Kinder *(LA22 0JA, ££, NT-Members frei, Apr – Okt, 10 – 17 Uhr, Mär/Nov bis 16 Uhr, www.nationaltrust.org.uk).*

Wray Castle

Beliebt sind kombinierte **Wander- und Bootstouren** am See. Dazu fahren Sie bis zum Wray Castle, spazieren entlang der Uferlinie bis zum Ferry House auf der gegenüberliegenden Seeseite bei Bowness und lassen sich von dort mit kleinen Pendelfähren abholen. Natürlich ist auch eine entgegengesetzte Wanderrichtung möglich (£, bis zu 10x täglich). Wenn Sie das Haus und die Galerie von Beatrix Potter in und bei Hawkshead besichtigen möchten, aber die schmalen Anfahrtsstraßen scheuen, nehmen Sie ab Ferry House die regelmäßig verkehrenden Moutain Goat Busse zu dem Potter Haus und zurück. Mehr Infos erhalten Sie an den Fährterminals und Tourismus Infostellen.

Gastrotipps Bowness-on-WIndermere: Jackson`s Bistro**** (britisch), West End, LA23 3EE, **Villa Positano**** (italienisch), Ash Str., LA23 3EB, **Porto***** (britisch), Ash Str., LA23 3EB, **St. Martins Tea Room** (Café), 4 St- Martins Parade, LA23 3DY, **Hole in t`Wall** (britisch), Lowside, LA23 3DH, **Shahib`s**** (indisch), Crag Bow, LA23 3BX, **The Albert**** (britisch), Queen Sq., LA23 3BY, **Angel Inn**** (britisch), Helm Rd., LA23 3BU, **Choccobar** (Café), Lake Rd., LA23 3DU, **Rastelli**** (italienisch), Lake Rd., LA23 3AP, **Ambleside: Old Stamp House**** (britisch), Church Str., LA22 0BU, **Fellinis**** (britisch), Church Str., LA22 0BD, **Doi Intanon**** (thailändisch), Market Pl., LA22 9BU, **Zeffirellis**** (italienisch), Compston Rd., LA22 9AD, **Matthew`s Bistro**** (britisch), Compston Rd., LA22 9DJ, **Café Treff** (Café), 4 Central Buidlings, LA22 9BS, **Rattle Ghyll Cafe** (Café), 2 Bridge Str., LA22 9DU, **Dodds Restaurant** (italienisch), Rydal Rd., LA22 9AN, **Apple Pie** (Café), Rydal Rd., LA22 9AN

Lake Windermere vom Wray Castle aus

Weiterfahrt mit der Windermere Ferry über Hawkshead: Wer sich die Nordumrundung des Sees ersparen möchte, um stattdessen mehr über Beatrix Potter zu erfahren, nutzt die von Bowness aus pendelnde **Windermere Ferry** zum Ostufer.

max. 8 m Länge und 8 to Gewicht, ££, 6.50 – 21.50 Uhr, Winter bis 21 Uhr, mehr unter www.cumbria.gov.uk

Beatrix Potters Hill Top

Von dort gelangen Sie auf der kleinen **B5282** ins Dorf SAWREY mit ihrem ehemaligen Wohngebäude **Hill Top**. Das hübsche Farmhaus wurde seit ihren Lebzeiten kaum angetastet und versprüht noch immer einen puppenhaushaften Charme. Da der kleine Parkplatz am Haus regelmäßig an seine Kapazitätsgrenzen kommt, kann es mit dem Wohnmobil ab und an schwierig werden, unterzukommen.

[N 54°21'08" W 2°58'16"], LA22 0LF, ££, NT-Members frei, Apr – Okt, 10 – 17 Uhr, Jun – Aug, 10 – 17 Uhr, Mär – Mai und Sep/Okt Sa – Do, 10 – 16.30 Uhr, www.nationaltrust.org.uk

. Wer den Kinofilm „Mrs Potter“ von 2006 mit Renee Zellweger, Ewan McGregor und Emily Watson in den Hauptrollen kennt, wird sich nicht adhoc an das darin vorkommende Hill Top erinnert fühlen. Im Film stand die Yew Tree Farm am nahen Coniston Water Pate und diente als Ersatz.

Tarn Hows

Ein Örtchen weiter, im etwas größeren HAWKSHEAD, steht die **Beatrix Potter Gallery**. Sie wurde im ehemaligen Büro ihres Ehemanns, einem Anwalt, untergebracht und zeigt Illustrationen zu Potters Büchern und thematische Sonderausstellungen des National Trusts

parken bei [N 54°22'27" W 2°59'50"], Main Str., LA22 0NS, £, NT-Members frei, Mär – Okt, 10.30 – 16 Uhr, www.nationaltrust.org.uk

(244) WOMO-Campingplatz: Hawkshead Hall Campsite
GPS: N 54°22'53" W 3°00'06", B5285, LA22 0NN, HAWKSHEAD
Max. WOMOs: 30+
Ausstattung/Lage: WiFi, Strom, Dusche/WC, Spülgelegenheit. Flacher Platz auf Farmland neben der Hauptstraße, Stellflächen, teils auf Schotter, teils auf Rasen, kein Schatten.
Öffnungszeiten: Ende März – Dezember **Ortszentrum**: rund 650 m
Zufahrt: Am Ende von Hawkshead direkt rechterhand der Straße an der T-Kreuzung, wo die Straße nach Coniston abgeht.
Richtpreis: ££-£££
Internet: www.hawksheadhall-campsite.co.uk

Über die **B5285** in Richtung Coniston zweigen Sie links ab, um erneut Anschluss an die Hauptroute zu erhalten.

Unterwegs lohnt ein Abstecher an den stillen kleinen See **Tarn Hows**, um den ein schöner Rundweg führt. Vorsicht: die Zu- und Abfahrtsstraße (teils im Einbahnbetrieb ausgeführt) ist äußerst schmal und für größere Womos nur mit Vorbehalt zu empfehlen *([N 54°23'15" W 3°02'18"], LA21 8DP)*.

Weiterfahrt in Richtung Ambleside:
Am Ende des Ortes WINDERMERE kürzen Sie rechts über den fantastischen **Kirkstone Pass** direkt zum Ullswater ab, falls Sie nicht die große Schleife durch das Lake District fahren wollen. Die Straße ist im obersten Bereich schmal, aber mit etwas Vorsicht gut machbar. Wenn Sie nach Ambleside weiter möchten, kann ein Abstecher zur **Townend Farm** in

Townend Farm

Frage kommen. Die ehemaligen Besitzer waren ganz normale Bauern, doch die riesige Ansammlung persönlicher und teils skurriler Gegenstände lässt die 400-jährige Familiengeschichte plastisch auferstehen.

[N 54°24'41" W 2°54'56"], Holbeck Ln., LA23 1LB, £, NT-Members frei, mehr unter www.nationaltrust.org.uk

Bald gelangen Sie auf der Hauptroute nach AMBLESIDE. Wer nicht mit dem Ausflugsboot hier war und den Ort besuchen will, findet einen großen Parkplatz in Piernähe *(siehe Beschreibung zuvor)*. Der obere Ortsparkplatz bis maximal 3,5 t befindet sich an der **Rydal Road** bei [N 54°26'03" W 2°57'51"], LA22 9AN.

Wenn Sie Grasmere bereits besucht haben oder diese Extratour auslassen wollen, fahren Sie nun links über die **A593** weiter Richtung Coniston.

(245) WOMO-Campingplatz: Skelwith Fold Caravan Park

GPS: N 54°25'00" W 2°59'28", Chapel Lane, LA22 0HY, SKELWITH
Max. WOMOs: 80
Ausstattung/Lage: Alle Einrichtungen, schöner weitläufig auf einem bewaldeten Grundstück gelegener, naturnaher Platz, der auch Holiday Homes vermietet. Teils schattig, Stellflächen auf Schotter.
Öffnungszeiten: März – November **Ortszentrum**: ca. 2,9 km (Ambleside)
Zufahrt: Ambleside über die A593 in Richtung Coniston verlassen. Kurz nach Ende des Dorfes ist links im Weiler Coppersgate der Platz angeschrieben. Einfach den Schildern folgen.
Richtpreis: £££
Internet: www.skelwith.com
Hinweis: Für kleine Womos und Campingbusse eignet sich alternativ die mitten in der Natur gelegene, einfache aber schöne und recht günstige **Baysbrown Farm Campsite**, die Sie ab Skelwith Bridge erreichen *([N 54°26'23" W 3°03'09"], LA22 9JZ, Chapel Stile, ££, Dusche/WCs www.baysbrownfarmcampsite.co.uk)*.

GRASMERE

Das schöne, relativ weitläufige Dorf im Herzen des Lake Districts und am gleichnamigen See gelegen, zieht das ganze Jahr über zahlreiche Besucher an und verfügt über eine große Anzahl gastronomischer Betriebe und einige Geschäfte. Stellen Sie ihr Fahrzeug an einem der größeren Parkplätze ab und erkunden die Umgebung am besten zu Fuß *(parken bei [N 54°27'22" W 3°01'13"], **Stock Ln.**, LA22 9SJ, oder hinter dem Gemeindezentrum, [N 54°27'39" W 3°01'19"], L22 9TA, Broadgate)*. Auch der bekannte Dichter William Wordsworth erkannte, dass es sich um ein schönes Fleckchen Natur handelt und verbrachte fast ein Jahrzehnt in einem Cottage nahe dem Dorfkern. Sein Haus, **Dove Cottage**, ist heute, gemeinsam mit dem benachbarten Gebäude, ein ihm gewidmetes Museum.

LA22 9SH, £, NT-Members frei, Apr – Okt, 10.30 – 17 Uhr, Nov/Dez/Mär, Fr – So, 10.30 – 16 Uhr, www.wordsworth.org.uk

Noch weiter geht man beim National Trust und vermarktet das Anwesen **Allan Bank** des National Trust-Gründers Canon Rawnsley als „schönsten Ort den Menschen je entdeckt haben". Wenn Sie sich selbst überzeugen möchten, müssen Sie am Nordwestrand von Grasmere beschildert rund 350 m auf einer schmalen Straße zum Grundstück hin aufsteigen.

Allan Bank

LA22 9QB, ££, Mär – Okt, 9.30 – 17.30 Uhr, Nov/Dez von 10 – 16.30 Uhr, www.nationaltrust.org.uk

Gastrotipps Grasmere: Jumble Room** (asiatisch), Langdale Rd., LA22 9SU, **Baldry`s Tea Room** (Café), Red Lion Sq., LA22 9SP, **Lucia`s** (Café), College Str., LA22 9SY, **Greens Café** (Café), College Str., LA22 9SZ, **Lewis`s** (britisch), 2 Oakbank Broadgt., LA22 9TA, **Dining Room***** (britisch), Broadgt., LA22 9TA, **Grasmere Restaurant** (britisch), Broadgt., LA22 9TA

CONISTON WATER

Mit 8 km Länge und 800 m Breite ist Coniston Water der drittgrößte See im Lake District. Vom Hauptort CONISTON aus fahren Sie links ab zum Seeufer. Dort legt während der Saison ein Dampfschiff des National Trusts zu regelmäßigen Rundfahrten ab. Ein zweiter Anbieter hat gleich mehrere Routen im Programm, die mit kleineren Holzbooten bedient werden. Zusätzlich zur Bootsfahrt, können Sie auch eine schöne Rundtour samt anschließender Wanderung daraus machen.

Parken bei [N 54°21'53" W 3°04'04"], Lake Road, LA21 8AN, genaue Abfahrtszeiten, Preise etc. unter www.nationaltrust.org.uk/steam-yacht-gondola bzw. www.conistonlaunch.co.uk

Coniston Water Wanderung (ungefähr 7,5 km)

Fahren Sie mit dem Dampfschiff zur südöstlichen Anlegestelle **Parka Moor**. Von dort aus halten Sie sich links bis zum **Dodgson Wood Parkplatz**. Kreuzen Sie ihn und verlassen die Fläche am hinteren linken Eck. Der breite Weg schwingt etwas nach rechts um einen kleinen Schuppen herum, und steigt jetzt deutlich an. Sie nehmen unterwegs einen Übertritt und folgen dem Weg in den Wald mit dem Bach zur Rechten. An der weißen Wegmarkierung schwenken Sie nach links, über einen kleinen Wasserlauf und an der nächsten Markierung wieder rechts. Sie queren einen weiteren kleinen Bach und gehen auf dem schmalen Pfad geradeaus. Spazieren Sie durch ein Tor mit der Mauer zur Linken,

Steam Gondola am Coniston Water

steigen zu einem breiteren Weg hin an und schlagen ihn nach links ein. Durch ein weiteres Tor nähern Sie sich der **Parka Moor Farm**. Mit den Gebäuden links von Ihnen gehen Sie durch das nächste Tor, durch eine Wiese mit dem Zaun links von Ihnen und durch ein drittes Tor. Der nun steinige Weg steigt beständig leicht an. Sie erreichen den höchsten Punkt, der schöne Blicke in die Umgebung ermöglicht. Ein Stück weiter befindet sich der offizielle „Viewpoint" linkerhand, bevor der Weg durch ein Tor wieder in den Wald führt. Nach ungefähr 15 Minuten kommen Sie auf einem breiten Forstweg an, halten sich an den Wegweisern nach High Cross und Moor Top links. Kurz vor dem Kammpunkt kommen Sie zum **Lawson Park Reitweg**. Verlassen Sie den Forstweg nach links und gehen auf dem manchmal etwas sumpfigen Tretpfad durch die Pinien bis **Lawson Park**.

Halten Sie sich rechts, mit der Farm links hinter Ihnen und auf einem schmäleren Pfad durch ein Tor. Nach links bieten sich schöne Blicke auf die Bergrücken bei Coniston und eine kleine Scheune, auf die Sie nun zugehen. Unterwegs kreuzen Sie ein weiteres Tor und einen Wasserlauf. Immer abwärts gelangen Sie durch zwei Tore auf das **Brantwood Estate**. Durch bewaldetes Gebiet wandern Sie zu einer Straße. Nach links nehmen Sie den Eingang zum Low Back Ground, dem Black Beck Cottage und Thurston. Sie kommen schließlich zum **Brantwood House**, dem ehemaligen Zuhause des Künstlers John Ruskin. Dort werden Führungen angeboten. Der Bootsanleger ist ganz in der Nähe. Vorher können Sie das Café besuchen und auf die nächste Boots-Mitfahrgelegenheit zurück nach Coniston warten.

Gastrotipps Coniston: Green Housekeeper Café (Café), 16 Yewdale Rd., LA21 8DU, **Meadowdore Café** (Café), Hawkshead Old Rd., LA21 8ET, **Steam Bistro**** (britisch), Tilberthwaite Ave., LA21 8ED, **Bluebird Café** (Café), Lake Rd., LA21 8AN, **Wilson Arms**** (britisch), A593, Torver, LA21 8BB

(246) WOMO-Campingplatz:
Coniston Park Coppice Caravan Club Site

GPS: N 54°21'11" W 3°05'02", Park Gate, LA21 8LA, CONISTON
Max. WOMOs: 222
Ausstattung/Lage: Alle Einrichtungen, Spielplatz, sehr großer Platz nah am See auf einem teils bewaldeten Grundstück mit Stellplätzen teils auf Schotter, teils auf Rasen.
Öffnungszeiten: ganzjährig **Ortszentrum**: rund 1,4 km
Zufahrt: Kurz nach Coniston linkerhand direkt an der A593
Richtpreis: 25,60 – 44,40 £, CC-Members 13,60 – 32,40 £
Internet: www.caravanclub.co.uk
Hinweis: Günstiger, aber deutlich einfacher und für englische Verhältnisse geradezu anarchistisch, können Sie an der **Coniston Hall Farm Campsite** bleiben. Die Zufahrt ist im Ort linkerhand angeschrieben, [N 54°21'28" W 3°04'20"], LA21 8AS.

(247) WOMO-Stellplatz: Broughton Mills

GPS: N 54°19'28" W 3°08'59", Hummer Ln., LA20 6AH, BROUGHTON
Max. WOMOs: 1 – 2
Ausstattung/Lage: Einfacher Schotterstellplatz am Waldrand neben der schmalen Straße ohne Einrichtungen. Wegen der Zufahrt eher für kleinere Womos geeignet.
Ortszentrum: etwa 7 km (Coniston)
Zufahrt: Kurz nach dem Dorf Torver zweigt rechts eine schmale und vor allem steil ansteigende Straße ab. Oben wird es flacher und die Straße verläuft parallel zur Hauptstraße, bevor sie am Ende wieder in diese übergeht. Ungefähr nach 2 km erreichen Sie den Platz rechterhand, eine zweite Parkmöglichkeit folgt kurz danach.

Bei BROUGHTON-IN-FURNESS stößt die Straße auf die breitere **A595,** die zur Küste führt. Nach rechts folgen Sie dem Haupttour Verlauf. Falls Sie Zeit und Lust haben, machen Sie einen Abstecher links bis BARROW-IN-FURNESS und zur vorgelagerten **Walney Island**. Dort finden Sie weite und meist stille Sand und Kies-Strände. Am nördlichen Ende von VIKERSTOWN kann man im Uferbereich über Nacht stehen, **248:** [N 54°07'24" W 3°16'16"].

In der Nähe:

- Nicht weit entfernt von Barrow befindet sich der **Lake District Safari Zoo.** Hier kommen Sie bei einem Besuch vielen Tieren so nahe wie sonst nur selten. Von Affen über Giraffen und Pinguinen bis zu Kängurus, Wildkatzen und Nashörnern sind über 1000 Tiere im Park vertreten *([N 54°10'05" W 3°09'43"], Melton Ter., LA12 0LU, ££, Mär – Okt, 10 – 17 Uhr, August bis 18 Uhr, sonst bis 16.30 Uhr, www.safarizoo.co.uk).*

MUNCASTER CASTLE

Beim kleinen Ort RAVENGLASS liegt linkerhand der Hauptstraße das erwähnenswerte **Muncaster Castle**. Eine Besichtigung der atmosphärischen Burg mit ihren opulent ausgestatteten, bis heute von der Bennington Familie privat genutzten Räumlichkeiten und regelmäßig bestätigten Spuk-Phänomenen, lohnt den Stopp. Vielleicht erscheint Ihnen ja die weiße Dame oder der zwielichtige Hofnarr Tom

Muncaster Castle

Labyrinth und Falknereivorführung auf Muncaster

Fool aus längst vergangenen Tagen... Mehrmals täglich finden Flugshows des zugehörigen Greifvogel- und Eulenzentrums statt. In den weitläufigen Parkanlagen mit Blick hinab in die Bucht von Eskmeals, streifen Sie durch den Himalaya Garten oder unternehmen meilenweite Spaziergänge durch die Wälder. Kinder freuen sich über den großen Spielplatz, den „verzauberten Pfad“ und das überdachte, schön gemachte, interaktive „Labyrinth“, in dem Sie eine freche Wühlmaus bei ihrer gefährlichen Reise durch die fremde Wiese begleiten.

[N 54°21'27" W 3°23'24"], A595, CA18 1RQ, ££-£££, Ende Mär – Okt, So – Fr von 10.30 – 17 Uhr, Haus 12 – 16 Uhr, Mitte Feb – Mitte Mär und Nov/ Dez, Sa/So nur Gärten 11 – 16 Uhr, www.muncaster.co.uk

In der Nähe:

- Nicht nur eingefleischte Eisenbahnfans kommen bei einer Fahrt mit der **Ravenglass & Eskdale Steam Railway** auf ihre Kosten, wenn diese an schönen Tagen durch das stille Tal und die beeindruckende Natur bis Dalegarth zuckelt. Der Ausflug lässt sich gut mit Wanderungen und Fahrradtouren entlang der Strecke kombinieren *(Ab Bahnhof Ravenglass, ([N 54°21'19" W 3°24'35"], Croftlands Drive, CA18 1SN, ££-£££, Zeiten und mehr unter www.ravenglass-railway.co.uk)*.

(249) WOMO-Campingplatz: Old Post Site

GPS: N 54°24'08" W 3°22'17", Whitecroft, CA19 1UY, SANTON BRIDGE
Max. WOMOs: 15
Ausstattung/Lage: Alle Einrichtungen, Picknickbänke, schöner, kleiner Platz direkt an einem Fluss gelegen, kein Schatten, ruhig.
Öffnungszeiten: ganzjährig **Ortszentrum**: ca. 6 km (Ravenglass)
Zufahrt: Nach dem Ortsschild Holmrook von der A595 rechts nach Santon Bridge abbiegen. Am Ende der Straße links bis zum Campingplatz lenken.
Richtpreis: ££-£££
Internet: www.theoldpostofficecampsite.co.uk

(250) WOMO-Badeplatz: Seascale

GPS: N 54°23'43" W 3°29'05", South Par., CA20 1PZ, SEASCALE
Max. WOMOs: 1 – 2
Ausstattung/Lage: Einfacher Asphaltparkplatz ohne Beschränkungen direkt am Strand, Müllcontainer, Spielplatz, sonst keine Einrichtungen.
Ortszentrum: 100 m
Zufahrt: Von der A595 links nach Seascale abfahren. Direkt linkerhand der Durchfahrtsstraße, wenn diese von der Küste wieder nach rechts abknickt.

(251) WOMO-Stellplatz: Longlands Lake

GPS: N 54°30'10" W 3°31'36", A5086, CA23 3AD, CLEATOR

Max. WOMOs: 1 – 2
Ausstattung/Lage: Schattiger Schotterparkplatz am River Ehen, neben dem Longlands Lake. Keine Einrichtungen, ruhig.
Ortszentrum: um die 2,2 km (Egremont)
Zufahrt: Nach Egremont im Kreisverkehr rechts von der A595 in Richtung Cleator Moor steuern. Nach einer leichten Rechtskurve ist rechts der Longlands Lake klein angeschrieben. Der schmalen Straße für rund 150 m zum Ziel folgen.

WHITEHAVEN

Die alte Hafen- und Minenstadt am Meer bietet gute Einkaufsmöglichkeiten und besitzt, rund um **James Street** und **Market Place**, eine kleine Fußgängerzone. Während sie heute keine sonderlich große Rolle mehr spielt, sorgte ihr in georgianischer Zeit entworfener, schachbrettartiger Aufbau einst für Aufsehen und diente als Vorbild bei der Planung des New Yorker Stadtteils Manhattan. Parkplätze finden Sie in der **Castle Meadows** bei [N 54°32'43" W 3°35'13"], CA28 7RJ, oder in Hafennähe an der **Quay Street**, [N 54°32'52" W 3°35'33"], CA28 7LR.

Rund um den Hafen gibt es zwei interessante Anlaufpunkte. Das in einem auffälligen, leuchtturmgleich runden Bau untergebrachte **Beacon Museum** zeigt Silber aus der Wikinger Ära und historische Objekte aus viktorianischer Zeit. In einer ande-

Hafen und Beacons Museum in Whitehaven

ren Abteilung wird die Nukleartechnologie des nahen Sellafield Meilers erklärt. Dazu kommen wechselnde Ausstellungen lokaler Künstler und zu touristischen Themen.

West Strand, CA28 7LY, £, 10 – 16.30/17.30 Uhr, So von 11 – 16 Uhr, www.thebeacon-whtiehaven.co.uk

Die **Rum Story** befasst sich mit der einstigen Rolle Whitehavens in Sachen Alkoholimport, -schmuggel und -herstellung, in erster Linie anhand der Kaufmannsfamilie Jefferson. Am Ende der schön gestalteten Ausstellung können Sie Rum natürlich käuflich zum Vorzugspreis erwerben.

27 Lowther Str., CA28 7DN, ££, 10 – 16.30 Uhr, www.rumstory.co.uk

Gastrotipps Whitehaven: The Waterfront** (britisch), West Strand, CA28 7LR, **Vagabond**** (italienisch), 9 Marlborough Str., CA28 7LL, **West Cafe** (Café), 56 King Str., CA28 7JH

Wanderung zum St. Bees Head (ungefähr 11 km)

Die schöne Wanderung führt entlang der Küstenklippen von Whitehaven ins benachbarte St. Bees. Den Rückweg übernimmt die Bahn.

Die Wanderung beginnt am Beacon Museum in der **West Strand**, der Sie am Ufer entlang folgen. Links leitet ein Wegweiser zum **Candlestick Chimney**, dem alten Schlot der Wellington Kohlemine hinauf. Dahinter bleiben Sie auf dem breiten Fußweg, der immer dem Küstenverlauf folgt. Sie erreichen die **Haig Colliery Mine**, in der ein interessantes Museum zur Bergbauvergangenheit der Region untergebracht ist. Zuletzt war es allerdings bis auf Weiteres geschlossen... Nach der Mine folgen Sie dem Seitenpfad nach rechts bis zu einer Informationstafel über die **Saltom Pit**, Englands erster Unter-Wasser-Mine. Wenn Sie möchten, können Sie zu den Ruinen des Windengebäudes absteigen oder dem Pfad einfach weiter folgen. Halten Sie sich bei der folgenden Abzweigung rechts auf den schmaleren Pfad, der immer gleich oberhalb der Klippen verläuft. Mal schmaler, mal breiter bleiben Sie geradeaus oberhalb der

Küstenlinie in einem ständigen, leichten Auf und Ab, vorbei an einem alten Sandsteinbruch. Unterwegs können Sie mehrmals an der **Barrowmouth Bay** und der **Fleswick Bay** mit einst von Schmugglern genutzten Höhlen zum Wasser hinabsteigen. An der Landspitze, bei **St. Bees Head,** passieren Sie ein Nebelhorn und den St. Bees Leuchtturm. Am Ende gelangen Sie zum **St. Bees Beach** mit der RSPB Vogelbeobachtungs Station gleich zu Beginn.
Am Parkplatz linkerhand wandern Sie auf der wegführenden **Beach Road** bis zu einer Gabelung, auf der Sie sich kurz rechts in die **Station Road** halten und dann links den Fußweg einschlagen, der durch das Feld auf die Kirchengebäude zu geht. Der Bahnhof befindet sich rund 180 m rechts neben der Priory. Von dort fahren Züge ungefähr stündlich zurück nach Whitehaven.

(252) WOMO-Campingplatz: Dockray Meadow Caravan Club Site

GPS: N 54°34'15" W 3°25'07", Park Gate, CA14 4TX, LAMPLUGH
Max. WOMOs: 44
Ausstattung/Lage: WiFi, Strom, V/E, gepflegte, einfache Campsite mit Stellplätzen auf Schotter neben einem kleinen Bach, teils schattig.
Öffnungszeiten: Mitte März – Oktober
Ortszentrum: um die 10 km (Whitehaven oder Cockermouth)
Zufahrt: Von Whitehaven in Richtung Cleator Moor landeinwärts fahren und nach Rowrah rechts Richtung Lamplugh Green. Der Campingplatz ist hier angeschrieben.
Richtpreis: 27,80 – 30,60 £, CC-Members 15,80 – 18,60 £
Internet: www.caravanclub.co.uk

Die Weiterfahrt in Richtung Cockermouth bestreiten Sie entweder auf direktem Weg über die **A595** oder folgen alternativ bis MARYPORT der Küstenstraße. Dort können Sie das **Senhouse Roman Museum** besichtigen, in dem unter anderem die nördlichsten römischen Spuren aus der Gegend des westlichen Hadrianswalls und seltene britisch-römische Skulpturen zu sehen sind.

[N 54°43'15" W 3°29'45"], The Battery, CA15 6JD, £, Apr – Okt, 10 – 17 Uhr, sonst Fr – So, 10.30 – 16 Uhr, www.senhousemuseum.co.uk

Stellplatz 253

Parallel besteht an den Parkplätzen an der Küstenstraße, **Nelson Street**, kein Nachtparkverbot, **253:** [N 54°43'15" W 3°29'52"].

COCKERMOUTH

Die Stadt mit 8000 Einwohnern ist das Verwaltungszentrum der Region. Entlang der **Main Street** gibt es eine ganze Rei-

Wordsworth House

he Geschäfte. Das Elternhaus William Wordsworths zieht Touristen an. Es werden Führungen angeboten und die Mitarbeiter sind in Kostüme des 18. Jahrhunderts gekleidet.

***Wordsworth House and Garden**, Main Str., CA13 9RX, ££, NT-Members frei, Mär – Okt, Sa – Do, 11 – 17 Uhr, www.nationaltrust.org.uk*

Über die **High Sand Lane** spazieren Sie zur **Jennings Brewery**. Hier kann man an Brauereiführungen teilnehmen *(jenningsbrewery.co.uk)*. Die **Burg** dahinter ist in Privatbesitz und kann nur an wenigen ausgewählten Terminen im Jahr, besichtigt werden.

Nördlich des Derwent Flusses und mit einer Fußgängerbrücke an das Zentrum angebunden, gibt es einen Parkplatz, an dem Übernachten für Womos gestattet ist.

(254) WOMO-Stellplatz: Wakefield Road Carpark

GPS: N 54°39'56" W 3°22'10", Wakefield Rd., CA13 0HR, COCKERMOUTH
Max. WOMOs: 3 – 4
Ausstattung/Lage: Einfacher Asphalt Parker in zentraler Lage, Spielplatz, sonst keine Einrichtungen.
Ortszentrum: ungefähr 250 m
Zufahrt: Von der A595 oder A594 kommend am Kreisverkehr auf die A5086, Gote Road, in Richtung Cockermouth wechseln. Dann beschildert links in die Wakefield Road zum Parkplatz abbiegen.

Gastrotipps Cockermouth: Aspava** (türkisch), 72 Main Str., CA13 9LH, **The Lanes Café** (Café), 1 Old Kings Arms Ln., CA13 9LS, **Tarantella**** (italienisch), 22 Main Str., CA13 9LQ, **Coffee Kitchen** (Café), 40 Challoner Str., CA13 9QU, **Quince & Medlar**** (britisch), 13 Castlegt., CA13 9EU, **Castle Bar**** (britisch), 14 Market Pl., CA13 9NQ, **Bitter End Pub**** (britisch), 15 Kirkgate, CA13 9PJ, **Wild Zucchinis**** (britisch), 17 Station Str., CA13 9QW, **Shill`s**** (britisch), 11 South Str., CA13 9RU

BUTTERMERE VALLEY

Südlich von Cockermouth liegen die schönen Bergseen **Crummock Water** und **Buttermere Water** gleich nebeneinander. Bis auf das winzige Dorf BUTTERMERE gibt es ringsum vor allem ganz viel Natur, ein Eldorado für Wanderer und Ruhesuchende. Ein schöner, einfacher Rundweg führt um den Buttermere See. Eine ganze Reihe Bergtouren können von hier aus angegangen werden. Wenn Sie es noch abgeschiedener mögen, fahren Sie zum nahen **Loweswater**. Der kleinste See in der Umgebung liegt ein paar Kilometer weiter westlich. Parkmöglichkeiten finden Sie entlang des Crummock Waters an mehreren Stellen, am **Rannerdale Carpark** besteht kein Übernachtungsverbot, **255:** [N 54°33'42" W 3°17'50"].

Ein Parkplatz nahe des Loweswaters liegt bei [N 54°34'38" W 3°20'26"]. Ansonsten finden Sie Stellflächen in und kurz vor Buttermere *([N 54°32'37" W 3°16'47"] und [N 54°32'27" W 3°16'44"])* sowie am Ende des Sees. Am Ufer ist den ganzen Sommer über Personal des National Trusts stationiert, das genauere Auskünfte zu Wanderrouten in der Region gibt.

Mehr auch unter www.nationaltrust.org.uk/buttermere-valley

ACHTUNG: die Weiterfahrt in Richtung Derwent Water verläuft über den schmalen, steilen **Honister Pass** mit einem Gefälle von bis zu 25 Prozent. Gerade mit größeren Womos sollten Sie die Weiterfahrt gut abwägen. Falls Sie sich für die Passstraße entscheiden, finden Sie unterwegs mehrere Parknischen, z.B. bei **256:** [N 54°31'22" W 3°13'19"]. Am höchsten Punkt können Sie an der **Honister Slate Mine** Halt machen. Dort werden geführte Klettertouren und Minenführungen verschiedener Schwierigkeitsstufen angeboten.

[N 54°30'41" W 3°11'56"], Honister Pass, CA12 5XN, mehr unter www.honister.com

Crummock und Buttermere Water

Derwent Water

Rechts von Ihnen folgt während der Abfahrt vom Pass das Massiv rund um Englands höchsten Berg, Scafell Pike (978 m). Vom National Trust Parkplatz in SEATOLLER starten eine Reihe interessanter Bergtouren.

Mehr unter www.nationaltrust.org.uk/borrowdale

Wenn Sie den Pass lieber umgehen möchten, fahren Sie bis zur **A66** zurück und nehmen die Hauptstraße entlang des Bassenthwaite Stausees in Richtung Keswick.

DERWENT WATER

Ähnlich schön wie die Seen zuvor, aber meist noch deutlich frequentierter, ist **Derwent Water** mit dem beliebten Ort KESWICK am Nordostufer im **Borrowdale**.

Hauptplatz in Keswick und Bäckereiauslage

Die vielen Outdoor-Läden im Zentrum sprechen eine deutliche Sprache, um was es in dieser Region geht und tatsächlich sollten Sie sich, nachdem Sie sich in Keswick umgesehen haben, auch eine kleinere oder größere Runde durch die großartige Natur drehen. Zumindest, wenn das Wetter mitspielt. Vor allem die kleinen Gemeinden am Südende des Sees bekommen den meisten Niederschlag im ganzen Land ab…

In Keswick parken Sie parallel zur Fußgängerzone an der **Heads Road** bei [N 54°35'59" W 3°08'19"], CA12 5DF. Haben Sie dort keinen Erfolg, versuchen Sie es am **Rugby Club Carpark** bei [N 54°36'01" W 3°08'36"], **Crow Park Road**, CA12 5EG. Dort befindet sich auch ein großer Campingpatz des Camping- und Caravanning Clubs. Die dritte Möglichkeit ist der **Lakeside Carpark**, etwas weiter entfernt am Seeufer *([N 54°35'48" W 3°08'19"], Lake Rd., CA12 5DC)*. Der National Trust betreibt dort einen Shop und **Infocenter**, der wertvolle Tipps zu Wanderungen und anderen Frischluft-Aktivitäten bereithält. Unter anderem erhalten Sie hier den „Rangers Guide to Borrowdale" mit vielen guten Wandervorschlägen.

Im schönen Keswick gibt es ein weiteres **Informationscenter** der Gemeinde am Hauptplatz, viele Cafés, Shops und Gasthäuser. Etwas abseits, nördlich des Greta Rivers, liegt das Regionalmuseum **Keswick Museum & Art Gallery.**

Station Rd., CA12 4NF, £, 10 – 16 Uhr, www.keswickmuseum.org.uk

Erstaunlich beliebt ist auch das **Derwent Pencil Museum** am Nordwestende der **Main Street**... dort dreht sich alles um Stifte.

Southey Works, CA12 5NG, £, 9.30 – 17 Uhr, www.pencilmuseum.co.uk)

Panorama Ansicht Keswicks

Gastrotipps Keswick: Kingfisher (Fast Food), 77 Main Str., CA12 5DS, **Merienda** (Café), 10 Main Str., CA12 5JD, **Little Chamonix Café** (Café), 7 Lake Rd., CA12 5BS, **Treeby & Bolton** (Café), 12 Lake Rd., CA12 5BX, **Fellpack** (Café), 19 Lake Rd., CA12 5BS, **Abraham`s** (Café), 2 Borrowdale Rd., CA12 5DA, **Café Bar 26** (Café), 26 Lake Rd., CA12 5DQ, **Morrels**** (britisch), 34 Lake Rd., CA12 5DQ, **The Square Orange**** (italienisch), 20 St. Johns Str., CA12 5AS, **Casa Bella**** (italienisch), 24 Station Str., CA12 5HF, **eS Bar**** (mexikanisch), 1 New Str., CA12 5BB, **The Square Orange**** (italienisch), 20 St. Johns Str., CA12 5AS

Folgen Sie dem Ufer in südliche Richtung, erreichen Sie ungefähr auf mittlerer Höhe des Sees den **Great Wood Carpark**. Am Südende des Sees starten schöne Uferwanderwege (Gesamtrunde ca. 14 km), die Sie auf kürzeren Teilstücken erwandern können. Ab Keswick Pier bestehen in der Saison regelmäßige Verbindungen zu allen Anlegestellen *(mehr unter www.keswick-launch.co.uk)*. Es gibt in der Nähe Gelegenheiten Boote, Kanus und Fahrräder zu mieten. Im Süden des Sees liegt ein idyllisch abgeschiedener Campingplatz.

(257) WOMO-Campingplatz: Borrowdale Caravan Club Site

GPS: N 54°33'28" W 3°09'33", CA12 5UG, MANESTY
Max. WOMOs: 59
Ausstattung/Lage: WiFi, Strom, V/E, abgelegener, einfacher Platz im Grünen, nahe dem Seeufer. Meist schattige Plätze auf Schotter.
Öffnungszeiten: Mitte März – Oktober
Ortszentrum: ca. 10 km (Whitehaven oder Cockermouth)
Zufahrt: Am Seeufer entlang nach Süden fahren. Nach Ende des Sees links Richtung Grange abbiegen. Der Platz ist hier angeschrieben.
Richtpreis: 27,70 – 36,30 £, CC-Members 15,70 – 24,30 £
Internet: www.caravanclub.co.uk

In der Nähe:

- **Mirehouse and Garden** wurde zur Cumbrias Besucherattraktion des Jahres 2017 gekürt. In entspannter Atmosphäre können Sie das liebevoll ausgestattete Privatanwesen besuchen, oft untermalt mit Klaviermusik. In den schönen Gärten genießen Sie weite Blicke ins Lake District und auf den anschließenden Bassenthwaite See,

Castlerigg Stone Circle

den Sie über den Poetry Walk erreichen *([N 54°38'34" W 3°11'14"], A591, CA12 4QE, ££, HH-Members frei, Apr – Okt Garten 10 – 17 Uhr, Haus Mi/Sa/So + Fr im Aug, 13.30 – 16.30 Uhr, www.mirehouse.co.uk).*

- Unterhalb der Gipfel von Helvellyn (950 m) und High Seat steht der neolithische **Castlerigg Stone Circle** mitten auf einer Schafsweide. Die 3000 v.Chr. errichtete Kultstätte strahlt bis heute eine ganz besondere Atmosphäre aus. Am Parkstreifen gleich daneben kann man über Nacht stehen *(**258:** [N 54°36'14" W 3°05'53"], Castle Lane, CA12 4RN, frei zugänglich, www.english-heritage.org.uk).*

Aira Force

ULLSWATER

Bei TROUTBECK zweigen Sie über die **A5091** zum letzten See auf der Reise durch das Lake District, dem Ullswater, ab. Bei DOCKRAY fahren Sie zum abgelegenen High Brow Carpark, **259:** [N 54°35'19" W 2°57'40"], **Old Coach Rd.**, CA11 0LG. Der See ist rund 14,5 km lang, bis zu 1,2 km breit und ein weiteres landschaftliches Highlight. Fast das ganze Jahr über werden von allen drei Ortschaften aus Dampfschifffahrten angeboten. Diese lassen sich gut mit einer Uferwanderung kombinieren, zum Beispiel vom Howtown Pier zurück nach GLENRIDDING oder POOLEY BRIDGE. Ab dem Aira Force Pier Parkplatz beginnt eine schöne Wanderung zu dem gleichnamigen Wasserfall.

Parken: Aira Force bei [N 54°34'17" W 2°55'44"], A592, CA11 0LY; Glenridding bei [N 54°32'39" W 2°56'43"], CA11 0PB; Pooley Bridge bei [N 54°36'45" W 2°49'22"], B5320, CA11 0LL, Fährzeiten und mehr unter www.ullswater-steamers.uk

Aira Force Wanderung

Schon William Wordswoth liebte die Wanderung zum 20 m Wasserfall Aira Force. Sie können auf seinen Spuren wandern und vom Gowbarrow Gipfel einen wunderbaren Blick auf Ullswater genießen.
Sie beginnen am erwähnten Aira Force Parkplatz und gehen durch den Torbogen am oberen Ende und weiter durch ein Metalltor. Der Weg

führt in eine als **The Glades** bekannte Graslandschaft. Nehmen Sie den linken Pfad zum Arboretum mit inzwischen riesigen, im 19. Jahrhundert gepflanzten Bäumen. Vom kleinen Holztor am Ende haben Sie einen ersten schönen Blick links auf Ullswater. Noch vor dem Tor schwenken Sie nach rechts und gelangen über eine steile Treppe zur Aussichtsplattform über dem Wasserfall. Queren Sie die Brücke und nehmen gegenüber die nächste Treppe aufwärts. Nach links gelangen Sie zur oberen Brücke am Ende des Wasserfalls. Auf dem Hauptweg folgen Sie dem Fluss zur Linken stromaufwärts. Sie schlüpfen durch einen Mauerdurchbruch und bis zu einem Tor, das auf Farmland führt. Noch vor der nächsten Mauer mit Tor halten Sie sich rechts, durch das Feld bergan. Indem Sie die Mauer links lassen, steigen Sie auf einem angelegten Steinpfad aufwärts. Wenn der Weg flacher wird und sich von der Mauer entfernt, folgen Sie ihm weiter bis zum Gipfel des **Gowbarrow** mit weiten Blicken auf die Bergwelt ringsum. Am weiterführenden Pfad, parallel zur Mauer links, geht es nach ausreichender Pausenzeit abwärts und an den Überresten eines alten Jagdunterstands vorbei nach rechts. Weiter nach rechts nehmen Sie die Ostflanke des Gowbarrow. Von hier aus bringt Sie ein guter Weg zügig voran. Sie können über einen Tritt zum Aussichtspunkt **Memorial Seat** steigen. Zurück am Hauptweg, halten Sie sich links und bleiben auf diesem, bis er Sie in baumreiches Gebiet bringt. Am Ende des Abhangs sehen Sie **Lyulph`s Tower**, ein Jagdschlösschen der Howard Familie aus dem 18. Jahrhundert. Bevor der Wald beginnt, halten Sie sich an der Gabelung links durch ein Tor und schließen sich dem Pfad nach links an, der auf bekanntem Weg über The Glades zurück zum Parkplatz führt.

Gastrotipps Glenridding: Helvellyn Country Kitchen** (britisch), CA11 0PA, **Fellbites**** (britisch), CA11 0PD, **Orangery**** (britisch), CA11 0PE, **Pooley Bridge: Granny`s Dowbekin`s**** (britisch), CA10 2NP, **1863**** (britisch), CA10 2NH

Glenridding am Ullswater

(260) WOMO-Campingplatz: Side Farm Camping

GPS: N 54°32'16" W 2°55'55", CA11 0NL, PATTERDALE
Max. WOMOs: 10+
Ausstattung/Lage: Dusche/WC, Spülgelegenheit, Waschmaschine/Trockner. Einfache Campsite auf einer abschüssigen Wiese mit Seeblick, schöne Lage Südwestende des Sees.
Öffnungszeiten: Ostern – Oktober
Ortszentrum: ungefähr 1,8 km (Glenridding)
Zufahrt: Der A592 nach Glenridding folgen und bis in den Weiler Patterdale fahren. Links zur Farm abbiegen.
Richtpreis: ££
Internet: www.patterdale.org/Side Farm.htm

(261) WOMO-Campingplatz: Cross Dormont

GPS: N 54°35'43" W 2°50'09", CA10 2NA, HOTOWN
Max. WOMOs: 20+
Ausstattung/Lage: Dusche/WC, Spielplatz, einfache Gras-Campsite an einer Alpaca Farm am nordwestlichen Ende des Sees mit schönem Blick.
Öffnungszeiten: Mitte März – Oktober
Ortszentrum: ca. 2,7 km (Pooley Bridge)
Zufahrt: Am Seeufer entlang nach Norden fahren. Am Kreisverkehr in Pooley Bridge geradeaus bis zur nächsten Kreuzung und in Richtung Howtown nach rechts abbiegen und zur Campsite fahren.
Richtpreis: ££
Internet: www.crossdormont.co.uk

In der Nähe:

- Das Privat-Anwesen **Dalemain Mansion** unweit des Ullswaters wurde in einem interessanten Mix aus Mittelalter-, Tudor- und Georgianischer Architektur errichtet und erweitert. Besonders stolz ist man auf den prämierten Garten und die mehrmalige Preisträgerschaft beim „Marmelade-Award" *([N 54°38'05" W 2°48'36"], A592, CA11 0HB, ££, HH-Members frei, Mär – Okt, So – Mi nur mit Führung, Do ohne, 10.30 – 15.30 Uhr, www.dalemain.com).*

- Rund um die beeindruckenden Ruinen von **Lowther Castle** wurde das Grundstück ab den 1950er Jahren aus seinem verwilderten Dornröschenschlaf befreit und die Gärten neu angelegt. Im zugehörigen Wald versteckt sich ein riesiger Abenteuerspielplatz. Eine Ausstellung erläutert Näheres zur Geschichte *([N 54°36'29" W 2°44'11"], Lowther, CA10 2HH, ££, HH-Members frei, Apr – Sep, 10 – 17 Uhr, sonst bis 16 Uhr, www.lowthercastle.org).*
- Das klassische, noch immer bewohnte Herrenhaus **Hutton-in-the-Forest** besitzt mittelalterliche Wehrtürme und wurde zwischen dem 17. und 19. Jahrhundert zur heutigen Größe ausgebaut. Im Inneren erwarten Sie edle Möbel, Wandbehänge, Porzellan und Gemälde. Zu den Außenanlagen gehört ein „walled garden", Formschnittbäume, blühende Rabatte und Waldland *([N 54°42'58" W 2°50'26"], B5305, CA11 9TH, £-££, HH-Members frei, Garten: Apr – Okt, 10 – 17 Uhr, Haus: Apr – Sep, Mi/Do/So, 11.30 – 16 Uhr, www.lowthercastle.org).*

Am Weg in Richtung Carlisle haben Sie die Wahl zwischen drei Übernachtungsplätzen. Nahe der Stadt PENRITH können Gäste am **Crown Pub**, direkt neben der neolithischen Kultstätte „**King Arthurs Round Table**", über Nacht bleiben *(**262:** [N 54°38'55" W 2°44'24"], **A6**, CA10 2BX, Eamont Bridge).*

. Das etwas weiter westlich gelegene **Sour Nook Inn** heißt Campinggäste ganz offiziell willkommen (*__263:__ [N 54°45'30" W 2°58'43"], __B5305__, CA5 7DY, Sebergham, www.sournookinn.co.uk)*. Ein freier Schotterparkplatz liegt etwas abgelegen nahe dem kleinen Dort LAZONBY am River Eden, **264:** [N 54°45'19" W 2°42'04"], **B6413**, CA10 1BH.

CARLISLE

Die 75.000 Einwohner Stadt ist das wirtschaftliche Zentrum im äußersten englischen Nordosten. Es existiert seit dem 2. Jahrhundert als einstmals keltische Siedlung Luguvalion. Nur 16 km von der heutigen Grenze zu Schottland entfernt, war es im Verlauf der Jahrhunderte und durch die wechselvolle Geschichte der einst eigenständigen Königreiche, über lange Zeiträume schottisch. Diese Atmosphäre ist bis heute spürbar. Um die Grenze zu sichern und Carlisle zu einem wehrhaften Vorposten Englands zu machen, wurde die bis dato recht gut erhaltene Burg im 16. Jahrhundert massiv ausgebaut. In dieser Zeit diente Sie als Gefängnis für die schottische Königin Maria Stuart. Noch heute können Sie auf **Carlisle Castle** ihre mittelalterlichen Gemächer sehen, die Burgmauern erklimmen und das in einem der Gebäude untergebrachte **Museum of Military Life** besichtigen. Direkt unterhalb finden Sie einen großen Parkplatz mit eigenen Wohnmobilstellplätzen. Er ist für einen Stadtrundgang gut geeignet, denn das Zentrum rund um Fußgängerzone und Market Cross ist nur wenige hundert Meter entfernt und über die vom Burgeingang wegführende **Castle Street** zu erreichen.

[N 54°53'49" W 2°56'36"], Devonshire Walk, CA3 8UR, Burg: £, EH-Members frei, Apr – Sep, 10 – 18 Uhr, Okt bis 17 Uhr, Nov – Mär, Sa/So, 10 – 16 Uhr, www.english-heritage.co.org

Gastrotipps Carlisle: Foxes Café (Café), 18 Abbey Str., CA3 8TX, **Shabby Scholar**** (britisch), 13 Carlyles Court, CA3 8RY, **John Watt & Son** (Café), 11 Bank Str., CA3 8HG, **Thin White Duck**** (britisch), Devonshire Str., CA3 8LG, **Royal Outpost**** (thailändisch), 22 Botchergate, CA1 1QS, **Masala Bazaar**** (indisch), 4a Englishgate Plaza, CA1 1RP, **David`s**** (britisch), 62 Warwick Rd., CA1 1DR, **Alexandros**** (griechisch), 66 Warwick Rd., CA1 1DR, **Sannas**** (italienisch), 30 Lowther Str., CA3 8HD, **The Fryery** (Fast Food), 29 Scotch Str., CA3 8PY, **Creme Café** (Café), 3 Market Str., CA3 8QJ, **Bari**** (indisch), 21 West Tower Str., CA3 8QT

(265) WOMO-Campingplatz: Englethwaite Hall Caravan Club Site

GPS: N 54°50'46" W 2°47'59", CA4 9SY, COTEHILL
Max. WOMOs: 68
Ausstattung/Lage: WiFi, Strom, V/E, ruhiger, sauberer Platz mit Stellplätzen auf Schotter, teils schattig.
Öffnungszeiten: Mitte März – Oktober
Ortszentrum: rund 11 km (Carlisle)
Zufahrt: Carlisle nach Westen verlassen und bis zum Kreisverkehr der M6 und A6 fahren. Dort die Ausfahrt in Richtung Cumwhinton nehmen. Kurz nach dem Ort rechts Richtung Armathwaite abbiegen und bis zum Platz auf der rechten Seite fahren.
Richtpreis: 27,10 – 29,20 £, CC-Members 15,10 – 17,20 £
Internet: www.caravanclub.co.uk

In der Nähe:

- Über die **M6** gelangen Sie schnell zur schottischen Grenze und können den kleinen Ort **GRETNA GREEN** besuchen. Berühmt wurde er als Heiratshotspot für Jungverliebte aus England. Denn nirgends konnte man so nah der Grenze unbürokratisch und ohne Zustimmung der Eltern heiraten. Noch immer ist der kleine Ort für Hochzeiten populär. Touristen ohne spontanen Bindungswunsch besuchen zum Beispiel eine alte Schmiede und ein Labyrinth *([N 55°00'24" W 3°03'45"], Bensmoor Rd., DG16 5EA, Schmiede: Jun – Sep, 9 – 18 Uhr, Mär/Okt bis 17 Uhr, Apr/Mai bis 17.30 Uhr)*. Die meisten Besucher kommen heute wegen des Outletcenters, das an Regentagen ungetrübten Shoppingspaß verspricht *([N 54°59'45" W 3°03'30"], Glasgow Rd., DG16 5GG, mehr unter www.gretnagateway.com)*.

Carlisle Castle

Tour 11: Northumberland (ca. 470 km)

Hadrianswall – Hexham – Belsay Hall – Cragside
Chillingham Castle – Berwick-upon-Tweed
Lindisfarne – Northumberland Coast
Alnwick – Tynemouth

Stellplätze (gratis)	Irthing Bridge, Rowfoot, Lambley Viaduct, Great Tosson, Middelton Hall, Flodden, Berwick-upon-Tweed, Lindisfarne, Ashington, Bedlington
Stellplätze (£)	Lindisfarne, Bamburgh, Tynemouth
Pub Stellplätze:	Haltwhistle, Corbridge, Belsay, Acklington
Campingplätze:	Melkridge, Nunnykirk, Wooler, Spittal, Seahouses
Besichtigen:	Lanercost Priory, Birdoswald Fort, Roman Army Museum, Walltown Quarry Country Park, Vindolanda, The Sill, Housesteads Fort, Chesters Roman Fort, Hexham Abbey, Hexham Old Gaol, Corbridge Roman Town, Belsay Castle, Wallington, Cragside, Chillingham Castle and Wild Cattle, Norham Castle, Berwick Barracks, Lindisfarne Priory und Castle, Bamburgh Castle, Farne Islands, Howick Hall Gardens, Alnwick Gardens, Alnwick Castle, Warkworth Castle, Seaton Delaval Hall, Bluereef Aquarium Tynemouth, Tynemouth Priory and Castle
Wandern:	Sycamore Gap und Hadrianswall, Nelly Moss Lakes at Cragside, Dunstanburgh Castle
Baden:	Ross Beach, Bamburg Beach, Beadnell Beach, Alnmouth Beach, Druridge Bay, King Edward`s Bay

Auf der letzten Tour durch Nordengland erkunden Sie Northumberland. Sie folgen dem alten Grenzverlauf zu Schottland am Hadrianswall. Vorbei an herrschaftlichen Anwesen reisen Sie zum nördlichsten Punkt des Landes nach Berwick-upon-Tweed. Von dort machen Sie sich entlang der Ostküste über die Insel Lindisfarne, kleine Küstendörfer und Alnwick mit seiner stattlichen Burg auf den Weg zurück nach Newcastle.

AM HADRIANSWALL

Nachdem die Römer Anfang des 2. Jahrhunderts weite Teile Britanniens erobert hatten und Kaiser Hadrian bei einer Besichtigung der Nordgrenze seines Reiches den Auftrag zur Befestigung der gleichen gab, wurde der nach ihm benannte Siche-

Hadrianswall

Birdoswald

rungswall zwischen 122 und 128 n.Chr. errichtet. Er erstreckte sich auf einer Länge von 117,7 Kilometern, nutzte stets die natürlichen Erhöhungen der Landschaft und bestand aus bis zu 4,5 Meter hohen Steinmauern, Gräben und Erdwällen. Zur Sicherung der Anlage wurden mehr als 300 Wachtürme und fast 100 kleine und größere Kastelle erbaut. Neben der Verteidigung diente der Wall dazu, den Warenverkehr und die Völkerwanderungen schottischer und irischer Stämme zu überwachen und zu begrenzen. Genutzt wurde er vom 2. bis ins 5. Jahrhundert, als nach Abzug der römischen Truppen das „Dunkle (schriftlose) Zeitalter“ anbrach.

Heute ist die Region um das UNESCO Welterbe Hadrianswall gut erschlossen und liegt teilweise im Bereich des Northumberland Nationalparks.

Einen ersten Stopp können Sie an der **Lancercost Priory** einlegen. Das einst augustinisch-kanonische Kloster stammt nicht aus römischer Zeit. Für den Bau im 12. Jahrhundert wurde vor allem Material des inzwischen nutzlos gewordenen Walls verwendet. Seine Lage im notorisch unruhigen Kriegsgebiet zu Schottlang sorgte für eine wechselvolle Geschichte, der Sie bei Ihrem Besuch auf den Grund gehen können. Die Anlage gilt bis heute als eines der besterhaltenen ehemaligen Klöster des Königreichs.

[N 54°57’56” W 2°41’50”], CA8 2HQ, £, EH-Members frei, Apr – Sep, 10 – 18 Uhr, Okt bis 17 Uhr, Nov – Mär, Sa/So bis 16 Uhr, www.english-heritage.org.uk

Kurz zuvor besteht an der alten Flussbrücke über den **Irthing** die Möglichkeit, über Nacht zu parken, **266:** [N 54°57’49” W 2°41’54”], CA8 2HG.

Nur wenige Kilometer weiter erreichen Sie das erste wichtige Kastell am ehemaligen Wall, **Birdoswald.** Sowohl Reste der Befestigungen als auch der Grenzmauer sind als Fundamente bis heute deutlich erkennbar und eine gut gemachte, sehr anschauliche Begleitausstellung gibt eine erste Einführung zur römischen Zeit und dem Leben am Hadrianswall.

[N 54°59'30" W 2°36'03"], CA7 7DD, ££, EH-Members frei, Apr – Sep, 10 – 18 Uhr, Okt bis 17 Uhr, Nov – Mär, Sa/So bis 16 Uhr, www.english-heritage.org.uk

Roman Army Museum

Noch näher und umfangreicher kommen Sie der Geschichte bei einem sehr lohnenden Besuch des **Roman Army Museums**. Ein interessanter Einführungsfilm in 3D zeichnet das Lebensgefühl der römischen Soldaten am Wall anhand eines persönlichen Schicksals nach. Auf einer anderen Station erleben Sie mit, wie es sich angefühlt haben muss, wenn man sich bei der Armee um einen Posten bewarb. Auch wenn die Dienstzeit lang und hart war – wer überlebte, war ein gemachter Mann und konnte als Veteran mit einer großzügigen Pension rechnen. Waffen, Ausrüstung und Münzsystem werden im Museum erklärt und Sie können an einer fiktiven Lateinschulstunde teilnehmen.

[N 54°59'09" W 2°31'14"], CA8 7JB, Greenhead, £, als Kombiticket incl. Vindolanda ££, Feb – Okt, 10 – 17 Uhr, Nov/Dez, Sa/So, 10 – 16 Uhr, www.vindolanda.com

Werfen Sie ruhig einen Blick in den direkt dahinter gelegenen **Walltown Quarry Country Park** mit Besucherzentrum, Wanderwegen und Wallresten. Er gilt als Dark Sky Park, in dem man fast ohne jegliche „Lichtverschmutzung" ideale Bedingungen zur Sternbeobachtung vorfindet.

(267) WOMO-Pubstopover: Blenkinsopp Castle Inn

GPS: N 54°58'26" W 2°31'33", Castle Home Park, CA8 7JS, HALTWHISTLE

Max. WOMOs: 5 - 6
Ausstattung/Lage: WiFi, V/E, Mülleimer, WC, schmale und etwas steile Zufahrt. Einfacher Asphaltparkplatz hinter dem schönen Gasthaus.
Ortszentrum: ca. 3 km
Zufahrt: Auf der A69 von Greenhead kommend Richtung Haltwhistle fahren. Rechts auf die kleine Straße zum Blenkinsopp Castle abzweigen.
Richtpreis: 10 £
Internet:
www.blenkinsoppcastleinn.co.uk

Ausgrabungen von Vindolanda

Vom nahen HALTWHISTLE können Sie einige etwas weiter südlich gelegene Parkplätze anfahren, die zur Übernachtung geeignet sind. Der erste befindet sich am Weiler ROWFOOT bei **268:** [N 54°56'25" W 2°29'50"], NE49 0JF, ein weiterer, eher für kürzere Womos geeigneter Platz, liegt am Lambley Viadukt bei **269:** [N 54°55'47" W 2°30'06"], NE49 0QU.

(270) WOMO-Campingplatz: Hadrians Wall Campsite
GPS: N 54°59'09" W 2°25'22", NE49 9PG, MELKRIDGE
Max. WOMOs: 8 – 12
Ausstattung/Lage: Kleiner Platz mit allen Einrichtungen, Plätze auf Schotter oder Wiese, ruhig, abgelegen, in schöner Umgebung.
Öffnungszeiten: ganzjährig **Ortszentrum**: um die 4,5 km (Haltwhistle)
Zufahrt: Auf der A69 an Haltwhistle vorbeifahren. Im Dorf Melkridge links zur Campsite abbiegen.
Richtpreis: ££
Internet: www.harianswallcampsite.co.uk

Von der **A69** zweigt bald linkerhand eine Straße zur Ausgrabung des großen römischen Forts **Vindolanda** ab. Zu ihm gehörten Badehäuser, Soldatenbaracken, Kommandozentrale, Werkstätten, Läden, ein Jupitertempel und ein Mausoleum aus poströmischer Zeit. Vindolanda wurde Jahre vor dem Hadrianswall als nördlicher Außenposten angelegt und sollte, auch nach Abzug der Garnisonen, für weitere

Nachbildung des Walls

400 Jahre durch Nachkommen der Besatzer benutzt werden. Die umfangreichen Ausgrabungen dauern bis heute an und Freiwillige helfen den Archäologen jeden Sommer, weitere Teile der großflächigen Anlage freizulegen und zu konservieren. Am Rand des Kastells wurde ein Stück Wall mit Wehrturm rekonstruiert und auf der Ostseite der Anlage zeigt das Vindolanda Museum interessante Stücke, die man vor Ort fand und gibt näheren Einblick in die einstigen Strukturen. Besonders stolz ist man auf die gefundenen Schreibtafeln, die ein wenig vergleichbar sind mit Postkarten, die Menschen vor beinahe 2000 Jahren verfassten.

Parken am West- oder Osteingang bei [N 54°59'30" W 2°21'57"] oder [N 54°59'32" W 2°21'18"], NE47 7JN, Bardon Mill, ££, als Kombiticket incl. Roman Army Museum ££, Feb – Okt, 10 – 17 Uhr, Nov/Dez bis 16 Uhr, www.vindolanda.com

Nordwestlich von Vindolanda bietet sich ein Zwischenstopp am modernen **Landscape Discovery Centre The Sill** an. Das moderne Gebäude zeigt Ausstellungen, stellt Veranstaltungsflächen und Informationsmaterial bereit, und befasst sich mit verschiedensten Aspekten der Natur, Kultur und Geschichte Northumberlands und speziell der Region um den Hadrianswall. Ein „Local Food Café" wurde eingerichtet.

[N 54°59'44" W 2°23'16"], B6318, NE47 7AN, Bardon Mill, Eintritt frei, 10 – 16 Uhr, www.thesill.org.uk

Die nächsten Ausgrabungen, **Housesteads Roman Fort**, verfügen über einige außergewöhnlich gut erhaltene Strukturen. Es gibt eine interaktive Ausstellung und ein Mini Kino, das die Besucher auf eine Zeitreise mitnimmt. Besonders interessant ist es als Ausgangspunkt für Wanderungen in einem landschaftlich besonders schönen Teil des Hadrianswalls.

[N 55°00'36" W 2°19'22"], B6318, NE47 6NN, ££, EH- und NT-Members frei, Apr – Sep, 10 – 18 Uhr, Okt bis 17 Uhr, Nov – Mär bis 16 Uhr, www.english-heritage.org.uk

Hadrianswall

Rundwanderung zur Sycamore Gap (rund 8,5 km)
Die Sycamore Gap ist eine Senke am Wall, die mit dem an dieser Stelle wachsenden Baum ein schönes Fotomotiv hergibt und eine markante Stelle in der Landschaft darstellt.
Für die Wanderung dorthin verlassen Sie den Parkplatz des **Housestead Forts** und schlagen den Weg in Richtung Kastellruinen ein, die Sie nach rund 800 m erreichen. Gehen Sie links am Fort vorbei bis nach knapp 200 m ein Tor kommt, das zum Hadrianswall-Pfad führt. Folgen Sie ihm nach links.
Sie gehen auf und neben den Wallresten entlang, durchstreifen ein Wäldchen und sehen bald die Mauer. In der Ferne erblicken Sie die Gipfel der Hügel Cuddy und Hotbank. Unterwegs passieren Sie das **Wegkastell Nr. 37**.
Nach rund eineinhalb Kilometern erreichen Sie den Gipfel des Hotbank Hügels. Es geht nun wieder abwärts, vorbei an der **Hotbank Farm** und dem **Wegkastell Nr. 38** bis nach **Crag Lough**. Sie steigen durch den Wald an und haben eine wunderbare Sicht auf die Umgebung. Am Ende der Anhöhe überqueren Sie einen Tritt und steigen zur berühmten **Sycamore Gap** ab. Die auffällige Senke entstand einst auf natürliche Weise als Schmelzwasserkanal während der letzten Eiszeit. Um den Rückweg anzutreten, wandern Sie für rund 50 m bergab, bis zu einem parallel zur Mauer verlaufenden Pfad, der einer einstigen Militärroute hinter den Befestigungslinien folgt. Er bringt Sie zurück zum Ausgangspunkt. Nach ca. 800 m, nahe der Hotbank Farm, führt der Weg nochmals zum Wall hinauf und Sie müssen auf dem bekannten Weg für die nächsten 500 m zurück gehen. Dann zweigen Sie erneut rechts ab und gelangen auf dem Seitenpfad beschildert zum Housesteads Fort.

Ein letztes römisches Kastell können Sie bei WALWICK aufsuchen. Das **Chesters Roman Fort** am River North Tyne gilt als das kompletteste am Hadrianswall. Besonders die einstigen Bade- und Dampfräume der Therme lassen sich noch gut ausmachen. Im Museum sind viele Fundstücke und Artefakte ausgestellt.

[N 55°01'44" W 2°08'18"], B6318, NE46 4EU, ££, EH-Members frei, Apr – Sep, 10 – 18 Uhr, Okt bis 17 Uhr, Nov – Mär, Sa/So bis 16 Uhr, www.english-heritage.org.uk

HEXHAM

Die Kleinstadt Hexham bietet wenig Außergewöhnliches, ist aber eine schöne Abwechslung nach so viel antikem Geschichtsunterricht. Einen zentralen Großparkplatz finden Sie neben dem Waitrose Supermarkt bei [N 54°58'21" W 2°05'53"], **Wentworth Pl.**, NE46 3PH. Von dort führen Treppen in die Altstadt hinauf. Es gibt eine kleine Fußgängerzone, eine ganze Reihe an Gaststätten und Läden sowie die gewaltige, 1300 Jahre alte **Hexham Abbey.** Zum Kirchenbau gehört ein modern überarbeiteter Ausstellungsbereich, auf Wunsch mit Führung.

Beaumont Str., NE46 3NB, Eintritt frei, Touren £, 9.30 – 17 Uhr, www.hexhamabbey.org.uk

Interessant ist das **Hexham Old Gaol**, das erste englische Gefängnis überhaupt, das für diesen Zweck erbaut wurde. Es stammt aus dem 14. Jahrhundert und wurde nötig, um die oftmals zwielichtig agierenden Grenzländer in Zaum zu halten und für Vergehen zu bestrafen. Wie das im Mittelalter genau aussah, können Sie sich spätestens nach dem Besuch vorstellen. Außerdem gibt es einen Ausstellungsbereich über Northumberland und von dort stammender Kunst.

Hall Gate, NE46 1XD, £, Apr – Sep, 11 – 16 Uhr, www.museumsnorthumberland.org.uk/hexham-old-gaol

Gastro-Tipps Hexham: Wentwirth Café (Café), Wentworth Place, NE46 1XB, **Bunters Coffee Shop** (Café), 10 Hallgate, NE46 1XD, **Heart of Northumberland**** (britisch), 5 Market Str., NE46 3NS, **Bouchon**** (französisch), 4 Gilesgate, NE46 3NJ, **Saathi**** (indisch), 28 Priestpopple, NE46 1PQ, **Danielle`s Bistro** (mediterran), 12 Eastgate, NE46 1BH, **Stalida**** (griechisch), 9a Battle Hill, NE46 1BA

Hexham Cathedral, oben: Old Gaol

In der Nähe:

- Corbridge bietet zur Abwechslung die Überreste einer römischen Stadt, die einst hinter den Grenzanlagen stand. **Corbridge Roman Town** wurde vermutlich als ziviler Versorgungs- und Handelsposten eingerichtet. Sie können durch die einstigen Straßen spazieren und im zugehörigen Museum eine große Sammlung interessanter Stücke, darunter die Corbridge Hoard, einen echten archäologischen Schatz, ansehen *([N 54°58'48" W 2°01'46"], Corchester Ln., NE45 5NT, ££, EH-Members frei, Apr – Sep, 10 – 18 Uhr, Okt bis 17 Uhr, Nov – Mär, Sa/So bis 16 Uhr, www.english-heritage.org.uk).*

Ganz in der Nähe, am **Wheatsheaf Pub** dürfen Gäste über Nacht bleiben, **271:** [N 54°58'34" W 2°01'15"], Stagshaw Rd., NE45 5HG.

BELSAY HALL

In Belsay werden viele der üblichen Muster über den Haufen geworfen. Die Gebäude sind teils mittelalterliche Burg, teils griechisch inspiriertes Herrenhaus inmitten eines englischen Steinbruchs mit exotischem Garten. Die Burg wurde vor rund 700 Jahren als Grenzfeste und Familiensitz angelegt und war ab dem 13. Jahrhundert das Zuhause der Middelton Familie. Sie beginnen den Rundgang durch die Anlage an der neuen Halle. Sie ist nicht möbliert, gibt aber innen einen guten Einblick in die kunstvolle und aufwendige Gestaltung seiner einstigen Erbauer und Künstler, die sie im 19. Jahrhundert aufwändig verzierten. Sie spazieren durch den Rosengarten zum ehemaligen Steinbruch hinüber, der den Besitzern einst zu Wohlstand verhalf. Er wurde später zum verzaubert wirkenden, dschungelartigen Quarry Garden umfunktioniert, in dem teils mannshohe Pflanzen zwischen den Steinwänden wach-

Belsay Hall und Quarry Gardens

sen und eine ganz besondere Atmosphäre schaffen. Der Weg endet an der alten Burgruine. Vom Turm aus genießen Sie weite Blicke auf das Anwesen und die ländliche Idylle. Auf einem anderen, parallel verlaufenden Weg durch den Steinbruch führt der Rundweg zum Eingang zurück.

[N 55°06'04" W 1°51'43"], B6309, NE20 0DX, ££, EH-Members frei, Apr – Sep, 10 – 18 Uhr, Okt bis 17 Uhr, Nov – Mär, Sa/So bis 16 Uhr, www.english-heritage.org.uk

(272) WOMO-Pubstopover: The Highlander

GPS: N 55°05'04" W 1°48'32", A696, NE20 0DN, BELSAY
Max. WOMOs: 4 – 5
Ausstattung/Lage: Offizieller Womoplatz auf dem Parkplatz hinter dem Haus. Wasser, WC und Waschraum (während der Öffnungszeiten), Mülleimer, schönes Pub mit großem Biergarten.
Ortszentrum: etwa 15 km (Newcastle)
Zufahrt: Von Belsay Hall kommend auf der A696 in südliche Richtung fahren. Das Pub kommt nach wenigen hundert Metern rechterhand.
Richtpreis: Kostenfrei bei Einkehr im Pub.

In der Nähe:

- Erleben Sie das **Wallington** Anwesen der unkonventionellen Trevelyan Familie. Es wurde einst vom sozialistischen Parlamentsmitglied Sir Charles dem National Trust gestiftet, Hier sehen Sie neben dem original ausgestatteten Haus einen versteckten Walled Garden in den Wäldern. Sie können auch günstig Fahrräder leihen, um am Dragon Cycle Trail die Umgebung zu erkunden *([N 55°09'13" W 1°57'31"], B6342, NE61 4AR, Cambo, ££, NT-Members frei, genaue Öffnungszeiten über Website, www.nationaltrust.org.uk).*

(273) WOMO-Campingplatz: Nunnykirk Caravan Club Site

GPS: N 55°14'01" W 1°53'38", NE61 4PZ, NUNNYKIRK
Max. WOMOs: 50
Ausstattung/Lage: Strom, V/E, einfache aber schöne Campsite mit Stellplätzen auf Rasen, teils schattig, abgelegen und ruhig.
Öffnungszeiten: Mitte März – Oktober
Ortszentrum: gegen 8,5 km (Rothbury)
Zufahrt: Von Belsay kommend auf der A696 Richtung Norden fahren und rechts nach Cambo abbiegen. Der B6342 bis zum Platz auf der rechten Seite nach rund 13 km folgen.
Richtpreis: ab 26 £, CC-Members ab 14 £
Internet: www.caravanclub.co.uk

Wallington Hall

(274) WOMO-Wanderparkplatz: Simonside Carpark

GPS: N 55°17'30" W 1°56'35", NE65 7RR, GREAT TOSSON

Max. WOMOs: 1 – 2

Ausstattung/Lage: Wanderparkplatz am Waldrand neben einer schmalen Nebenstraße. Ruhig und schattig.

Ortszentrum: ca. 4 km (Rothbury)

Zufahrt: Von Belsay kommend auf der A696 Richtung Norden fahren und rechts nach Cambo abbiegen. Der B6342 weiter Richtung Rothbury folgen. Nach rund 15 km links beschildert zum Parkplatz Simonside lenken.

CRAGSIDE

Ein wirklich außergewöhnlicher Ort ist das riesige, vom National Trust verwaltete Anwesen Cragside nahe Rothbury.

Es war in viktorianischer Zeit das Zuhause des Ingenieurs Lord Armstrong und seiner Familie. Aus einem eher bescheidenen Landhaus schuf er ein immer größer werdendes Gebäude, ausgestattet mit der modernsten Technologie seiner Zeit. Weltweit war es das erste Haus, das Strom für den Betrieb der gerade erst erfundenen, modernen Glühbirnen, mit Wasserkraft generierte. Ein Wellnessbereich mit türkischem Bad, ein hydraulischer Lift und sogar ein Geschirrspüler gehörten zur Ausstattung von Cragside. Besonders beeindruckend ist die große Wohnhalle mit dem überbordend verzierten Kaminsims und der „Electrical Room", in dem Sie einige von Armstrongs Innovationen und Experimente erleben. Neben dem Haus sollten Sie ausreichend Zeit für Wanderungen auf dem Grundstück einplanen. Ein knapp 10 km Rundkurs mit mehreren Parkplätzen erschließt die interessantesten Punkte. Fahrzeuge über 260 cm Höhe und 195 cm Breite sind nicht zugelassen und müssen am eigens eingerichteten Wohnmobilparkplatz am Südwestende des Grundstücks parken. Von dort können Sie sich,

Cragside House, oben rechts: die Formal Gardens

statt zu wandern, von regelmäßig verkehrenden Minibussen abholen lassen. Verpassen Sie nicht die toll angelegten Formal Gardens mit dem Uhrturm und den Steingarten an der Ironbridge, unterhalb des Hauses.

Anmeldung und Tickets bei [N 55°18'59" W 1°53'32"], B6341, NE65 7PX, Womo-Parkplatz: [N 55°18'14" W 1°53'02"], B6344, ££, NT-Members frei, Mär – Okt, Garten 10 – 17 Uhr, Haus ab 11 Uhr, Nov – Feb, Garten 10 – 15 Uhr, Haus Sa/So ab 11 Uhr, www.nationaltrust.org.uk

Wanderung zu den Nelly Moss Lakes in Cragside (etwa 4,5 km)
Für diese Wanderung parken Sie am zuvor angegebenen Womo-Parkplatz und lassen sich mit den am Grundstück verkehrenden Minibussen zum Haus bringen oder spazieren vom **Visitor Centre** dorthin. Hinter dem Haus führt ein Weg zur oberen PKW-Parkebene. Wenn Sie diese erreichen, halten Sie sich unmittelbar rechts auf den breiten, ansteigenden **Crozier Drive**. Der Name leitet in die Irre, denn der Schotterweg ist ausschließlich für Fußgänger zugelassen. Im Groben folgen Sie immer den Schildern zum Labyrinth. Der Weg steigt recht steil an, dies ist gleich zu Beginn der Schweiß treibendste Teil der Tour. Am Ende des Weges an der T-Kreuzung, gehen Sie links auf dem **Middle Drive** weiter und bei jeweils erster Gelegenheit rechts und wieder links. Schmale, nicht beschilderte Pfade lassen Sie außer Acht. Sie befinden sich auf dem **Canada Drive** und wechseln erneut nach rechts, wenn das Labyrinth und die **Nelly Moss Lakes** angeschrieben stehen. Über ein Plateau mit großen, flachen Felsen gelangen Sie an den kleinen Seeparkplatz mit Picknickbänken. Links befindet sich der Eingang in das „**Labyrinth**". Es ist eigentlich mehr ein Bambus- und Walddickicht mit kreuz und quer verlaufenden Wegen. Geradeaus spazieren Sie zum Ufer des **North Lakes** hinab. Wenn Sie Zeit und Lust haben, wandern Sie nach links und umrunden den schön gelegenen See. Ansonsten gehen Sie gleich nach rechts zum **South Lake** weiter und folgen dessen Ostflanke bis zum Ende. Dort nehmen Sie den kurzen steilen Aufstieg rechterhand und gelangen zum **Abenteuerspielplatz** des Anwesens. Hier gibt es einen Parkplatz und im Sommer einen Kiosk. Am hinteren Ende der Stellflächen führt der Wanderweg geradeaus und begleitet einen **Trimm-Dich-Pfad**. Am Weg-

Weg am Nelly Moss Lake

dreieck steuern Sie nach rechts und nehmen die nächste Abzweigung links hinab zum Teich **Slipper Tarn**. Folgen Sie dem Ufer nach links und nehmen am Ende die rechte Abzweigung. Der **Parkplatz Dunkirk** ist angeschrieben. Sie erreichen ihn wahlweise immer geradeaus bergab bis zur Teerstraße und dort nach links oder indem Sie bei der zweiten Gelegenheit links abbiegen und so die Teerstraße erst kurz vor dem Parkplatz erreichen.

CHILLINGHAM CASTLE

Haben Sie Lust, Englands verspukteste Burg zu besichtigen? Dann dürfen Sie sich Chillingham Castle nicht entgehen lassen… Doch die immer wieder mehr oder weniger gut belegten paranormalen Phänomene, die bereits in mehreren TV-Sendungen und durch Geisterjäger untersucht wurden, sind nur ein Grund, der Heimstätte der Familie Wakefield einen Besuch abzustatten.

Das ursprünglich im 13. Jahrhundert erbaute Gemäuer erlebte im Lauf der Zeit eine sehr wechselvolle Geschichte. Einst machten Könige wie Heinrich III., Edward VIII. und Jakob I. hier Station und Karl I. von England verbrachte auf Chillingham, die letzten Tage vor seiner Hinrichtung.

Ab 1426 kam es in den Besitz der Familie Grey, die es für lange Zeit bewohnten. Zu Beginn des 20. Jahrhunderts stand es, mit den Jahren etwas baufällig geworden, leer und wurde im Zweiten Weltkrieg als Kaserne genutzt. Danach verfiel Chillingham. Wetter, Vogelkot und das inzwischen fehlende Dach ließen kaum mehr als eine Ruine zurück. Im Jahr 1981 kaufte die Wakefield Familie das Anwesen. Immerhin stammte Lady Kate Wakefield von der einstigen Besitzerfamilie der Greys ab…

Heute ist es größtenteils renoviert und zu einem Burgmuseum ausgebaut, in dem Sie viele, teils skurrile und etwas zusammen gewürfelte Stücke sehen. Die Atmosphäre ist einmalig und mit keinem anderen der englischen Anwesen vergleichbar. Im

Chillingham Castle

alten Verlies sieht man noch immer in die Wände gekratzten Inschriften der Gefangenen und in der Kapelle die Nische, in der man einst ein Kinderskelett fand. Den Abschluss bildet die etwas grauselige Folterkammer mit lebensgroßen Kreaturen. Falls Sie nicht selbst einem Geist begegnen, erzählen Ihnen die Mitarbeiter gern von ihren Erfahrungen mit dem blauen Jungen, Lady Berkley und den untoten Wachen… Mutige können sich für eine Nacht in den Spuk-Kammern einmieten… Immerhin: bis auf die zu Berge stehenden Nackenhaare soll noch niemand ernsthaft zu Schaden gekommen sein.

Saal und Kammer des Spukschlosses

[N 55°31'24" W 1°54'45"], B6341, NE66 5NJ, Chillingham, ££, HH-Members frei, Ostern – Okt, 12 – 17 Uhr, www.chillingham-castle.com

In der Nähe:

- Gleich um die Ecke von Chillingham Castle können Sie zu den Weidegründen der **Wild Cattle of Chillingham** fahren. Dabei handelt es sich um die einzige Herde weißer Hochlandrinder. Sie lebt hier seit 800 Jahren mehr oder minder wild und besteht aus ca. 100 Tieren. Am nächsten kommen Sie dem nicht immer ganz ungefährlichen Vieh auf geführten Touren, können aber nach einem Wegstück oberhalb des Parkplatzes auch selbst einen Blick auf die Wiesen erhaschen *([N 55°31'40" W 1°54'13"], NE66 5NP, ££, Kombitickets mit der Burg verfügbar, Touren: Ostern – Okt, Mo – Fr, 10 – 16 Uhr meist stündlich, Sa/So um 11/11/12 Uhr, mehr unter www.chillinghamwildcattle.com).*

Am Weg Richtung Berwick kommen Sie an mehreren Stellplätzen vorbei. Einer liegt direkt am **Flodden Field**. Es war Schauplatz einer der blutigsten Schlachten zwischen England und Schottland am 9. September 1513. Am Ende unterlag James IV. of Scotland dem Earl of Surrey. Nur drei Stunden dauerte es, bis er gemeinsam mit 10.000 Mann niedergemetzelt worden war.

Einen Zwischenhalt können Sie am **Norham Castle**, direkt an der schottischen Grenze und dem River Tweed, einlegen. Die heutige Ruine war einst eine der wichtigsten und meistumkämpften Grenzbefestigungen Englands und wurde während ihrer Nutzung ganze 13x überrannt oder gleich eingenommen

[N 55°43'17" W 2°09'10"], Castle Str., TD15 2JY, Norham, Eintritt frei, Apr – Sep, 10 – 17 Uhr, www.english-heritage-org.uk

(275) WOMO-Stellplatz: Middleton Hall

GPS: N 55°31'29" W 2°00'38", NE71 6RD, MIDDELTON HALL
Max. WOMOs: 2 – 3
Ausstattung/Lage: Schöner großer Schotterparkplatz an einer sehr schmalen Straße. Ringsum von Bäumen gesäumt, ruhig.
Ortszentrum: etwa 3 km (Wooler)
Zufahrt: Von Chillingham aus in nördlicher Richtung über Chatton bis Wooler lenken. Der A697 südlich in Richtung Morpeth folgen. Am Ende von Wooler rechts Richtung Town Centre über die Brücke steuern und gleich wieder links Richtung Harthope Valley. An der Gabelung links halten und die zweite Straße rechts bis zum Stellplatz nehmen.
Hinweis: Hinter Wooler finden Sie am westlichen Ortsende an einem kleinen Waldgebiet einen zweiten Stellplatz bei [N 55°32'20" W 2°02'17"], NE71 6RL.

(276) WOMO-Campingp^^^^latz:
Highburn House Country Holiday Park

GPS: N 55°32'54" W 2°01'30", Burnhouse Rd., NE71 6EE, WOOLER
Max. WOMOs: 50+
Ausstattung/Lage: Strom, V/E, Dusche/WC, Spülgelegenheit, Waschmaschine/Trockner, Spielplatz, teils parzellierte Rasen Campsite mit weiten Blicken über das Land, ruhig, teils schattig.
Öffnungszeiten: Februar – Dezember **Ortszentrum**: rund 800 m
Zufahrt: Von Chillingham aus in nördlicher Richtung über Chatton bis Wooler lenken. Dort der A697 in Richtung Coldstream folgen. Der Platz kommt am Ortsende linkerhand.
Richtpreis: ££
Internet: www.highburn-house.co.uk

(277) WOMO-Stellplatz: Flodden Field

GPS: N 55°37'44" W 2°10'43", TD12 4SN, FLODDEN
Max. WOMOs: 1 – 2
Ausstattung/Lage: Kleiner Schotterparkplatz nahe dem Flodden Gedenkkreuz, keine Einrichtungen, ruhig.
Ortszentrum: um die 4 km (Coldstream)
Zufahrt: Von Chillingham aus in nördlicher Richtung über Chatton bis Wooler steuern. Dort der A697 in Richtung Coldstream folgen. Nach einer ganzen Weile zweigt links eine Straße nach Branxton ab. Dort ist das Flodden Field gekennzeichnet.

Panorama von Berwick-upon-Tweed

BERWICK-UPON-TWEED

Im äußersten nordöstlichen englischen Zipfel liegt die Stadt Berwick an der Mündung des Tweed. Sie ist der einzige Punkt nördlich des Flusses, der nicht zu Schottland zählt. Ihre strategisch wichtige Grenzlage hat in der Geschichte so manches Ereignis gesehen. Zeugen sind beispielsweise die gut erhaltenen, elisabethanischen Befestigungsanlagen, die inzwischen als Eisenbahnbrücke genutzte **Old Bridge** über den Tweed von 1611 und die Infanterie Kasernen **Berwick Baracks,** die heute Museen beherbergen. Dazu zählen das Scottish Borderers Museum, die Gymnasium Art Gallery und das stadtgeschichtliche Berwick Museum sowie Wechselausstellungen. Verwaltet wird die Anlage vom English Heritage.

[N 55°46'17" W 2°00'06"], Parade, TD15 1DF, £, EH-Members frei, Apr – Okt, 10 – 18 Uhr, www.english-heritage-org.uk

Berwick Barracks

Einen großen, zentralen Ortsparkplatz finden Sie an den Wallanlagen an der **Marygate,** direkt vor dem Stadttor bei [N 55°46'16" W 2°00'24"], TD15 1LJ. Ein Stellplatz liegt außerhalb, ein Stück weiter nördlich, der Campingplatz auf der Südseite des Flusses in SPITTAL.

Gastro-Tipps Berwick-upon-Tweed: Riverside Café (Café), 7 Main Str., TD15 2AA, **Lowry`s at the Chandlery** (Café), 2 Quayside, TD15 1HE, **Queens Restaurant**** (britisch), 6 Sandgate, TD15 1EP, **Foxtons Restaurant**** (britisch), 26 Hide Hill, TD15 1AB, **Upper West**** (britisch), 7 West Str., TD15 1AS, **Grill on the Hill**** (britisch), 37 West Str., TD15 1AS, **Audela**** (britisch), 64 Bridge Str., TD15 1AQ, **Magna Tandoori**** (indisch), 39 Bridge Str., TD15 1ES

(278) WOMO-Stellplatz: Halidon Hill

GPS: N 55°47'07" W 2°01'56", TD15 1UD, BERWICK-UPON-TWEED

Max. WOMOs: 1 – 2
Ausstattung/Lage:
Kleiner, asphaltierter Aussichtsparkplatz mit toller Sicht nördlich von Berwick, meist ruhig.
Ortszentrum: ca. 2,8 km
Zufahrt: Von der A698 kommend am Kreisverkehr vor Berwick links auf die A1 wechseln und kurz darauf links Richtung Duns abfahren und die erste Straße rechts beschildert zum Aussichtspunkt nehmen..

(279) WOMO-Camping Platz: Berwick Seaview Caravan Club Site

GPS: N 55°45'34" W 1°59'57", Billenden Rd., TD15 1QU, SPITTAL
Max. WOMOs: 93
Ausstattung/Lage:
Alle Einrichtungen, teils parzellierte Plätze meist auf Schotter oder Asphalt. Sauberer Campground mit Blick auf die Tweed Mündung und das Meer. Vorsicht: Aufsitzgefahr an der steilen Einfahrt!

Öffnungszeiten: Mitte März – Oktober
Ortszentrum: etwa 1,9 km (Berwick)
Zufahrt: Aus Berwick kommend auf der A1167 den Tweed überqueren, am Kreisverkehr links halten. Am nächsten Kreisverkehr erneut links abbiegen und zum Platz auf der rechten Seite fahren.
Richtpreis: 31,20 – 42,70 £, CC-Members 19,20 – 30,70 £
Internet: www.caravanclub.co.uk

LINDISFARNE

Mit ihrer Abteiruine und der Burg, die auf einem Felssporn thront, wirkt die Insel Lindisfarne ein wenig wie der berühmtere Mont

Blick über die Tweed-Mündung bei Spittal

Lindisfarne Crossing bei Ebbe

St. Michel in Nordfrankreich. Lindisfarne trägt den Beinamen Holy Island und ist nur bei Ebbe mit dem Fahrzeug erreichbar.

Wenn Sie einen Besuch einplanen, müssen Sie zuerst auf die Gezeiten achten und die Planung entsprechend ausrichten.

ACHTUNG: *Befahren Sie den Damm nur zu den sicheren Zeiten. Eine genaue Tagesübersicht finden Sie auf* ***www.northumberland.gov.uk/Highways/Public-transport/crossing.aspx***

Auf halbem Weg steuern Sie links einen abgelegenen Parkplatz an, der oft von Wohnmobilen zur Zwischenübernachtung genutzt wird, **280:** [N 55°41’05” W 1°50’04”], **Lindisfarne Causeway**. Ein Stück weiter erreichen Sie den Hauptparkplatz, der für den Privatverkehr gesperrten Insel.

Stellplatz 280

Lindisfarne Priory

Das Übernachten ist zwar nicht direkt erlaubt, verboten am Ende aber auch nicht, zumindest dann nicht, wenn gerade Flut herrscht und Sie kaum eine andere Möglichkeit haben, als zu bleiben, **281:** [N 55°40'30" W 1°48'06"], **Chare Ends**, TD15 2SE. Zu Fuß können Sie das übersichtliche Dorf erkunden. Am Südende befinden sich die Ruinen der alten Abtei, vor 1400 Jahren von einem Einsiedler gegründet. Im zugehörigen Museum erfahren Sie mehr über die Geschichte des Klosters und den St. Cuthbert Kult.

Crossgate Ln., TD15 2RX, £, EH-Members frei, Apr – Okt, 10 – 18 Uhr, Nov/Dez/Mär, Mi – So, 10 – 16 Uhr, Jan/Feb nur Sa/So, www.english-heritage.org.uk

Nur eine kurze Wanderung entfernt steht **Lindisfarne Castle**. Die Burg aus dem 16. Jahrhundert wurde einst zu einem Privatanwesen für den Gründer des bekannten englischen Magazins „Country Life", Edward Hudson umgebaut und bis in die 1980er Jahre privat bewohnt.
Seither mussten umfangreiche

Lindisfarne Castle von Gertrude Jekylls Garten aus

Sanierungen an dem durch Wind und Wetter stark in Mitleidenschaft gezogenen Gebäude durchgeführt werden, die sich wohl bis mindestens 2019 hinziehen. Ob die zuletzt leere und für Kunstinstallationen genutzte Burg danach wieder ausgestattet wird, ist aktuell nicht bekannt. Einen Blick wert ist sie ob der Aussicht. Auch der schöne kleine Gertrude Jekyll Garten gleich daneben eignet sich für eine ruhige Verschnaufpause. Unterhalb der Burg können Sie alte Kalköfen besichtigen und eine Wanderung entlang der Küste unternehmen.

Marygate, TD15 2SH, ££, NT-Members frei, Öffnungszeiten unter www.nationaltrust.org.uk

Gastro-Tipps Lindsifarne: Pilgrims Coffee House (Café), Front Str., TD15 2SJ, **Ship Inn**** (britisch), Marygate, TD15 2SJ, **1st Class Food** (Café), Green Ln., TD15 2SX

NORTHUMBERLAND COAST

Der folgende Küstenabschnitt bietet eine Reihe interessanter Orte mit Bademöglichkeiten und der ein oder anderen Sehenswürdigkeit. Gleich nach Lindisfarne passieren Sie den schönen, einsamen **Ross Beach**. Da es bislang kaum Parkplätze gibt und die Wendemöglichkeiten an der schmalen Zufahrt begrenzt sind, empfiehlt sich die Zufahrt höchstens mit kleinen wendigen Campingbussen, [N 55°37'33" W 1°47'39"], NE70 7EN.

Deutlich einfacher gelangen Sie an den **Bamburgh Beach,** unterhalb des gleichnamigen Ortes, mit dem ikonischen **Bamburgh Castle** auf einem Felsen aus Vulkangestein. In der Burg sind die mittelalterlichen Küchen, viktorianischen Hallen und vierzehn weitere Zimmer zu besichtigen. Der ausgestellte Fundus umfasst mehr als 3000 Gegenstände. In der benachbarten,

Bamburgh Castle und Stellplatz 282, unten: Bamburgh Beach

ehemaligen Wäscherei ist zusätzlich ein kleines Museum zur frühen Luftschifffahrt und in der Scheune den Sommer über eine Galerie eingerichtet. Der Parkplatz direkt gegenüber verfügt über neu eingezeichnete Womo-Stellplätze, die aktuell auch nachts genutzt werden, 282: [N 55°36'27" W 1°42'35"], **Links Rd.**, NE69 7DF.

££, HH-Members frei, 10 – 17 Uhr, Nov – Mitte Feb nur Sa/So, 11 – 16.30 Uhr, www.bamburghcastle.com

Das bald anschließende SEAHOUSES ist etwas größer und verfügt über eine umfangreichere touristische Infrastruktur. Es gibt zwar keinen Strand, doch legen von der Hafenmole aus ganzjährig Boote zum nahen **Farne Island Nature Reserve** ab. Die Felsen im Meer sind Heimat der wahrscheinlich spektakulärsten Seevogelkolonie Englands. Während der Brutsaison kommen Tausende Tiere aus 23 verschiedenen Spezies nach

Farne Island

Farne, darunter 37.000 Papageientaucher-Paare. Auch eine der größten Kolonien von Kegelrobben lebt an Farnes Küste. Im Herbst erblicken dort jährlich rund 2000 Babyrobben das Licht der Welt. Vergessen Sie keinesfalls das Fernglas!

Auf den Inseln gibt es ein Informationszentrum, Leuchtturm und eine mittelalterliche Kapelle. Besuchern wird im Sommer zu einer festen Kopfbedeckung geraten – die brütenden Seeschwalben sind bei der Verteidigung ihrer Gelege nicht gerade zimperlich und stürzen sich schon mal, Schnabel voraus, auf die umherlaufenden Touristen.

Parken bei [N 55°34'55" W 1°39'14"], Seafield Rd., NE68 7RQ, Tickets für die verschiedenen Bootstouren erhalten Sie an den Buden an der Mole, £££, Inselbesuch: ££, NT-Members frei, genaue Besuchszeiten über www.nationaltrust.org.uk

(283) WOMO-Campingplatz: Springhill Farm

GPS: N 55°34'52" W 1°40'57", NE68 7UR, SEAHOUSES
Max WOMOs: 70
Ausstattung/Lage: Alle Einrichtungen, Spielplatz, Picknickbänke, Stellplätze meist auf Schotter, einige auf Rasen. Ruhige Lage am Ortsrand von Seahouses neben einer Farm, kein Schatten.
Öffnungszeiten: ganzjährig **Ortszentrum**: um die 1,3 km
Zufahrt: Aus Richtung Bamburgh kommend direkt am Ortsbeginn rechts in die Broad Road abbiegen und bei erster Gelegenheit rechts zum Platz steuern.
Richtpreis: ££-£££
Internet: www.springhill-farm.co.uk

Eine weitere schöne Strandbucht befindet sich bei BEADNELL, ein Tagesparkplatz bei [N 55°33'09" W 1°37'45"], **Dunes Ct.**, NE67 5BN.

Noch südlicher ist das kleine CRASTER für seine in den Lokalen angebotene Fischspezialität Kipper (Räucherhering) bekannt, es gibt ihn auch zum Mitnehmen. Im Ort startet eine schöne Wanderung am Meer entlang zu den düsteren Ruinen von **Dunstanburgh Castle**. Schon während der Römerzeit und dem anschließenden Dunklen Zeitalter stand hier vermutlich eine Burg. Die heutigen Ruinen wurden im 14. Jahrhundert errichtet und nach den Zerstörungen der Rosenkriege sich selbst überlassen. Auch bei dieser Burg handelt es sich um einen bekannten Spuk Ort *(parken bei [N 55°28'18" W 1°35'48"], NE66 3TW)*.

Wanderung zum Dunstanburgh Castle (4-5 km)
Vom angegebenen Parkplatz aus spazieren Sie auf dem Fußweg und später durch den Ort zum Meer und halten sich links bis zum Beginn des Wanderwegs an einem Tor. Dahinter laufen Sie durch Farmland, die felsigen Küste immer rechts von Ihnen. An den alten Gemäuern angekommen, können Sie diese auf Wunsch näher inspizieren *(£, NT- und EH-Members frei, Apr – Sep, 10 – 18 Uhr, Okt bis 17 Uhr, sonst nur Sa/So bis 16 Uhr, www.nationaltrust.org.uk oder www.english-heritage.org.uk)*.
Sie können zwischen April und August brütende Möwen und Sturmvögel in den vorgelagerten Klippen beobachten. Wenn Sie möchten, folgen Sie dem Pfad weiter bis zum Embleton Beach, um dort etwas am Strand ausspannen. Oder Sie gehen ein paar Meter landeinwärts, um dort auf dem etwas weiter oben verlaufenden Parallelpfad nach Craster zurückzugehen.

Bevor Sie sich Richtung Alnwick landeinwärts halten, sind die **Howick Hall Gardens** einen Besuch wert. Sie wurden von der BBC zu einem der schönsten Küstengärten Englands gewählt. Vor allem im Frühsommer blüht alles in überbordender Farbenpracht.

[N 55°27'06" W 1°36'25"], NE66 3LB, ££, Mär, Mi – So, 10.30 – 16 Uhr, Apr – Sep täglich bis 18 Uhr, Okt – Mitte Nov bis 17 Uhr, www.howickhallgardens.org

Beadnell Bay

Gastro-Tipps Bamburgh: Mizen Head Hotel*** (britisch), Lucker Rd., NE69 7BS, **Copper Kettle Tearoom** (Café), 21 Front Str., NE69 7BW, **Seahouses: St. Aiden Bistro**** (britisch), Seafront, NE68 7SR, **The Olde Ship Inn**** (britisch), 7 Main Str., NE68 7RD, **Spice House**** (indisch), 52 Main Str., NE68 7TP, **Elan Pizzeria**** (italienisch), 68 Main Str., NE68 7TP, **One Coffee** (Café), 2 King Str., NE68 7XP, **The Links**** (britisch), 8 Kings Str., NE68 7XP, **Craster: Craster Seafood Restaurant**** (britisch), Haven Hill, NE66 3TR, **Jolly Fisherman**** (britisch), Haven Hill, NE66 3TR

Am Weg zum Dunstanburgh Castle

ALNWICK

Das geschäftige Marktstädtchen sollten Sie als Abschluss der Reise nicht auslassen. Nicht unbedingt, weil das Ortsbild so ungewöhnlich schön ist, wohl aber, weil Sie mit Alnwick Castle und dem **The Alnwick Garden** zwei echte, touristische Hoch-

Badender Riese im The Alnwick Garden

The Alnwick Garden Wasserspiele

karäter zum Abschluss serviert bekommen. Ein idealer Parkplatz, um zu beiden Sehenswürdigkeiten zu gelangen, liegt an der **B1340** bei [N 55°24'55" W 1°41'41"], NE66 1NQ. Gleich gegenüber führt ein Fußweg zur Gartenanlage. Rechts versteckt sich ein riesiges Baumhaus mit einem Restaurant im Innern in den Wipfeln der Linden. Geradeaus gelangen Sie zum Eingang des Gartens. Gleich hinter der Pforte befinden sich die fulminanten Wasserspiele der Großen Kaskade. Rechts liegt der modern gestaltete Schlangengarten mit verschiedenen Wasserinstallationen und links der interessante Giftgarten. Er darf nur in Begleitung erfahrener Gärtner betreten werden, die auf Führungen viel über die Wirkung und Gefahr zahlreicher Drogen und Pflanzengifte verraten. Dass Tollkirsche und Goldregen nicht ungefährlich sind, dürfte den meisten bekannt sein. Dass aber auch Rhabarber und Magenkraut äußerst toxisch sein können, wie verheerend Riesenbärenklau wirkt und welch totbringendes Resultat schon kleine Mengen des Rizinusstrauches haben, überrascht sicherlich viele. Zur Begleitung der englischsprachigen Führung gibt es auf Wunsch eine deutsche Broschüre.

Im hinteren Bereich des Gartens erwarten Sie die „entspannenden Kirschplantagen" und der bunt blühende Schmuckgarten. Am Ende spazieren Sie durch den Rosengarten mit seinen mehr als 3000 Pflanzen und das beinahe lichtundurchlässige Bambuslabyrinth.

Denwick Ln., NE66 1YU, £££, Kombitickets mit Alnwick Castle erhältlich, aktuelle Öffnungszeiten und mehr unter www.alnwickgarden.com

Alnwick Castle

Durch die benachbarte Parkanlage schlendern Sie zum **Alnwick Castle** hinüber. Gemeinsam mit seinen zugehörigen Ländereien ist es nach Windsor Castle das zweitgrößte Schloss Englands und dank seines hervorragenden Erhaltungszustands und der verspielten, märchenschlossartigen Optik ein beliebter Drehort für Filme. Eine tragende Rolle spielte es zum Beispiel in den Harry Potter Filmen. Kein Wunder, dass Kurse im Besenreiten angeboten werden… Wer geschichtsinteressiert ist, kommt auf seine Kosten: in den 950 Jahren seines Bestehens war es stets im Besitz der illustren Percy Familie (Dukes of Northumberland) und diente, nebst seiner Hauptaufgabe als Familiensitz auch als Militärlager, Schule und Flüchtlingscamp. In den Höfen sind während der Saison zahlreiche Gaukler, Ritter und Knappen anzutreffen und bei täglichen Aktivitäten können Sie Ihre Fähigkeiten im Schwertkampf erproben oder Darbietungen in alter Handwerkskunst beiwohnen. In den öffentlich zugänglichen Räumen, die außerhalb der Besuchszeiten vollumfänglich privat genutzt werden, erhal-

Drachen am Dragon Quest

Opulenter Luxus im Alnwick Castle

ten Sie interessante Einblicke in das Leben des englischen Adels von heute. Zusätzlich gibt es Gelegenheit, im „Dragon Quest" dem Hausdrachen nahe zu kommen, die Ausstellungen im Constable Tower, das Antiquitäten Museum und das Northumberland Fusiliers Museum zu besuchen oder an Themenführungen teilzunehmen.

NE66 1NQ, £££, Kombitickets mit Alnwick Gardens erhältlich, Apr – Okt von 10 – 17.30 Uhr, State Rooms, 10.30 – 16-30 Uhr, mehr unter www.alnwickcastle.com

Gastro-Tipps Alnwick: Dirty Bottles Taproom** (amerikanisch), 32 Narrowgate, NE66 1JG, **Bari Tea Brewery** (Café), 28 Narrowgate, NE66 1JG, **Strawberry Lodge** (Café), 20 Narrowgate, NE66 1JG, **Thai Vibe**** (thailändisch), 22 Narrowgate, NE66 1JG, **Grannies**** (britisch), 18 Narrowgate, NE66 1JG, **Mumbai Flavours**** (indisch), 15 Narrowgate, NE66 1JH, **Lilburn`s**\*\* (britisch), 7 Paikes Str., NE66 1HX, **Carlo`s** (Fast Food), 7 Market Str., NE66 1SS, **Yan`s** (chinesisch), 10 Bondgate, NE66 1TD, **Caffe Tirreno** (Café), 45 Bondgate, NE66 1PR, **Earl Grey Tea House** (Café), Howick Hall Gardens, NE66 3LB

In der Nähe:

- Für einen Stopp am Wasser eignet sich nahe Alnwick das am Meer gelegene Örtchen ALNMOUTH mit dem **Alnmouth Beach** recht gut. Einen Parkplatz am Wasser finden Sie bei [N 55°23'25" W 1°36'30"], The Wynd, NE66 3NJ.

Alnmouth Bay

Warkworth Castle

- **Warkworth Castle** war einst eine weitere Wohnburg der Percys, heute ist sie eine Ruine, deren Erhaltungszustand vom English Heritage aufrechterhalten wird. Während Sie durch die alten Gemäuer wandeln, können Sie sich auf die Spuren von Harry Hotspur begeben, der durch Shakespeare zu ewiger Berühmtheit gelangte, und seine wahre Geschichte erfahren *([N 55°20'41" W 1°36'38"], Castle Terrace, NE65 0UJ, Warkworth, £, EH-Members frei, Apr – Sep, 10 – 18 Uhr, Okt bis 17 Uhr, sonst Sa/So bis 16 Uhr, www.english-heritage.org.uk).*
- Eine weitere beliebte Bucht ist die **Druridge Bay** auf halbem Weg nach Newcastle. Es gibt am weiten Sandstrand Parkplätze sowie gastronomische Versorgung, [N 55°14'17" W 1°32'49"], NE61 5JX, Cresswell.

(284) WOMO-Pubstopover: Railway Inn

GPS: N 55°18'31" W 1°39'03", B6345, NE66 9BP, ACKLINGTON
Max. WOMOs: 10+
Ausstattung/Lage: WiFi, Strom, V/E, Dusche/WC, Spülgelegenheit, Pub mit eigener kleinen Campsite vor dem Haus, teils schattig, neben der Bahnstrecke, sonst recht ruhig.
Öffnungszeiten: ganzjährig
Ortszentrum: ca. 4 km (Amble)
Zufahrt: In Amble von der Küstenstraße rechts Richtung Acklington abbiegen. Am Ende des Ortes linkerhand vor der Bahnüberführung.
Richtpreis: ££
Internet: www.railway-inn.co.uk

(285) WOMO-Stellplatz: Black Close Bank

GPS: N 55°10'02" W 1°34'22", West Ford Road, NE63 8TE, ASHINGTON
Max. WOMOs: 2 – 3
Ausstattung/Lage: Großer, von Bäumen umgebener Parkplatz am Ortsrand neben dem River Wansbeck. Nachts teils etwas unruhig.
Ortszentrum: um 1,2 km
Zufahrt: Von der Küstenstraße (A189) am North Seaton Kreisverkehr bei Ashington die Ausfahrt

Richtung Stakeford nehmen. Nach knapp 2,5 km rechterhand vor der Flussbrücke.
Hinweis: Einen Versuch wert sind alternativ die nahe gelegenen Parkplätze in NEWBIGGIN und CAMBOIS jeweils direkt am Meer bei [N 55°10'31" W 1°30'54"], NE64 6XL bzw. [N 55°09'05" W 1°31'26"], NE24 1RQ.

(286) WOMO-Stellplatz: River Blyth

GPS: N 55°07'55" W 1°34'06", Furnance Bank, NE22 5LT, BEDLINGTON

Max. WOMOs: 1 – 2
Ausstattung/Lage: Asphaltierter Parkplatz in einer Senke am River Blyth neben dem Dene Park. Mülltonnen, sonst keine Einrichtungen. Nachts meist ruhig.
Ortszentrum: ca. 1 km
Zufahrt: Von der A189 die Abfahrt nach Bedlington nehmen und nach der Bahnunterführung gegenüber vom Pub links abwärts zum Stellplatz lenken.
Hinweis: Auch im nahen BLYTH lohnt alternativ ein Versuch am Kai-Parkplatz bei [N 55°07'44" W 1°30'11"], Quayside, NE24 2AY.

TYNEMOUTH

Noch bevor Sie die Reise in Tynemouth beenden, können Sie bei SEATON ein letztes Haus des National Trusts besuchen. Die **Seaton Delaval Hall** war das Zuhause der Delaval Familie, die für ihren extravaganten, verschwenderischen Lifestyle in ganz Nordengland bekannt war. Sie schmissen große Feiern und Maskenbälle, führten eigene Theaterstücke auf und veranstalteten Sackhüpfwettbewerbe. Wer zu einer ihrer Parties eingeladen war, gehörte einfach „dazu"! Dieses Leben hinterließ seine Spuren. Nicht nur einmal standen die Delavals vor dem Bankrott. Ein Feuer im 19. Jahrhundert hätte das Haus beinahe vernichtet, doch es sollte anders kommen...

[N 55°05'02" W 1°29'42"], The Avenue, NE26 4QR, ££, NT-Members frei, Öffnungszeiten und mehr unter www.nationaltrust.org.uk

Seaton Delaval Hall

Tynemouths beliebteste Attraktion ist das **Bluereef Aquarium**. Es ist nicht das größte und aufregendste, aber mit verschiedenen Themenbereichen, Robbenbecken und Otterfelsen ein schöner Abschluss, nicht nur mit Kindern. Direkt unterhalb des Gebäudes befindet sich die Promenade mit Sandstrand und weiteren Parkplätzen.

[N 55°01'39" W 1°25'53"], Grand Parade, NE30 4JF, ££, täglich ab 10 Uhr geöffnet, www.bluereefaquarium.co.uk

Noch ein Stück weiter können Sie oberhalb der **King Edward`s Bay** zuletzt die Ruinen der **Tynmouth Priory and Castle** besichtigen. Sie war einst eines der größten befestigten Gelände Englands und bot einen idealen Ausblick auf die Tynemündung und Nordsee. Sie können der 2000-jährigen Geschichte dieses Ortes seit den Anfängen als angelsächsische Siedlung nachspüren oder einfach die Seeluft bei einem Picknick oder einer abschließenden Portion Fish`n`Chips genießen… Am Parkplatz hinter dem Gelände ist das Übernachten möglich, **287:** [N 55°00'55" W 1°25'03"], **Pier Road**, NE30 4DB.

£, EH-Members frei, Apr – Sep, 10 – 18 Uhr, Okt bis 17 Uhr, sonst Sa/So bis 16 Uhr, www.english-heritage.org.uk

King Edward`s Bay, oben: Tynmouth Priory

Wichtiger Hinweis für Sie und in eigener Sache vorab

Liebe Leser/-innen, Umstände verändern sich, Fehler passieren. Auch wenn wir versuchen, so genau wie nur möglich für Sie zu recherchieren, kann doch einmal eine Wegangabe zu ungenau sein oder GPS-Koordinaten nicht exakt. Auch ändern sich Preise, Örtlichkeiten etc. Für Anregungen, Tipps, Hinweise, Korrekturen, Kritik, aber natürlich auch Lob sind wir stets dankbar. Sie können uns eine Mail senden an: **winkler@womo.de**.
Herzlichen Dank vorab dafür.

Fehler oder Änderungen, die sich zwischen Drucklegung und Ihrer Reise ergeben haben, veröffentlichen wir, sozusagen als **kostenloses Update** für Leser, einmal jährlich online im **Womo-Forum**. Gehen Sie vor Ihrer Reise einfach auf **www.womo.de**, besuchen Sie das Forum und melden Sie sich an bzw. loggen Sie sich ein. Sie erhalten im Bereich „Womo-Bücher Korrekturen" unter der jeweiligen Buch-Rubrik alle wichtigen aktuellen Änderungen (sofern bereits bekannt und solange die jeweilige Auflage aktuell ist).

In diesem Buch sind weit über 500 GPS-Koordinaten veröffentlicht, die Ihnen das Navigieren zu Übernachtungsplätzen, Sehenswürdigkeiten und Parkplätzen in den Städten enorm erleichtern. Statt sie abzutippen, können Sie im Shop des Womo-Verlags unter www.womo.de diese Daten in elektronischer Form als Download oder auf Mini-CD bestellen. Sie lassen sich so komfortabel in Ihr Navigationsgerät einspielen und sind dann stets schon im Kartenmaterial sichtbar bzw. direkt ansteuerbar.

Allgemeine Landeskunde: England

Geografie:

Hauptstadt: London.
Fläche: 130.395 Quadratkilometer.
England ist Teil des Vereinigten Königreichs und bildet den größten Landesteil der Britischen Inseln. Flächenmäßig reiht es sich im europäischen Vergleich zwischen Bulgarien und Griechenland ein. Westlich grenzt es mittig an Wales, nördlich an Schottland, die anderen Himmelsrichtungen werden von der 5500 km langen Küstenlinie umgeben. Sie besteht im Süden vornehmlich aus Stränden und Steilküsten. Südlich befindet sich der Ärmelkanal, im Westen der Atlantik und der Bristol-Kanal und im Osten die Nordsee.
Das Land wird heute in 83 Bezirke (Countys) aufgeteilt, die größten im Norden sind North Yorkshire, Cumbria und Licolnshire.
Die Landschaft wird durch landwirtschaftlich genutzte Wiesen-, Weide- und Ackerflächen, Hügel und Moore geprägt. Größere Teile stehen unter Naturschutz, besondere Protektion genießen im Norden die fünf Nationalparks Northumberland, North York Moors, Yorkshire Dales, Peak District und Lake District. In letzterem befindet sich mit dem Scafell Pike auch die höchste Erhebung Englands (978 m).

Bevölkerung:

Einwohnerzahl: ca. 54 Millionen.
Die größte Bevölkerungsdichte weist mit rund 8,3 Millionen die Metropolregion London auf. Vor allem in den städtischen Regionen ist das Land multiethnisch geprägt. Neben vielen Menschen, deren ursprüngliche Herkunft in einer der ehemaligen englischen Kolonien oder dem Commonwealth liegt (z.B. indisch- oder pakistanischstämmig), sind in den letzten Jahren auch viele Osteuropäer, vor allem Polen, zugezogen. Rund 60 % der Engländer sind Christen und in der anglikanischen Kirche oder einer der Freikirchen (z.B. Baptisten, Methodisten oder Presbyterianer) organisiert. Den zweitgrößten Anteil machen Konfessionslose aus (ca. 13 Millionen), gefolgt von Moslems (ca. 3 Millionen) und Hindus (ca. 1 Millionen).

Politik:

England ist seit jeher eine Monarchie. Neben dem Königshaus, das heute nur mehr repräsentative Zwecke erfüllt, wird es von der Regierung Großbritanniens geleitet, als einziger Landesteil ist es ohne eigenes Regionalparlament. Die englische Fahne zeigt das rote St.-Georgs-Kreuz auf weißem Grund, andere öfters auftauchende Symbole sind das „Three Lions"-Wappen Richard Löwenherz' und die Rose aus Tudorzeiten. Mit „God Save The Queen" sind die englische und britische Nationalhymne identisch.

Städte:
Städte werden in England meist in Verbindung mit ihren Metropolregionen, also dem Einzugsgebiet, erfasst. Geht man rein nach der Größe der Städte selbst, sind die „Top Ten" im Norden Englands: Birmingham (1.141.000 Einwohner), Liverpool (572.000), Manchester (549.000), Sheffield (542.000), Leeds (501.000), Leicester (464.000), Coventry (363.000), Bradford (360.000), Nottingham (308.000) und Kingston-upon-Hull (288.000).

Wirtschaft:
England macht, allein aufgrund seiner Bevölkerungsübermacht und der Region London, den größten Teil der britischen Wirtschaft aus. Es galt und gilt immer noch als eine der wirtschaftlich stärksten Regionen Europas und gehört in den Bereichen „Chemie", „Technik", „Rüstung", „Software" und „Bankenwesen" zu den weltweit führenden Nationen. Ob und wenn inwieweit sich das nach dem 2016 beschlossenen, aber aktuell noch bevorstehenden Brexit ändert, ist noch nicht absehbar.

Kultur:
Historisch gesehen ist die Kunst des Landes von Architektur, aber auch Malerei und bildender Kunst geprägt. Auch in der Lyrik/Dichtung gibt es große, prägende Namen wie Shakespeare, die heute aus keinem Kulturbetrieb mehr wegzudenken sind. In der Musik hat sich England vor allem im populärmusikalischen Bereich einen Namen gemacht. Die bekanntesten europäischen Bands/Künstler kommen fast immer von der Insel, allen voran Namen wie die Beatles, Queen, Pink Floyd, David Bowie oder Elton John.

Sport:
England ist das Mutterland des Fußballs. Noch immer gilt die Premier League als lukrativste der Welt. Doch auch andere Sportarten wie Kricket und Rugby sind äußerst populär. In Kneipen, Pubs und Bars spielt man gerne Snooker, Billard und Darts.

Ärztliche Versorgung und Medikamente

Sollten Sie wirklich einmal auf medizinische Hilfe angewiesen sein, so sind Sie in England in guten Händen. Der Ausbildungsstand der Ärzte ist dem heimischen gleichzusetzen, mit Deutsch werden Sie allerdings in der Regel nicht weiterkommen. Für kleinere Verletzungen etc. stehen vielerorts Ambulanzen und Ärztenotdienste zur Verfügung. Größere Krankenhäuser befinden sich in den Städten. Oft wird allerdings nur die Grundversorgung abgedeckt, was darüber hinausgeht, wird privat abgerechnet.

ACHTUNG: Da Großbritannien, und somit auch England, bis jetzt noch Mitglied der EU ist, gilt die europäische Versicherungskarte Ihrer Krankenkasse oder eine entsprechende Ersatzbescheinigung, die Ihnen Ihre Kasse ausstellt. Der kostenlose NHS (National Health Service) steht Ihnen, streng genommen, sogar schon nach Vorlage Ihres Personalausweises zur Verfügung, die Karte schadet im Zweifelsfall aber nicht. Nach dem Brexit soll eine längerfristige Übergangsphase gelten. Informieren Sie sich hierzu nach dem Vollzug des Brexits bitte im Vorfeld genauer!
In jedem Fall kann es, auch schon vorher, aufgrund von Abrechnungs- und Leistungsunterschieden vorkommen, dass Sie einen Teil der Kosten vorstrecken müssen. Dies gilt auch für alle Behandlungen und Extras (wie ein Zimmerupgrade im Krankenhaus oder einen Heimtransport), die nicht durch das britische System abgedeckt werden. Um am Ende nicht mit hohen, unkalkulierbaren Kosten konfrontiert zu werden, macht sich daher ein zusätzlicher Auslandskrankenschutz bezahlt. Viele Versicherer bieten so etwas für verhältnismäßig wenig Geld an, teils lässt sich so etwas auch über Ihre Kreditkartenfirma oder einen Schutzbrief Ihres Automobilklubs bzw. Ihren Autoversicherer abdecken (siehe Pannenhilfe).

Auch die flächendeckende Versorgung mit Apotheken ist unproblematisch. Große, beleuchtete Kreuze kündigen diese meist gut sichtbar an. Einige Medikamente haben allerdings abweichende Namen und auch in der Apotheke gilt, dass Sie englische Sprachkenntnisse benötigen werden. Im Zweifelsfall schadet es also nicht, wenn Sie wichtige Medikamente, auf die Sie angewiesen sind, als Vorrat mitführen.

Ausrüstung

Was Sie so einpacken, hängt natürlich stark von Ihren Interessen und der Jahreszeit ab. Für die gängigen Reisemonate sollten Sie aber für Ihr Wohnmobil Außentisch und -stühle dabeihaben, eine Markise oder ein Tarp sind ebenfalls zu empfehlen. Ansonsten gilt, dass es, sowohl an der Küste als auch im Inland, selbst im Hochsommer recht frisch und windig werden kann. Auch schnelle Wetterwechsel von Sonne zu Regen und wieder zurück zu Sonne sind keine Seltenheit und legen die Mitnahme von Regencapes o.Ä. nahe. Wenn Sie gerne wandern, sollten Sie evtl. an Stöcke und unbedingt an geeignetes Schuhwerk denken. Auch Ihre Badesachen dürfen nicht fehlen.

Baden

Großbritannien ist für uns nicht das klassische Reiseland, wenn man an einen Badeurlaub denkt. Zu Unrecht. Vor allem im Süden des Landes und in Wales gibt es wunderschöne, mal liebliche, mal schroffe und wilde Sandbuchten. Doch auch an der nordenglischen Ost- wie Westküste gibt es einige wunderschöne Strandabschnitte, die zum Verweilen einladen. Falls Sie im Besitz von Bodyboard und Neoprenanzug sind: Packen Sie beides ein! Aufgrund der stets recht niedrigen Wassertemperaturen und oftmals bewegten See sind Sie damit genau richtig.

Beachten Sie unbedingt die Warnflaggen an den überwachten Stränden:
Rot: Gefahr, Badeverbot.
Rot/Gelb: starker Seegang, Baden nur zwischen den Markierungen unter Aufsicht von Lifeguards.
Schwarz/Weiß: Dieser Bereich ist für Surfer reserviert, dort nicht baden.
Oranger Windsack: Bei diesem Zeichen wehen starke Winde von der Küste weg. Es dürfen keine aufblasbaren Boote etc. ins Wasser eingesetzt werden.

Für FKK-Fans gibt es in England nicht allzu viele Strandabschnitte, in denen man offiziell die Hüllen fallen lassen kann. Andererseits gibt es den Tatbestand der Erregung öffentlichen Ärgernisses für bloße Nacktheit am Strand so nicht wie bei uns und wer unbedingt möchte, kann sich somit ein ruhiges, abgelegenes Plätzchen suchen. „Topless" ist an den frequentierteren Stränden somit natürlich auch nicht verboten, aber eher eine Seltenheit.

Einkaufen

Das Warenangebot in England steht dem heimischen in nichts nach, meist ist die Auswahl sogar größer und die Qualität sogar oft besser. In den Dörfern gibt es nur kleine, eher teure Märkte (oft Spar oder Co-Operative). Die riesigen Supermärkte an den Ausfallstraßen der Städte dagegen bieten ein sehr breites Sortiment und liegen preislich auf gehobenem heimatlichen Niveau. Unserer Erfahrung nach nehmen sich Sainsbury, Morrison, Asda, Waitrose und Tesco preislich nicht viel.
Wenn Sie mehr auf bekannte Produkte setzen oder die Urlaubskasse nicht überstrapazieren möchten, finden Sie flächendeckend auch eine große Anzahl an Aldi- und Lidl-Filialen, die neben britischen Produkten auch viel Heimisches führen. Günstiger können Sie Grundeinkäufe in keinem anderen Markt tätigen. Eine Filialübersicht erhalten Sie unter www.aldi.co.uk und www.lidl.co.uk, jeweils unter „Stores" bzw. „Store Finder".
In größeren Städten gibt es oftmals Markthallen, die Sie unbedingt besuchen sollten. Viele einheimische Spezialitäten wie fleischhaltige oder vegetarische Pies erhalten Sie dort besonders gut, genauso wie frisches Obst und Gemüse, süße Küchlein, Fleisch-, Käse- und Fischwaren.
Zu den süßen Spezialitäten zählen allen voran Scones. Die in verschiedenen Varianten erhältlichen Gebäckstücke werden meist mit Clotted Cream und Erdbeermarmelade serviert; es gibt auch andere, darunter herzhafte Varianten mit Käse und Zwiebel-Chutney. Achtung: Suchtgefahr!

Ein- und Ausreise

ACHTUNG: *Die hier gemachten Angaben beziehen sich auf den aktuellen Stand (12/18) und können nach dem vollzogenen Brexit anders sein. Sobald fundierte, feste neue Regelungen bekannt sind, werden wir diese unter den Korrekturen im Womo-Forum (siehe Seite 324) veröffentlichen.*
Um mit dem Wohnmobil auf die Britischen Inseln zu gelangen, müssen Sie eine Fähre oder den Eurotunnel nehmen. Die Passkontrollen finden schon bei der Einfahrt ins Hafengelände statt, denn Großbritannien ist nie dem Schengenabkommen beigetreten. Für EU-Bürger und Schweizer reicht aktuell bei einem Urlaubsaufenthalt ein Personalausweis bzw. Reisepass mit mindestens 90 Tagen Gültigkeit. Auch Kinder benötigen eigene Dokumente, schon seit 2012 ist ein Eintrag in den Ausweis der Eltern nicht mehr gültig. Möglicherweise will man einen kurzen Blick ins Innere Ihres Womos werfen. Sofern Sie keine Schmuggelware, Waffen oder illegale Mitfahrer an Bord haben, werden Sie die Formalitäten aber schnell erledigt haben.
Für Ihr Fahrzeug müssen Sie neben dem Kfz-Schein noch eine grüne Versicherungskarte mitführen und als Fahrer natürlich einen Führerschein vorweisen können.
Spezielle Zollbestimmungen bestehen aktuell innerhalb der EU nur für Kunstgegenstände und Antiquitäten sowie größere Mengen an Zigaretten (mehr als 800 Stück) und Alkohol. Zur Weiterreise in die Schweiz gibt es möglicherweise gesonderte Regelungen.
Es bestehen keine speziellen Impfvorschriften.

Elektrizität

Die Stromstärke/-spannung beträgt 230 V/50 Hz. Damit kommen die meisten Geräte gut klar. Allerdings werden andere Steckdosen verwendet. UK-Adapter erhalten Sie problemlos in Elektrofachgeschäften, auf den Fähren und auch im Land selbst. Allzu oft werden Sie diese als Womo-Urlauber am Ende aber nicht brauchen. Die meisten Campingplätze sind mit den auch bei uns üblichen CEE-Stromanschlüssen ausgerüstet.

Essen und Trinken in Pubs und Restaurants

Essen gehen ist allerorts möglich, allerdings oftmals zu höheren Preisen als daheim. Realtiv günstig kommen Sie in einem der vielen schönen Pubs weg. Denn zu Local Ales, Bitter, Lagerbieren oder Cider werden oft allerlei Speisen feilgeboten. Die Namen der Biere stehen immer auf dem Zapfhahn. Auch Komplettangebote für ein Pint plus „Dish of the Day (Tagesgericht)"- oder „Two for One (zwei für eins)"-Angebote finden sich regelmäßig. Entgegen der verbreiteten Meinung, dass nur Erwachsene in Pubs dürfen, ist das heute kaum noch der Fall. Es gibt eine sehr große Zahl an Family-Pubs, in denen Sie mit Kind und Kegel einkehren können. Teils im ganzen Pub, teils in speziellen Familienräumen oder zumindest vor einer gewissen Uhrzeit. Rauchverbot gilt übrigens überall in geschlossenen Räumen.
Am günstigsten essen Sie in einem der vielen „Fish & Chips"- und Fast-Food-Lokale und -Buden, qualitativ darf man dann aber nichts kulinarisch Herausragendes erwarten, solides Essen aber schon. Grundsätzlich gilt, dass die Qualität des britischen Essens viel besser und vielfältiger ist als ihr Ruf. In den Tourentexten finden Sie immer wieder Gastrotipps. Diese sind mit kleinen Sternen versehen, die das Preisniveau kennzeichnen:

1 Stern: viele Gerichte unter 10 £.
2 Sterne: Mehrzahl der Hauptspeisen zwischen 10 und 20 £.
3 Sterne: Preise für Hauptgerichte meist über 20 £.
Empfehlenswerte Fast Food Restaurants, Cafés und Tearooms sind ohne Sterne vermerkt.

Pubs und Restaurants/Hotels, die auch Übernachtungen auf ihren großen Parkplätzen anbieten/dulden, haben wir ebenfalls in die Tourentexte aufgenommen.

Was Sie auf Ihrer Reise einmal versuchen sollten:

- Wenn Sie ein English Breakfast ordern erhalten Sie gebratenen Speck, Eier, gebackene Bohnen in Tomatensauce, meist mit Käse überbackene Tomaten und Toast mit Butter
- Als Zwischenmahlzeit auf die Hand sind Fish`n`Chips äußerst beliebt (meist Kabeljau oder Schellfisch in Backteig mit dicken Pommes Frites), dazu wird gern eine sämige braune Soße (gravy) und Erbsenpüree gereicht
- Eine weitere beliebte Zwischenmahlzeit sind Pies. Es gibt Sie klassisch mit fleischhaltigen Füllungen. Doch auch Varianten mit Geflügel, Fisch oder vegetarisch sind nicht unüblich.
- Äußerst erfolgreich sind in England auch indische Gerichte. Neben vielen Restaurants werden Speisen wie das allseits beliebte Chicken Tikka Masala auch als Fast Food angeboten.
- Nehmen Sie sich einmal die Zeit für einen englischen Cream Tea am Nachmittag. In der kleinsten Variante erhalten Sie zu Ihrem Tee oder Kaffee dann Scones mit Clotted Cream/Butter und Marmelade, in der besseren Variante eine Etagere samt kleinen Kuchenstücken und Fingersandwiches. Beim High Tea dürfen es dann auch Lachs und Kaviar sein... Der Zusatz „sparkeling" deutet auf ein zusätzliches Glas Prosecco hin.
- Der englische Klassiker Sunday Roast wird in vielen Pubs inzwischen auch an anderen Tagen angeboten: zum Braten (traditionell Roastbeef, oft aber auch Schwein, Pute oder manchmal Lamm) werden Yorkshire Puddings (ausgebackene Teigtassen), verschiedene Gemüse, Soßen und Kartoffelvarianten gereicht.

Feiertage

Die gesetzlichen Feiertage in England sind:

- New Years Day (Neujahr, 01.01. oder darauffolgender Werktag)
- Good Friday (Karfreitag, wechselnde Daten des Kirchenkalenders)
- Easter Monday (Ostermontag, wechselnde Daten des Kirchenkalenders)
- Early May Bank Holiday (1. Montag im Mai)
- Spring Bank Holiday (letzter Montag im Mai)
- August Bank Holiday (letzter Montag im August)
- Christmas Day (1. Weihnachtsfeiertag, 25.12. oder darauffolgender Dienstag)
- Boxing Day (2. Weihnachtsfeiertag, 26.12. oder darauffolgender Montag)

Zu beachten sind auch noch die Ferientermine, während denen viele Briten im Land unterwegs sind und es in Restaurants, auf Campingplätzen und an Stränden ein ganzes Stück voller wird. Sie sind ähnlich den deutschen Ferien mit wechselnden Daten angelegt, die Sommerferien dauern von Mitte/Ende Juli bis Anfang September. Vor allem um die drei Bank Holiday Termine ist gefühlt das ganze Land auf den Beinen.

Flora und Fauna

Auf die Natur ist man heute in England sehr stolz und tut viel dafür, sie zu bewahren oder ehemalige Industrieflächen zu renaturieren. Wälder, Wiesen und Moore prägen das ländliche Bild. Es finden sich überall kleine und größere Schutzgebiete, die Nature Reserves, die meist mit angelegten Wegen aufwarten und oftmals frei zugänglich sind.
Eine andere britische Spezialität sind die vielen Gärten und Parks, die, meist gegen Eintritt, auf-

wendig gestaltet werden und Pflanzen aus aller Herren Länder zeigen.
Die Tierwelt ist dagegen recht artenarm, vor allem wenn es um Säugetiere geht: Dachs, Otter, Igel und Maus, viel mehr wird Ihnen nicht unterkommen. Dafür beherbergen die Küsten aber eine große Zahl an Seevögeln, die in entsprechenden Schutzzonen gehegt und gepflegt werden, z.B. Papageientaucher, Tölpel oder Kormorane. Auch im Landesinneren ist das Birdwatching ein beliebtes Hobby. Dabei beobachtet man mit etwas Glück z.B. Reiher, Eisvögel oder Rohrdommeln.

Gas

Wenn Sie zwei gefüllte 11-kg-Gasflaschen im Wagen dabeihaben, werden Sie kaum in die Verlegenheit kommen, unterwegs Gas zu benötigen.
Da deutsche Flaschen ansonsten nicht vor Ort befüllt werden, müssen Sie notfalls auf einen Kunstgriff ausweichen: Die Fa. Calorgas verkauft 6-kg- und 13-kg-Flaschen samt Adapter, die damit an das deutsche System angepasst sind. Eine Händlerübersicht finden Sie unter www.calor.co.uk – ein Vorabanruf schadet aber nicht, Adapter sind nicht immer und überall verfügbar. Sie sind allerdings schon vorab im Campingfachhandel erhältlich.
Wenn Sie mit einem fest eingebauten Tank oder einer Tankflasche ausgestattet sind, haben Sie keinerlei Problem, sie lassen sich an Autogas-Tankstellen befüllen, ein Adapter ist aber auch dann nötig! Eine Übersicht finden Sie z.B. auf www.boostlpg.co.uk.

Geld und Preisniveau

Großbritannien ist nie der Eurozone beigetreten und da der Brexit vor der Tür steht, wird es wohl auch auf absehbare Zeit im gesamten britischen Raum beim britischen Pfund (auch Pound Sterling) bleiben. Es unterteilt sich in 100 Cent. Der Umrechnungskurs zum Euro war in den letzten Monaten recht wechselhaft, zuletzt mit fallender Tendenz.
Für 1 € erhalten Sie rund 0,90 £ (Stand: 12/18).
Die Münzen unterteilen sich in 1-, 2-, 5-, 10-, 20-, 50-Pence- und 1-, 2-Pfund-Münzen sowie 5-, 10-, 20-, 50-Pfund-Scheine.
Ein kleiner Vorrat an 50-Pence- und 1-Pfund-Münzen empfiehlt sich für Parkautomaten etc., die an praktisch allen Parkplätzen obligatorisch sind.
Geld umzutauschen, ist nicht ganz so einfach, wie man meinen mag.
Daheim oder auf der Fähre macht es wenig Sinn, da Sie oft einen deutlich schlechteren Kurs erhalten werden. In Banken vor Ort werden meist keine Euro-Noten über 100 € pro Tag getauscht, außer Sie haben ein englisches Konto beim jeweiligen Institut, was bei den wenigsten der Fall sein dürfte (deutsche Konten einer englischen Bank wie z.B. Barclays zählen nicht).
Für den Bargeldtausch bleiben somit nur private Wechselstuben und Reiseagenturen wie Thomas Cook, bei denen der Kurs auch nicht gerade toll ist.

Am besten fahren Sie daher mit Maestro oder den anderen gängigen Kreditkarten, die an praktisch allen Bankautomaten akzeptiert werden. Beachten Sie aber, dass das Tageslimit pro Karte bei manchen Banken unter 500 € pro Tag liegt, was z.B. bei Autoreparaturen etc. ins Gewicht fallen kann.

Das allgemeine Preisniveau unterscheidet sich nicht exorbitant, liegt aber etwas über dem deutschen. Teurer ist leider auch der Sprit. So müssen Sie aktuell pro Liter Diesel mit etwa 1,50 € rechnen (Deutschland rund 1,40 €, Stand: 12/2018). Lebensmittelpreise wurden bereits unter „Einkaufen" erörtert. Ein Restaurantbesuch schlägt meist mit mindestens 20 € pro Person zu Buche, im Pub kommen Sie etwas günstiger weg: Für ein Pint Bier müssen Sie mit 3 – 6 € rechnen. Campingplätze kosten, je nach Ausstattung und Lage ganz unterschiedlich zwischen 10 – 50 €/Nacht.

Sollte Ihnen Ihre Kredit-/Bankkarte abhandenkommen oder gar gestohlen werden, sollten Sie diese schnellstmöglich sperren lassen.
Dafür gibt es in Deutschland eine zentrale Sperrrufnummer, an der aber leider nicht alle Geldinstitute partizipieren. Für Österreich und die Schweiz gibt es verschiedene Nummern.
Informieren Sie sich daher unbedingt vor Reiseantritt bei Ihrem Kreditinstitut darüber und notieren Sie sich die Rufnummern am besten mehrfach.

Zentrale Sperrrufnummer für Deutschland (viele Bankkarten und Kreditkarten):
+49 116 116 oder +49 30 4050 4050

Zentrale Sperrrufnummer für Mastercard allgemein:
+1 636 72 27 111 (R-Gespräch)

Zentrale Sperrrufnummer für Visa allgemein:
+1 410 581 99 94 (R-Gespräch)

Zentrale Sperrrufnummer für American Express:
+49 69 97 97 20 00 (D und A), +41 44 65 96 333 (CH)

Zentrale Sperrrufnummer für Diner Club:
+49 7531 36 33 111 (D), +43 1 50 13 50 (A), +41 58 75 08 080 (CH)

Geschichte

Die gleichermaßen bewegte wie interessante Geschichte Englands in nur wenigen Sätzen zu erfassen, ist beinahe ein Ding der Unmöglichkeit und somit ist hier nur Platz für einen kurzen und oberflächlichen Abriss der wichtigsten Ereignisse.

Die Insel entstand etwa 8500 Jahre v.Chr. durch Ansteigen des Meeresspiegels nach der letzten Eiszeit. Woher die ersten Siedler stammten, ist unbekannt, sie betrieben aber schon während der Jungsteinzeit Ackerbau und Viehzucht. Als Kelten bildeten sie später eine erste Hochkultur, in der Megalithanlagen und Wallfestungen errichtet wurden.

Ab 55 v.Chr. gelangten die Römer nach Britannien. Sie besetzten die Insel und nahmen das heutige England vollständig ein. Ihre Herrschaft dauerte bis ca. ins Jahr 410, als sie sich, ständiger Angriffe von innen wie außen müde, zurückzogen, um ihre zentraleuropäischen Kerngebiete besser schützen zu können. Danach zog das als Dark Age bekannte „dunkle Zeitalter" herauf aus dem es so gut wie keine schriftlichen Aufzeichnungen gibt. Im Machtvakuum dieser Zeit rangen einheimische Stämme, zersplitterte Königreiche und fremde Mächte um die Vorherrschaft. Schließlich setzten sich die zu Hilfe gegen den schottischen Stamm der Pikten gerufenen Sachsen, Angeln und Jüten durch. Mit ihnen zog auch der christliche Glaube ein. Bis zum 10. Jahrhundert war die Missionierung des Landes weitgehend abgeschlossen. Gleichzeitig fielen regelmäßig Wikinger in Ostengland ein und nahmen dabei ganze Landstriche und Dörfer ein, die sie lange Jahre verteidigten und unter ihrer Kontrolle behielten. Besiegen ließen sie sich nur nach Einigung der vielen Kleinreiche, was schließlich unter den Königen Aethelstan und Aethelred gelang. Eine Zeit lang gab es sogar ein englisch-dänisches Königreich, dem auch weite Teile Skandinaviens angehörten.

Eine große Zeitenwende folgte im Jahr 1066. Wilhelm der Eroberer landete mit seinen Normannen im Süden und besiegte in der Schlacht von Hastings das Heer der Angeln und Sachsen unter König Harold. Er führte eine neue Lehnsordnung, Regierungssystem und die Erfassung aller Steuern, Ländereien und Besitztümer im Doomsday-Buch ein.

Durch Verbindungen mit dem französischen Haus Plantagenet entstand unter Heinrich II. ein Reich, das bis nach Frankreich und Spanien reichte. Doch ständige Streitereien um Land und Einfluss führten bald zu Zerwürfnissen und einer ersten schweren Krise mit der Kirche in Rom. In diese Zeit fallen die Ermordung des Kanzlers Thomas Becket auf Geheiß des Königs und die Zeit Richard Löwenherz.

Der Ackerbau wurde vorangetrieben und bis ins 14. Jahrhundert verdreifachte sich die Bevölkerung auf rund 6 Millionen Menschen. Auch die geistige Entwicklung sollte Schritt halten. Die Universitäten von Oxford und Cambridge entstanden.

Im Streit um das bis dato englische Gebiet Gascogne auf französischem Boden und die französische Unterstützung der Schotten kam es zu fortwährenden militärischen Auseinandersetzungen, die im Hundertjährigen Krieg mündeten. Viele Errungenschaften und Wohlstand wurden dafür geopfert. Dazu kam die Pest, die vor allem 1348 und 1361 wütete und die Bevölkerung um beinahe die Hälfte dezimierte.

Kaum waren diese Krisen ausgestanden, folgten mit den Rosenkriegen zwischen den Adelshäusern York und Lancaster die nächsten Schlachten, diesmal um die Thronfolge. Zunächst setzte sich mit Eduard IV. das Haus York durch, doch nur 25 Jahre später gelang es dem letzten Erben der Lancasters, Heinrich Tudor VII., nach erbitterten Kämpfen, die Krone zu erringen.

Sein Enkel, Heinrich VIII., war die nächste schillernde Figur auf dem Thron. Unter ihm kam es zum endgültigen Bruch mit Rom, woraufhin alle Klöster des Landes aufgelöst wurden. Grund dafür war nicht zuletzt sein unsteter Lebenswandel, für dessen Legitimation durch Scheidung und Verheiratung nach eigenem Gutdünken der Vatikan nicht seinen Segen geben wollte. Nach der gescheiterten Rekatholisierung des Landes unter seiner Nachfolgerin Maria I. bestieg Elisabeth I. den Thron und sollte ganze 45 Jahre an der Macht bleiben. Ihr folgte mit Jakob, dem Sohn der 1589 enthaupteten Maria Stuart, ein Schotte nach, der das Haus Stuart auf den englischen Thron brachte. Während seiner Herrschaft und der seines Sohnes flammte der Parlamentarismus und die Auflehnung gegen das absolutistische Herrschaftsdenken des Adels immer mehr auf. Sie gipfelten in der Hinrichtung Karls I. und der vorübergehenden Machtergreifung des Parlaments als Commonwealth unter Oliver Cromwell. Nach dessen Tod besann man sich nur 11 Jahre später anders und setzte die Monarchie unter Karl II. wieder in Kraft. Als auch er starb, drohte unter dessen katholischem Bruder Jakob II. ein erneuter Glaubenskrieg. Am Ende flüchtete er jedoch kampflos nach Frankreich und überließ seinem Schwiegersohn Wilhelm von Oranien den Thron. Dieser bestieg ihn unter Zugeständnissen an das parallel existierende Parlament, der Bill of Rights. Dadurch wurde die moderne, parlamentarische Monarchie gegründet, die bis heute zur Trennung von (parlamentarischem) Amt und (königlichen) Würden geführt hat.

1707 erfolgte durch den Act of Union die endgültige Zusammenführung der britischen Reiche England, Schottland und Wales zu Großbritannien. Trotz weiterer schottischer Aufstände, den internationalen Auswirkungen der Erbfolgekriege und mehrerer Epidemien begannen für die Britischen Inseln im langfristigen Kontext nun ruhigere Jahre. Auch der nicht zuletzt auf die Ausbeutung der erworbenen Kolonien zurückzuführende Wohlstandsschub trug dazu einiges bei. Ein großer Dämpfer war dann die Unabhängigkeit der Vereinigten Staaten 1783 und der in Folge damit einhergehende Einflussverlust, auch in anderen Gebieten. Die Umstürze in der kontinentaleuropäischen Monarchie und die Französische Revolution trugen ihr Übriges bei und eine Wirtschaftskrise weitete sich immer mehr aus. Erst die Beilegung religiöser Auseinandersetzungen, vor allem in

Irland, und dessen Eingliederung ins Königreich sowie die Abwanderung der von der Leibeigenschaft befreiten Landbevölkerung in die Städte führte dann im frühen 19. Jahrhundert zu einem Aufschwung, der industriellen Revolution. Führend war dabei die Textilindustrie. Auch Napoleon konnte, nachdem er bei Trafalgar geschlagen worden war, keinen dauerhaften Einfluss nehmen. Das goldene, viktorianische Zeitalter begann. Es war zumindest innenpolitisch stabil. Im Außen dagegen verlor Großbritannien seine Macht und Gebiete in Zentralasien, nachdem es mehrfach vernichtend geschlagen wurde. Man versuchte dies später durch die „Aufteilung" Afrikas zu kompensieren.
Im 20. Jahrhundert folgten weitere Kriege, in die das Königreich involviert war. Der Erste Weltkrieg auf Seiten der Alliierten verlief trotz großer Verluste am Ende erfolgreich, der irische Unabhängigkeitskrieg dagegen führte 1921 zum Verlust eines Großteils von Irland. Als am 3. September 1939 das Deutsche Reich in Polen einmarschierte, erklärte Großbritannien den Nazis den Krieg und trat somit in den Zweiten Weltkrieg ein. Die große Zeit Winston Churchills begann. Durch die Landung in der Normandie setzte er gemeinsam mit den USA die Zeichen auf Sieg für Großbritannien, nachdem es zwischenzeitlich beinahe isoliert in Europa stand.
In den Nachkriegsjahren ging es mit der Wirtschaft zunächst wieder steil bergauf, es herrschte vorübergehend nahezu Vollbeschäftigung. 1952 wurde Elisabeth II. zur Königin gekrönt, ein Titel, den die inzwischen über 90-Jährige bis heute innehat. Mit ihrem Enkel William und dessen Familie stehen die Thronfolger aber schon in den Startlöchern. Es folgten erneute Krisen und ökonomische Hochs, die Ära Thatcher und die Regierungen Blair und Cameron. Unter Letzterem wurde ein Ausstiegsreferendum aus der Europäischen Union abgehalten, bei dem die Briten mehrheitlich für „Leave" votierten. Wie es mit dem Land nach dem Brexit und unter der noch amtierenden Premierministerin Theresa May weitergeht, bleibt aktuell abzuwarten.

Haustiere

ACHTUNG: *diese Informationen beziehen sich auf den aktuellen Stand (12/18) zu dem Großbritannien noch Mitglied der EU ist. Bitte informieren Sie sich vor Antritt ihrer Reise über mögliche Abweichungen.*
Lange Zeit war eine Mitnahme von Haustieren nach Großbritannien strikten Quarantänebestimmungen unterworfen. Erst 2000 wurden diese gelockert, im Jahr 2012 denen anderer EU-Länder noch weiter angepasst. In den folgenden Ausführungen beziehen wir uns auf Hunde; wenn Sie andere Tiere mitnehmen möchten, informieren Sie sich bitte bei Ihrem Tierarzt.
Ihr Hund benötigt einen Mikrochip oder eine Tätowierung (wenn sie vor dem 03.07.2011 erfolgte), eine Tollwutimpfung (mindestens 21 Tage vor Reiseantritt), einen Heimtierausweis vom Tierarzt und eine Bandwurmbehandlung (1–5 Tage vor Einreise mit Eintragung in die Reisepapiere). Maximal dürfen 4 Hunde mitgeführt werden, nicht erlaubt ist die Einreise mit Kampfhunden der Rassen Pitbull, (Japanese) Tosa, Dogo Argentino und Fila Brasileiro. Auf den meisten Campingplätzen sind Hunde erlaubt.

Kinder

England ist ein tolles Reiseland für Kinder. Ideal unserer Erfahrung nach ab etwa 4–5 Jahren. Für kleinere ist das Wasser dann doch oft zu kalt und die Wellen teils zu rau. Die etwas größeren werden aber mit Neoprenanzug und Bodyboard ihren Spaß haben. Auch die vielen Herrenhäuser und Burgen, die fast überall mit eigenen Kinderaktivitäten von der speziellen Führung über Kostüme zum Verkleiden bis hin zu Erlebnisrallyes auf eigene Faust aufwarten, stehen bei den Kids hoch im Kurs. Dazu kommen überall Freizeit- und Vergnügungsparks, Tier- und Naturerlebnisse in den weiten Landschaften, Zoos und viele bunte Gärten zum Versteckenspielen und Herumtoben.

Kleidung

Zu empfehlen ist für England vor allem die Zwiebeltechnik: mehrere Schichten, die sich nach Bedarf kombinieren und ausziehen lassen. So kann es an Sommertagen schon einmal richtig warm werden und nur zwei Stunden später nach einem kurzen, aber intensiven Schauer merklich abkühlen. Zum Glück bietet das Wohnmobil ausreichend Stauraum für kurze und lange Hemden, Pullis, Hosen, Röcke, Jacken und verschiedenes Schuhwerk. Brauchen können Sie bei einer Reise von beispielsweise 10 oder mehr Tagen sicher alles.

Konsularische Hilfe und Notrufnummern

Wir drücken Ihnen die Daumen, dass Sie keine der hier aufgeführten Nummern benötigen, denn in jedem Fall wäre das wohl mit einem mehr oder minder unerfreulichen Anlass verbunden ... Nichtsdestotrotz ist im Notfall jede dieser Nummern Gold wert.
Egal ob Sie Ihren Reisepass oder andere wichtige Dokumente verloren haben, bestohlen wurden oder, aus welchen Gründen auch immer, festsitzen, hier wird Ihnen geholfen:

Deutsche Botschaft und Konsulate:

Deutsche Botschaft London:
Embassy of the Federal Republic of Germany
Dr. Peter Wittig

23 Belgrave Square / Chesham Place, London SW1X 8PZ
Telefon: +44 20 78 24 13 00, Fax +44 20 78 24 14 49
E-Mail: info@london.diplo.de, Internet: www.uk.diplo.de
Termine Mo – Fr nach Vereinbarung

Deutsches Generalkonsulat Edinburgh:
Zuständig für die englischen Regionen Cumbria, Darlington, Durham, Hartlepool, Middelsborough, Northumberland, Redcar, Cleveland, Stockton on Tees, Tyne and Wear, Teile North Yorkshires
Jens Peter Voß
16 Eglington Crescent, Edinburgh EH12 5DG
Telefon: +44 131 337 23 23
E-Mail: info@edinburgh.diplo.de, Internet: www.uk.diplo.de
Termine nach Vereinbarung

Deutsches Honorarkonsulat Newcastle-upon-Tyne:
Zuständig für die Region Newcastle und Teile North Yorkshires
Manuela Wendler
Consular Offices
Newcastle Civic Centre, Newcastle-upon-Tyne, NE1 8PS
Telefon: +44 79 54 03 47 44
E-Mail: newcatle-upon-tyne@hk-diplo.de
Termine nach Vereinbarung

Deutsches Honorarkonsulat Leeds:
Zuständig für die Regionen York, Bradford, Leeds, Calderdale, Kirklees, Wakefield, Doncaster, Barnsley, Sheffield, Rotherham, Manchester, Selby, West- und South Yorkshire
Gateley PLC, Minerva
29 East Parade, Leeds, LS1 5PS
Telefon: +44 113 204 11 73
E-Mail: leeds@hk-diplo.de
Termine nach Vereinbarung

Deutsches Honorarkonsulat Barrow-upon-Humber:
Zuständig für Lincolnshire und Umgebung
Sascha Hans Kripgans
Wood Lea
Westoby Lane, Barrow-upon-Humber, DN19 7DI
Telefon: +44 14 69 53 13 88
E-Mail: barrow_upon_humber@hk-diplo.de
Termine nach Vereinbarung

Deutsches Honorarkonsulat Coventry:
Zuständig für die Metropolregionen Birmingham und Coventry, West Midlands
Kirin Kalsi
c/o E.ON UL plc, Westwood Business Park
Westwood Way, Coventry, CV4 8LG
Telefon: +44 24 76 19 30 00
E-Mail: coventry@hk-diplo.de
Termine nach Vereinbarung

Deutsches Honorarkonsulat Bristol:
Zuständig für Avon, Gloucestershire, Somerset
Timothy Marl Illston
Burges Salmon LLP
One Glass Wharf, Bristol, BS2 0ZX
Telefon: +44 11 79 39 22 84
E-Mail: coventry@hk-diplo.de
Termine nach Vereinbarung

Deutsches Honorarkonsulat Liverpool:
Zuständig für Cheshire, Conwy, Denbigshire, Flintshire, Gwyneed, Isle of Man, Isle of Anglesey und Wrexham, Halton, Knowsley, Liverpool, Sefton, St. Helens Warrington, Wirral
Dr. med. Ulrich Pfeiffer
5th Floor, Hanover House
Hanover Street, Liverpool, L1 3DZ
Telefon: +44 77 57 37 26 41
E-Mail: liverpool@hk-diplo.de
Termine nach Vereinbarung

Österreichische Botschaft:

Österreichische Botschaft London:
Zuständig für Gesamtengland und Wales
Embassy of Austria
Michael Zimmermann
18 Belgrave Mews West, London SW1X 8HU
Telefon: +44 20 73 44 32 50, Fax: +44 20 73 44 02 92
E-Mail: london-ob@bmeia.gv.at, Internet: www.aussenministerium.at/london
Parteienverkehr: Mo–Fr 9.00–12.00 Uhr
Notfallrufnummer: Mo–Fr 17.00–9.00 Uhr und WE/FT: +44 790 615 99 31

Österreichisches Honorarkonsulat Birmingham:
Zuständig für Derbyshire, Hrerford und Worcester, Leicestershie, Nottinghamshire, Shropshire, Staffordshire, Warwickshire und West Midlands
Grete Neumeister
5, Barlows Road, Edgbaston, Birmingham, B15 2PN
Telefon: +44 121 45 41 197
E-Mail: aneum@talk21.com
Termine nach Vereinbarung

Österreichisches Honorarkonsulat Manchester:
Zuständig für North West England, Yorkshire und Humber
Harald Löffler
3, hardman Street, Manchester, M3 3HF
Telefon: +44 161 934 30 26
E-Mail: konsulatmanchester@dacbeachcroft.com
Termine nach Vereinbarung

Schweizer Botschaft und Konsulat:

Schweizerische Botschaft London:
Zuständig für Gesamtengland und Wales
Embassy of Switzerland
16 – 18 Montagu Place, London W1H 2BQ
Telefon: +44 20 76 16 60 00, Fax: +44 20 77 24 70 01
E-Mail: lon.vertretung@eda.admin.ch, Internet: www.eda.admin.ch/london
Parteienverkehr: Mo–Fr 9.00–12.00 Uhr

Generalkonsulat Manchester:
c/o Land Law LLP
10 – 14 Market Street, Altrincham, WA14 1QB
Telefon: +44 749 051 51 23
E-Mail: manchester@honrep.ch
Termine nach Vereinbarung

Weitere wichtige Notrufnummern in England sind:
Polizei/Rettungsdienst/Feuerwehr: 999 und 112

Kartenmaterial, Navigation und Literatur

Um sich auch auf den vielen kleinen Nebenstraßen gut zurechtzufinden, empfiehlt sich eine gute Karte des Landes mit entsprechendem Maßstab. Wir haben uns viele angeschaut, konkurrenzlos ist für uns der Straßenatlas.

- **AA Big Road Atlas Britain im A3-Format**

Alle Übernachtungs- und Parkplätze, vor allem in Innenstädten bzw. wenn sie nicht offensichtlich durch die Tourenbeschreibungen zu finden sind, haben wir Ihnen mit exakten GPS-Daten angegeben, dazu auch eine ganze Reihe an Campingplätzen. Jedes moderne, einigermaßen brauchbare Navigationsgerät bietet dafür die Möglichkeit, eigene Koordinaten einzugeben.
Wählen Sie vorab unter „Optionen" die von uns gewählte Darstellungsvariante mit Grad, Minuten und Sekunden aus und geben Sie die jeweiligen Koordinaten händisch ein oder kaufen Sie sich die im Womo-Verlag erhältliche Zusatz-CD bzw. Datendownload mit allen GPS-Daten und folgen Sie der Installationsanleitung. Natürlich sollte Ihr Navigationsgerät über entsprechendes Kartenmaterial von Großbritannien verfügen, damit das alles klappt. Leider ist das nicht immer Standard. Für die bekanntesten Systeme wie z.B. Garmin, TomTom etc. sind solche Karten jedoch erhältlich, wenn nicht sogar schon vorinstalliert. In jedem Fall sollten Sie Ihre Karten vor Reiseantritt upgraden, um auf dem neuesten Stand zu sein.

Zusätzlich zu den Koordinaten haben wir, sofern ersichtlich oder benennbar, auch Straßennamen oder englische Postleitzahlen angegeben. Diese sind Wohnhaus/-block-bezogen und nicht wie bei uns für ganze Stadtteile/Ortschaften gültig.
Sie können ebenfalls in fast jedes Navi eingegeben werden und führen Sie zumindest nah ans Ziel heran.

Wir haben uns bemüht, Ihnen auch viele Informationen zu den Sehenswürdigkeiten entlang der Routen näherzubringen, die wir kurz bechreiben. Für noch tiefer gehende Informationen empfehlen wir Ihnen, je nach Interessenlage, spezielle, weiterführende Kunstreise- und Wanderführer, ganz nach Interessenlage.

Maße und Gewichte

Schon seit Längerem gilt, offiziell, das metrische System. Doch bis auf die Zapfsäulen an den Tankstellen hat es sich bislang im realen Leben kaum durchgesetzt. Noch immer wird im Pub ein Pint bestellt, Höhenangaben (Vorsicht, auch bei Unterführungen!) werden in Fuß berechnet, Entfernungen in Meilen und Gewichte manchmal in Stone. Hier eine kurze Umrechnungshilfe:

Längenmaße:
1 Inch (in) = 2,54 cm 1 Foot (ft) = 30,5 cm 1 Yard (yd) = 0,91 cm 1 Mile (m) = 1,61 km

Gewicht:
1 Ounce (oz) = 28,35 g 1 Pound (lb) = 0,45 kg 1 Stone (st) = 6,35 kg

Andere Maße:
1 Acre (ac) = 4047 m² 1 Pint (pt) = 0,57 l

Mobilfunk, Internet, Telefonie

Mit Ihrem heimischen Handy samt Providerkarte oder einem Surfstick kommen Sie auch in England weiter. Informieren Sie sich aber vorher über die aktuellen Tarife. Zwar gehören horrende Roaming-Gebühren der Vergangenheit an, dennoch gibt es Preisschwankungen und Sie fahren mit einem speziellen Urlaubstarif womöglich besser, ganz nach Nutzungsdauer bzw. benötigtem Datenvolumen. Auch Prepaid Guthaben eines englischen Anbieters kann in Mobilfunkstores erworben werden. Öffentliche Fernsprecher findet man, wie daheim, nur mehr vereinzelt. Die typisch britische rote Telefonzelle wird auch dort, wo sie nicht ersatzlos gestrichen wird, nach und nach durch moderne, farblich neutraler gehaltene Apparate ersetzt. Sie sind für den Gebrauch von Telefonkarten und/oder Münzbetrieb (20 p–1 £) gemacht. Einige Campingplätze und Pubs bieten WLAN; auch in den Filialen von McDonald's, Starbucks etc. und einigen Supermärkten sowie manchen Innenstädten haben Sie Zugang zu freiem Internet.

Öffnungszeiten

Öffnungszeiten lassen sich nicht grundsätzlich verallgemeinern, in etwa kann Ihnen diese Übersicht aber als Leitfaden dienen. Es handelt sich um die gängigen Maximalöffnungszeiten; vor allem in ländlichen Regionen müssen Sie mit Einschränkungen rechnen:
Banken und Postämter: Mo–Fr 9.00–17.00 Uhr, in kleinen Orten auch kürzer, Sa 9.00–12.30 Uhr.
Ärzte: Mo–Fr 8.30–18.00 Uhr, davon sind jedoch gewisse Zeiten fest für bereits bestehende Termine vorgesehen.
Geschäfte: in Haupteinkaufsstraßen oftmals Mo–Sa 10.00–18.30 Uhr, teils auch So zwischen 11.00 und 17.00 Uhr.
Supermärkte: Mo–Sa 9.00–22.00 Uhr, meist auch So geöffnet.
Gastronomie: Restaurants meist 18.00–24.00 Uhr, Pubs 11.00–23.00 Uhr, teils auch länger.
Museen: meist an 5–6 Tagen zwischen Mo und Sa 10.00–17.30 Uhr, sonntags ab 12.00 Uhr oder geschlossen.
Touristeninformationen: Mo–Fr 9.00–18.00 Uhr, Sa/So oft 10.00–17.00 Uhr.

Pannenhilfe/Unfall

Wenn Sie eine Panne haben und Hilfe benötigen, erhalten Sie diese über die britischen Partnervereine Ihres heimischen Automobilklubs. Hier die Notrufnummern der größten Klubs:

Deutschland
ADAC: +49 89 22 22 22 (Schaden) bzw. +49 89 76 76 76 (Erkrankung)
ACE: +49 711 53 03 43 536
AvD: +49 69 66 06 600

Österreich
ÖAMTC: +43 1 25 12 000
ARBÖ: +43 1 89 12 12 85

Schweiz
TCS: +41 58 82 72 220
ACS: +41 44 62 88 899

Falls Sie einen Unfall haben, empfiehlt sich ein Europäischer Unfallbericht, den Sie gemeinsam mit dem Unfallgegner vor Ort ausfüllen. Solche Vorlagen können Sie z.B. im Internet kostenfrei downloaden und ausdrucken.
Auf alle Fälle müssen Sie auch die Polizei verständigen (unter 999 oder 112, in schlimmeren Fällen siehe auch Adressen der Konsulate), schon um etwaigen Problemen durch einen sichtbaren Schaden bei der Ausreise vorzubeugen.

Reisezeit und Wetter

Das englische Wetter ist stark durch den Atlantischen Ozean und den Golfstrom geprägt. Es ist etwas wärmer als in Schottland und im Winter im Süden und Westen milder als im Osten des Landes. Es herrscht allgemein ein gemäßigtes, feuchtes und windiges Seeklima ohne extreme Temperaturschwankungen vor. Ausnahmen bestätigen allerdings die Regel: So wurden 2003 schon 38,5 Grad in Faversham, Kent und 1982 –26,1 Grad in Newport, Shropshire gemessen. Tatsächlich können Sie sich in den Sommermonaten von Juni bis August auf Tageshöchsttemperaturen zwischen 18 und 28 Grad einstellen, nachts fallen die Temperaturen auf 12–17 Grad. Dann ist auch der ein oder andere warme Badetag am Meer drin. In dieser Zeit ist es aber auch am voll-sten. Viele, meist britische Touristen verbringen ihre Ferien dann im eigenen Land. Lassen Sie sich aber nicht täuschen – das ist immer noch moderat im Vergleich zu den Urlaubsströmen im hochsommerlichen Spanien, Italien und Kroatien. Wenn Sie es mehr auf einen Natur- und Wanderurlaub anlegen, sind auch die Monate April/Mai und September/Oktober interessant. Die Temperaturen liegen dann tags bei 12–21 Grad, nachts zwischen 6 und 14 Grad. Die Winter sind mit 2–12 Grad zwar mild, aber auch regnerisch und windig und somit weniger ideal. Mit Regen müssen Sie im Übrigen das ganze Jahr über rechnen. 13–15 „schauerliche“ Tage sind auch im Hochsommer durchaus möglich. Allerdings sind diese Regengüsse dann meistens nur von kurzer Dauer.

Sehenswürdigkeiten

England bietet eine riesige Anzahl an oftmals üppig ausgestatteten Herrenhäusern, Schlössern und Burgen, die teils erst seit wenigen Jahren der Öffentlichkeit zugänglich sind und mancherorts wirken, als wären die Hausherren nur mal kurz weggefahren. Meist werden sie durch eine recht große Anzahl an Volunteers (Ehrenamtlichen/Freiwilligen) betreut, die sich immer freuen, Ihnen Details zu Bauwerk und Historie preisgeben zu dürfen – natürlich auf Englisch. Eine zweite große Gruppe an Sehenswürdigkeiten stellen die berühmten, makellos gepflegten britischen Gärten dar. Teils gehören sie zu Schloss- und Burganlagen, teils stellen sie ein eigenes Ausflugsziel dar. Lassen Sie sich diese wirklich schönen Anlagen nicht entgehen. Neben der für sich schon sehenswerten Natur, vor allem in den küstennahen Gegenden und den schönen Stränden, finden Sie außerdem Höhlen und Minen, Zoos und Farmen, Museen und Naturparkhäuser sowie einige sehr interessante Städte vor.

Für die meisten Sehenswürdigkeiten werden Eintritte verlangt, die sehr verschieden ausfallen können. So erhalten Sie mancherorts schon für 2–3 £ Zutritt, anderswo erst für happige 25 £ pro Person. Eintritt frei gilt dagegen für staatliche Museen, von denen es in England, allen voran London, eine ganze Menge gibt.
Wir haben die Preise wie folgt angegeben:

£: bis ca. 7 £ pro Erwachener
££: bis ca. 14 £ p.E.
££: bis ca. 20 £ p.E:
£££: bis ca. 28 £ p.E.
££££: über 28 £ p.E.

An den beiden mit dem Erhalt und der Pflege von Kultur- und Naturgütern betrauten Organisationen „National Trust“ und „English Heritage“ kommt man in England kaum vorbei. Vor allem wenn Sie vorhaben, einige der Schlösser und Herrenhäuser zu besuchen, lohnt eine Mitgliedschaft in einer der beiden mit der Pflege und Verwaltung betrauten Organisationen. Sie verschafft Ihnen dann freien Eintritt zu den vielen Objekten. In den Beschreibungstexten ist angegeben, wenn eine Sehenswürdigkeit o.Ä. zu einer der beiden Einrichtungen gehört und damit für Mitglieder kostenfrei ist (NT- oder EH-Members). Bei den meisten Sehenswürdigkeiten haben wir Ihnen die Internetadressen angegeben. Wenn sie zu einer der beiden unten genannten Organisationen gehören, finden Sie weiterführende Informationen auf diesen beiden Websites.
An Kassen von Sehenswürdigkeiten sind meist zwei Beträge angegeben. Der höhere ist inklusive zusätzlicher Gift Aid (Spende), die britische Bürger über die Steuer zurückbekommen. Für Sie als Tourist ist das unnötig – weisen Sie an Kassen ruhig darauf hin, falls man Ihnen den höheren Betrag gewohnheitsmäßig berechnet.

NATIONAL TRUST (NT):
Der National Trust betreut in ganz Großbritannien Herrenhäuser, Schlösser, Burgen und Gärten, aber auch Strände, Naturreservate und andere Kulturgüter. Auch eine stattliche Anzahl an Parkplätzen in schönen Lagen (leider fast immer mit Übernachtungsverbot) wird durch den NT gehostet, nicht ganz uninteressant, wenn man z.B. an der Küste unterwegs ist und nicht jedes Mal Extrageld berappen möchte. Eine Mitgliedschaft schließen Sie entweder über das Internet oder, fast noch besser, vor Ort bei bekannteren Sehenswürdigkeiten ab (es ist leider nicht überall möglich). Denn dann gibt es zeitweise spezielle Angebote, die nochmals ein paar Pfund sparen. Eine Übersicht und weitere Informationen erhalten Sie unter **www.nationaltrust.org.uk**.
Für eine Jahresmitgliedschaft werden pro Person/Jahr rund 65 £ fällig, Paare zahlen rund 105 £, Familien (2 Erwachsene, bis zu 5 Kinder) 111 £ für ein Jahr.
Für Touristen, die nur ein paar Tage in England sind, gibt es außerdem als günstigere Alternative die Möglichkeit, einen Touringpass zu erwerben. Dieser gilt dann nur für 7 Tage (Erw. 26 £, Paare 47 £, Familien 53 £) oder 14 Tage (Erw. 31 £, Paare 57 £, Familien 66 £) – online erhältlich unter www.nationaltrust.org.uk/features/touring-pass
Selbstverständlich können Sie aber auch ganz normal einzeln zahlen, die Preise haben wir Ihnen angegeben.

ENGLISH HERITAGE (EH):
Der English Heritage ist eine rein englische Organisation, die vor allem alte, für das Land wichtige Kulturgüter betreut. Darunter fällt eine große Anzahl Festungen, Burgruinen, aber auch uralte Steinkreis- und Steingrabanlagen. Auch einige interessante Herrenhäuser gehören zum EH.
Auch in diesem Fall kann eine Mitgliedschaft online unter **www.english-heritage.org.uk** oder an einer der größeren Sehenswürdigkeiten vor Ort (teils wiederum mit Nachlässen) abgeschlossen werden. Die reguläre Jahresmitgliedschaft beläuft sich für Erwachsene auf 52 £/Jahr bzw. rund 92 £ für Paare und Familien. Für Senioren und Studenten gibt es spezielle Rabatte.
Auch hier gibt es Kurzzeitpässe (Oversea Visitor Passes), die für die meisten Sehenswürdigkeiten gültig sind. Sie können online erworben werden. Mit dem Quittungsausdruck, Ihrem Ausweis und der Kreditkarte, über die der Kauf getätigt wurde, erhalten Sie dann an der ersten EH-Attraktion Ihren Pass.
Sie gewähren Eintritt an 9 oder 16 aufeinanderfolgenden Tagen (Erw. 30/36 £, Paare 52/62 £, Familien 57/66 £).
Selbstverständlich können Sie aber auch ganz normal einzeln zahlen, die Preise haben wir Ihnen angegeben.

HISTORIC HOUSES (HH):
Viele Besitzer historischer Anwesen gewähren heute Touristen Zutritt zu ihren in der Regel noch immer privat bewohnten Häuser, um die teils immensen Unterhaltskosten stemmen zu können. Manche täglich, manche nur an ausgesuchten Terminen Eine große Zahl solcher privater Häuser und Anlagen hat sich unter dem Verband Historic Houses zusammengeschlossen. Mitglieder haben in fast allen dieser Objekte freien Eintritt. Im Text weisen wir auf angeschlossene Häuser hin. Noch mehr finden Sie samt Öffnungszeiten und Zusatzinformationen online auf der Website über die auch die Mitgliedschaft abgeschlossen wird *(www.historichouses.org, nur Jahresmitgliedschaften möglich, Erw 54 £, Paare 86 £, Familien ab 111 £).*

Straßenverkehr

Grundsätzlich ist England ein tolles Land, um es mit dem Wohnmobil zu erkunden. Ganz klar muss man aber sagen, dass Sie mit einem eher kleinen Fahrzeug besser beraten sind. Schöne Plätze liegen oft an sehr schmalen und von tief hängenden Bäumen gesäumten Nebenstraßen, die sich mit einem 6 m langen Kastenwagen noch recht gut vertragen, die Durchfahrt mit einem 5 t schweren, 8 m langen und 3,40 m hohen Luxusliner aber schnell zur Tortur für Mensch und Maschine werden lassen. Wir selbst haben alle beschriebenen Wege mit einem ca. 7 m langen und 3,20 m hohen Alkovenmobil bezwungen. Dort, wo es für uns grenzwertig eng, steil und schmal wurde, haben wir im Text darauf hingewiesen. Wenn z.B. Hecken über längere Zeit nicht geschnitten wurden, können aber auch aus unserer Sicht vermeintlich unproblematische Straßen vorübergehend unangenehm sein. Wirklich tiefe Kratzer, die sich nicht mit etwas Politur wieder entfernen ließen, haben wir durch die Zweige allerdings noch nie davon getragen

Was englische Verkehrsregeln angeht, die wichtigste gleich zuerst: In ganz Großbritannien herrscht bekanntermaßen Linksverkehr. Für viele klingt das erst einmal erschreckend und nach großer Herausforderung. Wenn man nach den ersten paar Kilometern aber den Dreh raus hat, ist es halb so wild. Wer auf Nummer sicher gehen möchte, klebt sich z.B. einen roten Pfeil an die Scheibe, der nach links zeigt, o.Ä. Auch ein aufmerksamer Beifahrer ist im Zweifelsfall Gold wert. Den benötigen Sie im Übrigen öfters mal. Die Straßeneinmündungen sind verständlicherweise auf Fahrzeuge ausgerichtet, die das Steuer auf der rechten Seite haben. Wenn Sie nun auf eine schräg von rechts hinten einmündende Straße zufahren, sehen Sie aus Ihrem Wohnmobil heraus erst einmal gar nichts. Da hilft es nur, den Mitfahrer zum Schauen und Einweisen zu verpflichten. Notfalls kann evtl. auch eine um 90 Grad gedreht angebrachte Weitwinkellinse an der Beifahrerscheibe – zu-

mindest leidlich – für Abhilfe sorgen.
Besonders kritisch ist, wenn überhaupt, das Rechtsabbiegen. Widerstehen Sie dem Drang, auf die erste Fahrbahn ganz rechts einzuscheren, sondern holen Sie weit aus und bleiben Sie immer links!

Noch ein Thema sind die mitteleuropäischen, für Rechtsverkehr eingestellten Halogen-Scheinwerfer. Streng genommen müssen diese mit einer Schablone abgeklebt werden, wenn Sie auf die Insel fahren. Der Gegenverkehr könnte sonst geblendet werden. Auch wenn es diese Vorschrift tatsächlich gibt, halten sich längst nicht alle daran. Nur in einem Fall haben wir davon gehört, dass bei einer Kontrolle auch wirklich eine Strafe verhängt wurde. Entscheiden Sie selbst, ob Sie auf Nummer sicher gehen oder nicht, die Klebeschablonen gibt es im Internet oder den Bordshops der Fähren.

Auf was Sie noch achten sollten:

- Geschwindigkeiten werden in Meilen angegeben (= km x 1,61).
- Überholt wird immer rechts.
- Kreisverkehre sind sehr beliebt und drehen natürlich auch links herum, also im Uhrzeigersinn. Bleiben Sie bei mehreren Spuren ganz links, wenn Sie die erste Ausfahrt nehmen wollen, auf der zweiten Spur für die mittlere Ausfahrt und auf der rechten Spur für eine späte Ausfahrt. Oft ist das am Boden auch markiert.
- Es gibt keine zwingende Links-vor-rechts-Regelung analog zu unserer. Die Vorfahrt wird normalerweise durch „Give Way (Vorfahrt achten)"-Schilder oder entsprechende Markierungen auf der Straße geregelt. Wenn Sie unsicher sind, bleiben Sie defensiv und arbeiten Sie mit Handzeichen.
- Defensiv ist allgemein ein wichtiges Stichwort: Die Nebenstraßen sind, wie schon erwähnt, häufig recht schmal oder gleich nur Single Track Roads (einspurige Straßen) mit Ausweichstellen, die von Zeit zu Zeit das Passieren von Gegenverkehr ermöglichen. Die Briten sind fast immer äußerst höflich und lassen Sie durch bzw. achten defensiv auf andere Verkehrsteilnehmer. Nehmen Sie sich das zu Herzen und verhalten Sie sich auch entsprechend.

Hier noch einige wichtige Verkehrsregeln und -gegebenheiten:

- Erlaubte Geschwindigkeit in Orten: 30 mph (ca. 48 km/h) oder entsprechend der Beschilderung.
- Erlaubte Geschwindigkeit außerhalb von Ortschaften: 40 mph (ca. 64 k/h) bis 70 mph (ca. 113 km/h).
- Erlaubte Geschwindigkeit auf Autobahnen: Womos bis 3,5 t meist 70 mph (ca. 113 km/h), über 3,5 t meist 60 mph (ca. 97 km/h).
- Es gilt eine 0,8-Promille-Grenze.
- Alle Fahrzeuginsassen müssen angeschnallt sein; Warnweste, Warndreieck und Verbandskasten gehören zum Pflichtinventar.
- Kinder unter 12 Jahren oder unter 135 cm Körpergröße müssen in Kindersitzen befördert werden.
- Parken ist in gelb gestrichelten Kurzparkzonen meist zwischen 30 Min. und 120 Min. kostenfrei oder mit Automat erlaubt. Eine durchgezogene gelbe Linie weist auf ein Parkverbot hin, eine durchgezogene Doppellinie auf ein Halteverbot. Auf Parkplätzen gilt fast immer Pay and Display (Zahlen und Parkzettel hinter die Windschutzscheibe legen). Achten Sie auch darauf, ob Sie, z.B. durch den Überhang Ihres Fahrzeugs, einen zweiten Parkplatz blockieren. In dem Fall müssen vielerorts zwei Parktickets gekauft werden.
- Beim Parken oder Übernachten an der Küste sollten Sie die Gezeitenstände (engl.: „tides") des Meeres im Hinterkopf haben. Einige Parkplätze können bei besonders hoher Flut teils oder auch ganz überschwemmt werden. Eine Überraschung, die Sie sicher nicht brauchen. Gezeitenkalender erhalten Sie in küstennahen Touristeninformationsstellen, sie hängen an manchen Stränden aus oder sind online einsehbar, z.B. auf www.tidetimes.org.uk.

Achtung: Für die Anreise müssen Sie beachten, dass in Frankreich das Mitführen eines Alkoholtestgerätes im Auto vorgeschrieben ist. In den meisten Fällen legen Sie nur einen kurzen Weg im Land zurück. Entscheiden Sie selbst, ob Sie gesetzeskonform handeln wollen.

Tanken

Das Netz an Tankstellen ist dicht und Sie werden kaum Probleme haben, Sprit zu bekommen. Das Mitführen von gefüllten Reservekanistern während der Fährüberfahrt ist verboten. Die Preise für Sprit sind leider relativ hoch. Sie müssen mit bis zu 25 % Aufschlag im Vergleich zu den heimischen Spritkosten rechnen.

Trinkgeld

Trinkgelder (englisch: „tips") sind in den Rechnungen von Restaurants in der Regel enthalten. Ein ca. 10%iger Aufschlag ist dennoch üblich. Im Pub dagegen wird kein Trinkgeld gegeben und erwartet. Nur ganz vereinzelt findet man eine Tipbox an der Theke, in die man ein paar Pence des Change (Wechselgeldes) werfen kann.
Ansonsten kommen Sie vielleicht mit Taxifahrern (Kurzstrecke rund 10 %, sonst auch weniger) oder Fremdenführern (je nach Tourdauer und Zufriedenheit meist 1–5 £) in Kontakt, die, bei Zufriedenheit, ebenfalls Trinkgeld erhalten.

Übernachten

Zur Übernachtung im Wohnmobil bieten sich in England verschiedene Möglichkeiten an. Grundsätzlich muss ehrlicherweise vorab gesagt werden, dass England, vor allem wenn Sie frei übernachten möchten, nicht zu den ersten Adressen zählt. Es gibt kaum offizielle Stellplätze, viele schöne, teils auch abgelegene Park- und Übernachtungsmöglichkeiten sind mit Verbotsschildern oder Einfahrtsbeschränkungen versehen. Campingplätze dagegen gibt es zuhauf und auch einige Plätze, auf denen frei gestanden werden kann, haben wir für Sie entdeckt. Helfen Sie mit, damit das so bleibt: Hinterlassen Sie keinen Dreck und Müll, verhalten Sie sich umsichtig und höflich und fahren Sie weiter, wenn die angegebene Höchstzahl an Wohnmobilen schon erreicht ist. Die Versorgungslücke zwischen dem Freicampen und Campingplätzen schließen in England Pubs, die einkehrende Gäste mit Wohnmobil oft auf ihren Parkplätzen übernachten lassen.

Campingplätze:

Die gängigste Möglichkeit ist die Nutzung von Campingplätzen. Von denen gibt es eine schier unüberblickbare Zahl. Darunter alles vom Luxusplatz mit allem erdenklichen Komfort bis hin zu Einfachplätzen auf einer Kuhweide mit nicht mehr als einem improvisierten Wasseranschluss. Genauso breit gefächert ist das Preisangebot. Von 8 bis 80 £ für eine Nacht ist alles möglich.
Interessanterweise sind die einfachen Plätze nicht immer die günstigsten und umgekehrt. Einige Plätze nehmen auch keine Wohnmobile auf, sondern haben sich ganz dem Zelten oder der Vermietung von Mobilheimen gewidmet (diese heißen dann meist „Holiday Park“, manchmal deuten aber auch „Camping“-Schilder in diese Richtung). Unter „Glamping“ versteht man luxuriöses Campen in einem gestellten, komfortabel ausgestatteten zeltähnlichen Behausung. Auch an solchen Plätzen sind Womos in der Regel nicht willkommen.
Wenn Sie aber nach einem Platz suchen, werden Sie kaum allzu weit fahren müssen, um einen zu finden. Solche, die uns preislich interessant erschienen und die an der Route liegen, haben wir für Sie erwähnt und teils auch getestet. Auch besonders gut ausgestattete, etwas teurere Plätze haben wir immer wieder angegeben. Die Preisangaben beziehen sich immer auf den Richtpreis (2 Erw. + Fahrzeug + Strom, wenn vorhanden):

£: Preis unter 12-14£
££: Preis zwischen 12/14 – 25 £
£££: Preis zwischen 25 –35 £
££££: Preis über 35 £

Eine etwas merkwürdige Regel vieler schöner Plätze, gerade an Farmen, die wohl auf feierwütig über die Stränge schlagende britische Kegelgruppen und Junggesellen/-gesellinnen-Ausflügler zurückzuführen ist, besagt, dass nur Paare und Familien als Gäste akzeptiert werden. So kann es zwei oder mehr einzelnen Männern oder Frauen schon mal passieren, dass sie an einem Campingplatz abgewiesen werden. Als ausländischer Tourist haben Sie da allerdings Vorteile, mit ein bisschen Glück drücken Platzbesitzer mit solchen Regelungen dann doch mal ein Auge zu.
Absolut empfehlenswert sind die englischen Campingklubs. Eine Mitgliedschaft macht unserer Erfahrung nach fast immer Sinn.

THE CARAVAN AND MOTORHOME CLUB (CC) (www.caravanclub.co.uk)
Auf unseren Recherchereisen haben wir sehr gute Erfahrungen mit diesem Campingklub gemacht. Er betreibt über 200 eigene Plätze, die durchweg vorbildlich sauber und fast überall sehr gut ausgestattet sind.
Auf diesen Club Sites zahlen Mitglieder immer 12 £ weniger als Nichtmitglieder. Wo die Touren diese Plätze streifen, haben wir sie angegeben und mit den aktuellen Preisen versehen.
Eine ganze Reihe dieser Plätze steht aber exklusiv nur für Caravan-Club-Mitgliedern zur Verfügung. Dazu kommen landesweit mehr als 2500 Certified Locations. Diese Mini-Campgrounds, oftmals in toller Lage am Meer oder abseits vom Rummel auf Farmland, mit jeweils nur 5 Plätzen sind ebenfalls exklusiv für Mitglieder zugelassen, bieten an Mindestausstattung immer Ver-/Entsorgung und Mülltonnen, oft aber auch Toiletten, manchmal Duschen, Waschmaschinen oder WLAN an. Die Preise liegen pro Nacht meist bei 5 – 20 £. Aus unserer Sicht sind sie die ideale Möglichkeit, kostengünstig schöne Übernachtungsplätze anzusteuern und auch die sonst etwas mühsame Ver-/Entsorgung ganz problemlos zu regeln.
Eine genaue Übersicht dieser für Mitglieder exklusiven Plätze mit Adressen und Kontaktdaten zur Reservierung (in der Hochsaison vor allem bei manchen küstennahen CLs sinnvoll) erhalten Sie über den Klub, entweder online auf der Homepage oder als Buch zum Mitnehmen. **Wir haben Ihnen den aktuellen Bestand der Members-only-Plätze in Routennähe zur Übersicht in den Tourenkarten vermerkt. Größere rote Symbole stehen für exklusive Campingplätze, kleine für die „Certified Locations“**. Die Mitgliedschaft kostet für ein Jahr ca. 50 £ und kann über die Website oder an einem Campingplatz abgeschlossen werden. Eine Investition, die sich schnell bezahlt macht. Mehr Informationen online.

Camping and Caravanning Club (CCC) (www.campingandcaravanningclub.co.uk)
Das Angebot dieses zweiten Klubs, auf den wir uns in den Karten nicht beziehen, ist ähnlich dem

erstgenannten, die Auswahl ist nur etwas kleiner. Er betreibt rund 120 eigene Plätze und hat rund 1800 Certified Locations im Programm. Es gibt zwar eine Zeitmitgliedschaft für ausländische Besucher, diese ist aber nicht auf „Members only“-Campsites gültig und damit weniger interessant. Die reguläre Jahresmitgliedschaft kostet rund 45 £.

Pubs:
Neben den offiziellen Campingplätzen gibt es an vielen Orten die Möglichkeit, an Pubs, meist in ländlicher Region, zu Übernachten – zumindest, wenn ein größerer Parkplatz vorhanden ist. Einige, von denen wir sicher wissen, dass sie das Übernachten gestatten, haben wir in die Tourenübersicht aufgenommen. Immer gilt: Erst fragen und darauf hinweisen, dass man einkehren möchte, sei es auf eine Mahlzeit oder ein paar Drinks. Auch anderswo haben Sie gute Chancen, sofern ausreichend Parkraum zur Verfügung steht. Abgewiesen werden Sie sonst nur dann, wenn ein Nachbar Campingplatzbetreiber ist oder es in der Vergangenheit schlechte Erfahrungen mit Womos gab.
Achtung: Wir können nicht ausschließen, dass aufgrund von aufgetretenen Problemen, Besitzerwechsel oder anderen Umständen das Übernachten, auch an vermerkten Pubs, einmal nicht/nicht mehr gestattet wird. Bitte beziehen SIe das in Ihre Planung ein!
Eine eigene Organisation, die solche Plätze, aber auch welche an Bauernhöfen oder Bootshäfen sammelt, verwaltet und ihren Mitgliedern anbietet, ist BritStops. Für rund 30 £ werden Sie Mitglied und erhalten das Büchlein mit den notwendigen Informationen zu Plätzen und Bedingungen. Mehr unter www.britstops.com.

Freie Stellplätze:
Ist das freie Übernachten in England nun gestattet oder nicht? Darüber gibt es unterschiedliche Aussagen; selbst im Land selbst erhält man widersprüchliche Meinungen dazu. Viele einheimische Camper halten es mit dem „Wo kein Kläger, da kein Richter“-Grundsatz und stehen sogar an Plätzen mit „No Camping“-Beschilderung. Diese gelten, so deren Meinung, sowieso nur für große Scharen an Travellern (meist irischstämmige „Gypsys“), die damit vertrieben werden sollen, und mit dem Wohnmobil wird ja nicht gecampt, sondern nur geparkt, und wenn das verboten wäre, würde ja „No Overnight Parking/Sleeping“ dranstehen.
Wie Sie das handhaben wollen, sei Ihnen überlassen. Wir haben keine Plätze, aufgenommen, die zum Zeitpunkt der Recherche relevanten Verboten versehen waren.
Von offizieller Seite konnten wir erfahren, dass, ähnlich wie in Deutschland, das dauerhafte Campen zwar verboten ist, das Wiederherstellen der Fahrtüchtigkeit durch eine Übernachtung im Fahrzeug, egal welcher Art, außerhalb von Verbotszonen aber geduldet wird. Eine Ausnahme bilden die Nationalparks und städtische Bereich in denen Sonderregelungen herrschen können. Sollte Sie die Polizei oder ein Besitzer möglichen Privatgrunds Sie zur Weiterfahrt auffordern, kommen Sie dem bitte umgehend nach.
In einigen Orten wird inzwischen das Übernachten auf Parkflächen offiziell gestattet. Dann ist dafür meist eine Gebühr fällig.

Versorgung/Entsorgung

Wo es keine offiziellen Stellplätze gibt, wird es auch mit dem Ver-/Entsorgen schwierig, zumindest wenn Sie sich nicht regelmäßig auf Campingplätzen oder Certified Locations bewegen. Öffentliche Wasserstellen sind rar, am besten können Sie Wasser an Tankstellen erhalten, ein Tub (Wasserhahn) ist fast immer vorhanden. Gegen eine kleine Spende wird man Ihnen das Fassen einiger Liter nicht verwehren, zumindest nicht, nachdem Sie eben getankt haben. Teils sind sogar Wasserzapfsäulen gegen Münzeinwurf vorhanden. Für Abspülen, Toilette und Dusche ist das Wasser immer o.k., Trinkwasserqualität unseres Standards kann aber nicht immer garantiert werden.
Die Womo-Toilette kann in öffentlichen Toiletten geleert werden, die an sehr vielen Parkplätzen vorhanden sind. Damit sich dadurch niemand behelligt fühlt, macht es Sinn, die Kassette in einer großen blauen Tüte eines bekannten schwedischen Einrichtungshauses oder einer ebenso bekannten Großmarktkette zum Lokus zu befördern und diesen am Ende sauber (!) zu hinterlassen. Denken Sie auch daran, keine harte Chemie zu nutzen. Es ist nicht immer gewährleistet, dass Toiletten an die Kanalisation angeschlossen sind. Entweder verzichten Sie ganz darauf oder stellen auf ökologisch verträgliche Zusätze um. Der Fachhandel berät Sie dazu.
Am schwierigsten ist die Entsorgung des Grauwassers. Nur Campingplätze haben entsprechende Abflüsse und auch die sind mancherorts mit dem Fahrzeug kaum erreichbar. Wir behelfen uns in solchen Fällen mit einem großen Baueimer, den wir ab und an mal unter den Auslass stellen, um das Brauchwasser dann über Toiletten/Ausgüsse etc. abzukippen. Die Entsorgung in Gullys oder auf Ödland ist ökologisch an sich unbedenklich (vor allem dann, wenn Sie mit Spülzusätzen schonend umgehen und keine Chemiehämmer verwenden), aber offiziell natürlich nicht erlaubt.

Zeit

Auch wenn wir Ihnen da vermutlich nichts Neues sagen, noch sicherheitshalber ein wichtiger Hinweis zum Schluss: In Großbritannien gehen die Uhren anders. Mit Betreten der Fähre herrscht britische Zeit, Ihre Uhren müssen Sie im Vergleich zur bei uns üblichen mitteleuropäischen Zeitzone um eine Stunde zurückdrehen, zumindest solange in der EU die geltende Sommer-/Winterzeitumstellung noch vollzogen wird (12.00 Uhr ist also 11.00 Uhr, Stand 12/18).

Bildnachweis:

Alle Fotos in diesem Buch stammen von den Autoren, ausgenommen: © Alnwick Castle: S. 319 oben, S. 320 oben; **© Alnwick Garden / Graeme Peacock:** S. 318; **© Castle Howard Estate:** S. 71; **Chatsworth House Trust:** S. 204 unten, S. 205 oben; **© English Heritage:** S. 34, S. 166 oben, S. 172 unten, S. 302 oben, 312 oben; **© Jorvik Viking Centre:** S. 68 oben und mittig; **© Justice Museum Nottingham:** S. 193; **© Rob Bendall:** S. 210 unten, S. 274 unten, S. 288; **© Shakespeares Birthplace Trust:** S. 139, S. 140; **© The Beatles Story:** S. 244; **© The Forbidden Corner:** S. 39 oben links; **© Vindolanda Trust:** S. 295, 298 oben, 299, 300; **© Wikimedia Commons:** Arpingstone S. 158; Chris Harris S. 211 oben; David Trochos S. 281 oben; Dposte46 S. 323 unten; Giano S. 109; Ian Colman S. 238 unten; Imanuel Giel S. 261 oben; Jason J. Smith S. 182 oben; Jon Farman S. 52; Motoral1987 S. 100, S. 101, S. 102; MyWhitehaven S. 282 unten; Smalltown-hero S. 255 oben; Stocksy S. 186; Thedragontree S. 264; *CC BY-SA 1.0:* Pasicles S. 152 unten; Tony Grist S. 176 unten, S. 206 unten, *CC BY-SA 2.0:* Alison Stamp S. 73 rechts; Andrew Bowden S. 309 oben; Andrew Roberts UK S. 54; CrampRaider S. 55 unten; David Merrett S. 174; David Rogers S. 282 oben; David Dixon S. 272 oben; David Wright S. 98; Glen Bowman S. 303 unten; Julian Dowse S. 115; Lad 2011 S. 55 oben; Marion Dutcher S. 274 oben; Neil Boothman S. 293; Neil Turner S. 3232 oben; No hiding S. 315 unten; Peter Evans S. 175; Phil Sangwell S. 188 unten; Tom Richardson S. 268 unten; Tony Hisgett S. 172 oben; Xlibber S. 188 oben; *CC BY-SA 2.5:* Joe Anderson S. 78 oben; *CC BY-SA 3.0:* Andy Dingby S. 165; Ballantyne108 S. 289; Chris Coulson S. 97 oben; Cmglee S. 114 unten; Daviessimo S. 249; Dennis Powell S. 287; Diliff S. 265, S. 286 und 287 oben, 287 unten, S. 290 und 291; DJ Dunsie S. 202; Hans A. Rosbach S. 230; Kev747 S. 118 unten; Leereyno S. 213; Littleblackpistol S. 257 unten links; mattbuck S. 172 links; MFF S., 315 mittig; Michael D. Bechwith S. 53; Nessy Pic S. 285; Not from Utrecht S. 113; Oliver Brown S. 97 unten; ReptOn1x S. 258; Suporcte-vegs S. 167; Woz2 S. 208 oben, *CC BY-SA 4.0:* Antiquary S. 260, S. 277; Celuici S. 147; Cmglee S. 114 oben; DeFacto S. 103, S. 118 oben, S. 173; Francis C. Franklin S. 215 oben, S. 229, S.256; Gambite. S. 257 oben links; Hadrianus1959 S. 322; Jacquiat S. 70; Mike Peel S. 206 oben, S. 275; Mike Whittaker S. 104; Nathan Emisson S. 257 oben rechts; **© York Castle Museum / Jigsaw Design and Publishing:** S. 69; **© York`s Chocolate Story:** S. 66 mittig, unten links und unten rechts

D

E

F

G

H

N

O

P

Q

R

S

T

U

V

W

Y

Info-Blatt aus dem WOMO-Buch: England (N) '19
(komplett ausgefüllt erhalte ich 10% Info-Honorar auf Bestellungen direkt beim Verlag)

Lokalität: Seite: Datum:
(Stellplatz, Campingplatz, Wandertour, Gaststätte, usw.)
unverändert gesperrt/geschlossen folgende Änderungen:

Lokalität: Seite: Datum:
(Stellplatz, Campingplatz, Wandertour, Gaststätte, usw.)
unverändert gesperrt/geschlossen folgende Änderungen:

Lokalität: Seite: Datum:
(Stellplatz, Campingplatz, Wandertour, Gaststätte, usw.)
unverändert gesperrt/geschlossen folgende Änderungen:

Lokalität: Seite: Datum:
(Stellplatz, Campingplatz, Wandertour, Gaststätte, usw.)
unverändert gesperrt/geschlossen folgende Änderungen:

Lokalität: Seite: Datum:
(Stellplatz, Campingplatz, Wandertour, Gaststätte, usw.)
unverändert gesperrt/geschlossen folgende Änderungen:

Lokalität: Seite: Datum:
(Stellplatz, Campingplatz, Wandertour, Gaststätte, usw.)
unverändert gesperrt/geschlossen folgende Änderungen:

Meine Adresse und Tel.-Nummer:
(nur komplett ausgefüllte, zeitnah eingesandte Infoblätter können berücksichtigt werden)

Wir bestellen: (Preisänderungen vorbehalten)

- ❑ Wohnmobil Handbuch .... 19,90 €
- ❑ Wohnmobil Kochbuch.......... 12,90 €
- ❑ Heitere Geschichten .... 6,90 €
- ❑ Albanien.............................. 19,90 €
- ❑ Allgäu.................................. 17,90 €
- ❑ Auvergne .... 19,90 €
- ❑ Baden-Württemberg .... 19,90 €
- ❑ Baltikum.............................. 20,90 €
- ❑ Bayern (Nordost) .... 20,90 €
- ❑ Bayern (Nordwest)................ 20,90 €
- ❑ Bayern (Südost/Oberbayern) 19,90 €
- ❑ Belgien & Luxemburg .... 19,90 €
- ❑ Bretagne.............................. 20,90 €
- ❑ Burgund .... 19,90 €
- ❑ Dänemark............................ 19,90 €
- ❑ Elsass .... 19,90 €
- ❑ England (Nord) .... 19,90 €
- ❑ England (Süd)...................... 19,90 €
- ❑ Finnland.............................. 19,90 €
- ❑ Französische Alpen .... 20,90 €
- ❑ Franz. Atlantikküste (Nord)... 19,90 €
- ❑ Franz. Atlantikküste (Süd) .... 17,90 €
- ❑ Französisches Jura .... 19,90 €
- ❑ Griechenland .... 19,90 €
- ❑ Hessen (Norden + Osten) .... 19,90 €
- ❑ Hessen (Mitte + Süden)........ 19,90 €
- ❑ Hunsrück/Mosel/Eifel............ 20,90 €
- ❑ Irland................................... 19,90 €
- ❑ Island .... 18,90 €
- ❑ Korsika................................ 18,90 €
- ❑ Kroatien / Montenegro .... 19,90 €
- ❑ Languedoc / Roussillon.... .... 19,90 €
- ❑ Latium/Rom/Abruzzen .... 18,90 €
- ❑ Ligurien .... 18,90 €
- ❑ Loire-Tal/Paris...................... 17,90 €
- ❑ Lothringen............................ 17,90 €
- ❑ Marokko............................... 19,90 €
- ❑ Meckl. Vorpommern (West).. 18,90 €
- ❑ Meckl. Vorpommern (Ost)..... 18,90 €
- ❑ Namibia.... .... 20,90 €
- ❑ Neuseeland (Nord) .... 19,90 €
- ❑ Neuseeland (Süd)................. 19,90 €
- ❑ Niederlande .... 19,90 €
- ❑ Nord-Frankreich.................... 19,90 €
- ❑ Normandie .... 19,90 €
- ❑ Norwegen (Nord) .... 19,90 €
- ❑ Norwegen (Süd) .... 19,90 €
- ❑ Österreich (Ost) .... 19,90 €
- ❑ Österreich (West) .... 17,90 €
- ❑ Ostfriesland .... 20,90 €
- ❑ Peloponnes.......................... 19,90 €
- ❑ Pfalz.................................... 19,90 €
- ❑ Piemont/Aosta-Tal .... 19,90 €
- ❑ Polen (Nord/Masuren) .... 18,90 €
- ❑ Polen (Süd/Schlesien).......... 17,90 €
- ❑ Portugal .... 19,90 €
- ❑ Provence & C. d'Azur (Ost) .. 19,90 €
- ❑ Provence & C. d'Azur (West) 19,90 €
- ❑ Pyrenäen .... 19,90 €
- ❑ Rumänien .... 19,90 €
- ❑ Sachsen.............................. 20,90 €
- ❑ Sardinien .... 19,90 €
- ❑ Schleswig-Holstein .... 20,90 €
- ❑ Schottland............................ 19,90 €
- ❑ Schwarzwald .... 17,90 €
- ❑ Schweden (Nord).................. 19,90 €
- ❑ Schweden (Süd) .... 19,90 €
- ❑ Schweiz (Ost + West) .... je 19,90 €
- ❑ Sizilien .... 19,90 €
- ❑ Slowenien .... 18,90 €
- ❑ Spanien (Nord/Atlantik) .... 19,90 €
- ❑ Spanien (Ost/Katalonien) ..... 18,90 €
- ❑ Spanien (Süd/Andalusien).... 18,90 €
- ❑ Südafrika (Krüger NP) .... 24,90 €
- ❑ Süditalien (Ost/Apulien)........ 19,90 €
- ❑ Süditalien (West/Kalabrien).. 19,90 €
- ❑ Süd-Tirol .... 18,90 €
- ❑ Thüringen .... 19,90 €
- ❑ Toskana & Elba.................... 20,90 €
- ❑ Trentino/Gardasee .... 18,90 €
- ❑ Tschechien .... 18,90 €
- ❑ Türkei (West) .... 18,90 €
- ❑ Türkei (Mitte-Kappadokien) .. 17,90 €
- ❑ Umbrien & Marken mit Adria. 19,90 €
- ❑ Ungarn................................ 18,90 €
- ❑ Venetien/Friaul..................... 19,90 €
- ❑ Wales.................................. 18,90 €

Absender:

Datum

Unterschrift

WOMO-VERLAG

Versandabteilung

Wiesenweg 4-6

98634 Mittelsdorf/Rhön

DIE REISE- UND ERLEBNISFÜHRER

* Bequeme Touren durchs ganze Urlaubsland.
* Viele Plätzchen für freie Übernachtungen mit GPS.
* Genaue Hinweise auf viele Trinkwasserstellen.
* Die schönsten Badeplätze, die nicht jeder kennt.
* Bergtouren und Spaziergänge für groß und klein.
* Die besten Anreiserouten, Fähren, usw.
* 300 Tipps und Tricks – für Ausrüstung, Reisevorbereitung und Urlaub.
* Ausgefeilte Profipackliste.
* Spezialkarten mit präzisen Einträgen der freien Stellplätze, Trinkwasser- und Entsorgungsstellen.

DAS KOCHBUCH

* Einrichtung der WOMO-Küche.
* Lebensmittel-Grundausstattung.
* Konserven selbst gemacht.
* Backen in der Bratpfanne – Kuchen, Pizza, Brote.
* Viele, viele WOMO-Rezepte für zwei Gasflammen – einfach, schnell und lecker!
* Einkochen im Urlaub.
* Spezialrezepte für den Dampftopf.
* Der WOMO-Pfannenknecht.

DAS HANDBUCH

* Beratung bei Kauf und Miete.
* Gas-, Wasser-, Elektroinstallation.
* Einrichten des Wohnmobils.
* Tipps & Tricks fürs Wochenende.
* 3200 freie deutsche Stellplätze.
* 700 deutsche Entsorgungsstationen.
* Urlaubsvorbereitung, Profipackliste.
* .Stellplatz-Infos für ganz Europa.
* Wohnmobil und Wintersport.
* Der WOMO-Urlaubspartner-Service.
* Gastankstellen in ganz Europa.

Unsere Bücher erhalten Sie in jeder Buchhandlung oder auf Rechnung direkt vom Verlag. Hier gibt's auch die aktuellen Infos über unsere ständigen Neuerscheinungen. (Versandkosten 1,20 €, ab 10 € portofrei / Ausland 4 €, Preisänderungen vorbehalten).

Bestell-Telefon: 036946-20691 * Fax: 036946-20692**
Internet: www.womo.de * eMail: verlag@womo.de**